U0921769

山東省社科規劃項目：黄宗羲《易學象數論》疏義（项目批准号：17CZXJ03）
教育部人文社科重點研究基地——山東大學易學與中國古代哲學研究中心資助

# 易學象數論疏證

（清）黄宗羲　撰
張克賓　疏證

山东大学出版社
SHANDONG UNIVERSITY PRESS
·濟南·

圖書在版編目（CIP）數據

易學象數論疏證/（清）黄宗羲撰；張克賓疏證
.——濟南：山東大學出版社，2022.8
ISBN 978-7-5607-7339-1

Ⅰ.①易… Ⅱ.①黄…②張… Ⅲ.①《周易》—象數之學—研究 Ⅳ.①B221.5

中國版本圖書館 CIP 數據核字（2022）第 065818 號

封面題簽　劉大鈞
責任編輯　劉森文
文案编辑　楊露賓
封面設計　王秋憶

出版發行　山東大學出版社
社　　址　山東省濟南市山大南路 20 號
郵政編碼　250100
發行熱綫　（0531）88363008
經　　銷　新華書店
印　　刷　濟南華林彩印有限公司
規　　格　720 毫米×1000 毫米　1/16
　　　　　25.5 印張　460 千字
版　　次　2022 年 3 月第 1 版
印　　次　2022 年 3 月第 1 次印刷
定　　價　78.00 元

# 目　録



## 易學象數論卷一

## 易學象數論卷二



## 易學象數論卷三



## 易學象數論卷四

## 易學象數論卷五



## 易學象數論卷六

# 弁　言

## 一

黄宗羲（1610—1695），字太沖，號南雷，别號梨洲老人，浙江餘姚黄竹浦人，學者稱梨洲先生。生於明萬曆三十八年（1610），卒於清康熙三十四年（1695），年八十六。門人私謚之，曰文孝。明末清初之際傑出的經史大家、理学代表人物，對清代學術之發展産生了深遠的影響。

黄宗羲學域寬廣，遍涉四部，“博及群言，上下今古，著述文章，翼補經史，以逮天官、地理、九流、百氏之學，無不精；野乘稗官之説，靡不究，如此遵源崑侖，過龍門，歷底柱，而遂至望洋浩瀚也”（黄百家《先遺獻文孝公梨洲府君行略》）[1]。他一生勤於著述，所撰《明儒學案》，被譽爲“有明三百年儒林之藪”（《梨洲先生神道碑文》）[2]；又有《明夷待訪録》《易學象數論》《孟子師説》《授書隨筆》《春秋日食》《律吕新義》《南雷文定》《南雷文約》《深衣考》《今水經》《葬志或問》《破邪論》《思舊録》《四明山志》《歷代甲子考》《大統法辨》《新推交食法》《授時曆故》等各類著作一百餘種；編有《明文案》《明史案》《宋史叢目補遺》等，又編有《明文海》四百八十二卷，“閲明人文集二千餘家，自言與十朝國史相首尾”[3]；晚年又輯《宋元學案》《續宋文鑒》《元文抄》等，未及完稿而卒。宗羲爲學“務博綜而尚實證”[4]，“以濂洛之統，總會諸家，横渠之禮

① ［清］黄炳垕：《黄宗羲年譜》附録，中華書局 1993 年版，第 75 頁。

② ［清］全祖望著，朱鑄禹校注：《全祖望集彙校集注・鲒埼亭集》，上海古籍出版社 2018 年版，第 221 頁。

③ ［清］李元度：《國朝先正事略・黄梨洲先生事略》卷二十七，清同治刻本。

④ 錢穆：《中國近三百年學術史》，商務印書館 1997 年版，第 31 頁。

教，康節之數學，東萊之文獻，艮齋、止齋之經制，水心之文章，莫不旁推交通，連珠合璧，自來儒林所未有也”（《梨洲先生神道碑文》）[①]。主張治學須本源於經術而發明於史籍，糾晚明王學空疏虛狂之弊，開一代學術之新風。

黃氏家族素精易學與數術。黃宗羲之五世祖黃尚質“幼而穎異，日誦千言，稍長以《易》爲大師”[②]。祖父黃曰中，亦學識淵博，精熟五經及《國語》《戰國策》《莊子》等，隨舉一句，即能應口而誦其全文，善占驗之術，“以《易》爲大師，諸生以應試文來質，預定其高下次第，無不奇中”（黃百家《先遺獻文孝公梨洲府君行略》）[③]。宗羲之父黃尊素（1584—1626，字真長，謚忠端），好讀經史，尤擅易學，未出仕時“以《周易》誨授苕霅之閒，學者日衆”[④]。黃尊素亦善四柱推命之術。據梨洲年譜記載：“姚太夫人將分娩，忠端公預推祿命，年月庚戌、乙酉，得日時庚辰、丙戌，配合極佳，然須聞金鼓之聲乃驗。適有里優鳴鉦擊鼓，而公生。日者謂與孔子之生物，只差一字。乳名曰麟，太夫人夢有麟瑞故也。”[⑤]

黃宗羲幼承家學，對易學與數術興趣濃厚，終身不減。明崇禎三年（1630），宗羲侍奉祖母至金陵，與閩人陳元齡（字宗九）相識，陳氏以所著《思問初編》相示，是書包羅甚廣，宗羲被其中的太乙、六壬之學所吸引，但因故未能得其學，宗羲引爲憾事。[⑥] 崇禎六年（1633），黃宗羲二十四歲，居杭州讀書論學，與諸友講《論語》《周易》，“僉謂鑿空新意，真石破天驚也”[⑦]。可見此時黃宗羲在易學上已頗富見地。崇禎七年（1634），黃宗羲返鄉途中得睹周述學（字繼志，號雲淵子）之數術學大作《神道大

---

① ［清］全祖望著，朱鑄禹校注：《全祖望集彙校集注・鮚埼亭集》，上海古籍出版社2018年版，第220頁。

② ［清］黃宗羲：《黃梨洲文集・黃醒泉府君傳》，中華書局2009年版，第56頁。

③ ［清］黃炳垕：《黃宗羲年譜》附録，中華書局1993年版，第63頁。

④ ［明］陳子龍：《安雅堂稿・贈太僕卿忠諫黃白安先生祠堂碑》，遼寧教育出版社2003年版，第292頁。

⑤ ［清］黃炳垕：《黃宗羲年譜》，中華書局1993年版，第9頁。

⑥ ［清］黃宗羲：《思舊録》，《黃宗羲全集》第1册，浙江古籍出版社1985年版，第365頁。

⑦ ［清］黃炳垕：《黃宗羲年譜》，中華書局1993年版，第16頁。

編》數十册（《易學象數論·六壬一》中即論及此人），欲將該書抄録一遍，但因書主有事，未能如願。① 崇禎十四年（1641），黄宗羲在金陵朝天宫翻閲《道藏》，不僅易學著作，凡與山川地理相關之作，悉數手抄一遍。崇禎十五年（1642），黄宗羲入京應試，遇方以智（1611—1671，字密之），與之論《河》《洛》之數。② 清順治十八年（1661），黄宗羲居四明山龍虎山堂，研究易學，“王侍禦仲撝來，公授以天官、壬、遁之學”③。王仲撝（1599—1667，名正中，字仲撝）是宗羲在天文、律曆、數術方面唯一的得意門生。在易學上，與黄宗羲有過切磋交流的易學家還有何楷與董守諭④。他曾入何楷書房，覽其新作《周易解詁》，也曾爲董氏講解朱震（1072—1138，字子發）易學中的卦義問題⑤。雖然不乏學友交流，但是黄宗羲研究易學與數術並没有專門的老師，全憑興趣刻苦自學。他説：“自某好象數之學，其始學之也無從叩問，心火上炎，頭目爲腫。及學成而無所用。屠龍之技，不待問而與之言，亦無有能聽者。跫然之音，僅一仲撝。”⑥ 其治象數學既不得良師，又鮮有知音，其間之困苦與寂寞可想而知。

黄宗羲治《易》，遍研漢魏唐宋易百餘家⑦，而在明代易學諸家中，他最爲推崇黄道周（1585—1646，字幼玄，號石齋）。他説：“漳海之學如武庫，無所不備，而尤邃於《易》曆。三乘易卦爲二十六萬二千百四十四，以授時配之，交會、閏積、盈縮無不吻合。《詩》與《春秋》遞爲爻象，

① ［清］黄宗羲：《黄梨洲文集·周雲淵先生傳》，中華書局 2009 年版，第 48 頁。

② ［清］黄宗羲：《思舊録》，《黄宗羲全集》第 1 册，浙江古籍出版社 1985 年版，第 364 頁。

③ ［清］黄炳垕：《黄宗羲年譜》，中華書局 1993 年版，第 31 頁。

④ 何楷，字玄子，福建漳州人，明天啟五年（1625）進士，以博學窮經著稱，著有《古周易訂詁》《詩經世本古義》等。董守諭，字次公，浙江鄞縣人，明天啟四年（1624）舉人，受業黄道周之門，苦心易學，著有《讀易鈔》《卦變考略》《易韻補遺》《擥蘭集》等。

⑤ ［清］黄宗羲：《思舊録》，《黄宗羲全集》第 1 册，浙江古籍出版社 1985 年版，第 356、383 頁。

⑥ ［清］黄宗羲：《黄梨洲文集·王仲撝墓表》，中華書局 2009 年版，第 116 頁。

⑦ 黄宗羲《萬充宗墓志銘》云：“五經之學，以余之固陋所見傳註，《詩》《書》《春秋》皆數十家，三禮頗少，《儀禮》《周禮》十餘家，《禮記》自衛湜以外亦十餘家，《周易》百餘家，可謂多矣。”（《黄梨洲文集》，中華書局 2009 年版，第 198 頁）

屯蒙而下，兩濟而上，兩千一百二十五年之治亂燎若觀火。”[①] 黄道周易學以融會天文曆數、推歷史治亂爲一大特色，頗合宗羲之意趣。黄道周大作《三易洞璣》“約天文曆數而歸于《易》”[②]，黄宗羲對之頗爲精通，曾專門向許三禮（孙奇逢弟子，字典三，號酉山，著有《易貫》等）講授，並因此以許氏爲知音。[③] 對於黄宗羲與黄道周之學術關係，宗羲弟子邵廷采（1648—1711，字念魯）認爲，其師“弘覽博物，多得之黄漳海，而理學則宗蕺山，以故雜而不越”[④]。全祖望也認爲，黄宗羲雖然師承劉宗周（1578—1645，字東起，號念臺，學者稱蕺山先生），但其在心性學之外又能精研象數學，則與黄道周有密切的關係。他説：“南雷自是魁儒……兼通九流百家，則又軼出念臺之藩，而窺漳海之室。”（《答諸生問南雷學術帖子》）[⑤] 又説：“蕺山之學專言心性，而漳浦黄忠烈公兼及象數，當是時，擬之程、邵兩家。公曰：‘是開物成務之學也。’乃出其所窮律曆諸家相疏證，亦多不謀而合。”（《梨洲先生神道碑文》）[⑥] 黄宗羲亦自言：“漢説唐疏，宋語明義。百年漳海，破荒而出，象數理學，會歸於一。”[⑦] 對黄道周之學的表彰，也正體現了黄宗羲本人的學術理念。“象數理學，會歸爲一”也正是黄宗羲本人倡明經術的思想宗旨。

黄宗羲探研易學與數術學之結晶就是《易學象數論》。據黄炳垕《黄梨洲先生年譜》所記，《易學象數論》成書于順治十八年（1661），即宗羲五十二歲之時。[⑧] 而考諸《易學象數論》，卷四《乾坤鑿度一》與卷六《衡運・推法》中皆明言作《象數論》之歲爲壬子。此“壬子”指康熙十一年

① ［清］黄宗羲：《黄梨洲文集・朱康流先生墓志銘》，中華書局 2009 年版，第 162 頁。

② ［清］永瑢等：《四庫全書總目・子部・術數類一》，中華書局 1965 年版，第 919 頁。

③ ［清］黄宗羲：《黄梨洲文集・西山許先生墓志銘》，中華書局 2009 年版，第 245 頁。

④ ［清］邵廷采：《思復堂文集・遺獻黄文孝先生傳》，浙江古籍出版社 1987 年版，第 175 頁。

⑤ ［清］全祖望著，朱鑄禹校注：《全祖望集彙校集注・鮚埼亭外集》，上海古籍出版社 2018 年版，第 1697 頁。

⑥ ［清］全祖望著，朱鑄禹校注：《全祖望集彙校集注・鮚埼亭集》，上海古籍出版社 2018 年版，第 215 頁。

⑦ ［清］黄宗羲：《黄梨洲文集・朱康流先生墓志銘》，中華書局 2009 年版，第 163 頁。

⑧ ［清］黄炳垕：《黄宗羲年譜》，中華書局 1993 年版，第 31 頁。

(1672)，此時黄宗羲六十三歲。黄炳垕是黄宗羲之七世孫，所述雖有依據，但仍不如宗羲自述爲確。

對此，吴光教授有精審之考證，他説："今本《象數論》之所以分内外編，除了内容上的區别外，恐怕同各卷篇非作于一時也有關係。這一點，我還可以列舉邵廷采所撰《黄文孝先生傳》作爲佐證。該傳在著録宗羲遺著時，未列《易學象數論》書名，而只在列舉律曆著作之後稱：'納甲、納音等皆有成書。'而《納甲》《納音》不過是今本《易學象數論》内編卷一之篇章名稱。邵氏在傳末論贊中又稱：'余同里親炙黄先生……嘗示余《乾坤鑿度》《象數》等書，望而不敢即。'而《乾坤鑿度》却是今本《象數論》卷四之一篇，邵氏將它與《象數》書名相提並論，説明他所見的《易學象數論》，尚非後世流傳之六卷本。所以，我認爲《易學象數論》從寫作到成書是經過了相當長的過程的，其最後成書之年，當不是順治十八年，而是康熙十一年，甚至更晚一些。"①

除吴光教授之舉證外，筆者還發現，黄宗羲書中《自序》主要是對漢宋象數易學之認識與評價，此爲該書前三卷的内容，而對其後三卷有關漢宋數術學的内容則隻字未提。由此再結合邵廷采將《乾坤鑿度》與《象數論》相並列之舉，似可以證明《易學象數論》當初只有前三卷，後來才增補了後三卷。又考諸梨洲文集，其中《韋庵魯先生墓志銘》記述，《易學象數論》成書後，黄宗羲曾請崇禎翰林魯栗（字季栗，别號韋庵）爲之作序，魯栗以不懂象數婉拒之。而自黄宗羲與魯栗相識至魯氏去世，前後不過五年。② 由魯氏去世在康熙十四年乙卯（1675）推之，二人當相識於康熙十年辛亥（1671），此與《黄梨洲先生年譜》所記是一致的。據此，康熙十一年壬子（1672），宗羲著成《易學象數論》可爲定讞。綜合諸文獻所記，《易學象數論》當非黄宗羲一時之作，其初稿或完成於順治十八年(1661)，而最終成稿則在康熙十一年（1672），前後閲十二年。

---

① 吴光：《黄宗羲遺著考（五）》，《黄宗羲全集》第9册，浙江古籍出版社2005年版，第560頁。

② ［清］黄宗羲：《黄梨洲文集·韋庵魯先生墓志銘》，中華書局2009年版，第156頁。

# 二

《易學象數論》是一部系統探析與評判漢宋象數易學與數術學的大書，所涉議題非常廣泛。前三卷考辨河圖洛書、先天圖、八卦方位、納甲、納音、卦氣、卦變、互卦、筮法、占法，含括了漢宋象數易學之核心理論，並附以黄宗羲解六十四卦之《原象》，此爲内篇。後三卷解析《太玄》、《乾鑿度》曆數、《元包》、《潛虚》、《洞極》、《洪範數》、《皇極》數，以及六壬、太乙、遁甲三式等，此爲外篇，皆是漢宋擬《易》援《易》之數術學。

對於漢宋象數易學，黄宗羲多持批判之態度，認爲漢易象數本于焦延壽、京房，其中的世應、飛伏、動爻、互體、五行、納甲諸説，"蕪穢康莊，使觀象玩占之理，盡入於淫瞽方技之流，可不悲夫!"（《易學象數論自序》）而宋易象數學中，邵雍"創爲《河圖》、先天之學，是亦不過一家之學耳。晦庵作《本義》，加之于開卷，讀《易》者從之。……而易學之榛蕪蓋仍如京、焦之時"（同上）。就此，黄宗羲提出要"摘發傳注之訛，復還經文之舊"（同上），對漢宋易學之象數義例，一一考其源而辨其理，詳審其説與經文合契與否，合者存之，不合者棄之，以廓清籠罩在易學上的重重障蔽，呈現其本來面目。在諸多辨析之中，對《河圖》《洛書》的考辨和對先天圖六十四卦生成次序的批判，被黄宗羲歸於"平生心得，爲先儒之所未發者則有數端"① 之中。

黑白點式的《河圖》《洛書》，是宋易象數學的重要創發，被崇奉它們的宋儒視爲古聖畫卦之所本，亦即象數之本、易道之源。對此，黄宗羲贊同歐陽修之説，以宋儒之《河圖》《洛書》爲"怪妄之尤甚者"②，認爲這兩個圖是宋儒穿鑿附會之物，與古圣畫卦毫無關係。他認爲，古經籍所載

① ［清］黄宗羲：《黄梨洲文集・萬公擇墓志銘》，中華書局 2009 年版，第 260 頁。

② ［宋］歐陽修：《歐陽修全集・居士集・廖氏文集序》，中華書局 2001 年版，第 615 頁。

之"河圖"相當於後世之圖經，而"洛書"則相當於後世之方志（《易學象數論》卷一《圖書一》）。"其言河洛者，周公定鼎於洛，四方之人户盛衰、道里之阨塞險易，諸侯貢於天王，故謂之河圖、洛書。"①

先天六十四卦生成次序，其經文依據在《繫辭上傳》"易有太極，是生兩儀，兩儀生四象，四象生八卦，八卦定吉凶"一節，即由太極而生兩儀，由兩儀而生四象，由四象而生八卦，由八卦而生四爻之畫十六，由十六而生五爻之畫三十二，由三十二而生六十四卦，其原理即所謂"加一倍法"。黄宗羲認爲，這種"加一倍"的八卦六十四卦生成方式本身不合易理。他説："陰陽者氣也，爻者質也。一落於爻，已有定位，焉能以此位生彼位哉？"（《易學象數論》卷一《先天圖一》）在他看來，統三百八十四爻之陰陽，即爲兩儀；乾爲老陽，坤爲老陰，震、坎、艮爲少陽，巽、離、兑爲少陰，即爲四象；四象之分布即爲八卦，六十四卦内卦爲貞，外卦爲悔，"舉貞可以該悔"，因而言八卦即統六十四卦。

黄宗羲之所以將其對《圖》《書》與先天圖的批駁視爲平生心得，除了在考據上能發先儒所未發以外，更重要的原因是它們在理論上關涉到對理氣關係的重新勘定。他認爲，宇宙萬象絪緼相感，只是一氣之流行，本無所謂天氣，無所謂地氣；就其中清通不可見者而言，謂之天；就其中凝滯有形象者而言，謂之地，二者一唱一和，天唱而不和，地和而不唱。而《圖》《書》學中，以一、三、五爲天之生數，以六、八、十爲地之成數，這是天生地成、天唱地和；而又以二、四爲地之生數，以七、九爲天之成數，這則是地生天成、地唱天和。"是天唱而復和，地和而復唱。真若太虚之中兩氣並行，天氣地氣，其爲物貳矣。"（《易學象數論》卷一《圖書四》）陰陽五行之氣，乃是一氣流行中的不同狀態。而《圖》《書》學則以水、木、土爲天之所生，火、金爲地之所生，五行儼然有所分屬，將天地氣化之道相割裂。在黄宗羲看來，説五行天生地成是可以的，但是説地生天成則不可以；説奇數屬天，偶數屬地是可以的，但是説五行有的屬奇數，有的屬偶數則不可以。因此，《圖》《書》的天地之數與五行觀念存在

① ［清］黄宗羲：《黄梨洲文集·萬公擇墓志銘》，中華書局2009年版，第261頁。

諸多思想的混亂，悖謬而不可取。

在理氣關係上，黄宗羲反對理先氣後、理能生氣之説，認爲有氣則有理，理爲氣之理，二者不分先後。他説："天地之間只有氣，更無理。所謂理者，以氣自有條理，故立此名耳。故氣有萬氣，而理只是一理，以理本無物也。宋儒言理能生氣，亦只誤認理爲一物也。"[①] 又説："言理則理一而無二，言氣則物之生生，便合下有陰陽二氣，原無一與二畸重而相生。"[②] 因此關於太極、兩儀、四象、八卦之次序，黄宗羲認爲"因兩儀而見太極，非有先後次第也"[③]，"兩儀、四象、八卦生則俱生，無有次序"[④]。因此，理氣之間也就不存在朱子先天圖學中所揭示的太極陰陽層層相生之説。[⑤] 所以，我們認爲，黄宗羲將對宋易《圖》《書》學與先天圖學的批駁視爲平生心得，根本原因在於他以爲其批駁能够掀翻朱子及其後學理氣二分説在經學上的支撑。

如前所述，黄宗羲批判漢宋象數易學的直接目的是爲了廓清易學之障蔽，回復其本來面目。在他看來，漢宋易家所宣揚的納甲、動爻、卦變、先天諸説，皆不合經義，都是"僞象"；而《周易》經文本有之象有七種，即八卦之象、六畫之象、象形之象、爻位之象、反對之象、方位之象、互體之象，"七者備而象窮矣"（《易學象數論》卷三《原象》）。具體到解《易》問題上，黄宗羲提出兩個基本觀點：一是卦爻辭無虚設，皆以卦象爲根據，所謂"《易》中之象無一字虚設"（《易學象數論》卷二《互卦》）。二是一卦有總象，六爻各有分象。他説："吾觀聖人之繫辭，六爻必有總象，以爲之綱紀，而後一爻有一爻之分象，以爲之脈絡。學《易》者詳分象而略總象，則象先之旨亦晦矣。"（《易學象數論》卷三《原象》）總象分象説是合乎《周易》卦爻辞文本之實際的，這也是黄宗羲在易象觀上超越前人之處。一卦之總象確定該卦總體之立意，六爻之分象則展現不同時位

① ［清］黄宗羲：《明儒學案·肅敏王浚川先生廷相》，中華書局 2008 年版，第 1174 頁。
② ［清］黄宗羲：《黄梨洲文集·答忍菴宗兄》，中華書局 2009 年版，第 444 頁。
③ ［清］黄宗羲：《黄梨洲文集·再答忍菴宗兄》，中華書局 2009 年版，第 445 頁。
④ ［清］黄宗羲：《黄梨洲文集·萬公擇墓志銘》，中華書局 2009 年版，第 261 頁。
⑤ 參見张克賓：《論朱熹先天象數學與理氣論之融通》，《哲學動態》2017 年第 8 期。

之情態。基於這些認識，黄宗羲在卷三《原象》中通解六十四卦之象，建立了他的易象學。

在《易學象數論》自序中，黄宗羲極爲推崇王弼《易注》與程頤《易傳》，將它們視爲廓清漢宋象數易學之障蔽的典型，但是我們發現黄宗羲之易象學與王弼、程頤之易學存在巨大差異。首先，在基本解《易》路數上，王、程《易》注堅持經傳合一，它們對卦爻辭意藴的解讀皆以《易傳》之説爲基礎，而黄宗羲之《原象》則是拋開傳義而直釋經文，與朱熹易學之經傳分觀説相類。如《原象》認爲坤卦六爻皆言農事，初爻“履霜，堅冰至”是説“冰霜之候，農功未施”，二爻“直方大”是説“田疇之經界”，三爻“含章”是説“黍稷華秀”，四爻“括囊”是説“穫稻納稼”，五爻“黄裳”是説“授衣載績”，上爻“龍戰于野”是説“塞向墐户”。此從“坤爲地”之象而解坤六爻言農事，與《易傳》所解坤卦義毫無關聯。

其次，在基本卦義的認識上，王、程《易》注多就其卦名而泛論其義，指向一種普遍之義理，而黄宗羲之《原象》則多通過紬繹卦象與卦爻辭而將卦義落實爲一種具體境象。如大有卦，王弼以大有爲“豐富之世”①，程頤亦言“大有，盛大豐有也”②，其卦爻辭即是對此盛大豐有之時域下不同情境之表詮；而黄宗羲則認爲大有卦是“以覲禮爲象”，從初爻到上爻表現的是諸侯朝覲天子的種種情境。可見，黄宗羲所解卦義更爲質實，旨在推原卦爻立意之境象。

最後，在具體推原卦爻境象時，黄宗羲多從其所擅長的禮學、政制、天文學、樂律學等方面入手。例如，大有卦言覲見之禮、謙卦以五禮爲象、剥卦象俎豆、升卦言王者升中而祭告之事，此以禮言卦象；乾卦言東方蒼龍七宿之象、履卦言西方白虎七宿之象、賁卦有日月相抱持之象、晋卦爲日行黄道之象、明夷卦爲日食之象、豐卦亦爲日食之象，此以天文言

---

① ［魏］王弼著，樓宇烈校釋：《王弼集校釋》上册，上海古籍出版社 1980 年版，第 291 頁。

② ［宋］程頤：《周易程氏傳》，《二程集》，中華書局 1981 年版，第 768 頁。

象。諸如此類，覽文便知，兹不詳述。此爲黄宗羲易象學之一大特點，也是王、程《易》注所不具備的。

雖然《原象》中很少談及卦爻之義理，但並不意味著黄宗羲不重視它。在其八十四歲所作之《畫川先生〈易俟〉序》中，他指出，漢宋易學最大的問題在於象數之學與義理之學互相出入，不能歸一。他認爲，《易》非空言，是聖人救世之書。“三百八十四爻皆一治一亂之脈絡。陰陽倚伏，可以摹捉，而後聖人得施其‘苞桑’‘拔茅’之術而差等百王。故象數之變遷爲經，人事之從違爲緯，義理即在其中。一部二十一史，是三百八十四爻流行之跡也。”又説：“天以日月星辰爲語言文字，詔告天下萬世。聖人寫天象以爲象數，不過人事之張本。其爲象數也，盡之於三百八十四爻。今舍三百八十四爻之人事，而别爲圖書卦變於外，若聖人有所未盡者，是作《易》者猶之爲鞶帨刀筆之務也。而盛衰之理，反求之鳥鳴風角矣。象數晦而人事荒。”[①] 在黄宗羲看來，六十四卦三百八十四爻有其象數與人事，象數爲經，人事爲緯，共同構建出《易》之意義世界，義理即在其中。如同没有獨立於氣的理一樣，也没有獨立於象數與人事之外的義理。掃象數而言義理，則義理淪爲空談；捨義理而究象數，則象數流爲巫史之技。所以，易学以象數爲本，象數以詮顯人事爲旨歸，而義理就體現于象數與人事的意義架構之中，從而實現象數義理會歸於一，此可謂黄宗羲易學之總綱。

## 三

與對漢宋象數易學多持批判之態度不同，對漢宋擬《易》援《易》之數術學，黄宗羲的研究是以疏解爲主，首要目的是通過解釋其理论架构，分析其存在的问题，使人明曉其真實面目，勿將附《易》之藤蔓混同易學之正體。

《易學象數論》後三卷所論數術，就形式而言多爲擬《易》援《易》

① ［清］黄宗羲：《黄梨洲文集·畫川先生〈易俟〉序》，中華書局2009年版，第309～310頁。

之作，就内容而言則多關乎天文曆數。黄宗羲説："夫律曆，固儒者之能事。"[①] 他一生鑽研天文曆數，融貫中西，並將之運用到經史研究上，取得了卓著的成就。[②] 他對數術學的研究也多得益于在天文曆法上的精湛造詣。在這些研究中，黄宗羲引以爲傲的也有兩處，一是以六壬解《國語·周語下》"伶州鳩七律對"，一是對《乾鑿度》歷史推步法的考訂。他説："如《漢·律曆志》'統母'誤爲'統法'，'見月法'誤爲'月法'，'見月日法'誤爲'日法'，至於'除法'尤爲錯亂。余推泠州鳩七律方爲之改正。《後漢·律曆志》所列元紀蔀章之法，以《乾鑿度》較之，大概不合。同出於四分，而《鑿度》可推，《曆志》不可推，其爲誤也多矣。"[③] 在黄宗羲看來，對《國語》"伶州鳩七律對"和《乾鑿度》的研究，不僅關乎六壬與緯書研究，而且可以修正《漢書》《後漢書》在曆法上的錯誤，這對史學研究來説具有非常重要的意義。除此以外，在對漢宋擬《易》援《易》之代表作——《太玄》與《皇極經世》——的認識上，宗羲指出它們的不足皆在於不能與曆法相合。他説："子雲之短不在局曆以失《玄》，在不能牽《玄》以入曆也。"（《易學象數論》卷四《太玄》）同樣，他認爲邵雍的《皇極經世》學也是將易學與曆數硬相牽合，"其説愈煩，其法愈巧，終成一部鶻突曆書而不可用也"（《易學象數論》卷五《皇極一》）。可以説，天文曆數正是黄宗羲打開漢宋數術學奥秘的金鑰匙。

雖然黄宗羲從學理上頻頻指出漢宋各數術學的某些不足，但這並不意味著他對這些數術學的意義與功能就一概予以否定。譬如，他一方面從牽合《易》曆的角度説《皇極經世》是一部"鶻突曆書"，另一方面又對其予以高度贊揚。他説："《皇極》包羅甚富，百家之學無不可資以爲用，而

---

① ［清］黄宗羲：《黄梨洲文集·答范國雯問喻春山問律曆》，中華書局 2009 年版，第 419 頁。

② 例如，在經學上，他以日食法推論《尚書·胤征》所記之非（《黄梨洲文集·答萬充宗質疑書》），爲證傳本古文《尚書》之僞提供了可靠的證據；在史學上，他以曆法推證武王伐紂之年爲己卯（《黄梨洲文集·答朱康流論歷代甲子書》），編纂了《歷代甲子考》等。謝國楨《黄梨洲學譜》云："梨洲於史學而注意曆法、地理，蓋猶顧寧人之治經學而特注意於音韻，均於學術界最有發明者也。"（商務印書館 1932 年版，第 69 頁）

③ ［清］黄宗羲：《黄梨洲文集·補歷代史表序》，中華書局 2009 年版，第 317 頁。

其要領在推數之無窮。宋景濂作《溟涬生贊》，記蜀道士杜可大之言曰：‘宇宙，太虚一塵爾。人生其間，爲塵幾何？是茫茫者，尚了然心目間。’此一言已盡《皇極》之秘。”（《易學象數論》卷五《皇極五》）認爲大至宇宙天地，小至一事一物，《皇極》之數都可以推而明之，了然於胸中。事實上，黄宗羲對數術學的占驗與推算功能總體上是予以肯定和認可的。這一點在其晚年所作《周雲淵先生傳》《張景岳傳》等文章中表露無遺。這也不足爲怪，在中國古代文化語境中，很少有學者對數術占驗持徹底否定的態度。

從表面上看，黄宗羲探究漢宋數術學，是爲了揭示漢宋數術學之真相，從而將之與《易》本身之象數區别開來，使易學象數回歸其本位，但這並不足以解釋黄宗羲何以致力於數術學研究數十年而不輟。綜考黄氏哲學思想與學術觀念，對於其對數術學的肯認與研究，我們可以從以下三個方面予以理解和認識：

其一，對數術學的肯認與研究在理論上築基於他的氣化宇宙論，而結穴於天人之際的探究。黄宗羲堅持天地萬象皆一氣之流行，而氣之流行並非雜亂無章，有其自然之運數。他認爲：“大化流行，有一定之運。如黄河之水，自崑崙而積石而底柱而九河而入海，盈科而進，脈絡井然。”[①] 氣化之運數，既體現于天道，也體現于人事，而且天人之間是一體相通的。他説：“天地之生萬物，仁也。帝王之養萬民，仁也。宇宙一團生氣，聚於一人，故天下歸之，此是常理。自三代以後，往往有以不仁得天下者，乃是氣化運行當其過不及處。如日食地震，而不仁者應之，久之而天運復常，不仁者自遭隕滅。”[②] 易學以及數術學都是把握天人氣運的方式，只是各自之方式方法有所不同而已。當然，黄宗羲並不是徹底的氣化決定論者，他在承認人世興衰有一定之運數的同時，更爲強調人在其中的關鍵作

---

① ［清］黄宗羲：《黄梨洲文集·晝川先生〈易俟〉序》，中華書局 2009 年版，第 309 頁。

② ［清］黄宗羲：《孟子師説》卷四，《黄宗羲全集》第 1 册，浙江古籍出版社 1985 年版，第 90 頁。

用。他説：“興亡之故，雖曰天運，固未嘗不由於人矣。”[①] 在黄宗羲看來，以數術推算世事興衰、人世禍福多不能完全相合，其相合者自然是出于天運，其不合者則多由於人事，“留其不然者以觀人事，留其然者以觀天運，此天人之際也”（《易學象數論》卷六《衡運》）。

其二，開展數術學研究是其學以經世觀念的一種落實。黄宗羲治學以經世致用爲根本宗旨，主張“經術所以經世，方不爲迂儒之學”（《梨洲先生神道碑文》）[②]。他認爲“儒者之學，經天緯地”[③]，經史之外，舉凡典章制度、天文、曆數、樂律、地理、算數、兵法、壬遁等能够開物成務者皆爲經世之所需。在《明夷待訪録》中，黄宗羲提出多種取士之法，其中有“絶學”一類，所謂“絶學者，如曆算、樂律、測望、占候、火器、水利之類是也”[④]。就以數術學經世而言，黄宗羲最爲欽服周述學。周氏精通《易》曆、壬遁等術，嘉靖時曾爲軍方預言當年將有戰事，“其應在乾、艮，艮爲青州、遼東，乾爲宣、大二鎮，京師可無虞也”，後果如其言。此後，周氏被胡宗憲招入幕府，參與東南抗倭，胡氏諮以秘計，卒成海上之功。又《周雲淵先生傳》云：“武林兵變，述學諭以國運安平，不可妄動，動則奇禍立至。其魁亦信述學之言多驗，謀遂寢。述學在南北兵間，多所擘畫。其功歸之主者，未嘗引爲己有，故人亦莫得而知也。”[⑤] 職是之故，黄宗羲對周氏評價甚高，他説：“吾觀胡之幕府，周雲淵之《易》曆，何心隱之游俠，徐文長、沈嘉則之詩文，及宗信之遊説，皆振古奇人。”[⑥] 黄宗羲終生著意於數術學，期以經世當是其主要動力所在。

其三，開展數術學研究是黄宗羲探索歷史興衰演變的重要途徑。早在漢代之《易緯》，即有“世軌”之説，其説統合易卦與曆數，將歷史演變

---

① ［清］黄宗羲：《黄梨洲文集・玄若高公墓志銘》，中華書局 2009 年版，第 149 頁。

② ［清］全祖望著，朱鑄禹校注：《全祖望集彙校集注・鮚埼亭集》，上海古籍出版社 2018 年版，第 219 頁。

③ ［清］黄宗羲：《黄梨洲文集・弁玉吴君墓志銘》，中華書局 2009 年版，第 220 頁。

④ ［清］黄宗羲：《明夷待訪録・取士下》，《黄宗羲全集》第 1 册，浙江古籍出版社 1985 年版，第 19 頁。

⑤ ［清］黄宗羲：《黄梨洲文集・周云淵先生傳》，中華書局 2009 年版，第 48 頁。

⑥ ［清］黄宗羲：《黄梨洲文集・蔣氏三世傳》，中華書局 2009 年版，第 66 頁。

納入軌數之中，以推國家治亂、君主善惡與天災人禍等。黄宗羲在《易學象數論》中對其術進行了專門的解讀，認爲其存在諸多問題，“自相違背，不審於理”（《易學象數論》卷四《乾坤鑿度三》）。但是對同樣可以推步歷史的《皇極經世》學，黄宗羲則認爲其可以推數無窮，了然天人萬象於心目間（詳見上文）。在諸多歷史推步術中，最受黄宗羲重視的是明初胡翰（1307—1381，字仲子）的“十二運”説。此説本於元代秦曉山的《太乙統宗寶鑒》，是太乙式與易卦相結合推世運的一種方法。在《明夷待訪録·題辭》中，黄宗羲説：“余嘗疑孟子一治一亂之言，何三代而下之有亂無治也？乃觀胡翰所謂‘十二運’者，起周敬王甲子以至於今，皆在一亂之運；向後二十年，交入大壯，始得一治，則三代之盛猶未絶望也。”[①] 此題辭寫於康熙二年癸卯（1663），其時大明王朝已然滅亡，清政權漸趨穩固，面對“天崩地解”之大變局，黄宗羲推太乙十二運，得二十年後交大壯卦運，歷史將由亂而治，三代盛世將重現（詳細推法見本書卷六《衡運》注）。十二運的推算，對黄宗羲的言行産生了深刻的影響。方祖猷教授考證指出：“黄宗羲在《待訪録》中關於‘二十年後交入大壯’的思想，支配了他在康熙前期的活動，是他創辦證人書院和對清廷採取妥協態度的思想根源。”[②] 然而黄宗羲所希冀的三代之治並没有到來，三十多年後他對之深表失望。“余嘗爲《待訪録》，思復三代之治。……今計作此時已三十餘年矣，秦曉山十二運之言，無乃欺人？”[③] 對此，我們一方面應看到黄宗羲試圖以太乙十二運探知歷史興衰的做法，猶如水中撈月，所得終爲不切實際之幻影；另一方面也應看到在他以數術探求歷史演化的背後，所寄寓的是其道德價值觀念和政治復興的理想。

---

① ［清］黄宗羲：《明夷待訪録》，《黄宗羲全集》第1册，浙江古籍出版社1985年版，第1頁。

② 方祖猷：《黄宗羲與吕留良爭論的實質及其思想根源——兼論胡翰十二運對黄氏的影響》，《寧波大學學報》（人文科學版）1988年第1期。

③ ［清］黄宗羲：《破邪論》，《黄宗羲全集》第1册，浙江古籍出版社1985年版，第192頁。

## 四

黄宗羲在易學象數觀上不依傳注之説，堅持返經以求真，因而能够跳出漢宋易學象數學的藩籬，溯其源而辨其流，"一一洞曉其始末，而得其瑕疵，非但據理空談不中窾要者比也"[①]。這也是黄宗羲《易學象數論》的特出之處。當然，以今日之學術視野觀之，該書也有其明顯的局限性。其返經以求真的溯源式研究，一方面使之能够照見漢宋象數易説中不合經義之處，揭示其中存在的問題，這是值得肯定的；但另一方面由於黄宗羲過分强調經典之"真"而將與之"不合"之象數易説定之爲"僞"，没能看到漢宋象數易説在易學理論上的創新性及其在歷史發展中的思想意義與學術價值。

譬如，在《河圖》《洛書》的問題上，黄宗羲從三個層面進行了考論：首先考證古經籍所言之"河圖""洛書"是地圖、方志之類的文獻，並不是十數九數圖；繼而指出宋儒十數九數的《河圖》《洛書》不過是漢儒所説的天地生成數和九宫數，揭示宋儒《圖》《書》之所本；最後辨析宋儒《圖》《書》學在理論上的悖謬，以之解釋古聖畫卦乃牽合附會。可以看到，黄宗羲對《河圖》《洛書》的考辨在邏輯上非常清晰，在内容上層層深入，爲後來者在此問題上的研究打下了堅實的基礎。但事情往往没有那麼簡單，《河圖》《洛書》雖然非先秦所有，與《周易》經傳本身關係也不够緊密，但其所蘊含的陰陽五行宇宙生化思想確是扎根於先秦而意蕴深厚的，並不是像黄宗羲所説的那樣錯謬雜亂。宋儒創造性地將前人天地生成之數和九宫數思想製作成圖，並將之引入《易》學之中，以之來探究卦爻符號的所以然問題，這本身就具有重要的理論意義和思想價值，是對易學思想的重要創造。此中之問題，我們今日應當在更大的理論視野下加以審視，既不爲宋儒之説所迷，視《河圖》《洛書》爲易道之根本，也不爲黄宗羲等人的批駁所拘，抹殺《河圖》《洛書》的學術意義和思想價值。其餘對先天圖、卦氣、

① ［清］永瑢等：《四庫全書總目·經部·易類六》，中華書局1965年版，第36頁。

卦變等易説的認識，我們亦應當以歷史的發展的眼光審視之。

如果將視野從對古人學思的評析轉换到今日的研究上來的話，《易學象數論》的局限性也就成爲今天易學象數研究所需要著力推進的地方。承繼前賢之成就，著眼今日象數易學研究之實際與問題，竊以爲在講清楚漢宋易學象數學基本内容及其歷史流衍的基礎上，象數易學研究還應著力從以下三個方面進行推展：

其一，深入探索漢宋象數易説得以形成的歷史語境和問題意識。不能瞭解其歷史語境與問題意識也就不能真正理解其思想宗旨和學術關懷，也就不能深刻認識其歷史合理性和理論創新性之所在。

其二，大力挖掘象數易説與中國古代哲學形成與發展之關係。將象數易學研究與中國古代哲學研究相結合，一則在更廣闊的思想舞臺上省察象數易學的哲學意義、精神品格與歷史貢獻，二則由象數易學之學術視域與思想内涵挖掘中國古代哲學之天人宇宙圖景與思維特質的可能維度。

其三，在哲學視野下對象數易學的意義表達方式、思維方式和理論體系進行現代解讀，揭示象數型哲學言説的特殊之處，進而觀照時代哲學問題，對之提出基於象數哲學的理解和認識，最終形成新的象數學觀念和思想系統。

除此以外，還有一個非常值得重視的領域——古代數術思想研究。數術學是中國文化中非常獨特的一部分，它既受到以易學爲根基的中國古代哲學的影響，也對中國古代哲學的發展産生了不容忽視的重要作用，對中國古代的政治和社會生活也有很多直接的影響。可以説，數術學是今人進入古人思想世界和生活世界的重要門徑之一。由《易學象數論》以大量篇幅探討擬《易》援《易》之數術學來看，黄宗羲對數術學在中國古代思想系統中的重要影響是有高度認識的。比較而言，今日之數術思想研究還未能引起學術界的足够重視。雖然近幾十年藉由出土簡帛數術文獻研究的推動，今人在早期數術學文獻和早期數術文化研究上取得了顯著的成就，但有關數術思想的專門解讀與通史性研究並不多見。所以，隨著中國古代哲學和思想文化研究日趨深入，關於中國古代數術思想的理論架構、致思方式和歷史影響及其與中國古代哲學之關係等諸多方面的問題也應當早日被學界提上研究日程。

# 例　言

一、《易學象數論》成書後，最早於康熙年間由梨洲門人汪瑞齡刊刻，乾隆年間汪氏後人又校訂重印，光緒年間有廣雅書局據汪氏本之重刻本；除刻本外，還有文淵閣四庫全書抄本等。今以廣雅書局本爲底本，校以四庫全書本。

二、本書有校有疏，校記見于脚註，疏則附於正文段落之後，左側縮進兩格。校勘時，底本有誤均依所據改之，並出校記。遇避清帝諱而改之字，徑改爲原字，不出校記。遇缺筆之字，徑補之，不出校記。

三、梨洲書中正文用宋體字，其隨文之夾注則用小號楷體，標以括號。書中徵引古籍情況複雜，所引如與原文相同或僅有個別文辭出入則標以雙引號，如係摘録或轉述則不加引號。書中有些圖表仍依原格式自右而左、自上而下排列。

四、梨洲書中雖多有圖表，但其所論漢宋象數易學諸説，仍多有圖象而書中闕如者，諸如《河圖》《洛書》《伏羲八卦方位》《伏羲六十四卦方位》《文王八卦方位》等，筆者視疏證之需隨文附録之。

五、凡梨洲書中人名，皆於其首出之處註明其姓名、生卒年（或朝代）、表字、别號、著述等，重要人物兼述其易説之大要；凡梨洲書中專業術語，亦於其首出之處註明其出處與含義等。

六、除解釋名詞外，本書對梨洲書中内容從文獻、歷史與思想三個層面展開疏解與辯證。對書中所論所引之文獻，均竭力考索其出處，指明其宗旨；對書中所論漢宋象數諸説，均竭力考鏡其源流，梳理其前後之演化；對書中梨洲之觀點，則力求以今日學術思想之高度，評判其是非得失，以期對漢宋象數之學形成新的思想認識。

七、疏證所引古今論著，僅隨文標示書名、篇名、卷數或頁碼等相關信息，其版本則見書末所附“引用書目”。

# 《易學象數論》汪瑞齡序

南山之岡，有大松焉，群蘿附之，自以爲松也，見之者亦以爲松也。有詫之者曰：“是蘿也，豈松哉?”於是遂謂天下無松，謂天下之松皆蘿，豈可乎？《易》之有象數，《易》之所以成《易》也。《大傳》曰：“《易》者，象也。”又曰：“聖人立象以盡意。”其所以包羅天地，揆叙萬類，廣大悉備者，舍象何由見《易》乎？本象以出數，亦因數以定象，故曰“極其數遂定天下之象”。象數於《易》所云，水之源、木之本也。然而漢儒以降，異説紛綸，焦、京之徒以世應、飛伏諸説附入之；《太玄》《洞極》《潛虚》《洪範》之徒，則竊《易》而改頭换面；壬、遁之徒，或用易卦，或不用易卦，要皆自謂有得於象數之精微，以附於彰往察來之列，究之於《易》何與也？《易》本自有象數，而特非京、焦輩所云云。有如蘿固爲蘿，而松自有松，不得混蘿於松，亦不得因蘿之故没松也。獨是不明辨其蘿，則真松不出。然而諸説蔓延轇轕，莫測其根蒂，孰能拔其本而塞其源乎？

姚江梨洲夫子通天地人以爲學，理學、文章之外，凡天官、地理以及九流術數之學，無不精究。慨夫象數之正統，久爲閏位之所淹没也，作《論》辨之。論其依附於《易》，似是而非者，析其離合，爲内編三卷；論其顯背於《易》而自擬爲《易》者，決其底藴，爲外編三卷。傳鈔海内，學者私爲帳中秘本。瑞齡少而孤，括帖之餘，茫然不知有何學問。從游於鄭師禹梅[1]，始識理學淵源在於舜水[2]。又得交於嗣君主一[3]，獲受是書，而卒業焉，因請於夫子而刻之。

新安門人汪瑞齡[4]百拜謹書

【1】鄭禹梅，即鄭梁（1637—1713），字禹梅，號寒村，浙江慈溪人，康熙二十七年（1688）進士，授翰林院庶吉士，官至廣東高州知府。其父鄭溱與梨洲

相交甚密，命其受學於梨洲。梨洲歿後，鄭梁建二老閣，設宗羲牌位於其中，歲時祀之。鄭氏家中藏書甚富，堪與寧波范氏天一閣相媲美。鄭梁工詩文，深得梨洲贊賞；又善畫山水。著有《寒村詩文集》三十四卷。

【2】舜水，又稱舜江、餘姚江、姚江。王陽明祖籍餘姚，故學人以姚江指代陽明及其學派。梨洲亦爲餘姚人，其學亦遠溯於陽明。故而此“舜水”，近則指梨洲，遠則指陽明。

【3】主一，即黄百家（1643—1709），字主一，號不失，又號耒史，别號黄竹農家，梨洲第三子。博覽淹通，能傳父學。康熙間，參修《明史》，以所學撰《天文志》《曆志》數種。梨洲卒後，百家補纂梨洲未竟之《宋元學案》。著有《勾股矩測解原》《體獨私鈔》《王劉異同》等。

【4】汪瑞齡，字虞輯，康熙年間新安人，鄭梁弟子，履歷不詳。梨洲曾爲汪瑞齡父作墓表，見《南雷文定》卷三《汪碩公墓表》。汪氏於康熙年間刻印《易學象數論》，今寧波天一閣博物館、温州市圖書館、上海圖書館等藏有汪氏西麓堂本，光緒廣雅叢書本與之版式一致。

# 《易學象數論》黄宗羲自序

夫《易》者，範圍天地之書也。[1]廣大無所不備，故九流百家之學皆可竄入焉。自九流百家借之以行其説，而於《易》之本意反晦矣。[2]《漢·儒林傳》：孔子六傳至菑川田何，易道大興。[3]吾不知田何之説何如也，降至焦、京，世應、飛伏、動爻、互體、五行、納甲之變無不具者。[4]吾讀李鼎祚《易解》，一時諸儒之説，蕪穢康莊，使觀象玩占之理盡入於淫瞽方技之流，可不悲夫![5]

【1】《繫辭上傳》云："範圍天地之化而不過，曲成萬物而不遺，通乎晝夜之道而知，故神无方而易无體。"《周易正義》孔疏云："範圍者，擬範天地而周備其理也。"

【2】《四庫全書總目·易類》云："易道廣大，無所不包，旁及天文、地理、樂律、兵法、韻學、算術，以逮方外之爐火，皆可援易以爲説；而好異者又援以入易，故易説愈繁。"易學是以陰陽思想爲核心的天人之學，故而九流百家之説往往援引易説作爲其理論架構之基礎；又易學之象數可涵攝宇宙萬象，故九流百家之説又可爲易學所吸收，藉之以見易道之廣大。此即易學與諸家學説之雙向互動，在此互動過程中，易學得到了豐富與發展，但也造成了某些原有意義的遮蔽。

【3】《漢書·儒林傳》載："自魯商瞿子木受《易》孔子，以授魯橋庇子庸，子庸授江東馯臂子弓，子弓授燕周醜子家，子家授東武孫虞子乘，子乘授齊田何子裝。及秦禁學，《易》爲筮卜之書，獨不禁，故傳受者不絶也。漢興，田何以齊田徙杜陵，號杜田生，授東武王同子中、雒陽周王孫、丁寬、齊服生，皆著《易傳》數篇。……要言《易》者，本之田何。"即易學之傳由孔子授商瞿，商瞿授橋庇，橋庇授馯臂，馯臂授周醜，周醜授孫虞，孫虞授田何，凡六傳。《史記·仲尼弟子列傳》所記孔子傳《易》譜系與此略有不同。

【4】焦、京，即焦延壽、京房。焦延壽（生卒年不詳），名贛，字延壽，西

漢中期梁國人。自言學《易》於孟喜，“其説長於災變，分六十四卦更直用事，以風雨寒温爲候，各有占驗”（《漢書・眭兩夏侯京翼李傳》），著有《焦氏易林》。京房（前77—前37），字君明，東郡頓丘（今屬河南清豐）人，元帝时立为博士，官至魏郡太守。京房爲焦延壽弟子，精占驗之學，通音律，著述頗豐，多亡佚，今存《京氏易傳》三卷。其易學有卦氣、世應、飛伏、納甲等説，詳見本書卷一、卷二相關内容及注文。孟喜、焦延壽、京房爲西漢象數易學三大代表性人物。

【5】李鼎祚（生卒年不詳），唐蜀中資州（今屬四川資中）人，官秘書省著作郎等職，以經學稱於時，唐代宗時獻所撰《周易集解》。是書集漢魏晋唐人《易》注四十餘家，是後世得以窺見漢代象數易學之風貌的重要著作。《四庫全書總目》論之云：“蓋王學既盛，漢易遂亡。千百年後，學者得考見畫卦之本旨者，惟賴此書之存耳，是真可寶之古笈也。”梨洲貶斥漢易象數之學，故而認爲此書使易理淪落爲淫瞽方技之流，無視漢易象數學及此書之重要價值。案，淫瞽當爲淫巫瞽史之省稱，意指假天道自然之變化而妄言吉凶禍福者。

有魏王輔嗣出而注《易》，得意忘象，得象忘言，日時歲月，五氣相推，悉皆擯落，多所不關，庶幾潦水盡而寒潭清矣。【6】顧論者謂其以老莊解《易》。試讀其注，簡當而無浮義，何曾籠絡玄旨？故能遠歷於唐，發爲《正義》，其廓清之功不可泯也。【7】然而魏伯陽之《參同契》【8】，陳希夷之《圖》《書》，遠有端緒，世之好奇者卑王注之淡薄，未嘗不以别傳私之。【9】逮伊川作《易傳》，收其昆侖旁薄者，散之於六十四卦中，理到語精，易道於是而大定矣！【10】其時，康節上接种放、穆修、李之才之傳，而創爲《河圖》、先天之説，是亦不過一家之學耳。【11】晦庵作《本義》，加之於開卷，讀《易》者從之。後世頒之學官，初猶兼《易傳》並行，久而止行《本義》。【12】於是經生學士，信以爲羲、文、周、孔其道不同，所謂象數者又語焉不詳，【13】將夫子之韋編三絶者須求之賣醬箍桶之徒【14】，而《易》學之榛蕪蓋仍如京、焦之時矣。自科舉之學一定，世不敢復議，稍有出入其説者，即以穿鑿誣之。

【6】王輔嗣（226—249），名弼，字輔嗣，三國魏山陽人，魏晋玄學代表人物之一，著有《老子注》《周易注》《周易略例》等。其易學一掃漢儒尊崇象數之

風，主張“得象而忘言”“得意而忘象”，開易學義理學之新途。唐代孔穎達編纂《五經正義》，其中《周易正義》即選用王弼注本。所謂“時日歲月，五氣相推”，是指漢易象數學重視曆數、卦氣，將四時陰陽五行之氣的周流消息與卦爻之變化相結合，建構起一套宇宙圖式，從而占驗吉凶禍福。

【7】梨洲認爲王弼《周易注》“簡當而無浮義”，有廓清漢易之功。此論甚是。但認爲王弼《易》注不曾“籠絡玄旨”，則非是。王弼反對漢易象數之説，其易學一則歸本《易傳》，遵《彖傳》《象傳》之義例以解經文；二則取法老莊之説，以無爲本，崇尚虚靜，融會易老。梨洲以爲王弼易學未曾籠絡玄旨，失之偏頗。

【8】魏伯陽（151—221），東漢會稽上虞（今屬浙江紹興）人，中國道教史上之重要人物，著有《周易參同契》。該書托易象而論丹道，合會易學、黄老學、丹道學於一體，有“萬古丹經王”之譽。後世多將宋易之先天象數學自陳摶而上溯於魏伯陽，實則《周易參同契》雖論乾坤坎離之道，但與先天象數學之間存在較大之學理差異。

【9】陳希夷（？—989），名摶，字圖南，亳州真源（今屬安徽亳州）人，五代宋初之著名道士，宋太宗賜號“希夷先生”，“好讀《易》，手不釋卷，常自號扶摇子，著《指玄篇》八十一章，言導養及還丹之事。……又有《三峰寓言》及《高陽集》《釣潭集》，詩六百餘首”（《宋史·隱逸上》）。據載，宋代易學中的《河圖》《洛書》及先天學，均淵源於陳摶。後儒或以此圖書先天學不見於《周易》經傳及漢儒之説，稱之爲“易外别傳”。

【10】伊川，即程頤（1033—1107），字正叔，河南伊川（今屬河南洛陽）人，官至崇政殿説書，北宋理學代表人物之一，學者稱“伊川先生”，與其兄程顥並稱“二程”。著有《伊川易傳》，又稱《周易程氏傳》。該書遵循王弼所開顯的義理易學之路數，又盡黜其老莊之説，而將理學之思想觀念和價值理想融貫其中，是經學理學化的經典作品。

【11】康節，即邵雍（1011—1077），字堯夫，謚康節。祖籍河北范陽，後隨父遷河南共城（今屬河南輝縣）。北宋理學五子之一，著有《皇極經世書》。據南宋朱震《進漢上易傳表》所載，邵雍師從李之才，之才師穆修，修師種放，放師陳摶。宋易先天象數學即發皇於邵雍，後得朱子之極力表彰，盛行于元明清三代。梨洲則認爲其不合經説，係一家之言。

【12】晦庵，即朱熹（1130—1200），字元晦，一字仲晦，号晦庵、晦翁，别号紫阳，爲宋代理學之集大成者，著述宏富，在易學上有《周易本義》《易學啟

蒙》二書，影響極廣。朱子將邵氏所傳先天學四圖刊載於《周易本義》卷首，視之爲易學之綱領、伏羲畫卦之本旨。因朱子力主《易》爲卜筮之書，主張經傳分觀，故而其《本義》取吕祖謙《古周易》之經傳分編本，其注則多發明象占之義，與程頤之《伊川易傳》在文本與主旨上均有很大差别。對此，在南宋末年，即有朱子後學開始將程《傳》朱《義》合爲一編，如董楷之《周易傳義附録》。元代立程朱理學爲官學，程頤之《伊川易傳》與朱子之《周易本義》並行，多有會通程朱易學之作。明初編纂《五經大全》，其《周易大全》亦將程朱二書合編。後來朱子之地位漸高，爲記誦之便，又多有依從《伊川易傳》經傳合編的《周易本義》單行本，廣爲流傳。

【13】自西漢以來，世儒皆以爲《周易》經傳之間意義一致，前聖後聖同條共貫。迄至南宋，朱子主張《易經》本爲卜筮之書，畫卦之伏羲、作卦辭之文王、作爻辭之周公及作《易傳》之孔子，四聖雖然遞相傳承，但彼此闡發之意旨不同，因此應當分别觀之，“伏羲易自是伏羲易，文王易自是文王易，孔子易自是孔子易”（《朱子語類》卷六十六）。朱子《周易本義》刊先天四圖於卷首，以爲伏羲之易；又將經文與傳文相分，六十四卦經文爲文王、周公之易，十篇傳文爲孔子之易，以見伏羲、文王（含周公）、孔子之不同。《周易本義》经文之注旨在揭示其象占之義，然經文之取象又多不可詳考，故注中於此多語焉不詳。

【14】“韋編三絶”，形容孔子晚年參研易道之勤勉。《史記·孔子世家》云：“孔子晚而喜《易》，序彖、系、象、説卦、文言。讀《易》，韋編三絶。曰：‘假我數年，若是，我於《易》則彬彬矣。’”“賣醬箍桶之徒”，代指研習易學的江湖隱士。《宋史·隱逸下》載：“初，程頤之父珦嘗守廣漢，頤與兄顥皆隨侍。游成都，見治篾箍桶者挾册，就視之，則《易》也。欲擬議致詰，而篾者先曰：‘若嘗學此乎?’因指‘未濟男之窮’以發問。二程遜而問之，則曰：‘三陽皆失位。’兄弟涣然有所省。翌日再過之，則去矣。其後袁滋入洛，問《易》於頤，頤曰：‘易學在蜀耳，盍往求之?’滋入蜀訪問，久無所遇。已而見賣醬薛翁於眉邛間，與語，大有所得。不知所得何語也。”梨洲以“賣醬箍桶之徒”，譏諷宋易圖書先天之學非易學之正宗。

夫所謂穿鑿者，必其與聖經不合者也。摘發傳注之訛，復還經文之舊，不可謂之穿鑿也。《河圖》《洛書》，歐陽子言其“怪妄之尤甚”者[15]，且與漢唐異趣，不特不見於經，亦是不見於傳。先天之方位，明與“出震”“齊巽”之文相背，而晦翁反致疑於經文之卦位。[16]生十六、生三十二，卦不成卦，爻不成爻，一切非經文所有，顧可謂之不穿鑿乎?[17]晦翁曰：“談《易》者，譬之燭籠，添得一條骨子，則障了一路光明。若能盡去其障，使之統體光明，豈不更好!”[18]斯言是也。奈何添入康節之學，使之統體皆障乎？世儒過視象數，以爲絶學，故爲所欺。余一一疏通之，知其於《易》本了無干涉，而後反求之程《傳》，亦或廓清之一端也。

【15】歐陽子，即歐陽修（1007—1072），字永叔，號醉翁，晚號六一居士，謚文忠，著有《歐陽文忠公集》，於易學著有《易童子問》三卷。書中敢於直面經典問題，質疑漢唐經説，提出《易傳》之《繫辭傳》《文言》等篇繁衍叢脞、自相乖戾，非聖人之作。他認爲宋儒所提倡之《河圖》《洛書》爲“怪妄之尤甚者”，決不足信。（《居士集》卷第四十三《廖氏文集序》）

【16】“出乎震”“齊乎巽”語出《説卦傳》“帝出乎震”章。該章明言八卦方位，即震東、巽東南、離南、坤西南、兑西、乾西北、坎北、艮東北。宋儒之先天八卦方位，爲離東、兑東南、乾南、巽西南、坎西、艮西北、坤北、震東北，與《説卦傳》之八卦方位迥然不同。朱子推崇先天八卦方位圖，認爲其所符示之陰陽消長次第，“雖似稍涉安排，然亦莫非自然之理”（《朱子語類》卷六十五），而對《説卦傳》八卦方位（即所謂後天八卦方位）多有疑惑，説：“‘帝出乎震’，萬物發生，便是他主宰從這裡出。‘齊乎巽’，曉不得。離中虚明，可以爲南方之卦。坤安在西南？不成西北方無地？西方肅殺之地，如何云‘萬物之所説’？乾西北，也不可曉，如何陰陽只來這處相薄?”（《朱子語類》卷七十七）詳見本書卷一“八卦方位”一節。

【17】朱子解釋邵雍易學之先天六十四卦生成次序，由太極而生兩儀、兩儀生四象、四象生八卦、八卦生十六個四爻畫、十六個四爻畫生三十二個五爻畫、三十二個五爻畫生六十四卦。十六個四爻畫、三十二個五爻畫，不見於經説，故而梨洲説其“卦不成卦，爻不成爻”。

【18】語出《朱子語類》卷六十七。原文云：“近趙子欽有書來，云某説《語》《孟》極詳，《易》説却太略。譬之此燭籠，添得一條骨子則障了一路明，若能盡去其障，使之體統光明，豈不更好！蓋著不得詳説故也。”朱子認爲，爲經典作注解只須疏通關節，解釋疑難即可，而不宜大段成文，否則喧賓奪主，影響讀者對經文意義的理解。

# 易學象數論卷一

# 圖書一

歐陽子言："《河圖》《洛書》，怪妄之尤甚者。"【1】自朱子列之《本義》，家傳户誦，今有見歐陽子之言者，且以歐陽子爲怪妄矣。然歐陽子言其怪妄，亦未嘗言其怪妄之由。後之人徒見《圖》《書》之説載在聖經，雖明知其穿鑿傅會，終不敢犯古今之不韙而黜其非。中間一二大儒，亦嘗致疑於此。張南軒以"河圖"爲興《易》之祥【2】；魏鶴山則信蔣山之説，以《先天圖》爲"河圖"，五行生成數爲"洛書"，而戴九履一者，則太乙九宫之數【3】；宋潛溪則信劉歆，以八卦爲"河圖"，班固《洪範》本文爲"洛書"【4】，皆礙經文而爲之變説也。是故歐陽子既黜《圖》《書》，不得不并《繫辭》而疑其僞。【5】不僞《繫辭》，則"河出圖，洛出書"之文駕乎其上，其説終莫之能伸也。然則欲明"圖""書"之義，亦惟求之經文而已。

【1】語出歐陽修《居士集》卷第四十三《廖氏文集序》。詳見《自序》注【15】。

【2】張南軒，即張栻（1133—1180），字敬夫，號南軒，學者稱南軒先生，南宋理學家。其《南軒易説》卷一云："大抵通於天者，河也，有龍馬負圖而出。此聖人之德，上配於天，而天降其祥也。中於地者，洛也，有神龜載書而出。此聖人之德，下及於地，而地呈其瑞也。聖人則之，故《易》興於世，然後象數推之以前民用，卦爻推之以濟民行，而推之天下後世也。而世儒之説，乃謂伏羲得河圖洛書以作八卦。果如是，則不當曰伏羲始畫八卦也。而鄭康成溺於緯書，乃云'《河圖》有九篇，《洛書》有二篇'。而孔安國又以河圖爲八卦，洛書爲九疇。此皆蕪穢聖經者矣，甚者以'天生神物''天地變化'與夫'天垂象''河出圖，洛出書'爲'四象'者，此尤不經，學者不可不辨。"南軒以爲"河圖""洛書"乃是天地感聖人之德而呈現的祥瑞，非是文本與圖畫。

【3】魏鶴山，即魏了翁（1178—1237），字華父，號鶴山，著有《鶴山集》《九經要義》《經外雜抄》《古今考》等。蔣山，字得之，靖州人。魏了翁被貶黜靖州時，蔣山曾隨從求學。魏氏《答蔣得之》書云："今得之斷然謂：河圖則先天圖也，洛書則五行生成數也。戴九履一圖，不過太一下行九宫數耳。此不爲無

見。盖九宫數見之《乾鑿度》，見之張華子傳（案，當爲子華子），自是太一圖，而劉長民取爲河圖，誠有可疑。先天圖卦爻方位，縝密停當，乃天地自然之數，此必爲古書無疑。乃僅見於魏伯陽《參同》、陳圖南爻象卦數，猶未甚白，至邵子而後大明。今得之定爲河圖，雖未有明證，而僕亦心善之。”（《鶴山集》卷三十三）魏氏爲朱子後學，故亦尊崇《先天圖》，因而明知蔣山以《先天圖》爲《河圖》並無明證，却不加質疑。

【4】宋潛溪，即明初宋濂（1310—1381），字景濂，號潛溪，著有《潛溪集》《宋學士文集》等。其《河圖洛書説》云：“群言不定，質諸經。聖經言之，雖萬載之遠不可易也。其所不言者，固不強而通也。《易大傳》曰：‘河出圖，洛出書，聖人則之。’《書·顧命》篇曰：‘河圖在東序。’《論語·子罕》篇曰：‘河不出圖。’其言不過如是而已，初不明言其數之多寡也。言其數之多寡者，後儒之論也。既出後儒，宜其紛紜而莫之定也。夫所謂‘則之’者，古之聖人但取神物之至著者而畫卦陳範，苟無‘圖’‘書’，吾未見其止也。故程子謂‘觀兔亦可以畫卦’，則其他從可知矣。初不必泥其圖之九與十也，不必推其即太乙下行九宫法，也不必疑其爲太乙圖也，不必究其出於青城山隱者也，不必實其與《太極圖》合也。唯劉歆以八卦爲河圖，班固以《洪範》‘初一’至‘次九’六十五字爲洛書本文，庶幾近之。盖八卦、《洪範》，見之於經，其旨甚明。若以今之‘圖’‘書’，果爲河洛之所出，則數千載之間，孰傳而孰受之，至宋陳圖南而後大顯邪？其不然也昭昭矣。”（《宋濂全集》，第 43～44 頁）宋濂之考論較爲明晰，一是認爲以數言《河圖》《洛書》是後儒之説，古經籍未載；二是古聖則圖書而畫卦，此圖書之形態有多種可能性，未必是數圖；三是衡較諸説，漢儒劉歆、班固之説較爲合理；四是宋儒所言傳自陳摶之圖書並非古圖，不足取。

【5】見《自序》注【15】。

六經之言“圖”“書”凡四：《書·顧命》曰：“河圖在東序。”【6】《論語》曰：“河不出圖。”【7】《禮運》曰：“河出馬圖。”【8】《易》曰：“河出圖，洛出書，聖人則之。”【9】由是而求之，“圖書”之説從可知矣。聖人之作《易》也，一則曰“仰以觀於天文，俯以察於地理”【10】，再則曰“仰則觀象於天，俯則觀法於地，於是始作八卦”【11】，此章之意正與相類。“天垂象，見吉凶，聖人象之”【12】者，仰觀於天也；“河出圖，洛出書，聖人則之”者，俯察於地也。謂之“圖”者，山川險易，南北高深，如後世之圖經是

也。謂之“書”者，風土剛柔，户口扼塞，如夏之《禹貢》、周之《職方》是也【13】。謂之“河洛”者，河洛爲天下之中，凡四方所上圖書，皆以河洛繫其名也。《顧命》“西序”之“大訓”【14】，猶今之祖訓；“東序”之“河圖”，猶今之黄册【15】，故與寶玉雜陳。不然，其所陳者，爲龍馬之蜕與？抑伏羲畫卦之稿本與？無是理也。

【6】《尚書注疏·顧命》僞孔安國傳云：“河圖，八卦。伏犧王天下，龍馬出河，遂則其文以畫八卦，謂之河圖。”

【7】《論語·子罕》載：“子曰：鳳鳥不至，河不出圖，吾已矣夫。”何晏《論語集解》：“孔安國曰：有聖人受命，則鳳鳥至，河出圖。今天無此瑞。‘吾已矣夫’者，不得見也。河圖，八卦是也。”

【8】《禮記正義·禮運》孔疏云：“按《中候握河紀》‘堯時受河圖，龍銜赤文緑色’，注云：龍而形象馬，故云馬圖，是龍馬負圖而出。又云：伏羲氏有天下，龍馬負圖出於河，遂法之，畫八卦。又龜書，洛出之也。”

【9】语出《繫辭上傳》。其文曰：“天生神物，聖人則之；天地變化，聖人效之；天垂象，見吉凶，聖人象之；河出圖，洛出書，聖人則之。”

【10】語出《繫辭上傳》。

【11】語出《繫辭下傳》。其文曰：“古者包羲氏之王天下也，仰則觀象於天，俯則觀法於地，觀鳥獸之文與地之宜，近取諸身，遠取諸物，於是始作八卦，以通神明之德，以類萬物之情。”

【12】語出《繫辭上傳》見上注【9】。

【13】《禹貢》爲《尚書》之一篇，係現存中國古代最早之地理文獻之一，屈萬里認爲該篇成書於春秋（《尚書今注今譯》，第 24 頁）。《職方氏》，爲《周禮·夏官》之一篇，約成書於戰國。職方氏掌握天下地圖、四方職貢等。

【14】《尚書注疏》僞孔安國傳云：“東西廂謂之序。”“大訓”指著於玉版的先王訓誡之辭。

【15】黄册，明代爲征派賦役編造的户口册籍。

孔子之時，世莫宗周，列國各自有其人民土地，而河洛之圖書不至，無以知其盈虚消息之數，故歎“河不出圖”。其與“鳳鳥”言之者，鳳不至爲天時，圖不出爲人事，言天時人事兩無所據也。若“圖書”爲畫卦、敘疇之原，則卦畫、疇敘之後，河復出圖，將焉用之？而孔子歎之者，豈再欲爲畫卦之事耶？觀於《論語》，而"圖""書"之爲地理，益明矣。《禮運》出於漢儒，此可無論。楊子①曰："衆言淆亂，則折諸聖。"【16】經文既如是其明顯，則後儒之紛紜，徒爲辭費而已矣。

某之爲此言者，發端於永嘉薛士隆。士隆曰："《河圖》之數，四十有五，乾元用九之數也；《洛書》之數，五十有五，大衍五十之數也。究其終始之數，九實尸之。故地有九州，天有九野，傳稱河洛皆九曲，豈取數於是乎。"【17】士隆既不安後儒之説，超然遠覽，而又膠滯於數，始信衆言之難破也。

【16】語出揚雄《法言·吾子》。揚雄（前53—18），字子雲，西漢經學家，蜀郡成都（今四川郫縣）人，著有《太玄》《法言》《方言》等。

【17】薛士隆，即薛季宣（1134—1173），字士隆，號艮齋，學者稱常州先生，南宋永嘉學派創始人，著有《浪語集》《書古文訓》等。今節録其《河洛圖書辯》如下：

《易繫》："天垂象，見吉凶，聖人象之；河出圖，洛出書，聖人則之。"其言蓋有敘，觀之以理無晦也。説者或謂河圖、洛書本皆無有，聖人爲此説者以神道設教也。是非。……或者又以爲當伏羲之時，河嘗出龍馬負圖，自神農至於周公，洛水皆出龜書。此則似是而非，無所考徵。就龍龜之説，成無驗之文。自漢儒啟之，百世宗之，徵引釋經，如出一口，而聖人之道隱，巫史之説行。末世闇君，洎夫亂臣賊子，據之假符命，惑非彝，爲天下患害者，比比而是。聖人憂深慮遠，肯爲此妖僞殘賊哉……

《傳》不云乎，"伏羲氏之作《易》也，仰以觀于天文，俯以觀于地理，觀鳥獸之文，近取諸身，遠取諸物，始畫八卦"，圖書之説從可知矣。夫《易》之有卦，所以懸法也。畫卦之法原于象數，則象數者，《易》之根株也。《河圖》之數四十有五，乾元用九之數也；《洛書》之數五十有五，大衍五十之數也。究其終始之數，則九實尸之。故地有九州、天有九野，《傳》稱河洛皆九曲，豈取數于是乎？《春秋命歷序》："《河圖》，帝王之階，圖載江河山川州界之分野。"讖緯之説，雖無足深信，其有近正，不可棄也。信斯言也，則《河圖》《洛書》迺《山

① "楊"，四庫本作"揚"，古"揚雄"亦作"楊雄"。

經》之類，在夏爲《禹貢》，周爲職方氏所掌，今諸路閏年圖經、漢司空輿地圖、地理志之比也。……或曰是則然矣，圖與書奚辯？曰：圖書者，詳略之云也。河之原遠，中國不得而包之，可得而問者，其形之曲直原委之趨向。洛原在九州之内，經從之地與其所列名物，人得而詳之。史缺其所不知，古道然也。是故以書言洛，河則第寫於圖，理當然耳。昔者周天子之立也，河圖與大訓並列，時九鼎亦寶于周室，皆務以辯物象而施地政，所謂據九鼎按圖籍者也。仲尼作於周末，病禮樂之廢壞，職方之職不舉，所爲發歎鳳圖者，非有他也，龜龍之説，果何稽乎。第觀垂象之文，其義可以自見。（《浪语集》卷二十七）

今附　朱子《周易本義》卷首所載之《河圖》《洛書》

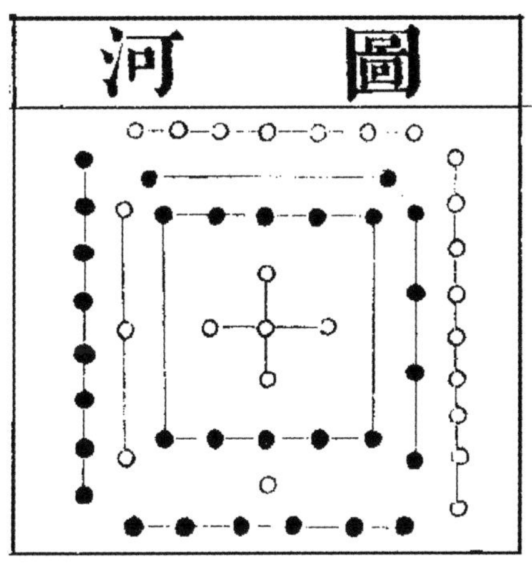


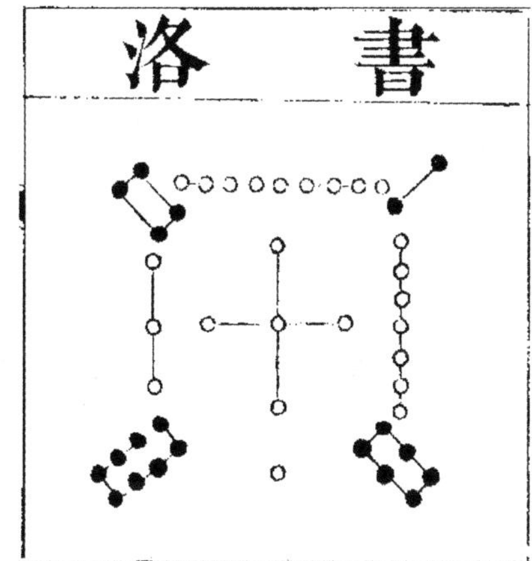

# 圖書二

按漢儒孔安國、劉歆皆以八卦爲《河圖》，《洪範》本文爲《洛書》。[1]鄭玄依緯書則云："《河圖》有九篇，《洛書》有六篇。"[2]自唐以前皆祖其説，無有異同。

其一六居下之圖，揚雄曰："三八爲木，爲東方"，"四九爲金，爲西方"，"二七爲火，爲南方"，"一六爲水，爲北方"。[3]又曰："一與六共宗，二與七共明，三與八成友，四與九同道，五與十相守。"[4]《乾坤鑿度》曰："天本一而立，一爲數原，地配生六，成天地之數，合而成（水）性；天三地八（木），天七地二（火），天五地十（土），天九地四（金）。"[5]虞翻《易注》曰："一六合水，二七合火，三八合木，四九合金，五十合土。"[6]《黄帝内經》曰："太過者其數成，不及者其數生，土常以生也。"[7]王冰注：生數，水數一、火數二、木數三、金數四、土數五；成數，水數六、火數七、木數八、金數九、土數五。歷考諸家，皆以爲"天地之數"，初未嘗以此爲"河圖"也。

【1】孔安國（前156—前74），字子國，孔子第十世孫，西漢初期經學家。《尚書注疏·顧命》僞孔安國傳云："河圖，八卦。伏犧王天下，龍馬出河，遂則其文以畫八卦，謂之河圖。"又《尚書注疏·洪範》僞孔安國傳云："天與禹，洛出書，神龜負文而出，列於背，有數至于九，禹遂因而第之以成九類，常道所以次叙。"《論語注疏·子罕》載孔安國曰："河圖，八卦是也。"唐李鼎祚《周易集解》載："孔安國曰：河圖則八卦也，洛書則九疇也。"

劉歆（前50—23），字子駿，西漢末著名經學家。《漢書·五行志》云："劉歆以爲，虙羲氏繼天而王，受河圖，則而畫之，八卦是也；禹治洪水，賜雒書，法而陳之，洪範是也。……初一曰五行，次二曰羞用五事，次三曰農用八政，次四曰叶用五紀，次五曰建用皇極，次六曰艾用三德，次七曰明用稽疑，次八曰念用庶徵，次九曰嚮用五福，畏用六極：凡此六十五字，皆雒書本文。"

【2】鄭玄（127—200），字康成，北海高密（今屬山東濰坊）人，東漢大經

學家，以今古文遍注群經。在易學上，先從第五元先學習京氏易，後從馬融學習費氏古文易，對西漢孟、焦、京易學及《易緯》之説多有繼承，在易學上著有《周易注》《易贊》《易緯注》等，今只存《易緯注》。唐孔穎達《周易正義·繫辭上》“河出圖，洛出書，聖人則之”疏云：“如鄭康成之義，則《春秋緯》云‘河以通乾出天苞，洛以流坤吐地符，河龍圖發，洛龜書感’，《河圖》有九篇，《洛書》有六篇。孔安國以爲《河圖》則八卦是也，《洛書》則九疇是也。”唐李鼎祚《周易集解》卷十四中亦有相同記載。

【3】見揚雄《太玄·玄數》。

【4】見揚雄《太玄·玄圖》。“二與七共明”之“明”，《太玄》作“朋”。據文義，作“朋”爲是。“五與十相守”，《太玄》作“五與五相守”，《太玄》無十數。

【5】《乾坤鑿度》爲漢代《易緯》之一。括號中文字，爲鄭玄注文。

【6】見唐李鼎祚《周易集解》卷十四。虞翻（164—232），字仲翔，漢末會稽餘姚（今屬浙江餘姚）人，五世家傳西漢孟氏易，爲漢易象數學之殿軍，著有《周易注》十卷，今佚。唐李鼎祚著《周易集解》多引虞氏易注，賴此書之傳，後人得以窺見虞氏易説。

【7】見《黄帝内經·素問·六元正紀大論》。

其戴九履一之圖，《乾鑿度》曰：太乙行九宫，四正四維皆合於十五。[8]張衡曰：“律曆卦候，九宫風角，數有徵效。”[9]魏伯陽曰：“土王四季，羅絡始終。青赤白黑，各居一方。皆禀中宫，戊己之功”。又曰：“太乙乃君，移居中州。”[10]《内經》有眚於三，東方；眚於九，南方；眚於七，西方；眚於一，北方；眚於四維。[11]歷考諸家，皆以爲九宫之數，初未嘗以此爲“洛書”也。“圖書”之所指既如彼，二數之稱名又如此，兩者判然不相及。

【8】《易緯·乾鑿度》云：“陽以七，陰以八爲彖。《易》一陰一陽，合而爲十五之謂道。陽變七之九，陰變八之六，亦合於十五。則彖變之數，若一陽動而進，變七之九，象其氣之息也；陰動而退，變八之六，象其氣之消也。故太一取其數以行九宫，四正四維皆合於十五。”鄭玄注曰：“太一者，北辰之神名也，居其所曰太一，常行於八卦日辰之間曰天一。或曰太一出入所遊息於紫宫之内外，

其星因以爲名焉，故《星經》曰天一。太一，主氣之神。行，猶待也。四正四維，以八卦神所居，故亦名之曰宫。天一下行，猶天子出巡狩、省方岳之事，每率則復。太一下行八卦之宫，每四乃還於中央。中央者，北神之所居，故因謂之九宫。天數大分，以陽出，以陰入，陽起於子，陰起於午，是以太一下九宫，從坎宫始。坎，中男，始亦言无適也。自此而從於坤宫。坤，母也。又自此而從震宫。震，長男也。又自此而從巽宫。巽，長女也。所行者半矣，還息於中央之宫。既又自此而從乾宫。乾，父也。自此而從兑宫。兑，少女也。又自此從於艮宫。艮，少男也。又自此從於離宫。離，中女也。行則周矣，上遊息於太一天一之宫，而反於紫宫。行從坎宫始，終於離宫。數自太一行之坎爲名耳，出從中男，入從中女，亦因陰陽男女之偶爲終始云。"此以八卦配九宫，八卦居四正四維，太一（同太乙）巡遊於九宫，自坎一宫始，經坤二宫、震三宫、巽四宫而返中五宫，再中五宫入乾六宫，經兑七宫、艮八宫，而入離九宫。坎宫爲陽生之子位，離爲陰生之午位，故云太一是以陽出而以陰入。

【9】見張衡《駁圖讖疏》，載明張溥編《漢魏六朝百三名家集》卷十四。

【10】青赤白黑，即五行之木火金水。木居東方，主春，色青；火居南方，主夏，色赤；金居西方，主秋，色白；水居北方，主冬，色黑。土居中央，旺于四時之季月。明陸長庚云："土無定位，分王於四季之中。故木得之以榮，火得之以藏，金得之以生，水得之以止，所謂'四象五行全藉土'也。"（見清仇兆鰲《古本周易參同契集注》卷上）"太乙乃君"，考五代彭曉《周易參同契通真義》、清仇兆鰲《古本周易參同契集注》等，均作"太乙乃召"。

【11】見《黄帝内經》卷第二十《素問》。九宫數三居東方，九居南方，七居西方，一居北方。

至宋，而方士牽強扭合，儒者又從緣飾，以爲授受之秘，而漢唐以來之議論一切抹煞矣。當日歐陽子之所謂"怪妄"者，猶是漢儒之説，第以"龍馬""神龜"爲不經耳。若二數乃日者之常談，且不足怪妄之矣。奈之何，旋毛圻文之附會，紛紛如寱語也。[12]且"圖書"亦自有辨。天地之數，固命之爲圖；九宫之數，是亦一圖也，豈可爲書？漢儒圖則言畫，書則言文，猶致嚴於名實。[13]此則不暇自掩其失矣！

【12】"旋毛圻文"之説出於元儒吴澄，以龍馬背部之旋毛解釋龍馬如何負

圖，以神龜背部之文理解釋神龜如何載書，明清諸儒多有因之者。吴氏《易纂言·繫辭上傳》云：“河圖者，羲皇時河出龍馬，背之旋毛後一六、前二七、左三八、右四九、中五十以象，旋毛如星點，而謂之圖。羲皇則其陽奇陰耦之數，以畫卦生蓍。洛書者，禹治水時洛出神龜，背之拆文前九後一、左三右七、中五、前之右二、前之左四、後之右六、後之左八，以其拆文如字畫，而謂之書。禹則其自一至九之數，以叙洪範九疇。”“寱”亦作“寱”，古同“囈”，“寱語”即囈語也。

【13】圖爲圖像，書爲文籍。梨洲此説與薛季宣相類（見《圖書一》注【17】）。本篇起首所云“漢儒孔安國、劉歆皆以八卦爲《河圖》，《洪範》本文爲《洛書》”，也是嚴格區分了圖與書的不同。

# 圖書三

劉牧[1]謂《河圖》之數九，《洛書》之數十，李覯[2]、張行成[3]、朱震[4]皆因之。而朱子以爲反置，一證之邵子，曰：“圓者星也，曆紀之數，其肇於此乎！方者土也，畫州井地之法，其放於此乎！蓋圓者《河圖》之數，方者《洛書》之文。”[5]然鶴山辨之曰：“邵子但言方圓之象，不指九十之數。若以象觀之，則九又圓于十矣。”[6]且星，少陽；土，少柔。偶者爲方爲陰，奇者爲圓爲陽，十偶而九奇，邵子之言反若有助於牧也。[7]

【1】劉牧（1011—1064），字長民，衢州西安（今屬浙江衢州）人。學《易》於范諤昌，諤昌本於許堅，許堅本於种放（或謂許堅本於李溉，李溉本於種放），种放本於陳摶。著有《卦通德論》一卷、《易數鈎隱圖》三卷、《先儒遺論九事》一卷。門人有吴秘、黄黎獻等。其《易數鈎隱圖》卷下云：“今《河圖》相傳於前代，其數自一至九，包四象八卦之義，兼五行之數。《洛書》則推五行生成之數也。”以九數者爲《河圖》，以五行生成數即十數者爲《洛書》。

【2】李覯（1009—1059），字泰伯，北宋建昌軍南城（今屬江西南城縣）人，建盱江書院，從學者數百人，學者稱盱江先生，晚年任太學直講。現存《直講李先生文集》（又稱《盱江先生全集》）三十七卷，其中有《易論》十三篇、《刪訂易圖論》六篇。今中華書局有《李覯集》。其《刪訂易圖論一》繪有九數之《河圖》、十數之《洛書》，並云：“《洛書》五十有五，協於《繫辭》天地之數；《河圖》四十有五，雖於《易》無文，然其數與其位，灼有條理，不可移易，非妄也。”

【3】張行成（587—653），字文饒，南宋臨邛（今屬四川邛峽市）人，学者稱觀物先生。其學宗邵雍之説，崇尚象數，著有《述衍》十八卷、《翼玄》十二卷、《元包數義》三卷、《潛虚衍義》十六卷、《皇極經世索隱》二卷、《觀物外篇衍義》九卷、《易通變》四十卷等。其《易通變》卷二云：“《河圖》無十，散爲九位者，天之氣數，氣則流布也。《洛書》有十，合爲五類者，地之形數，形則凝聚也。”

【4】朱震（1072—1138），字子發，南宋荊門軍（今屬湖北荊門市）人，學

者稱漢上先生，著有《漢上易傳》等。其《漢上易傳》卷十一云：“九者，《河圖》數也；十者，《洛書》數也。”

【5】見邵雍《皇極經世書·觀物外篇上》。朱子《易學啟蒙·本圖書》引之，以爲十數圖圓，九數圖方，以證邵氏主《圖》十《書》九。

【6】魏了翁《答蔣得之》云：“《河圖》《洛書》之數，古無明文。漢儒以後，始謂羲卦本之《圖》，禹疇本之《書》。本朝諸儒，始有九爲圖十爲書、九爲書十爲圖之説，二者並行，莫之能正。至朱文公，始以九圖十書爲劉長民託之陳圖南，辭而闢之，而引邵子爲證。然邵子不過曰圓者河圖之數，方者洛書之文，第言圓方，不言九十。”（《鶴山先生大全文集》卷三十三）

【7】邵雍《皇極經世·觀物篇五十一》以日月星辰、水火土石配陰陽剛柔之八象，日爲太陽、月爲太陰、星爲少陽、辰爲少陰；以水爲太柔、火爲太剛、土爲少柔、石爲少剛。梨洲指出，偶者爲陰爲方，奇者爲陽爲圓，則星屬陽爲圓，土屬柔爲方，則圓者爲《河圖》當奇數，偶者爲《洛書》當偶數，十數偶而九數奇。據此，邵子之説反可證劉牧圖九數十之説，而與朱子圖十數九之説不契也。

再證之關子明，曰：“《河圖》之文，七前六後，八左九右；《洛書》之文，九前一後，三左七右，四前左，二前右，八後左，六後右。”【8】然關子明僞書也，不可爲證。劉因爲之解曰：“僞關氏之書者，非僞後人之托夫關氏也，蓋僞其自作者託之於聖人也。”【9】則又不然。關氏書亡，阮逸僞作，安見非後人之托夫關氏乎？【10】

三證之《大戴禮·明堂》篇，有二九四、七五三、六一八，鄭氏注云：“法龜文也。”然鄭玄注《小戴禮》，未嘗注《大戴禮》，在《藝文志》可考。今之所傳，亦後人假托爲之也，其疏略不出於鄭氏明矣。況鄭氏明言“《河圖》九篇，《洛書》六篇”，豈又以九宫爲《洛書》，自背其説哉？【11】

【8】關朗，字子明，北魏人，著有《關氏易傳》。今傳《關氏易傳》係宋人阮逸僞造。上引關氏之言，見宋王應麟《玉海》卷三十五《藝文》等。

【9】劉因（1249—1293），字夢吉，號靜修，保定容城（今屬河北容城）人，元朝理學家，有《靜修先生文集》。上文引劉氏言見《静修先生文集》卷二十八《續集卷三》。

【10】阮逸，字天隱，爲宋仁宗時人，經學家，著有《易詮》六卷、《文中子

注》十卷等，並與胡瑗合著《皇祐新樂圖記》三卷。據載其曾將其僞撰之《關氏易傳》稿向蘇洵展示。《四庫全書總目·易類存目一》對阮氏僞作《關氏易傳》有精要考證："是書《隋志》《唐志》，皆不著録。晁公武《讀書志》謂李淑《邯鄲圖書志》始有之，《中興書目》亦載其名，云阮逸詮次刊正。陳師道《後山叢談》、何薳《春渚紀聞》及邵博《聞見後録》，皆云阮逸嘗以僞撰之稿示蘇洵。則出自逸手，更無疑義。逸與李淑同爲神宗時人，故李氏書目始有也。《吴萊集》有此書後序，乃據文中子之説，力辨其真，文士好奇未之深考耳。"朱子《易學啟蒙·本圖書》引僞《關氏易傳》之説以證圖十書九。案，《朱子語類》卷六十七載，朱子云："關子明《易》是阮逸作，陳無己集中説得分明。"陳無己即陳師道。可見，朱子本人知道《關氏易傳》是僞書。爲什麼明知其僞，又在《易學啟蒙》中引以爲證呢？劉因的解説顯然過於牽強。元儒吴澄説："關子明《易》者，宋仁宗時阮逸之所作也。種、穆得'河圖''洛書'於希夷之家，阮逸同時人，蓋亦因二家之所傳，而得見圖書之象，故其言云然。"（《易纂言外翼》）對此，筆者在研究朱子易學時曾予以探討，指出"吴氏以爲阮逸與種放、穆修同時，早于劉牧，其説可能得自于種、穆之傳。其意是説，雖然《關氏易傳》乃阮逸所作，但阮逸乃是種、穆時人，早于劉牧、邵雍，《易學啟蒙》自然可以引其説爲證，以駁劉牧'圖九書十'之説。此説可取。黄宗羲、胡渭都以《關氏易傳》爲僞書而斥之，却不知朱熹既以《關氏易傳》爲僞書又在《啟蒙》中引之之意，《啟蒙》既然可以引邵雍之説爲證，自然也可以引早于邵雍的阮逸之説。當然，引阮逸之説也並不能充分證明'圖十書九'乃河圖、洛書的本貌"（拙作《朱熹易學思想研究》，第149頁）。

【11】對朱子所舉《大戴禮記·明堂》之説及鄭玄注文，宋儒王應麟即曾予以指正，他説："《大戴禮》盧辯注，非鄭氏。朱文公引《明堂篇》鄭氏注云'法龜文也'，未考《北史》也。"（《困學紀聞》卷五）清儒黄宗羲、胡渭皆辨明此注非出自鄭玄。《四庫全書總目》論之尤詳："朱子引《明堂篇》鄭氏注云'法龜文'，殆以注歸之康成。考注内徵引有康成、譙周、孫炎、宋均、王肅、范甯、郭象諸人，下逮魏晋之儒。王應麟《困學紀聞》指爲盧辯注。據《周書》，辯字景宣，官尚書右僕射，'以《大戴禮》未有解詁，乃注之。其兄景裕謂曰：昔侍中注《小戴》，今爾注《大戴》，庶纘前修矣。'王氏之言信而有徵。"筆者認爲，如同引證僞《關氏易傳》一樣，此條《大戴禮記》注者雖然爲北魏盧辯，不如鄭玄更有權威性，但仍可作爲先儒早有以九數爲《洛書》的一條證據。

凡此數證，皆不足以絀牧。在宋以前，二數未嘗有“圖”“書”之名，安得謂此九彼十？至於劉、邵，則同出希夷，授受甚明。若彼此異同，所傳者亦復何事？故以十爲《圖》，九爲《書》者，特始於朱子，後之諸儒相率而不敢違耳。【12】就二數通之於《易》，則十者有“天一”至“地十”之《繫》可據，九者並無明文。此朱子爭十爲《河圖》之意長於長民也。雖然，自一至十之數，《易》之所有也；自一至十之方位，《易》之所無也。一、三、五、七、九之合於天，二、四、六、八、十之合於地，《易》之所有也；一六合、二七合、三八合、四九合、五十合，《易》之所無也。天地之數，《易》之所有也；水火木金土之生成，《易》之所無也。【13】試盡去後人之添入，依經爲説，則此數仍於《易》無與，而況名之爲《河圖》乎？

【12】據考，朱子初亦從衆説，以九數圖爲《河圖》、十數圖爲《洛書》，後從其弟子蔡元定之説而改爲圖十書九。朱子《答蔡季通》書云：“前日七八九六之説，于意如何？近細推之，乃自《河圖》而來（即老兄所謂《洛書》者），欲於《啟蒙》之首增此一篇。”（《晦庵先生朱文公文集》卷四十四）所謂七八九六之説是指大衍筮法所得老少陰陽之數。蔡元定精通象數，朱子常與之討論易學象數問題，《易學啟蒙》即是由蔡元定執筆完成的。可以推知，在蔡元定起草《易學啟蒙》之時，朱子接受了蔡氏的圖十書九説。

【13】《繫辭上傳》云：“天一，地二，天三，地四，天五，地六，天七，地八，天九，地十。”又云：“天數五，地數五，五位相得而各有合。天數二十有五，地數三十，凡天地之數五十有五，此所以成變化而行鬼神也。”《周易正義》韓康伯注云：“天地之數各五，五數相配，以合成金木水火土。”孔穎達疏云：“若天一與地六相得，合爲水；地二與天七相得，合爲火；天三與地八相得，合爲木；地四與天九相得，合爲金；天五與地十相得，合爲土也。”朱子則將“相得”與“有合”分别作解，其《周易本義》云：“‘相得’謂一與二、三與四、五與六、七與八、九與十，各以奇偶爲類而自相得。‘有合’謂一與六、二與七、三與八、四與九、五與十，皆兩相合。二十又五者，五奇之積也。三十者，五偶之積也。‘變化’謂一變生水，而六化成之；二化生火，而七變成之；三變生木，而八化成之；四化生金，而九變成之；五變生土，而十化成之。”梨洲此處嚴格按照《繫辭傳》之文而勘定“天一”至“地十”之意義，認爲傳文中並未講十個

數的方位與五行生成數問題，皆是後儒所添入。問題是，《繫辭傳》列此十個數究爲何義，梨洲又語焉不詳。須知，在中國古代將數目與時空及五行相關聯，有其源遠流長的傳統，《墨子・迎敵祠》即將七八九六之數與四方相配，《吕氏春秋》十二紀亦將數目與五行、四時、方位相配，漢代文獻中此類記載則更多，可以説在先秦，數目就具有了宇宙時空論的意義，形成了以數爲顯體的宇宙论。在此思想史之背景下，從時空與五行之角度解讀《繫辭傳》十數之意義，並不是没有根據的。

# 圖書四

世之言五行者，莫不本於生成之數，皆以爲造化之自然，無容復議也。[1]某則以九流之失，由此數失之於始。夫太虚絪緼相感，止有一氣，無所謂天氣也，無所謂地氣也。自其清通而不可見，則謂之天；自其凝滯而有形象，則謂之地，故曰“資始”“資生”。[2]又曰“天施地生”，言天唱而不和，地和而不唱。今所謂生者，唱也；所謂成者，和也。一、三、五，天之生數；六、八、十，地之成數；二、四，地之生數；七、九，天之成數，是天唱而復和，地和而復唱。真若太虚之中兩氣並行，天氣地氣，其爲物貳矣。[3]

【1】五行生成數之説淵源甚古，今所存文獻中最早見於《漢書·五行志》所載劉歆之説，後來鄭玄以之注《易》。一般而言，五行有生有成，並與一至十個基本數相配，奇數爲天數，偶數爲地數。天一爲水之生數，地六爲水之成數；地二爲火之生數，天七爲火之成數；天三爲木之生數，地八爲木之成數；地四爲金之生數，天九爲金之成數；天五爲土之生數，地十爲土之成數。一、六爲水，於時爲冬，居北方；二、七爲火，於時爲夏，居南方；三、八爲木，於時爲春，居東方；四、九爲金，於時爲秋，居西方；五、十爲土，於時爲四季，居中央。此爲五行十數之基本時空架構。

【2】《説文·土部》云：“元氣初分，輕清陽爲天，重濁陰爲地。”天爲輕清之氣，地爲重濁之氣，此爲漢宋思想之通識，理學家亦常以氣之清濁論人之氣禀。“資始”“資生”語出乾坤二卦之《彖傳》。乾《彖》云：“大哉乾元，萬物資始。”坤《彖》云：“至哉坤元，萬物資生。”萬物之創生本之於乾坤。

【3】“天施地生”語出《周易》益卦之《彖傳》，其文曰：“天施地生，其益無方。凡益之道，與時偕行。”天施地生，即陽主而陰從，陽唱而陰和。五行生成數或以陽爲生數，或以陰爲生數，則天唱而復和、地和而復唱，梨洲以爲有悖於天施地生之旨，更有悖於天地一氣流行之實。

是故一氣之流行，無時而息。當其和也，爲春，是木之行；和之至而

温，爲夏，是火之行；温之殺而涼，爲秋，是金之行；涼之至而寒，爲冬，是水之行；寒之殺，則又和。木、火、金、水之化生萬物，其凝之之性即土。蓋木、火、金、水、土，目雖五，而氣則一，皆天也；其成形而爲萬物，皆地也。若以水、木、土，天之所生；火、金，地之所生，則春冬屬天，夏秋屬地，五行各有分屬，一氣循環忽截而爲天，忽截而爲地，恐無此法象矣。【4】

【4】以梨洲之見，天地之間爲一氣之流行，周流不息，而四時之往來，皆由於此氣寒温之變化。其平和則爲春，温熱則爲夏，清涼則爲秋，寒冷則爲冬，而五行之木、火、金、水也就四時化生萬物之氣，而此氣之凝聚之性就是土。所以，五行雖然名分爲五，實際上是一氣流行之不同樣態。就其爲氣而言，皆屬於天；就其生成萬物之形體而言，皆屬於地。所以，將五行與十數相配，而分水、木、土爲天數所生，火、金爲地數所生，則將此流行之一氣分截爲二體，有違其常理。

原其一水、二火、三木、四金、五土，不過以質之輕重爲數之多寡，第之先後，故土重於金，金重於木，木重於火，火重於水。然方其爲氣，豈有輕重之可言？未聞涼重於温，寒輕於和也，則知天一至地十之數，於五行無與矣。是故言五行天生地成，可也；言地生天成，不可也。言奇數屬天，偶數屬地，可也；言某行屬奇數，某行屬偶數，不可也。此千古不解之惑，儒者不免，況於術數家乎！【5】

【5】一水、二火、三木、四金、五土之序，最早見於《尚書·洪範》。梨洲認爲，此五行之序原是按其質之輕重而排列的。但此説又不盡可通。説土重於金、金重於木、木重於火，尚可；説火重於水，則不知從何而論。《尚書正義·洪範》孔穎達疏云：“萬物之本，有生於無，著生於微，及其成形，亦以微著爲漸，五行先後亦以微著爲次。五行之體，水最微爲一，火漸著爲二，木形實爲三，金體固爲四，土質大爲五，亦是次之宜。”孔氏從五行微著的角度解其先後之序，比梨洲以質之輕重爲説更講得通。今人或以爲《尚書》只是述五行之次序，並没有將數視爲五行之表徵，但問題似乎並没有那麼簡單。

郭店楚簡有《大一生水》篇，説：“大一生水，水反輔大一而生天。”漢儒亦

有“天一生水”之説。《尚書正義·洪範》孔疏云：“數之所起，起於陰陽。陰陽往來，在於日道。……冬，水位也，以一陽生爲水數……夏，火位也，當以一陰生爲火數，但陰不可名奇數，故以六月二陰生爲火數也……正月爲春，木位也，三陽已生，故三爲木數……八月爲秋，金位也，四陰已生，故四爲金數。三月春之季，四季，土位也，五陽已生，故五爲土數。”此則從四時陰陽消息之角度論五行數之來由。孔疏雖未必是先秦五行説之原意，但以四時陰陽消長變化來解釋五行則是先秦之普遍現象。所以，五行之數何以如此，是值得深究的問題，不宜輕率作評。

# 圖書五

天一至地十之數，儒者必欲言聖人則之以畫卦。崔憬曰：“‘三天’者謂從三始，順數而至五、七、九，不取於一；‘兩地’者謂從二起，逆數而十、八、六，不取於四。艮爲少陽，其數三；坎爲中陽，其數五；震爲長陽，其數七；乾爲老陽，其數九。兑爲少陰，其數二；離爲中陰，其數十；巽爲長陰，其數八；坤爲老陰，其數六。”【1】劉長民曰：“水六、金九、火七、木八而生八卦（此坎、離、震、兑四卦）。六居坎而生乾（謂三爲坎，三爲乾也），九居兑而生坤（謂三爲兑，六爲坤也），七居離而生巽（謂三爲離，四爲巽也），八居震而生艮（謂三爲震，五爲艮也）。”【2】朱子曰：“《河圖》之虚五與十者，太極也。奇數二十，偶數二十者，兩儀也。以一二三四爲六七八九者，四象也。析四方之合，以爲乾、坤、離、坎；補四隅之空，以爲兑、震、巽、艮者，八卦也。”【3】同此一數，而三家所指不同如此。

【1】文見李鼎祚《周易集解·繫辭》“大衍之數五十，其用四十有九”注。崔憬，史傳未載，生平不詳，唐朝人，生活年代晚於孔穎達而早於李鼎祚，著有《周易探玄》。其易説，李氏《周易集解》多有引徵。《説卦傳》云“參天兩地而倚數”，崔氏以“參天”爲“三天”，由三而順數陽數五、七、九，而不取一；“兩地”爲從二逆數陰數十、八、六，而不取四，然後將陰陽之八數與八卦相配，即艮爲少陽數三，坎爲中陽數五，震爲長陽數七，乾爲老陽數九；兑爲少陰數二，離爲中陰數十，巽爲長陰數八，坤爲老陰數六。

【2】文見劉牧《易數鈎隱圖》卷上。原文作：“五行成數者，水數六，金數九，火數七，木數八。水居坎而生乾，金居兑而生坤，火居離而生巽，木居震而生艮，已居四正而生乾、坤、艮、巽，共成八卦也。”書中配有“四象生八卦圖”。梨洲夾注指出水六、金九、火七、木八表徵四正卦坎、兑、離、震，由四正卦數而生四隅卦乾數三、坤數六、巽數四、艮數五，從而形成“後天八卦圖式”。

【3】文見朱子《易學啟蒙·本圖書》。以朱子之見，《河圖》中宫之五與十，

爲太極之象；奇數一、三、七、九，偶數二、四、六、八，其和各爲二十，陽奇陰偶，陰陽平衡，爲兩儀之象；《河圖》四方之數一與六合、二與七合、三與八合、四與九合，將此四方之合拆開，以六、七、八、九居四正，以爲四正卦位；以一、二、三、四居四隅，以爲四隅卦位。

配卦之論，始於崔憬，憬但言其數，不言其位。乾坤震巽，數有可據；其附會者，坎離艮兑耳。[4]長民兼位數而言，六爲水而坎屬之，七爲火而離屬之，八爲木而震屬之，九爲金而兑屬之，以四卦之五行，還就其位數，未爲不可。至於乾坤艮巽，則不可通矣。[5]朱子主先天之説，以乾南坤北者，伏羲之卦位也；離南坎北者，文王之卦位也。《河圖》出於宓戲，其時尚無離南坎北之位，硬以乾南坤北配之，則更無一合者矣。[6]天下之物，一人以爲然，千萬人以爲然，其爲物也不遠矣。一人可指之爲此，又一人可指之爲彼，其爲物也無定名矣。故以天地之數配八卦者，皆非定名也。

【4】崔憬取八卦配天地之數，其中一與四無卦可配，虚而不用，其餘乾爲老陽數九，坤爲老陰數六，震爲長男數七，巽爲長女數八，合乎七八九六四象之數；而艮數三、坎數五、兑數二、離數十則於經無徵。

【5】坎爲水，離爲火，震爲木，兑爲金，水成數六居北，火成數七居南，木成數八居東，金成數九居西，因此説“以四卦之五行，還就其位數，未爲不可”。而乾數三、坤數六、巽數四、艮數五，則與乾居西北、坤居西南、巽居東南、艮居東北之方位不合，亦與其五行不合，如坤爲土當居中央。

【6】朱子崇尚先天卦位，以之爲伏羲易；而以後天卦位爲文王易，因而伏羲時之《河圖》自然與先天卦位相配。對於如何相配，他只是説“析四方之合，以爲乾坤離坎；補四隅之空，以爲兑震巽艮者”。但“析四方之合”，何以爲乾坤坎離；“補四隅之空”，何以爲兑震巽艮，則又語焉不詳。明儒蔡清曾爲之解，他説：“‘析四方之合，補四隅之空’，語脈氣勢相連，蓋析四方之合，就以補四隅之空也。蓋一與六合、二與七合、三與八合、四與九合，合析去其所合者，而使六七八九不動，以爲乾坤坎離，却以所合者補四隅處，以爲兑震巽艮。”（《易經蒙引》卷十下）其意是析解《河圖》一六、二七、三八、四九之合，而以六、七、八、九居四正，一、二、三、四居四隅，此乃八卦之位。筆者認爲，在如何由《圖》《書》之數推衍出卦爻畫的問題上，朱子並未能給出允洽的解釋，這並非是朱子之探索不够精

深，實在是由於《圖》《書》之數目與卦爻畫符號雖然有意義關聯，但二者在意義表達方式上有其基本差異，卦爻畫符號畢竟不是數目組合，兩者之間難以圓滿黏合。

# 圖書六

《龍圖序》見於《宋文鑑》，以十爲《河圖》。【1】朱子辨劉牧九爲《河圖》之非，不取此爲證者，以其爲假書也（見《語類》）。【2】故劉靜修【3】曰："《龍圖》之說，未必出於劉牧之前。吕伯恭從而誤信之【4】，猶張敬夫爲戴氏師愈所欺也【5】。希夷未聞有書，傳至邵子而後有書。"宋景濂以爲不然，曰："《龍圖序》，非圖南不能作也。"【6】

【1】《龍圖序》相傳爲陳摶所作。《宋史·藝文志》載陳摶有《龍圖易》一卷，《宋文鑑》收録《龍圖序》一文。案，《宋文鑑》原名《皇朝文鑑》，爲吕祖謙奉宋孝宗之命編輯，收録宋人詩文，總一百五十卷。

【2】朱子云："《龍圖》是假書，無所用。康節之易，自兩儀、四象、八卦以至六十四卦，皆有用處。"（《朱子語類》卷六十七）

【3】劉靜修，即元儒劉因（見《圖書三》注【9】）。所引見其《河圖辨》，載《劉因集》卷二十八《續集》卷三。

【4】吕伯恭，即宋儒吕祖謙（1137—1187），字伯恭，婺州（今浙江金華）人，世稱"東萊先生"，與朱子、張栻並稱"東南三賢"，著有《東萊集》《東萊博議》等。

【5】張敬夫即張栻（見《圖書一》注【2】）。"張敬夫爲戴氏師愈所欺也"是指戴師愈僞造五代麻衣道人之《正易心法》（亦稱《麻衣易說》《麻衣心易》），張栻信以爲真。事見朱子《書麻衣心易後》《再跋麻衣易說後》。《晦庵文集》《朱子語類》多記朱子談戴氏僞作《麻衣易說》之事。朱子云："《麻衣易》，南康戴主簿作。某親見其人，甚稱此《易》得之隱者，問之不肯言其人。某適到其家，見有一册雜録，乃戴公自作，其言皆與《麻衣易說》大略相類。及戴主簿死，子弟將所作《易圖》來看，乃知真戴公所作也。"（《朱子語類》卷六十七）

【6】宋景濂，即宋濂（見《圖書一》注【4】）。其《河圖洛書說》云："或曰：'世傳《龍圖序》謂出於圖南，若《河圖》由圖南而傳，當以《龍圖》解《河圖》

可也，而容城劉夢吉力辨其訛焉。何哉?’濂曰：‘《龍圖序》非圖南不能作也。是圖南之學也，而非大《易》“河出圖”之本旨也。八卦之設，不必論孤陰與寡陽也，不必論已合之位與未合之數也。”（《宋濂全集》，第44頁）可知，宋濂雖以《龍圖序》爲陳摶所作，但並不認爲其合乎《易》書之旨。

張理注以第一圖爲“未合之位”，第二圖爲“已合之位”，蓋不知序言“後既合也”爲第三圖。[7]又以“天一居上爲道之宗”一語誤解在南爲上，於是第二圖上位置一於南，置二於北，置四於東，置三於西。以之合於下位，則二六居下，一七居上，四八居左，三九居右，不可通矣。[8]乃言當如“太乙”“遁甲”陰陽二局，以一二三四爲天盤，在上，隨時運轉；六七八九爲地盤，布定不易。以一在南，動而右轉，初交一居東南，二居西北，三居西南，四居東北；再交一東北，二西南，三東南，四西北，然後爲生成之位（即朱子《河圖》）；三交一西北，二東南，三東北，四西南；四交一西南，二東北，三西北，四東南。再轉則一復於南。如此則《龍圖》已合者且有六圖，不勝支離。[9]蓋不知“天一居上”之“上”，謂上位也。某故正之，以復希夷之舊。

【7】張理，元代易學家，字仲純，清江（今屬江西）人，嘗從杜本學《易》於武夷山，盡得其學，官至福建儒學副提舉，著有《易象圖説》三卷、《大易象數鉤深圖》三卷。張氏對《龍圖序》之注解，見所著《易象圖説·内篇》卷上。梨洲認爲其將第二圖當作“已合之位”，是錯誤的，實則第一圖、第二圖都是“未合之位”，第一、二圖之合方爲“已合之位”。（圖見下文《龍圖序》）

【8】《龍圖序》云：“後既合也，天一居上爲道之宗，地六居下爲氣之本。”張理以居上爲居南方，居下爲居北方，於是其“第二圖上位”一居南、二居北、三居西、四居東、五居中；下位六居北、七居南、八居東、九居西、十居中。（《易象圖説·内篇》卷上）梨洲認爲，張理誤解了《龍圖序》的意思，其所謂“天一居上”“地六居下”乃是之天一居上位圖，地六居下位圖，而不是天一居南方上位之義。

【9】張理認爲《龍圖序》之上位圖和下位圖之關係，就像太乙術、遁甲術中所分之天盤與地盤，上位圖之一、二、三、四、五爲天盤，下位圖之六、七、八、九、十爲地盤，天盤在上，地盤在下，天盤運轉而地盤不動，由此形成各種

圖式。天盤一居南，二居下，三居西，四居東，左旋之與地盤相交錯，第一交則一居東南、二居西北、三居西南、四居西北，地盤六居北、七居南、八居東、九居西，如此八數居八方，四陽數居上左，四陰數居下右，此爲“分陰分陽而天地設位”；繼而第二交，一居東北、二居西南、三居東南、四居西北，與地盤相交，則一東北、六正北、二西南、七正南、三東南、八正東、四西北、九正西，“牝牡相銜，而六子卦生”，此兩變相合“成先天八卦，自然之象也”，又一六共居下、二七共居上、三八共居左、四九共居右，陰陽相配，有朱子所謂之《河圖》之象；繼而第三交，一居西北，二居東南、三居東北、四居西南，與地盤相交，則“剛柔交錯，而爲坎、離、震、兑”；接著，第四交，一居西南、二居東北、三居西北、四居東南，與地盤相錯，四陽數居右，四陰數居左，“右陽左陰，而乾坤成列，合是二變而成後天八卦，裁成之位也”。如是天盤左旋一周。按張理之見，《龍圖序》“已合之位”有“天盤”“地盤”二圖，再加上二圖相交之四圖，則共有六圖，所以梨洲説“如此則《龍圖》已合者且有六圖，不勝支離”。張、黄之分歧在於對“天一居上”“地六居下”的理解。梨洲之説簡易明了，而張理之説周旋變易，融會新思，不宜輕易否定。

然《序》之爲説，固不能無疑，謂河出未合之圖，“伏戲合而用之”，是伏戲畫卦又畫圖矣。【10】《繫辭》天數二十有五，積一、三、五、七、九而得之；地數三十，積二、四、六、八、十而得之。今上位分爲一、二、三、四、五、十，下位分爲六、七、八、九，則天數雜地數之中，地數雜天數之中，上得六位，下得四位，無乃天數六，地數四乎？既以其數託之於《易》，又與《易》背，宜乎朱子以爲假也！【11】

【10】《龍圖序》以爲“河出圖”之圖爲未合之數圖，即“天散而示之也”；伏羲氏將天散示之圖合而爲一，方有後世所傳之《河圖》，所以説“伏戲畫卦又畫圖矣”。

【11】觀《龍圖序》之文，第一圖上位爲數二十五，第一圖下位爲數三十，以二十五合乎天數，三十合乎地數而已；又第二圖上位由第一圖上位去十而得一、二、三、四、五之數。文中並無“上位分爲一、二、三、四、五、十，下位分爲六、七、八、九”之義，談不上天數雜地數，地數雜天數之義。退而言之，既然講數之分合，也就允許奇偶之數相雜，也並無背於易理之處。梨洲此論失之褊狹。

# 龍圖序※

※此《龍圖序》及隨文夾注，見宋吕祖謙編《宋文鑒》卷第八十五。

且夫龍馬始負圖出於羲皇之代，在太古之先也。今存已合之位，或疑之，況更陳其未合之數耶。然則何以知之？答曰：於仲尼"三陳九卦"之義探其旨，所以知之也。（九卦，謂履、謙、復、恒、損、益、困、井、巽之九卦也）[1]

已合之位，即今之所謂《河圖》是也。自未合至已合，其圖有三，亦猶九卦之三陳也，於九卦之義無取。

【1】"三陳九卦"見《繫辭下傳》，即"《易》之興也，其于中古乎？作《易》者，其有憂患乎！是故履，德之基也；謙，德之柄也；復，德之本也；恒，德之固也；損，德之修也；益，德之裕也；困，德之辨也；井，德之地也；巽，德之制也。履，和而至；謙，尊而光；復，小而辨於物；恒，雜而不厭；損，先難而後易；益，長裕而不設；困，窮而通；井，居其所而遷；巽，稱而隱。履以和行，謙以制禮，復以自知，恒以一德，損以遠害，益以興利，困以寡怨，井以辨義，巽以行權"。從三個角度陳述九卦之德義，故稱"三陳九卦"。《龍圖序》附會"三陳九卦"之數而作三變之圖。

況夫天之垂象，的如貫珠，少有差則不成次序矣。故自一至於盈萬，皆纍纍然，如係之於縷也。且若龍圖本合，則聖人不得見其象。所以，天意先未合而形其象，聖人觀象而明其用。是龍圖者，天散而示之，伏羲合而用之，仲尼默而形之。

未合之位，爲河之所出；已合之位，爲伏羲所成。

始龍圖之未合也，惟五十五數。上二十五，天數也。[2]

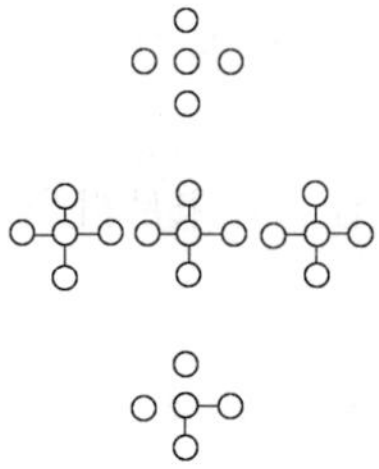

第一圖　上位

中貫三、五、九句，外包之十五，盡天三、天五、天九并十五之用[3]，後形一、六無位（上位去一，下位去六），又顯二十四之爲用也。[4]兹所謂天垂象矣。

中貫三五九者，以第一圖而論，中五之從三，是中貫三也；中五之居中，是中貫五也；上五、中五、下五之從，是中貫九也。去其所從之九，又去無位之一，而分之四方中央，則凡五行之生數，皆天數之所成。爲第二圖也。[5]

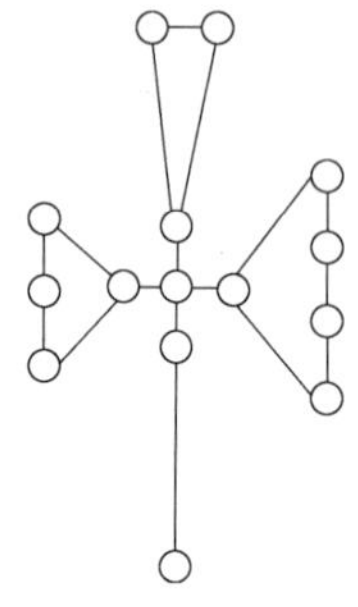

第二圖　上位

【2】奇數一、三、五、七、九之和爲二十五，故《繫辭上傳》云“天數二十有五”。

【3】元張理云：“五位，縱橫見三，縱橫見五。三位縱橫見九，縱橫見十五。”（《易象圖説·内篇》）五數居五位，每位數爲五，而縱橫視之，數皆爲三。五位縱橫皆三位，三位縱橫視之，每位三個三，則數總爲九；五位縱橫視之，各有三個五，則數總爲十五。張氏之説與梨洲下文注有所不同。

【4】上位天數之“一”，下位地數之“六”，在隨後之變化中不配位，故云“後形一、六無位”。上位天數二十五去一，爲二十四，故云“顯二十四之爲用也”。

【5】上位第一圖之天數二十五，去九去一，則餘十五，分居四方與中央，則成上位第二圖。一、二、三、四、五爲五行之生數。對於爲何十五數如此分居五位，梨洲未作説明。張理認爲，上位第一圖“上五去四得一，下五去三得二，右五去二得三，左五去一得四，唯中五不動。《序》言‘天一居上，爲道之宗’者，此也”（《易象圖説·内篇》）。案張氏説，則上位第二圖與梨洲之圖上下左右顛倒。

下三十，地數也。[6]亦分五位（五位，言四方中央也），皆明五之用也（上位形五，下位形六）。[7]十分而爲六（五位，六五，三十數也），形坤之象焉（坤用六也）。[8]

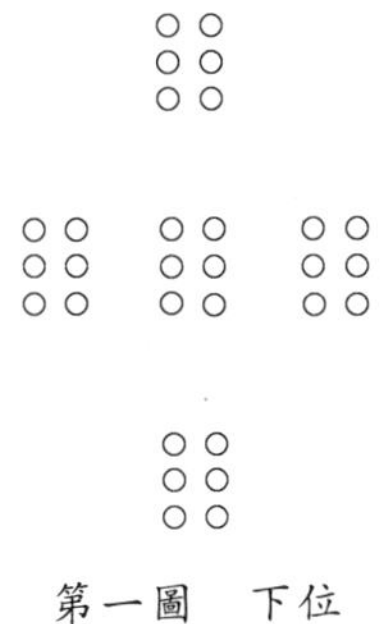

第一圖　下位

【6】偶數二、四、六、八、十之和爲三十，故《繫辭上傳》云：“地數三十。”

【7】天數二十有五，分五位，則各位之數均爲五；地數三十，分五位，則各位之數均爲六。

【8】《周易》六十四卦三百八十四爻，凡陽爻皆稱九，陰爻皆稱六。乾坤二卦除卦爻辭外，又有用九、用六之辭。下位第一圖五位之數皆六，故云“形坤之象焉”。

六分而成四象（成七、九、八、六之四象），地六不配（謂中央六也。一分在南邊，六成少陽七；二分在東邊，六成少陰八；三分在西邊，六成老陽九；惟在北邊六，便成老陰數，更無外數添也）。[9]

○○○○○○○○

○ ○
○ ○
○ ○
○ ○
○ ○
○ ○
○ ○
○ ○
  ○

○○○○○○○

第二圖　下位

以三十分作五位，每位得六，爲第一圖。取中央之六，分其一配南爲七，分其二配東爲八，分其三配西爲九，中央更無餘分，故下六不配。凡五行之成數，皆地數所分。爲第二圖也。

在上則一不用，形二十四；在下則六不用，亦形二十四。（上位中心去其一，下位中四[10]；下位中心去其六，亦見二十四。以一歲三百六旬周於二十四氣也，故陰陽進退皆用二十四。）

天數二十五，去其從九，猶存十六。於生數十五之中，則一不用。生數雖十五，而天數固二十五也。一不用，則二十四。地數中央之六分配四方，六即不用，數仍三十也。然依原位四方各六，則中六不用，形爲二十四。

【9】張理云："下五位以中央六分開，置一在上六而成七，置二在左六而成八，置三在右六而成九，惟下六不配而自爲六。《序》言'六分而成四象，地六不配'者，此也。"（《易象圖説·内篇》）梨洲之注從張氏説。

【10】"下位中四"，此句有誤。當從四部叢刊《宋文鑑》卷八十五作"見二十四"。

後既合也，天一居上爲道之宗，地六居下爲氣之本。（一六上下覆載之，中運四十九之數，爲造化之用也。）[11]

此第三圖，合上下位而爲一也。"天一居上"，以在上位，故謂之上。"地六居下"，以在下位，故謂之下，非言一南而六北也。[12]

【11】上位第二圖與下位第二圖合而爲一，一與六合而居下，二與七合而居上，三與八合而居左，四與九合而居右，五與五合而居中央。

【12】如今傳之《河圖》，一與六合居圖之下，而一在六之上，所以是“天一居上”“地六居下”。而張理則以“天一居上”爲居圖中五位之上位，“地六居下”爲居圖中五位之下位，即“一南而六北”，非是。

天三幹地二、地四爲之用。（此更明九、六之用。謂天三統地二、地四成九，爲乾元之用也。九幹五行成數四十，是謂“大衍之數五十，其用四十有九”也。）【13】

五行成數六、七、八、九、十，積之得四十，以九加之，合大衍用數。

【13】“幹”，四部叢刊《宋文鑑》作“斡”，文淵閣四庫全書本作“幹”，均通，皆作“統管”講。《漢書・百官公卿表》“斡官”，顔師古注云：“如淳曰：斡音筦，或作幹。斡，主也。”天三統領地二、地四，三數之和爲九，寓乾元用九之義。又五行成數之和爲四十，乾元用九之數與四十之和爲四十九，寓“大衍之數五十，其用四十有九”（《繫辭上傳》）之義。

三若在陽則避孤陰，在陰則避寡陽。（成八卦者，三位也，謂一、三、五之三位。二與四只兩位，兩位則不成卦體，是無中正不爲用也。在陽則爲孤陰，四、二是也；在陰則爲寡陽，七、九是也。三皆不處之，若避之也。）【14】

一、三、五則三在陽，六、八、十則三在陰。

大矣哉！龍圖之變，岐分萬塗。今略述其梗概焉。

【14】張理《易象圖說・内篇》卷上引作：“成八卦者，三位也。上則一、三、五爲三位，二、四無中正不能成卦，爲孤陰。下則六、八、十爲三位，七、九無中正不能成卦，爲寡陽。三皆不處，若避之也。”據此，上位圖中一、三、五要避二、四，下位圖之六、八、十要避七、九。林忠軍先生指出：“此是說一、三、五不能與二、四相處，六、八、十不能與七、九相處，只能一六、三八、二七、四九、五十相處。”（《象數易學發展史》第二卷，第140頁）

# 先天圖一

邵子《先天横圖》次序，以“易有太極，是生兩儀，兩儀生四象，四象生八卦”爲據[1]。黄東發言：“生兩生四生八，《易》有之矣。生十六生三十二，《易》有之否?”[2]某則據《易》之生兩生四生八，而後知《横圖》之非也。

【1】此横圖指《伏羲六十四卦次序圖》。“易有太極”句見《繫辭上傳》。據朱子所解，先天易學八卦六十四卦生成模式，是由太極分化一陰一陽爲兩儀，兩儀之上再各分化一陰一陽爲四象，四象之上再各分化一陰一陽爲八卦，八卦之上再各分化一陰一陽爲四畫者十六，四畫者之上再各分化一陰一陽爲五畫者三十二，五畫者之上再各分化一陰一陽爲六十四卦（參見《周易本義》卷首之《伏羲六十四卦次序圖》）。此即程顥所説之“加一倍法”。

【2】見黄震《黄氏日鈔》卷六《讀易》。黄震（1213—1280），字東發，南宋慈溪人，學者稱於越先生，逝世後，門人尊稱爲文潔先生。著有《黄氏日鈔》《古今紀要》等。其《黄氏日鈔·讀易》認爲，邵雍先天易學據《繫辭傳》“易有太極”一節論八卦六十四卦之生成，由太極生兩儀、兩儀生四象、四象生八卦，爲《繫辭傳》所言，但由八卦而生十六象、由十六象而生三十二象則不符合經傳之説；而且先天易學之伏羲六十四卦圖，則改變了《易傳》“伏羲始作八卦”之説，成伏羲畫六十四卦，同時也改變了文王演易六十四卦之説，皆無憑據。

“易有太極，是生兩儀”，所謂一陰一陽者是也。其一陽也，已括一百九十二爻之奇；其一陰也，已括一百九十二爻之偶。以三百八十四畫爲兩儀，非以兩畫爲兩儀也。若如朱子以第一爻而言，則一陰一陽之所生者，各止三十二爻，而初爻以上之奇偶，又待此三十二爻以生。陰陽者，氣也。爻者，質也。一落於爻，已有定位，焉能以此位生彼位哉?[3]

【3】梨洲認爲，太極所生之兩儀即是一陰一陽，此一陰一陽乃是統六十四卦三百八十四爻而言，其一陽即統攝一百九十二陽爻，其一陰即統攝一百九十二陰

爻，並不是指太極生化出三十二陽爻和三十二陰爻。在他看來，先天易學諸爻層層相生是不合理的，因爲陰陽爲生化之氣，而爻則爲固定之質，爻有其位有其形，是不能以此位而生彼位的。

“兩儀生四象”，所謂老陽、老陰、少陽、少陰是也。乾爲老陽，坤爲老陰，震、坎、艮爲少陽，巽、離、兑爲少陰。三奇☰者老陽之象，三偶☷者老陰之象，一奇二偶☳、☵、☶者少陽之象，一偶二奇者☴、☲、☱少陰之象，是三畫八卦即四象也，故曰“八卦成列象在其中矣”“八卦以象告”。此質之經文而無疑者也。又曰：“易有四象，所以示也。”又曰：“彖者言乎象者也。”今觀《彖傳》，必發明二卦之德，則象之爲三畫八卦明矣。是故四象之中，以一卦爲一象者乾、坤是也，以三卦爲一象者震、坎、艮與巽、離、兑是也。【4】必如康節均二卦爲一象，乾、離、坎、坤於四象之位得矣，兑之爲老陽，震之爲少陰，巽之爲少陽，艮之爲老陰，無乃雜而越乎？《易》言“陽卦多陰，陰卦多陽”，震艮之爲陽卦，巽兑之爲陰卦，可無疑矣。反而置之，明背經文，而學者不以爲非，何也？【5】至於八卦次序，乾、坤、震、巽、坎、離、艮、兑，其在《説卦》者，亦可據矣。而易爲乾一、兑二、離三、震四、巽五、坎六、艮七、坤八，以緣飾圖之左陰右陽，學者信經文乎，信傳注乎？【6】

【4】“四象”，朱子所解先天易學以爲是指兩畫者四，即老陽⚌、少陰⚍、少陽⚎、老陰⚏。而在梨洲看來，如同一陰一陽之兩儀是統攝三百八十四爻而言一樣，四象是統八卦而言的，三奇之乾爲老陽，三偶之坤爲老陰，一奇兩偶之震、坎、艮爲少陽，一偶兩奇之巽、離、兑爲少陰。並引《繫辭傳》之“八卦成列，象在其中矣”“八卦以象告”“易有四象所以示也”“彖者言乎象者也”等文句爲證。案，梨洲所引《繫辭傳》所云之“象”，顯然不是指“兩儀生四象”之四象，而是指八卦所符示之物象。且梨洲就八卦而言四象，其所謂四象體現的是八卦之類屬，如此則四象與八卦之間不具有“生”的關係。

【5】據朱子《周易本義》所載《伏羲八卦次序圖》，按“加一倍法”，兩儀生四象，即陽儀之上生老陽、少陰，陰儀之上生少陽、老陰；四象生八卦，即老陽之上生乾、兑，少陰之上生離、震，少陽之上生巽、坎，老陰之上生艮、坤。如此，乾屬老陽、離屬少陰、坎屬少陽、坤屬老陰，所以梨洲説“乾、離、坎、坤

於四象之位得矣”；而兑爲陰卦而屬老陽，震爲陽卦而屬少陰，巽爲陰卦而少陽，艮爲陽卦而屬老陰，陰陽之屬雜亂，與經説相背。案，如僅就《伏羲八卦次序圖》之圖象形式而言，固然如梨洲所論，有陰陽雜亂之嫌，然其圖象之意蘊却並非如此。兩儀生四象，陽儀之上生老陽、少陰，陰儀之上生少陽、老陰，此正是陽中復生陰陽，陰中復生陰陽，陰陽交錯相生之象。四象生八卦，老陽生乾、兑，少陰生離、震，等等，也是陽中復生陰陽，陰中復生陰陽，陰陽交錯之象。所以，《伏羲八卦次序圖》之“加一倍法”模式，並非如梨洲所言，兑爲陰卦而屬老陽，震爲陽卦而屬少陰，陰陽之類錯亂，而是表示陽中能生陰，陰中能生陽，陰陽交互，生生無窮。

【6】《説卦傳》表述八卦次序主要有兩種，一是乾坤父母統領長、中、少六子女，即乾、坤、震、巽、坎、離、艮、兑之序，此宋儒名之爲“文王八卦次序”或“後天八卦次序”；二是“帝出乎震”章所記八卦時空生化次序，即正東震、東南巽、正南離、西南坤、正西兑、西北乾、正北坎、東北艮。而按先天易學《伏羲八卦次序圖》，由左至右依次爲乾、兑、離、震、巽、坎、艮、坤，此宋儒名之爲“伏羲八卦次序”或“先天八卦次序”。

“四象生八卦”者，《周禮·太卜》“經卦皆八，别皆六十四”，《占人》“以八卦占筮之八故”，則六十四卦統言之皆謂之八卦也。蓋内卦爲貞，外卦爲悔，舉貞可以該悔。舉乾之貞，而坤乾、震乾、巽乾、坎乾、離乾、艮乾、兑乾該之矣。以下七卦皆然。證之於《易》，曰“八卦定吉凶”。若三畫之八卦，吉凶何從定乎？曰“包犧氏始作八卦”，其下文自益至夬所取之十卦已在其中，則八卦之該六十四亦明矣。【7】

由是言之，太極、兩儀、四象、八卦，因全體而見。蓋細推八卦之中（即六十四卦），皆有兩儀四象之理，而兩儀四象初不畫於卦之外也。其言生者，即“生生謂易”之生，非次第而生之。謂康節加一倍之法從此章而得，實非此章之旨，又何待生十六生三十二而後出經文之外也。其謂之先天者，以此章所生八卦與前章“始作八卦”其文相合，以爲宓戲之時止有三畫而無六畫，故謂之先天，又以己之意生十六、生三十二、生六十四，做此章而爲之，以補羲皇之闕，亦謂之

先天。不知此章於六十四卦已自全具，補之反爲重出。《易》言“因而重之”，生十六、生三十二、生六十四，是積累而後成者，豈可謂之重乎？既不難明背，何止如東發言非《易》之所有耶！【8】

【7】梨洲以爲“四象生八卦”之“八卦”乃統六十四卦而言，並據《左傳》之説，内卦爲貞，外卦爲悔，貞卦可以統攝悔卦，則八貞卦分别可統攝八悔卦，則八卦即統六十四卦，如以乾爲貞，則統外乾内乾之乾卦、外坤内乾之泰卦、外震内乾之大壯卦、外巽内乾之小畜卦、外坎内乾之需卦、外離内乾之大有卦、外艮内乾之大畜卦、外兑内乾之夬卦等八個卦。梨洲又引《繫辭下傳》“觀象製器”章之“包犧氏始作八卦”以證《易傳》以八卦統攝六十四卦。案，《繫辭下傳》此處確有以八卦指代六十四卦之義。梨洲以“四象生八卦”之“八卦”乃統攝六十四卦而言亦不無道理。但是正如《繫辭下傳》所言“八卦成列，象在其中矣；因而重之，爻在其中矣”，八卦相重而爲六十四卦，此爲易學基本之説，又不可將八卦混同六十四卦。

【8】按梨洲之意，《繫辭傳》“易有太極”章之“八卦”即統攝六十四卦而言，“四象”統攝八卦而言，而“兩儀”則統攝三百八十四爻而言，故先天易學之“加一倍法”，根本不合《易傳》之言，而不僅是黄震所謂的“生十六、生三十二”非《易》之本有。

## 附《周易本義》卷首之《伏羲六十四卦次序圖》

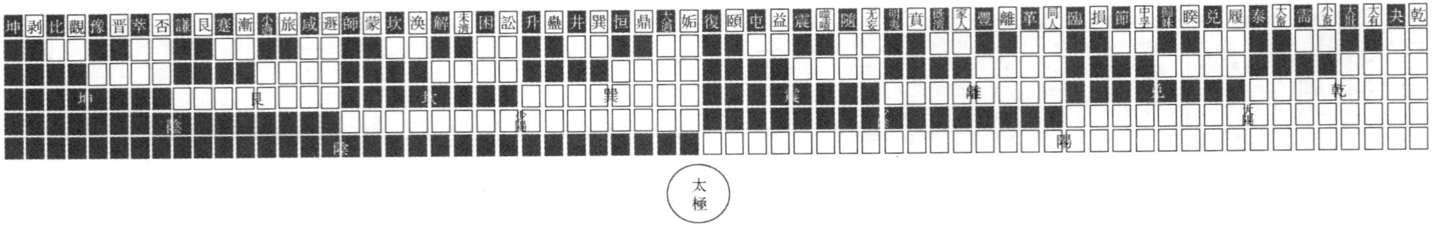

坤 剝 比 觀 豫 晉 萃 否 謙 艮 蹇 漸 小過 旅 咸 遯 師 蒙 坎 渙 解 未濟 困 訟 升 蠱 井 巽 恒 鼎 大過 姤 復 頤 屯 益 震 噬嗑 隨 无妄 明夷 賁 既濟 家人 豐 離 革 同人 臨 損 節 中孚 歸妹 睽 兌 履 泰 大畜 需 小畜 大壯 大有 夬 乾

坤 艮 坎 巽 震 離 兌 乾

太陰 少陽 少陰 太陽

陰 陽

太極

伏羲六十四卦次序圖

# 先天圖二

邵子先天方位以“天地定位，山澤通氣，雷風相薄，水火不相射，八卦相錯”[1]爲據，而作乾南、坤北、離東、坎西、震東北、兑東南、巽西南、艮西北之圖[2]。於是爲之説曰：“‘數往者順’，若順天而行，是左旋也，皆已生之卦也（乾一、兑二、離三、震四，生之序也。震初爲冬至，離兑之中爲春分，乾末交夏至，故由震至乾皆已生之卦）。‘知來者逆’，若逆天而行，是右行也，皆未生之卦也（巽五、坎六、艮七、坤八，生之序也。巽初爲夏至，坎艮之中爲秋分，坤末交冬至，故由巽至坤皆未生之卦）。”[3]又倣此而演之，以爲六十四卦方位。[4]

【1】見《説卦傳》。

【2】即《伏羲八卦方位圖》。附《周易本義》卷首所載之《伏羲八卦方位圖》如下：

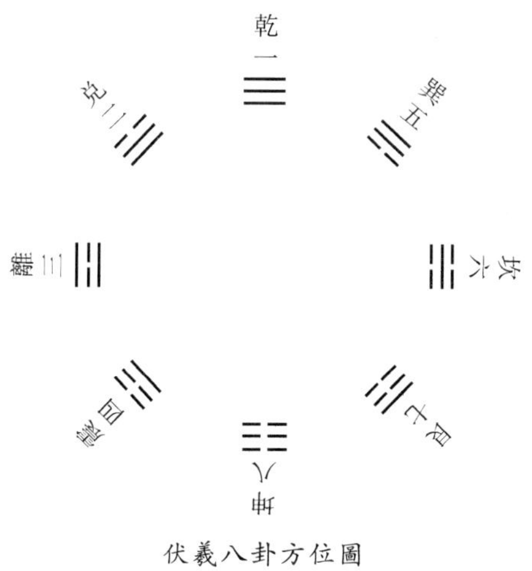

伏羲八卦方位圖

【3】見邵雍《皇極經世》卷十二下《觀物外篇下》（《道藏》本）。梨洲之夾注是用朱子之義。朱子説：“‘數往者順’這一段，是從卦氣上看來，也是從卦畫生處看來。恁地交錯成六十四卦。”（《朱子語類》卷七十七）所謂“從卦氣上看來”，即震初爲冬至、離兑之中爲春分、乾末交夏至、巽初爲夏至、坎艮之中爲

爲秋分、坤末交冬至，四時節氣周流往復。所謂“從卦畫生處看來”，即乾一、兑二、離三、震四、巽五、坎六、艮七、坤八，四象生八卦之序也。據此，“數往者順”即圖左由震四、離三、兑二到乾一，皆是順數已生之卦；“知來者逆”即圖右由巽五、坎六、艮七到坤八，皆是逆數未生之卦。

【4】即《伏羲六十四卦方位圖》。附《周易本義》卷首所載之《伏羲六十四卦方位圖》如下：

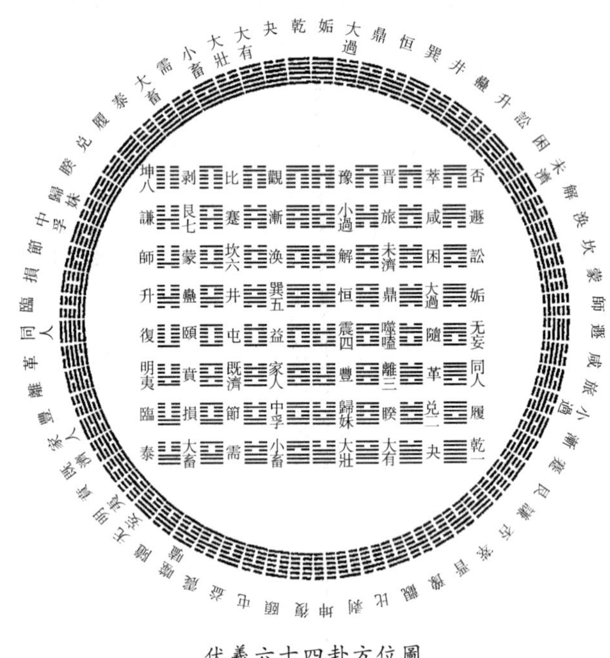

伏羲六十四卦方位圖

夫卦之方位，已見“帝出乎震”一章。[5]康節舍其明明可據者，而於未嘗言方位者重出之，以爲先天，是謂“非所據而據焉”[6]。“天地定位”，言天位乎上，地位乎下，未聞南上而北下也。“山澤通氣”，山必資乎澤，澤必出乎山，其氣相通，無往不然，奚取其相對乎？“雷風相薄”，震居東，巽居東南，遇近而合，故言相薄，遠之則不能薄矣。東北爲寅，時方正月，豈雷發聲之時耶？[7]“水火不相射”，南方炎，北方寒，猶之冬寒夏熱也。離東坎西，是指春熱秋寒，誰其信之？[8]此皆先儒所已言者。

【5】見《説卦傳》云：“帝出乎震，齊乎巽，相見乎離，致役乎坤，説言乎兑，戰乎乾，勞乎坎，成言乎艮。萬物出乎震，震，東方也。齊乎巽，巽，東南

也；齊也者，言萬物之絜齊也。離也者，明也，萬物皆相見也，南方之卦也。聖人南面而聽天下，嚮明而治，蓋取諸此。坤也者，地也，萬物皆致養焉，故曰致役乎坤。兑，正秋也，萬物之所説也，故曰説言乎兑。戰乎乾，乾，西北之卦也，言陰陽相薄也。坎者，水也，正北方之卦也，勞卦也，萬物之所歸也，故曰勞乎坎。艮，東北之卦也，萬物之所成終而所成始也，故曰成言乎艮。”據此可將八卦之方位與時節以圖式表示出來，宋儒名之爲《文王八卦方位》或《後天八卦方位》。附《周易本義》卷首所載《文王八卦方位圖》如下：

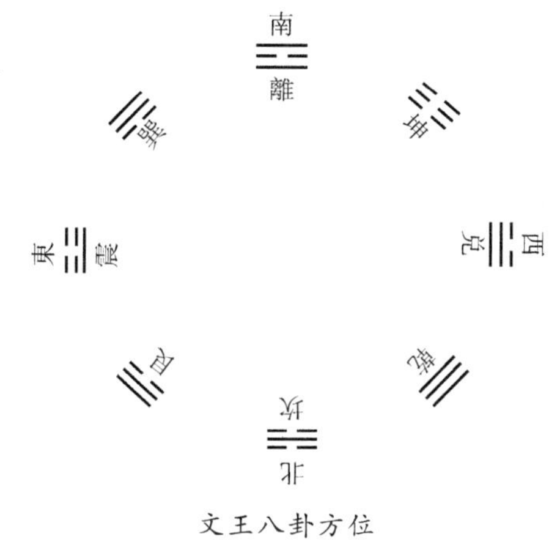


文王八卦方位

【6】見《繫辭下傳》之解困卦六三爻辭。

【7】按先天八卦方位，震居東北，當寅月之時，而震象爲雷，雷於二月春分方才發聲，故梨洲云“東北爲寅，時方正月，豈雷發聲之時耶”。

【8】按先天八卦方位，離居東於時爲春，坎居西於時爲秋，而離爲火爲熱，坎爲水爲寒，故梨洲云“離東坎西，是指春熱秋寒，誰其信之”。

某則即以邵子所據者破邵子之説。“帝出乎震”之下文，“動萬物者莫疾乎雷，撓萬物者莫疾乎風，燥萬物者莫熯乎火，説萬物者莫説乎澤，潤萬物者莫潤乎水，終萬物始萬物者莫盛乎艮”，其次序非即上文離南坎北之位乎？但除乾坤於外耳。[9]而繼之以“故水火相逮，雷風不相悖，山澤通氣，然後能變化既成萬物也”，然則前之“天地定位”四句，正爲離南坎北之方位而言也，何所容先天之説雜其中耶？[10]且卦爻之言方位者，“西南”皆指坤，“東北”皆指艮，“南狩”“南征”必爲離，“西山”“西郊”

必爲兑，使有乾南坤北之位在其先，不應卦爻無闌入之者。[11]康節所謂“已生”“未生”者，因横圖乾一兑二之序。乾一兑二之序，一人之私言也，則“左旋”“右行”之説，益不足憑耳。[12]

【9】《説卦傳》“帝出乎震”章八卦方位次序爲震、巽、離、坤、兑、乾、坎、艮，除去乾、坤之後，即其下文所述雷（震）、風（巽）、火（離）、澤（兑）、水（坎）、山（艮）等六卦之序。

【10】梨洲指出，《説卦傳》“天地定位”章之義，與此“水火相逮，雷風不相悖，山澤通氣，然後能變化既成萬物也”當無二致，皆非先天八卦方位之説。

【11】“西南”“東北”見坤卦、蹇卦卦辭，“南狩”見明夷卦九四爻辭，“南征”見升卦卦辭，“西山”見隨卦上六爻辭，“西郊”見小畜卦辭。梨洲以爲這些皆是就《説卦傳》所記方位而言，則卦爻辭中無用先天八卦方位者。

【12】此非康節之義，乃朱子之説也。後儒多以朱子所釋之先天易學徑爲邵雍之説，多所不當。（參見拙作《朱熹易學思想研究》，第178～181頁）

凡先天四圖，其説非盡出自邵子也。[13]朱震《經筵表》云：“陳摶以先天圖傳种放，放傳穆修，修傳李之才，之才傳邵雍。放以《河圖》《洛書》傳李溉，溉傳許堅，堅傳范諤昌，諤昌傳劉牧。”[14]故朱子云：“宓戲四圖，其説皆出邵氏。”然觀劉牧《鈎深索隱圖》，乾與坤，數九也；震與巽，數九也；坎與離，艮與兑，數皆九也。其所謂九數者，“天一地八定位，山七澤二通氣，雷四風五相薄，水六火三不相射”，則知先天圖之傳，不僅邵氏得之也。[15]

【13】先天四圖，即朱子《周易本義》卷首之《伏羲八卦次序》《伏羲八卦方位》《伏羲六十四卦次序》《伏羲六十四卦方位》四圖，並云：“右伏羲四圖，其説皆出邵氏。蓋邵氏得之李之才挺之，挺之得之穆修伯長，伯長得之華山希夷先生陳摶圖南者，所謂先天之學也。”

【14】見朱震《漢上易傳》卷首。（文淵閣四庫全書本）

【15】《鈎深索隱圖》正名應爲《易數鈎隱圖》。案，梨洲之説不確，考諸劉牧之書，雖有乾與坤數九、震與巽數九、坎與離數九、艮與兑數九之説，但並無天一地八、山七兑二、雷四風五、水六火三之説。且劉牧書中所列之卦位，均爲後天八卦方位，未有先天卦位之説。

# 天根月窟

康節因《先天圖》而創爲天根月窟[1]，即《參同契》乾坤門户牝牡之論也[2]。故以八卦言者，指坤、震二卦之間爲天根，以其爲一陽所生之處也；指乾、巽二卦之間爲月窟，以其爲一陰所生之處也。[3]程前村（直方）謂，天根在卯，離兑之中是也；月窟在酉，坎艮之中是也，引《爾雅》"天根，氐也"，《長楊賦》"西壓月窟"證之。[4]然與康節"乾遇巽時觀月窟，地逢雷處見天根"之詩背矣。以六十四卦言者，朱子曰："天根月窟，指復、姤二卦。"[5]有以十二辟卦言者，十一月爲天根，五月爲月窟。[6]

【1】天根與月窟是就《伏羲八卦方位圖》《伏羲六十四卦方位圖》而言。邵雍之天根月窟説主要表述在其《觀物吟》一詩中，詩云："耳目聰明男子身，鴻鈞賦予不爲貧。因探月窟方知物，未躡天根豈識人。乾遇巽時觀月窟，地逢雷處看天根。天根月窟閒來往，三十六宫都是春。"（《伊川擊壤集》卷十六）

【2】魏伯陽《周易參同契》卷上云："乾坤者，易之門户，衆卦之父母。坎離匡郭，運轂正輻。牝牡四卦，以爲橐籥。"乾爲純陽牡卦，坤爲純陰牝卦；坎爲陰中陽，離爲陽中陰，爲牝牡相交之卦。

【3】據邵氏詩中之義，就先天八卦方位而言，坤、震二卦之間爲天根，乾、巽二卦之間爲月窟；就先天六十四卦方位而言，天根爲一陽來復之復卦（上坤下震），月窟爲一陰初生之姤卦（上乾下巽），即"乾遇巽時觀月窟，地逢雷處看天根"之義。從内涵上説，天根爲陽之本，月窟爲陰之本。

【4】程直方（1251—1325），字道大，號前村，元代理學家，江西婺源人，長於易學，被認爲"盡得邵氏不傳之秘"，著有《續玄玄集》《程氏啟蒙翼傳》《觀易堂隨筆》等。其通過揚雄《太玄》《長楊賦》等説，考釋天根在卯，即《先天八卦圖》離、兑二卦之中；月窟在酉，即《先天八卦圖》坎、艮二卦之中，此即天根月窟之古義。並認爲這與邵雍之説不矛盾，邵氏《觀物吟》當是就《先天八卦方位圖》而言，乾左旋而巽生一陰，至坎艮之交（酉）則二陰可觀；坤右旋而震生一陽，至離兑之交（卯）則二陽可觀，如此則陽自卯而開物以往，陰自酉而閉物以來，即邵雍所謂"天根月窟閒來往"。可知，程氏以陰陽之可觀處言天根月窟，而

非以陰陽之初發處論之。(參見程氏《觀易堂隨筆》,載《新安文獻志》卷三十五)

【5】見《朱子語類》卷第一百一十五《訓門人三》。

【6】十二辟卦,又稱十二消息卦,指復、臨、泰、大壯、夬、乾、姤、遯、否、觀、剥、坤等十二卦。卦各主一月,復卦當十一月、臨卦當十二月、泰卦當正月,依次類推。十一月爲天根,即復卦;五月爲月窟,即姤卦。

其“三十六宫”,凡有六説,以八卦言者三:乾一、兑二、離三、震四、巽五、坎六、艮七、坤八之次序,積數爲三十六【7】;乾一對坤八爲九,兑二對艮七爲九,離三對坎六爲九,震四對巽五爲九,四九亦爲三十六;乾畫三,坤畫六,震、坎、艮畫各五,巽、離、兑畫各四,積數亦三十六【8】。以六十四卦言者二:朱子曰“卦之不易者有八(乾、坤、坎、離、頤、中孚、大過、小過),反易者二十八,合之爲三十六”【9】;方虚谷(回)曰“復起子,左得一百八十日;姤起午,右得一百八十日,一旬爲一宫,三百六十日爲三十六宫”【10】。以十二辟卦言者一:鮑魯齋(恂)曰自復至乾六卦,陽爻二十一,陰爻十五,合之則三十六;自姤至坤六卦,陰爻二十一,陽爻十五,合之亦三十六,陽爻陰爻總七十二,以配合言,故云三十六。【11】

按諸説推之,其以陽生爲天根,陰生爲月窟,無不同也。蓋康節之意,所謂天根者性也,所謂月窟者命也。性命雙修,老氏之學,其理爲《易》所無,故其數與《易》無與也。【12】

【7】即一到八諸數相加之和爲三十六。

【8】陽畫爲一,陰畫爲二,故乾畫三、坤畫六、震坎艮之畫各五,巽離兑之畫各四,八卦之總畫數爲三十六。

【9】此本爲邵雍之説,朱子因襲之。“卦之不易者八”是説六十四卦之中卦畫上下顛倒而卦不變者有八個,即乾、坤、坎、離、頤、中孚、大過、小過。“反易者二十八”是説除不易之八卦外,其餘五十六卦之卦畫互爲上下顛倒之關係,如屯與蒙、需與訟等,故此五十六卦可用二十八個卦畫表示,則六十四卦共可用三十六個卦畫表示。

【10】方回(1227—1305),字萬里,號虚谷,别號紫陽山人,徽州歙县人,宋末元初理學家、詩人。按邵雍《皇極經世》之數,六十四卦當一年三百六十

日，故方氏以《先天六十四卦圖》左右各一百八十日，十日爲一宫，總三十六宫。

【11】鮑恂，字仲孚，號魯齋，原籍浙江崇德，後遷居嘉興西溪，元明之際理學家，早年從吴澄受《易》，著有《大易鈎玄》《學易舉隅》《易傳大義》《卦爻要義》等，學者稱“西溪先生”。鮑恂用十二消息卦説，自復至乾之陽息六卦，陽爻二十一、陰爻十五，總計三十六爻；自姤至坤之陰息六卦，陰爻二十一、陽爻十五，總計三十六爻，合計七十二爻，陰陽爻各三十六爻，以陰陽配合而言，故邵雍詩中云“三十六”。

【12】道教中的性命雙修思想，一般以性爲神，即意念活動；以命爲氣，即元氣。南宋丹道名家白玉蟾説：“神即性也，氣即命也。”（《海瓊白真人語録》）李道純也説：“性之造化系乎心，命之造化系乎身。”（《中和集・性命論》）這種性命思想與邵雍天根月窟説之本義不相符。只能説是道教後來借用邵雍的天根月窟觀念來闡述其内丹修煉學説，而不能説邵雍天根月窟説中本就含有道教内丹思想。（參見拙作《論邵雍先天易學之天根月窟説及其影響》，《哲學研究》2018 年第 5 期）

# 八卦方位

離南坎北之位見於經文，而卦爻所指之方亦與之相合，是亦可以無疑矣。蓋畫卦之時，即有此方位。《易》不始於文王，則方位亦不始於文王，故不當云“文王八卦方位”也。乃康節必欲言文王因先天乾南坤北之位，改而爲此。【1】朱子則主張康節之説過當，反致疑於經文，曰“曷言‘齊乎巽’，不可曉”，曰“坤在西南，不誠東北方無地”，曰“乾西北，亦不可曉，如何陰陽來此相薄”，曰“西方肅殺之氣，如何言萬物之所説①”。【2】凡此數説，有何不可曉？巽當春夏之交，萬物畢出，故謂之“齊”。觀北地少雨，得風則生氣郁然，可驗也。夏秋之交②，土之所位，故坤位之，非言地也。【3】若如此致難，則先天方位巽在西南，何不疑東北無風耶？其餘七卦，莫不皆然。乾主立冬以後冬至以前，故“陰陽相薄”。觀《説卦》乾之“爲寒爲冰”，非西北何以置之？萬物告成於秋，如何不“説”？朱子注“元亨利貞”之“利”曰：“利者生物之遂，物各得宜，不相妨害，於時爲秋，於人爲義，而得其分之和。”【4】非“説”乎？顧未嘗以肅殺爲嫌也。然則朱子所以致疑者，由先天之説先入於中，故曰主張太過也。

【1】邵雍以伏羲先天八卦方位爲體，以文王後天八卦方位爲用，又認爲先天八卦方位應天之時，由之而演變爲後天八卦方位則應地之方，經過先後天卦位的變化，“王者之法其盡於是矣”（《皇極經世書》卷十三《觀物外篇上》）。

【2】見《朱子語類》卷七十七。

【3】以五行配四時，前後相生，春爲木，夏爲火，季夏爲土，秋爲金，冬爲水，故夏秋之交爲土。

【4】見《周易本義·文言傳》。

① “如何”，原作“如有”，四庫本作“如何”，據改。
② “交”，原作“文”，四庫本作“交”，據改。

康節曰："乾坤交而爲泰（言文王改先天圖之意，先天乾南坤北，交而爲泰，故乾北坤南），坎離交而爲既濟（先天離東坎西，交而爲既濟，故離南坎北。乾生於子（先天乾居午而其生在子，故下而至北），坤生於午（坤居子，而其生在午，故上而至南），坎終於寅（坎當申，交於離，故終寅），離終於申（離當寅，交於坎，故終申）。"[5]所謂交者，不取對待言之也。即以對待而論，則乾南坤北者，亦必乾北坤南而後泰之形可成也。今坤在西南，乾在西北。離東坎西者，亦必離西坎東而後既濟之形可成也。今離在上，坎在下。於義何居？藉曰"再變而後爲今位"，是乾南坤北之後，離南坎北之前，中間又有一方位矣。乾位戌，坤位未，坎位子，離位午，於子午寅申，皆無當也。[6]

【5】見《皇極經世書》卷十三《觀物外篇上》。案，泰卦坤上乾下，先天八卦方位乾南在上而坤北在下，交而爲泰，故變爲乾北坤南。既濟卦坎上離下，先天八卦方位離東坎西，交而爲既濟，則當坎東離西。又乾卦之陽始生於北方子位，坤卦之陰始生於南方午位，"自其所已成反其所由生"（朱子《易學啟蒙·原卦畫》），故乾往居北，坤往居南。坎卦處於西方申位，離卦處於東方寅位，坎離往來相交，故坎往居於東，離往居於西。

【6】以梨洲之見，先天卦位經"乾坤交而爲泰，坎離交而爲既濟"之後，只是變爲了乾北坤南、離西坎東，仍然不是後天卦位的乾西南、坤西北、離南、坎北。如果説在此基礎上尚需再次變動才能變成後天卦位的話，就會出現在先天卦位與後天卦位之間還存在一個乾北坤南、離西坎東的卦位。而且後天卦位之乾處西北戌位、坤處西南未位、坎處北方子位、離處南方午位，與先天卦位乾居午而生於子，坤居子而生於午，坎處申而終於寅，離處寅而終於申，在意義上並不相應。

康節又曰："震兑，始交者也（陽本在上，陰本在下，陽下而交於陰，陰上而交於陽，震一陽在下，兑一陰在上，故爲始交），故當朝夕之位。坎離，交之極者也（坎陽在中，離陰在中，故爲交之極），故當子午之位（四正皆爲用位）。巽艮，不交，而陰陽猶雜也（巽一陰在下，艮一陽在上，適得上下本然，故爲不交），故當用中之偏。乾坤，純陽純陰也，故當不用之位（東方，陽，主用；西方，陰，爲不用）。"[7]夫氣化周流不息，無時不用，若以時過爲不用，則春秋不用者子午，冬夏不用者卯酉，安在四正之皆爲用位也？必以西南、西北爲不用之位，則夏秋之交、秋冬之交，氣化豈其或息乎？[8]

康節又曰："乾坤縱而六子橫，易之本也（先天之位）；震兑橫而六卦縱，易之用也。"由前之説，則後自坎離以外皆橫也；由後之説，則前自坎離以外皆縱也。圖同而説異，不自知其遷就與？[9]

是故離南坎北之位，本無可疑，自康節以爲從先天改出，牽前曳後，始不勝其支離。朱子求其所以改之之故而不可得，遂至不信經文。吁，可怪也！

【7】見《皇極經世書》卷十三《觀物外篇上》。據邵氏之義，陽本在上，陰本在下，震卦一陽處二陰之下爲陽始交於陰之象，兑卦一陰處二陽之上爲陰始交於陽之象。又"剛柔者，晝夜之象也"（《繫辭傳》），晝爲陽剛，夜爲陰柔，朝爲晝之始，夕爲夜之始，故震當朝之位，兑當夕之位；日出東方爲朝，日落西方爲夕，故震居東當朝，兑居西當夕。坎卦一陽處二陰之中，爲陰極陽生之象；離卦一陰處二陽之中，爲陽極陰生之象。冬至爲陰極陽生之時，夏至爲陽極陰生之時，冬至當子月，夏至當午月，故坎當冬至處子位，離當夏至處午位。坎、離、震、兑當四正之位。巽卦一陰在下，二陽在上，艮卦一陽在上，二陰在下，皆呈陰陽不交之象，且陰陽相雜，當"用中之偏"。先天卦位交合而成後天卦位，故後天卦位以陰陽交合爲用，故純陽之乾，純陰之坤，當"不用之位"。梨洲夾注，東方爲陽主用，西方爲陰不用，乾、坤不用，故居四隅之西北、西南；巽、艮用中之偏，故居四隅之東南、東北。

【8】觀邵氏之義，其以不用者爲用者之體，以乾坤爲陰陽之本，爲不用之體；震兑爲陰陽相交之始，坎離爲陰陽相交之極，故四者爲用之正；巽艮陰陽相雜而不交，故爲用之偏。此八卦用與不用之説，在於揭示陰陽相交之體用。梨洲則以氣化周流不息之説，批評邵氏的乾坤不用之義。乾處西北於時爲秋冬之交，坤處西南於時爲夏秋之交，如果説乾坤二卦不用，則當秋冬之交、夏秋之交時，"氣化豈其或息乎"。在筆者看來，梨洲以氣化周流而言八卦，邵氏則就陰陽相交而分八卦之體用，二者所説是不同理論層面的問題。八卦方位圖是以象表意，既可以從方位言之，也可以從時序言之，還可以從其他角度言之，彼此並不相斥。

【9】康節之説見《皇極經世書》卷十三《觀物外篇上》。先天卦位乾南坤北，故云“乾坤縱而六子橫”；後天卦位震東兑西，故云“震兑橫而六卦縱”。梨洲指出，先天卦位也可以説是坎離橫而六卦縱，後天卦位也可以説是坎離縱而六卦橫，相同的卦位圖可以從不同的角度表示，邵氏之説不免曲意遷就。

# 納甲一①

世言納甲本於《參同契》[1]，然京房積算已言："分天地乾坤之象，益之以甲、乙、壬、癸（甲壬，陽，入乾；乙癸，陰，入坤），震、巽之象配庚、辛（庚陽入震，辛陰入巽），坎、離之象配戊、己（戊陽入坎，己陰入離），艮、兑之象配丙、丁（丙陽入艮，丁陰入兑）。"[2]是則西漢之前已有之矣，魏伯陽因其説而以月象附會之。《參同契》曰："三日出爲爽，震◐庚受西方；八日兑◓受丁，上弦平如繩；十五乾○體就，盛滿甲東方；十六轉就緒，巽◒辛見平明；艮◑直於丙南，下弦二十三；坤●乙三十日，東方喪其明；壬癸配甲乙，乾坤括始終。"[3]虞翻注《易》，亦祖伯陽。[4]蓋以月之明魄多少取象於卦畫，而以所見方位爲所納之甲。

【1】《參同契》，東漢魏伯陽之作，詳見《自序》注【8】。

【2】見《京氏易傳》卷下。京房其人見《自序》注【4】。所謂"納甲"，即將十天干納入八卦之中，因甲爲十干之首，故以納甲爲名以該其餘。世所謂"納甲"，除將十干與八卦相配外，還將十二地支納入其中。傳世文獻所載納甲説，最早見於《京氏易傳》。新近發現之清華大學藏戰國竹簡《筮法》篇中亦有納甲説。可知，此説非是漢人所創，先秦即已有之。八卦以乾、坤、艮、兑、坎、離、震、巽爲序依次納十干之甲、乙、丙、丁、戊、己、庚、辛。十干所餘之壬、癸則納於乾、坤二卦，即在重卦中，乾居内卦則納甲，居外卦則納壬；坤居内卦則納乙，居外卦則納癸。其餘六卦，所納之干則無内外之别。

【3】魏伯陽《周易參同契》以月象而論八卦之納甲，史稱"月體納甲"説。即以月象取卦，以十干表月象之方位，然後將十干與八卦相配。每月初三日，一彎新月◐出現於西方庚位，新月有震☳之象，故震納庚；初八日，上弦月◓見於南方丁位，上弦月有兑☱之象，故兑納丁；十五日，一輪滿月升起於東方甲位，滿月有乾☰之象，故乾納甲；十六日平明，月象初虧◒於西方辛位，有巽☴之象，故巽納辛；二十三日下弦月◑見於南方丙位，下弦月有艮☶之象，故艮納

① "一"，原闕，四庫本同，今依例補之。

丙；三十日，月晦於東方乙位，有坤☷之象，故坤納乙；離爲日，坎爲月，晦夕朔旦之時，月體處於中天戊位，故坎納戊；每日正午，日處於中天己位，故離納己；壬、癸與甲、乙同配於乾、坤，呈乾坤統括十干之終始之象。見下文梨洲所録之《魏伯陽月體納甲圖》。

【4】虞翻其人見《圖書二》注【6】。虞翻月體納甲説，見於李鼎祚《周易集解·繫辭上》"懸象著明，莫大乎日月"注。

趙汝楳駁之曰："晝夜有長短，晝短日没於申，則月合於申，望於寅；晝長則日没於戌，則月合於戌，望於辰。十二月間，三日之月，未必盡見庚①；十五日之月，未必盡見甲；合朔有先後，則上下弦未必盡在八日、二十三日，望、晦未必盡在十五日、三十日。震、巽位於西，兑、艮位於南，乾、坤位於東，與《大傳》之卦易位。兑畫陽過陰，艮畫陰過陽，不能均平，與上下弦月體相符。"【5】

【5】趙汝楳，南宋易學家，宋太宗四子商王趙元份之七世孫，理宗時官至户部侍郎，著有《周易輯聞》《易雅》《筮宗》等。梨洲所引趙説，亦見於宋末俞琰《周易參同契發揮》上篇與明楊慎《丹鉛總録》卷一。趙氏駁月體納甲説之論有三：第一，隨著晝夜長短之變化（即地球公轉之變化），十二個月的月體之方位也會發生相應變化，三日之月未必都出現於西方庚，十五日之月也未必都升起於東方甲，等等，因而固定以月體方位之天干配卦是不合理的；第二，以月體之方位配卦，與經傳所載八卦方位不合，震東、兑西、乾西北、坤西南等此爲經傳八卦方位，而月體納甲説則以震配庚在西、兑配丁在南、乾配甲在東、坤配乙在東等，二者完全不同；第三，以月體之明晦取八卦之象，上弦月配兑、下弦月配艮，上下弦月均是月體明暗上下均平，而兑則陽多陰少、艮則陰多陽少與上下弦月體之象不相符。

朱風林（升）亦云："以乾三畫純陽爲望，以坤三畫純陰爲晦，其明魄消長，當以五夜當一畫，則震當爲初五夜之月，而非生明；兑當爲初十夜之月，而非上弦；望後巽、艮亦然。此月之明魄，與卦畫不類也。地之

① "盡"，原作"晝"，四庫本同，形近致訛。

方位，甲庚相對，既以望夕之月爲乾而出甲，則初生之月不見於庚矣。上下弦之昏旦同見於南方之中，亦初無上弦見丁，下弦見丙之異也。況月之行天，一歲十二月，其昏旦出見之地，夜夜推移，無定位可指。來月所納之甲，非今月所納之甲矣。”【6】

【6】見朱升《八卦納甲圖説》，載明程敏政《新安文獻志》卷三十一，黄宗羲、全祖望《宋元學案》卷十七《滄州諸儒學案下》等。朱升（1299—1370），字允升，號楓林（梨洲誤作風林），休寧（今屬安徽黄山市）人，元末明初學者。史載其於五經皆有旁注，於《易》尤詳，今有《周易旁注》二卷、《卦傳》十卷、《易前圖説》二卷、《楓林集》十卷。朱氏從三個方面批駁月體納甲説：一是以卦畫陰陽爲月體之晦明，乾三畫純陽當十五之滿月，坤三畫純陰當月晦之象，則應當陰陽爻畫均匀變化，以五夜當一畫，震當初五夜之月而非初三之月，兑當初十日之月而非上弦月，等等，如此卦畫陰陽之變方與月象之明晦相應；二是上弦月、下弦月均昏旦見於南方，並無上弦月見於丁位而下弦月見於丙位之别；三是月體行天，其方位不斷推移，没有一定不變之方位，此論與趙氏之説相同。

某以爲坎爲月，則月者八卦中之一也，八卦納甲而專屬之月，可乎？同此八卦，或取象於昏，或取象於旦，亦非自然之法象也。故沈存中不主月象，謂是“天地胎育之理，乾納甲壬，坤納乙癸者，上下包之也”，六子包於腹中，其次第震、巽宜納丙、丁，艮、兑宜納庚、辛，今反是者，卦自下生，先初爻，次中爻，末上爻，是以長下而少上也。【7】某又不然，甲乙至壬癸，乃先後之次第，非上下之次第也。震巽庚辛，艮兑丙丁，是亂其先後矣，不得以爻爲解。以方位言之，乾金、坤土、震木、巽木、坎水、離火、艮土、兑金，在《説卦》可證。今乾納甲壬，坤納乙癸，其爲木耶，水耶？震、巽之爲金，坎、離之爲土，艮、兑之爲火，將安所適從耶？若置之不論，則又無庸於納矣！【8】

【7】沈括（1031—1095），字存中，號夢溪丈人，浙江錢塘人，北宋學者，著有《夢溪筆談》，集前代科學成就之大成。《夢溪筆談・象數一》以“天地胎育之理”解納甲八卦之序，即乾坤納甲乙居上，乾坤納壬癸居下，而將六子卦包羅於其中，因卦爻皆自下生，故震、巽、坎、離、艮、兑六卦依次由下而上，據此

則艮兑配丙丁、坎離配戊己、震巽配庚辛。見下文梨洲所録之《沈存中納甲胎育圖》。

【8】梨洲之駁納甲説，其論有四：一是月本爲坎卦之象，而月體納甲説則以月相統言乾、坤、震、巽、艮、兑等卦，此不合經傳之説；二是以月相言八卦，或取象于昏暮之時，或取象於平旦之時，有刻意迎求之嫌，非自然之法象；三是沈括以乾坤胎育之理論八卦納甲之序，其前提是甲乙壬癸十干需要由上到下排列，然而十干之序乃先後次序，而非上下次序，因此沈氏所謂上下包羅胎育之説不能成立；四是八卦納甲之五行與八卦方位之五行俱不相符，《説卦傳》明言坎爲水、離爲火等，而納甲説坎納戊、離納己均屬土，又乾爲金，而納甲説則乾納甲壬，甲屬木、壬屬水，等等。

# 納甲二

卦之納甲以六十甲子言，故納辰亦謂之甲也。十二支六陽六陰，陽順傳，陰逆傳。子、寅、辰、午、申、戌爲順，未、巳、卯、丑、亥、酉爲逆。乾起初爻納子，順傳六爻，則陽支畢。坤起初爻納未，逆傳六爻，則陰支畢。震得乾初（初爻納子），坎得乾二（初爻納寅），艮得乾三（初爻納辰），皆順傳六爻。巽得坤四（初爻納丑，先外卦而後内卦，亦逆也），離得坤三（初爻納卯，逆中之逆），兑得坤二（初爻納巳），皆逆傳六爻。[1]

【1】十二支中，子、寅、辰、午、申、戌爲陽，丑、卯、巳、未、酉、亥爲陰。陽卦納陽支，起於子而順行：乾卦六爻自初至上依次納子、寅、辰、午、申、戌，震卦六爻自初至上依次納子、寅、辰、午、申、戌，坎卦六爻自初至上依次納寅、辰、午、申、戌、子，艮卦六爻自初至上依次納辰、午、申、戌、子、寅。陰卦納陰支，起於未而逆行：坤卦六爻自初至上依次納未、巳、卯、丑、亥、酉，巽卦六爻自初至上依次納丑、亥、酉、未、巳、卯，離卦六爻自初至上依次納卯、丑、亥、酉、未、巳，兑卦六爻自初至上依次納巳、卯、丑、亥、酉、未。

或謂陽順陰逆者非也，特左右行耳。陰陽雖判，未嘗不交，唯交故左右行。五行用數，一居北，自左而右；二居南，自右而左，故乾左行，起子至戌；坤右行，起未至酉。[2]六卦則以子、丑、寅、卯、辰、巳爲初爻之序，亦陽左陰右。乾坤爲父母，故各據陰陽之半。六子以類從，巽、離、兑初爻當納未、巳、卯（坤内卦），今納丑、卯、巳（坤外卦）者，坤順承天，妻道也，妻不敢敵夫以率諸女，故初爻則隨父左行，自二爻以往始右行以從母。[3]重卦之納甲，内卦觀下三爻，外卦觀上三爻，内外交錯以成之（如乾下坤上，内卦則子寅辰，外卦則丑亥酉）。是故納十日者總以卦，納十二辰者析於爻。[4]

【2】十二支依次圓周排布，子居北、午居南、卯居東，酉居西，則陽支子、

寅、辰、午、申、戌爲自左而右旋，陰支未、巳、卯、丑、亥、酉爲自右而左旋，呈陰陽相交之勢。"五行用數"當指五行九宫數，一居北方子位，二居西南未位，故乾左行起子至戌，坤左行起未至酉。

【3】六子卦震初納子、巽初納丑、坎初納寅、離初納卯、艮初納辰、兑初納巳，成子丑寅卯辰巳之序，故云"初爻則隨父左行"。三子卦震、坎、艮之初爻依次納乾初之子、乾二之寅、乾三之辰，準此則三女卦巽、離、兑之初爻依次應當納坤初之未、坤二之巳、坤三之卯，而實際上却是依次納坤四之丑、坤五之亥、坤上之酉，之所以如此是因爲乾爲夫、坤爲妻，故"妻不敢敵夫以率諸女，故初爻則隨父左行，自二爻以往始右行以從母"。

【4】八純卦納甲已明，五十六雜卦之納干支則觀其上下卦而納之，如屯卦下卦爲震、上卦爲坎，則下卦震納庚，上卦坎納戊，下卦震三爻納子、寅、辰，上卦坎三爻納申、戌、子，故云"納十日者總以卦，納十二辰者析於爻"。

卜筮家舍納甲，則休咎無以辨矣。然觀其所用五行惟十二辰，而十干無與焉。卦爲體，爻爲用；干爲主，辰爲客。有用而無體，舍主而用客，則是失輕重之倫也。假如生在卦，克在爻，自當去爻而從卦；干則凶，支則吉，豈得昧大而見小？納甲之説，將古有其名而無其實與，抑傳之者失其真與？不然，乾初爻止當云子爲水，不必配爲甲子；坤初爻止當云未爲土，不必配爲乙未。既配以甲乙，自當用其五行矣。且姑置納日之用不用，甲爲五行之全數，卦爲天地之全數，今以四十八爻而納六十甲，所餘之十二甲將焉置之？豈卦不足以包五行耶![5]

【5】《繫辭傳》中記載了大衍筮法的起卦方法，但對於如何占斷則未作表述，故後世用之者少。納甲法源自先秦，以卦爻干支五行生克推斷吉凶，體用完備，爲後世卜筮家所普遍採用，流行甚廣。在用納甲法占斷時，一般只用卦中所纳支，至於所納干則置之不用。梨洲從理論上指出，卦爲體而爻爲用，干爲主而支爲客，用支而不用干，則是捨主而用客，於理有悖。他認爲，既然納干又納支，則當干支皆用，不然又何必納之。除此以外，還有一個非常重要的問題，重卦八純納甲，一卦六爻，八卦則四十八爻，四十八爻納干支，則六十甲子尚餘十二，即壬子、壬寅、壬辰、甲午、甲申、甲戌、癸未、癸巳、癸卯、乙丑、乙亥、乙酉。六十甲子是一個完整的五行系統，八卦六十四卦也是完整的天地運化體系，

而納甲法却只能將八卦六十四卦與四十八干支相配，不能得六十甲子之全體，因此其理論是不完整的。

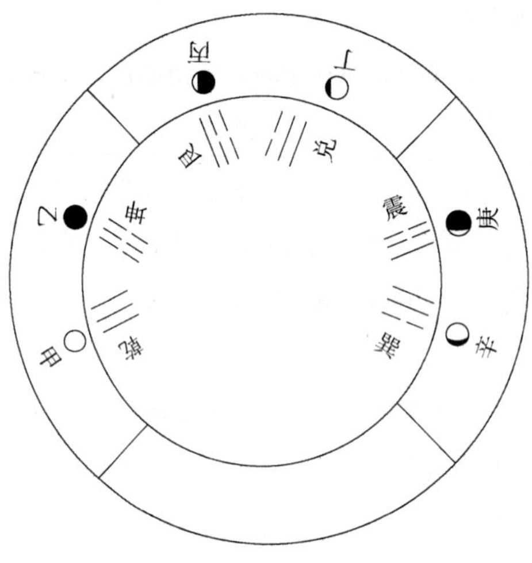


魏伯陽月體納甲圖

| 坤 | 乾 |
| --- | --- |
| 乙 | 甲 |
| 兌 | 艮 |
| 丁 | 丙 |
| 離 | 坎 |
| 己 | 戊 |
| 巽 | 震 |
| 辛 | 庚 |
| 坤 | 乾 |
| 癸 | 壬 |

沈存中納甲胎育圖

午：乾四 震四 坎三 艮二
未：坤初 巽四 離五 兌上
申：乾五 震五 坎四 艮三
酉：坤上 巽三 離四 兌五
戌：乾上 震上 坎五 艮四
亥：坤五 巽二 離三 兌四
子：乾初 震初 坎上 艮五
丑：坤四 巽初 離二 兌三
寅：乾二 震二 坎初 艮上
卯：坤三 巽上 離初 兌二
辰：乾三 震三 坎二 艮初
巳：坤二 巽五 離上 兌初

純卦納十二辰圖

| 艮 | 坎 | 震 | 乾 |
| --- | --- | --- | --- |
| 丙寅 | 戊子 | 庚戌 | 壬戌 |
| 丙子 | 戊戌 | 庚申 | 壬申 |
| 丙戌 | 戊申 | 庚午 | 壬午 |
| 丙申 | 戊午 | 庚辰 | 甲辰 |
| 丙午 | 戊辰 | 庚寅 | 甲寅 |
| 丙辰 | 戊寅 | 庚子 | 甲子 |

| 兌 | 離 | 巽 | 坤 |
| --- | --- | --- | --- |
| 丁未 | 己巳 | 辛卯 | 癸酉 |
| 丁酉 | 己未 | 辛巳 | 癸亥 |
| 丁亥 | 己酉 | 辛未 | 癸丑 |
| 丁丑 | 己亥 | 辛酉 | 乙卯 |
| 丁卯 | 己丑 | 辛亥 | 乙巳 |
| 丁巳 | 己卯 | 辛丑 | 乙未 |

納辰成卦圖

季彭山曰："陽卦納陽，於陽支皆順行；陰卦納陰，於陰支皆逆行。乾起甲子，則坤當起乙丑，今爲改正。"羲案，坤起乙未，自京氏積算已然，蓋陰生於午，故從未而起。彭山不知而作，往往如此。[6]近又有改納甲者，戊己干支十二，虛中不用，以離納甲，坎納乙，兌納丙，艮納丁，

震納庚，巽納辛，乾納壬，坤納癸，各納其干内所有之支，自下而上。如納甲者，甲子、甲戌、甲申、甲午、甲辰、甲寅是其所有也。餘倣此。[7]此皆無所證據，輕改古法。

【6】季彭山，即季本（1485—1563），字明德，號彭山，明代會稽山陰人，官至長沙知府，師從王陽明，著有《易學四同》《詩説解頤》《春秋私考》等。他提出乾卦納陽支起於甲子，則坤卦納陰支當起於乙丑。梨洲指出，坤卦起乙未，京氏時既如此，子月冬至一陽生，故陽起於子，午月夏至一陰生，陰起於午，但午爲陽支，故陰退一支而起於未。因此，乾起甲子、坤起乙未，關乎天地陰陽之消息，不可擅改。

【7】十干十二支配成六十甲子，每干統領六支，戊己居中，其統領之十二甲子虚而不用，則餘八干配八純卦，諸干統領之六支，自下而上納入卦中。如坎納乙，則乙丑、乙亥、乙酉、乙未、乙巳、乙卯依次納於坎卦初至上六爻。“此皆無所證據，輕改古法”，不足爲訓。

# 納　音

六十甲子納音亦從納甲而生，一律納五音，十二律納六十音也。[1]納音雖同，而立法有三。其本之《内經》者，五音始於金，傳火傳木傳水傳土，其叙也。（乾納甲，坤納癸，爲之始終，故納始於乾金，終於坤土。）[2]同位娶妻，隔八生子。甲子，金之仲（三元：首仲、次孟、次季）[3]，娶乙丑；下生壬申，金之孟，娶癸酉；上生庚辰，金之季，娶辛巳；下生戊子火。自戊子、己丑，轉丙申、丁酉，轉甲辰、乙巳，火之仲、孟、季畢焉。自壬子、癸丑，轉庚申、辛酉，轉戊辰、己巳，木之仲、孟、季畢焉。自丙子、丁丑，轉甲申、乙酉，轉壬辰、癸巳，水之仲、孟、季畢焉。自庚子、辛丑，轉戊申、己酉，轉丙辰、丁巳，土之仲、孟、季畢焉。以上爲陽律。起甲午、乙未，轉壬寅、癸卯，轉庚戌、辛亥，皆金也。戊午、己未，轉丙寅、丁卯，轉甲戌、乙亥，皆火也。壬午、癸未，轉庚寅、辛卯，轉戊戌、己亥，皆木也。丙午、丁未，轉甲寅、乙卯，轉壬戌、癸亥，皆水也。庚午、辛未，轉戊寅、己卯，轉丙戌、丁亥，皆土也。以上爲陰呂①。此一法也。[4]

【1】《夢溪筆談・樂律一》云："六十甲子有納音，鮮原起意，蓋六十律相旋爲宫也。一律函五音，十二律納六十音也。"古樂律學有十二律，即黄鐘、大吕、太簇、夾鐘、姑洗、中吕、蕤賓、林鐘、夷則、南吕、無射、應鐘，處奇數位者爲陽律，處偶數位者爲陰吕。十二律各有宫、商、角、徵、羽五音，共六十音。將此六十音與六十甲子相配即爲納音。五音與五行相對應，宫屬土，商屬金，角屬木，徵屬火，羽屬水。因此，六十音也有其相應之五行。後世術數學用六十甲子納音法进行占測，其多是用六十甲子納音之五行，至於其所對應的五音十二律則置之不問。本篇也是談六十甲子納音之五行，而非論其樂律。

【2】《夢溪筆談・樂律一》云："納音與納甲同法。乾納甲而坤納癸，始於乾

---

① "陰吕"，原作"陽吕"，四庫本同，非是。起甲子者爲陽律，起甲午者爲陰吕。

而終於坤。納音始於金，金，乾也；終於土，土，坤也。”

【3】納音五行各分仲、孟、季三元。就十二支而言，子、卯、午、酉爲仲，亥、寅、巳、申爲孟，丑、辰、未、戌爲季。此仲、孟、季之分，本于地支配十二月，如子當仲冬十一月，故屬仲；亥當孟冬十月，故屬孟；丑當季冬十二月，故屬季；其餘諸支亦然。

【4】《黄帝内經》納音法，陽律起甲子，陰吕起甲午，依金、火、木、水、土之序，同位娶妻，隔八生子，依次推定納音五行，各分仲、孟、季三元。《夢溪筆談·樂律一》云：“納音之法，同類取妻，隔八生子，此律吕相生之法也。”所谓“同位娶妻”，即相邻之干支兩兩相配，如甲子配乙丑、丙寅配丁卯等。所謂“隔八生子”，本於樂律學之“隔八相生”，是樂律學中用“三分損益”法而得出的生律結果，原有音律與相生的音律，起止相隔八個音律，以干支表示即隔八個干支。按十二律吕之序，黄鐘隔八生林鐘，林鐘隔八生太簇，太簇隔八生南吕，南吕隔八生姑洗，姑洗隔八生應鐘，應鐘隔八生蕤賓，蕤賓隔八生大吕，大吕隔八生夷則，夷則隔八生夾鐘，夾鐘隔八生無射，無射隔八生中吕，中吕隔八生黄鐘。《内經》納音法，陽律起甲子，爲金之仲，甲子配乙丑；乙丑隔八爲壬申，壬申配癸酉，爲金之孟；癸酉隔八爲庚辰，庚辰配辛巳，爲金之季。辛巳隔八爲戊子，戊子配己丑，爲火之仲；己丑隔八爲丙申，丙申配丁酉，爲火之孟；丁酉隔八甲辰，甲辰配乙巳，爲火之季。其下，陽律之木、水、土，依序類推。陰吕起甲午，甲午配乙未，爲金之仲，其下亦隔八依序而推之。

葛稚川[5]曰：“子午屬庚（納甲震初爻庚子、庚午），丑未屬辛（巽初爻納辛丑、辛未），寅申屬戊（坎初爻納戊寅、戊申），卯酉屬己（離初爻納己卯、己酉），辰戌屬丙（艮初爻納丙辰、丙戌），巳亥屬丁（兑初爻納丁巳、丁亥）。一言得之者宫與土（所屬者即是一言而得），三言得之者徵與火（如戊子、戊午，戊之去庚，數之有三也。餘準此），五言得之者羽與水（如丙子、丙午，丙之去庚爲數五也），七言得之者商與金（如甲子、甲午，甲之去庚爲數七），九言得之者角與木（如壬子、壬午，壬之去庚爲數九）。”[6]此一法也①。

---

① “也”，原作“者”，四庫本作“也”，據改。

【5】葛稚川，即葛洪（284—364），東晋著名道士，字稚川，號抱樸子，丹陽句容（今屬江蘇鎮江市）人，著述宏富，有《抱樸子》内外篇七十卷、《神仙傳》十卷、《隱逸傳》十卷、《金匱藥方》百卷、《肘後備急方》四卷等，《正統道藏》《萬曆續道藏》收録其著作十三种。

【6】見葛洪《抱樸子内篇·仙藥》。葛洪納音法以土、火、水、金、木爲序，先確定屬土之十二干支，即庚子庚午、辛丑辛未、戊寅戊申、己卯己酉、丙辰丙戌、丁巳丁亥。之所以選定此十二支，則與六子卦之納甲有直接關係，震卦初爻納庚子、四爻納庚午，巽卦初爻納辛丑、四爻納辛未，坎卦初爻納戊寅、四爻納戊申，離卦初爻納己卯、四爻納己酉，艮卦初爻納丙辰、四爻納丙戌，兑卦初爻納丁巳、四爻納丁亥，所以説“子午屬庚，丑未屬辛，寅申屬戊，卯酉屬己，辰戌屬丙，巳亥屬丁”。然後以一土、三火、五水、七金、九木，按天干次序逆數，如庚子庚午本身爲一即屬土，即“一言得之者宫與土”；由庚逆數三爲戊，則戊子戊午爲火，即“三言得之者徵與火”；逆數五爲丙，則丙子丙午屬水，即“五言得之者羽與水”；逆數七爲甲，則甲子甲午屬金，即“七言得之者商與金”；逆數九爲壬，則壬子壬午屬木，即“九言得之者角與木”。辛丑辛未、戊寅戊申、己卯己酉、丙辰丙戌、丁巳丁亥，皆以此類推。

“子午之數九（九者，黄鐘之數，子爲十一月，其律黄鐘。午爲子衝，故其數同），丑未八（丑十二月故殺於九），寅申七，卯酉六，辰戌五，巳亥四。”【7】“甲己之數九（甲爲子干，己爲甲妃，其數同），乙庚八，丙辛七，丁壬六，戊癸五。”【8】揚子雲《太玄》之數，其推納音以火、土、木、金、水爲序，甲子乙丑金者，甲九、子九、乙八、丑八，積三十四，以五除之，餘四，故爲金。丙寅丁卯火者，丙七、寅七、丁六、卯六，積二十六，以五除之，餘一，故爲火。【9】餘準此。此一法也。

【7】見揚雄《太玄·玄數》。《禮記·月令》鄭玄注：“黄鐘者，律之始也，九寸。仲冬之氣至，則黄鐘之律應。”子當仲冬十一月，律應黄鐘，律管爲九寸，故子數九，又子午相衝，則午與子數爲九。由之而遞減，故丑未數八、寅申數七、卯酉數六、辰戌數五、巳亥數四。此十二支數，清華大學藏戰國楚簡《筮法》篇有明確記述，知非揚雄所創。

【8】見揚雄《太玄·玄數》。晋范望注之云：“子之數九，甲爲子干，己爲甲

妃，故俱稱九也。”“丑之數八。乙，丑之干，乙妃於庚，故俱八也。”“寅之數七，丙爲寅干，辛爲丙妃，故俱七也。”“卯之數六，丁爲卯干，丁爲壬妃，故俱六也。”“辰之數五，戊爲辰干，癸爲戊妃，故俱五也。”

【9】揚雄以六十甲子兩兩为偶，將其干支數之和除以五，由其餘數按一火、二土、三木、四金、五水而定納音五行。如戊辰己巳，戊数五、辰数五、己数九、巳数四，其和为二十三，以五除之，餘數爲三，則戊辰己巳納音屬木。

按《律書》，同位娶妻，如黄鐘與大吕同位爲妻。隔八生子，黄鐘三分損一，隔八生林鐘爲子。今甲子黄鐘與乙丑大吕同位，謂之娶妻是矣。而甲子之隔八爲辛未林鐘，何以甲子不能生之也？蔡邕云：“陽生陰爲下生，陰生陽爲上生。”【10】今陽不能生，是但有上生而無下生也。以甲子爲上，癸亥爲下，則又皆下生而上生無十之一二也。《内經》之法與《律書》不能盡合矣。【11】稚川言：“中央總黄天之氣一，南方丹天之氣三，北方玄天之氣五，西方素天之氣七，東方蒼天之氣九。”【12】皆奇數而無偶數，而一之屬土，三之屬火，五之屬水，七之屬金，九之屬木，亦不知其何義也。【13】揚子雲謂“子之數九，從黄鐘之管”，則丑當從林鐘而六，寅當從太簇而八。【14】十二月各有其律，何以有從有不從耶？是故必欲定納音之法，當以京房六十律與甲子分配，以之上生下生，始無敝耳。【15】

【10】見唐司馬貞《史記索隱・律書》。陽律生陰吕爲下生，陰吕生陽律爲上生。

【11】梨洲認爲，依《律書》之法，甲子爲黄鐘，應隔八生辛未林鐘，而按《内經》納音法，甲子乙丑相配，自乙丑隔八而生壬申癸酉。如依陽律生陰吕爲下生，陰吕生陽律爲上生之説，則《内經》納音法均是陰生陽而無陽生陰，只有上生而無下生。如以六十干支之序，甲子爲上，癸亥爲下，則爲下生多而上生少。因此，《内經》“同位娶妻，隔八生子”之納音法説雖取法於律吕，實則與之多有不同。

【12】見沈括《夢溪補筆談・象數》。“黄天”，《素問・五運行大論》作“黅天”。此諸天氣數即葛洪推干支納音數。中央黄天之氣屬土，數一，故“一言得之者宫與土”；南方丹天之氣屬火，數三，故“三言得之者徵與火”；北方玄天之氣屬水，數五，故“五言得之者羽與水”；西方素天之氣屬金，數七，故“七言得之者商與金”；東方蒼天之氣屬木，數九，故“九言得之者角與木”。

【13】此本於《夢溪補筆談·象數》，文中論葛氏諸天氣數云："皆奇數而無偶數，莫知何義，都不可推考。"就六十甲子而言，陽干配陽支、陰干配陰支，一陽支可配五陽干，一陰支可配五陰干，五陽干或五陰干相隔數即爲一、三、五、七、九也，故不可能有偶數。

【14】案《漢書·律曆志上》，黃鐘律長九寸，林鐘律長六寸，太簇律長八寸，等等。

【15】《後漢書·律曆志》載京房言："六十律相生之法，以上生下皆三生二，以下生上皆三生四。陽下生陰，陰上生陽。終於中呂，而十二律畢矣。中呂上生執始，執始下生去滅，上下相生，終於南事，六十律畢矣。夫十二律之變至於六十，猶八卦之變至於六十四也。"又言："黃鐘，律呂之首而生十一律者也。其相生也，皆三分而損益之，是故十二律之得十七萬七千一百四十七，是爲黃鐘之實。又以二乘而三約之，是爲下生林鐘之實。又以四乘而三約之，是爲上生太簇之實。推此上下，以定六十律之實。"

## 《内經》 納音圖

| 陽律 | 陰吕 |
|---|---|
| 甲子乙丑金 | 丙寅丁卯火 |
| 戊辰己巳木 | 庚午辛未土 |
| 壬申癸酉金 | 甲戌乙亥火 |
| 丙子丁丑水 | 戊寅己卯土 |
| 庚辰辛巳金 | 壬午癸未木 |
| 甲申乙酉水 | 丙戌丁亥土 |
| 戊子己丑火 | 庚寅辛卯木 |
| 壬辰癸巳水 | 甲午乙未金 |
| 丙申丁酉火 | 戊戌己亥木 |
| 庚子辛丑土 | 壬寅癸卯金 |
| 甲辰乙巳火 | 丙午丁未水 |
| 戊申己酉土 | 庚戌辛亥金 |
| 壬子癸丑木 | 甲寅乙卯水 |
| 丙辰丁巳土 | 戊午己未火 |
| 庚申辛酉木 | 壬戌癸亥水 |

## 葛稚川納音圖

一言宮屬土

庚子庚午　辛丑辛未　戊寅戊申

己卯己酉　丙辰丙戌　丁巳丁亥

三言徵屬火

戊子戊午　己丑己未　丙寅丙申

丁卯丁酉　甲辰甲戌　乙巳乙亥

五言羽屬水

丙子丙午　丁丑丁未　甲寅甲申

乙卯乙酉　壬辰壬戌　癸巳癸亥

七言商屬金

甲子甲午　乙丑乙未　壬寅壬申

癸卯癸酉　庚辰庚戌　辛巳辛亥

九言角屬木

壬子壬午　癸丑癸未　庚寅庚申

辛卯辛酉　戊辰戊戌　己巳己亥

## 揚子雲積數納音圖

甲子乙丑三十四　甲申乙酉三十　甲辰乙巳二十六

丙寅丁卯二十六　丙戌丁亥二十二　丙午丁未三十

戊辰己巳二十三　戊子己丑三十一　戊申己酉二十七

庚午辛未三十二　庚寅辛卯二十八　庚戌辛亥二十四

壬申癸酉二十四　壬辰癸巳二十　壬子癸丑二十八

甲戌乙亥二十六　甲午乙未三十四　甲寅乙卯三十

丙子丁丑三十　丙申丁酉二十六　丙辰丁巳二十二

戊寅己卯二十七　戊戌己亥二十三　戊午己未三十一

庚辰辛巳二十四　庚子辛丑三十二　庚申辛酉二十八

壬午癸未二十八　壬寅癸卯二十四　壬戌癸亥二十

# 占課

今世揲蓍者少，而《火珠林》之術盛行，大概本於京氏。[1]卦棄其象數，爻取於干支。一卦爲一世應，於動静無與也。一事爲一門類，於爻辭無與也。[2]然某觀京房《易傳》又與今世所行間有出入，則亦失其傳也。

【1】《火珠林》，舊題麻衣道者著，宋代即已流傳之筮書，其筮法與京氏納甲説相類。

【2】《火珠林》筮法，不推演八卦六十四卦之卦爻象，而觀卦爻所納干支五行之生剋沖合。卦有世爻有應爻，世爻爲己，應爻爲人；爻有六親，即父母、妻財、兄弟、官鬼、子孫，所占事項不同則所用六親亦不同，占時觀所當六親（即用神）之吉凶而不問其爻辭如何。

曰世應：分爲八宫，乾、震、坎、艮、坤、巽、離、兑各主一宫，所屬七卦自下而上以次受變，變至五爻則上爻不可復變。上爻爲本宫之主，故第六卦從五爻返至四爻，變而復主卦之畫，謂之遊魂。第七卦則内卦皆復主卦之畫，謂之歸魂。主卦以上爻爲世，其次五卦以變爻爲世，遊魂以四爻爲世，歸魂以三爻爲世（亦内卦之上爻也）。世之對爲應，初與四、二與五、三與上是也。[3]

【3】六十四卦以八純卦爲主而分八宫，八純卦爲本宫卦，本宫卦之諸爻依次序而變，初爻變得一世卦，繼之第二爻變得二世卦，繼之第三爻變得三世卦，繼之第四爻變得四世卦，繼之第五爻變得五世卦；上爻为本宫之主，不可變，故五世卦之後，繼之再變其第四爻，得遊魂卦；繼之遊魂卦内卦三爻皆變，得歸魂卦。本宫卦以上爻爲世爻，其應爻爲三爻；一世卦至遊魂卦，第几爻變即以之爲世爻，歸魂卦以第三爻爲世爻。應爻則初與四應，二與五應，三與上應。如震宫八卦，震爲本宫卦，上爻爲世爻，三爻爲應爻；一世卦爲豫卦，初爻爲世爻，四爻爲應爻；二世卦爲解卦，二爻爲世爻，五爻爲應爻；三世卦爲恒卦，三爻爲世爻，上爻爲應爻；四世卦爲升卦，四爻爲世爻，初爻爲應爻；五世卦爲井卦，五

爻爲世爻，二爻爲應爻；遊魂卦大過卦，四爻爲世爻，初爻爲應爻；歸魂卦隨卦，三爻爲世爻，上爻爲應爻。

曰飛伏：世爻所在見者爲飛，不見者爲伏。見者即世爻之納甲，不見者八主卦取相反之納甲（乾與坤反，震與巽反，坎與離反，艮與兑反）。五變卦取主卦之納甲（變在一世，取主卦一爻；變在二世，取主卦二爻。餘準此）。遊歸二卦，取從變之納甲（如乾宫遊魂，從剥而變，則取剥四納甲爲伏；歸魂從晋而變，則取晋三納甲爲伏，餘準此）。【4】

【4】飛伏是就卦爻陰陽之顯隱而言，顯現者爲飛，隱藏者爲伏，來者爲飛，往者爲伏。其大要有三類：一是一世卦至五世卦之飛伏。如賁卦爲艮宫一世卦，賁卦初爻爲世爻，其納甲爲己卯，而艮卦初爻納甲爲丙辰，則賁初爻己卯爲飛，艮初爻丙辰爲伏；大畜爲艮宫二世卦，大畜二爻爲世爻，納甲爲甲寅，而艮卦二爻納丙午，則大畜二爻甲寅爲飛，艮二爻丙午爲伏，等等，此即爲“見者世爻之納甲”，不見者主卦此爻之納甲。自一世卦至五世卦，皆是如此，此即“變在一世，取主卦一爻；變在二世，取主卦二爻”。二是八主卦之飛伏。八純卦爲八主卦，八主卦兩兩相反，乾與坤、震與巽、坎與離、艮與兑，彼此互爲飛伏。就其爻而言，如乾卦上九爻納壬戌爲飛，則坤卦上六爻納癸酉爲伏，此即“不見者八主卦取相反之納甲”。三是遊魂卦、歸魂卦之飛伏。如小過卦爲兑宫遊魂卦，其四爻爲世爻，納甲爲庚午，遊魂卦變自五世卦，兑宫五世卦爲謙卦，謙四爻納甲爲癸丑，則小過四爻庚午爲飛，謙四爻癸丑爲伏；歸妹卦爲兑宫歸魂卦，其三爻爲世爻，納甲爲丁丑，歸魂卦自遊魂卦變來，小過卦爲遊魂，其三爻納丙申，則歸妹三爻丁丑爲飛，小過三爻丙申爲伏，此即“遊歸二卦，取從變之納甲”。

曰建：以爻直月，從世起建，布於六位（惟乾、坎從初爻起）。乾起甲子，坤起甲午，一卦凡六月也。【5】

【5】古以北斗之斗柄所指方位爲建，四時十二月斗柄所指方位不同，故又以建指月份。晁公武論京氏易云：“起乎世而周乎内外，參乎本數以紀月者，謂之建。”（《嵩山文集》卷十八《記京氏易傳後》）京房以八宫六十四卦，每卦六爻每爻主一月，月以六十甲子爲序，諸卦一般由其世爻起建，順布干支于六爻，其中乾、坎二卦不從世爻而從初爻起建。之所以“乾起甲子，坤起甲午”，乃因为

“建子陽生，建午陰生”（《京氏易傳》卷下）。八宫之主卦，乾初爻起甲子、震卦世爻起丙子、坎卦初爻起戊寅、艮世爻起庚寅，坤世爻起甲午、巽世爻起辛丑、離世爻起戊申、兑世爻起乙卯。各宫所屬之卦起建之例可分兩類，乾、坎二宫爲一類，其餘六宫爲一類。乾卦六爻月建爲甲子至己巳，己巳下接庚午、辛未、壬申、癸酉、甲戌，則其一世卦姤由世爻起庚午，二世卦遯自世爻起辛未，三世卦否自世爻起壬申，四世卦觀自世爻起癸酉、五世卦剥自世爻起甲戌。坎卦六爻月建爲戊寅至癸未，癸未下接甲申、乙酉、丙戌、丁亥、戊子，則其一世卦節自世爻起甲申，二世卦屯自世爻起乙酉，三世卦既濟自世爻起丙戌，四世卦革自世爻起丁亥，五世卦豐自世爻起戊子。其餘六宫之一世卦至五世卦起建，由本宫世爻月建順排，如震世爻起丙子，則其一世卦豫世爻起丁丑，二世卦解世爻起戊寅，三世卦恒世爻起己卯，四世卦升世爻起庚辰，五世卦井世爻起辛巳；再如坤宫世爻起甲午，則其一世卦復世爻起乙未，二世卦臨世爻起丙申，三世卦泰世爻起丁酉，四世卦大壯世爻起戊戌，五世卦夬世爻起己亥，其餘四宫類此。八宫之遊魂卦、歸魂卦世爻起建，同于其五世卦相應爻之月建。如震宫遊魂卦爲大過，世爻爲四爻，震宫五世卦爲井，井卦四爻當丙戌，則大過世爻起丙戌；震宫歸魂卦爲隨，世爻爲三爻，井卦三爻當乙酉，則隨卦世爻起乙酉。再如坎宫遊魂卦爲明夷，歸魂卦爲師，五世卦豐之四爻當癸巳、三爻當壬辰，故明夷世爻起癸巳，師世爻起壬辰。（詳見下文《京氏月建圖》）

曰積算：以爻直日，從建所止起日，如姤上九乙亥，即以乙亥起上九爲一日，終而復始，一卦凡百有八十日也。[6]術家以月爲直符，日爲傳符，指六爻所見之支當之，非矣。[7]

【6】京氏積算是將表示時間的六十干支排布于各卦之中。各卦六爻月建之終點即爲其積算之起點，如姤卦月建起初爻庚午，終上爻乙亥，故積算自上爻乙亥起，則初爻爲丙子、二爻爲丁丑、三爻爲戊寅、四爻爲己卯、五爻爲庚辰、上爻爲辛巳、初爻爲壬申、二爻爲癸酉，依次推排，直至上爻己巳，六十甲子周流循環。京氏建候以每卦當六月，準此，梨洲以爲積算每卦當一百八十日。而《京氏易傳·乾》云：“積算起己巳火，至戊辰土，周而復始。”陸績注云：“吉凶之兆，積年起月，積日起時，積時起卦入本宫。”可見此積算不唯以爻值日，以可以爻值年、時、月。以年計算，一卦主六十年，每爻主十年；以月計算，一卦主六十月，每爻主十月；以日積算，一卦主六十日，每爻主十日；以時積算，一卦主六

十時即五日，每爻主十時。徐昂《京氏易傳箋》卷三云："積算六位爻數分陰陽，配五行，定歲月日時節候運氣，以推吉凶，考休咎。"

【7】宋元所傳占筮術中，以年建爲天符，月建爲直符，日建爲傳符，時辰爲直事。如甲申月戊子日占，所遇之卦如有納申之動爻，此爻即爲直符；如有納子之動爻，此爻即爲傳符，然後再結合該爻所當之六神而占斷吉凶。如宋末李道純《周易尚占·決斷部第四》云："日建加青龍，財禄喜重重，朱雀宜施用，勾陳事未通，騰蛇多怪異，白虎破財凶，玄武陰私撓，應在日辰中。"可見術家之月建直符、日建傳符乃占筮隨機所遇之卦爻，與京氏據一定規則排布於卦爻的月建、積日不同。

曰鬼爲繫爻，財爲制爻，天地爲義爻（天地即父母），福德爲寳爻（福德即子孫），同氣爲專爻（兄弟爻也），即術家所定六親是也。[8]其定身爻，視世爻之辰，子午身居初，丑未身居二，寅申身居三，卯酉身居四，辰戌身居五，巳亥身居上。而京氏無定身爻之例。[9]乾卦云："水配位爲福德（初爻甲子水，乾之子孫），木入金鄉居寳貝（二爻甲寅木，乾之財），土臨内象爲父母（三爻甲辰土，乾之父母），火來四上嫌相敵（四爻壬午火，乾之官鬼），金入金鄉，木漸微（五爻壬申金，乾之兄弟），宗廟上建戌亥，乾本位（謂上爻壬戌土）。"[10]若依術家，則乾五爲身爻，乾上復爲父母。京氏皆不言者，以世即身也，世外復有身，不已贅乎？

【8】林忠軍先生指出，京房此説來源於《淮南子·天文》"子生母曰義，母生子曰保，子母相得曰專，母勝子曰制，子勝母曰困"，所謂母子生勝是就五行生克而言的（參見林氏《象數易學發展史》第一卷）。與《火珠林》六親相對應，鬼即鬼神，財即妻財，天地即父母，福德即子孫，同氣即兄弟。六親由占時所遇卦爻納甲之五行與本宫卦之五行生克關係而定。以本宫卦之五行爲"我"，所遇卦之六爻，生我者即爲父母，克我者即爲官鬼，我生者即爲子孫，我克者即爲妻財，同我者即爲兄弟。如占時遇師卦，師卦爲坎宫歸魂卦，坎屬水，師卦初爻納戊寅，寅屬木，水生木，則初爻爲子孫；師卦二爻納戊辰，辰屬土，土克水，則二爻爲官鬼；師卦三爻納戊午，午屬火，水克火，則三爻爲妻財；四爻納癸丑，丑屬土，土克水，則四爻亦爲官鬼；五爻納癸亥，亥屬水，與坎水同，則五爻爲兄弟；上爻納癸酉，酉屬金，金生水，則上爻爲父母。

【9】世傳之納甲占法，除世爻、應爻外，還有身爻。一卦之身爻，視其世爻之納甲而定，如世爻爲子或午，則初爻爲身爻；世爻爲丑或未，則二爻爲身爻；世爻爲寅或申，則三爻爲身爻；世爻爲卯或酉，則四爻爲身爻；世爻爲辰或戌，則五爻爲身爻；世爻爲巳或亥，則上爻爲身爻。

【10】見《京氏易傳》卷上。乾卦屬金，初爻納甲子水，金生水，故初爻爲福德，即後世所謂子孫；二爻納甲寅木，金克木，故二爻爲寶貝，即後世所謂妻財；三爻納甲辰土，土生金，故三爻爲父母；四爻納壬午火，火克金，故四爻爲制爻，即後世所謂官鬼；五爻納壬申金，與乾金同，故五爻爲專爻，即後世所謂兄弟；上爻納壬戌土，土生金，故上爻亦爲父母。京氏將卦之六爻與禄位相配，上爻爲宗廟（見下文），又乾卦居西北戌亥之位，又其上爻納壬戌，故云“宗廟上建戌亥，乾本位”。

曰龍德虎刑：龍德在十一月坎卦子，左行；虎刑五月在離卦午，右行。故依建之所歷，龍德起子，至四月在巳；虎刑繼之，虎刑起午，至十月在亥，龍德繼之。術家見子即爲龍德，見午即爲虎刑，失之遠矣。[11]術家又有青龍、朱雀、勾陳、螣蛇、白虎、玄武六神。以所占之日，甲乙起青龍，丙丁起朱雀，戊起勾陳，己起螣蛇，庚辛起白虎，壬癸起玄武。在龍虎爲重出，餘四神爲增加也。[12]

【11】《京氏易傳》卷下云：“龍德十一月在子，在坎卦，左行；虎刑五月在午，在離卦，右行。”案，《淮南子・天文訓》云：“北斗之神有雌雄，十一月始建於子，月從一辰，雄左行，雌右行，五月合午謀刑，十一月合子謀德。”又云：“冬至則斗北中繩，陰氣極，陽氣萌，故曰冬至爲德；日夏至則斗南中繩，陽氣極，陰氣萌，故曰夏至爲刑。”此或即京氏龍德、虎刑之所本。龍德指主生之陽，虎刑指主殺之陰。梨洲指出，龍德行十一月子、十二月丑、正月寅、二月卯、三月辰、四月巳；然後虎刑繼之，行五月午、六月未、七月申、八月酉、九月戌、十月亥，然後龍德繼之，周流往復。

【12】以青龍、朱雀、勾陳、螣蛇、白虎、玄武爲序，如甲或乙日占算，則所遇之卦初爻爲青龍，依序排六神於六爻；丙或丁日占算，則所遇之卦初爻爲朱雀，依序排六神於六爻；戊日占算，則所遇之卦初爻爲勾陳，依序排六神於六爻；己日占算，則所遇之卦初爻爲螣蛇，依序排六神於六爻；庚或辛日占算，則

所遇之卦初爻爲白虎，依序排六神於六爻；壬或癸日占算，則所遇之卦初爻爲玄武，依序排六神於六爻。

曰卦位：初元士，二大夫，三三公，四諸侯，五天子，上宗廟。[12]曰五星[13]，曰二十八宿[14]，皆從世爻入卦。曰盈虚，盈則三十有六，虚則二十有八，内外卦各分其半，以其五行所屬起世爻，巡於六位，視與爻之納甲相生尅定其吉凶。[15]此皆術家之所無也。

【12】卦中六爻，初爻爲元士之位，二爻爲大夫之位，三爻爲三公之位，四爻爲諸侯之位，五爻爲天子之位，上爻爲宗廟之位。如《京氏易传》言乾宫諸卦，姤卦“元士居世”、遯卦“大夫居世”、否卦“三公居世”、觀卦“諸侯居世”、剥卦“天子治世”、晋卦“诸侯居世”、大有卦“三公临世”。可見六爻之爵位皆就世爻而發，故梨洲云六爻之爵位“從世爻入卦”。

【13】五星，即鎮星、太白、太陰、歲星、熒惑。鎮星居中央爲土星，太白居西方爲金星，太陰居北方爲水星，歲星居東方爲木星，熒惑居南方爲火星。京氏以五星配八宫六十四卦。八宫之主卦，乾入鎮星、震入歲星、坎入太白、艮入熒惑、坤入太陰、巽入鎮星、離入歲星、兑入太白。各宫之一世卦至歸魂卦，以主卦之星爲始，按五行相生次序依次配五星。如震宫，震配歲星木，則豫配熒惑火、解配鎮星土、恒配太白金、升配太陰水、井配歲星木、大過配熒惑火、隨配鎮星土。京氏由五星之運行與變化而論人事之得失。梨洲認爲，京氏五星配卦也是“從世爻入卦”。案，《京氏易傳·乾》云“五星從位起鎮星”，陸績注：“土星入西方，麗西北，居壬戌爲伏位。”乾卦上九爻爲世爻，納壬戌，此即鎮星入乾而居世爻。

【14】二十八宿分居四方，東方，角、亢、氐、房、心、尾、箕；北方，斗、牛、女、虚、危、室、壁；西方，奎、婁、胃、昴、畢、觜、參；南方，七宿井、鬼、柳、星、張、翼、軫，如是環繞周天。京氏將八宫六十四卦配之以二十八星宿。其法每卦配一宿，按乾、震、坎、艮、坤、巽、離、兑八宫卦序，由乾卦起西方參宿，繼而乾宫之姤、遯、否、觀、剥、晋、大有依次配南方七宿井、鬼、柳、星、張、翼、軫；繼而震宫之震、豫、解、恒、升、井、大過配東方七宿角、亢、氐、房、心、尾、箕，隨卦配北方計宿（即斗）；等等，六十四卦依

次配二十八宿。梨洲指出，京氏二十八宿配卦也是“從世爻入卦”，甚是。案，《京氏易傳・姤》云：“井宿從位入辛丑。”姤卦初六爻爲世爻納辛丑。《京氏易傳・否》云：“柳宿入位降乙卯。”否卦六三爻爲世爻納乙卯。等等。其皆就世爻而言星宿。

【15】此所謂“三十六”“二十八”，乃就各卦所分氣候數而言。《京氏易傳》中除乾卦外，每卦皆言其分氣候數，如否卦云“分氣候三十六”，觀卦云“土木分氣二十八”。此分氣候數由諸卦之建候而來。上文言諸卦建月，一卦凡六月，配以相應之節候即爲建候。如否卦由世爻三爻起壬申，四爻癸酉、五爻甲戌、上爻乙亥、初爻丙子、二爻丁丑，即由七月至十二月，其建候爲七月節立秋至十二月中大寒，由立秋至大寒共有十二節氣，每節氣分初、次、末三候，則十二節氣共三十六候，故否卦所分氣候數爲三十六。觀卦由世爻四爻起癸酉，五爻甲戌、上爻乙亥、初爻丙子、二爻丁丑、三爻戊寅，即由八月至正月，其建候爲八月中秋分至正月節立春，由秋分至立春共有十節氣，一其三候，則十節氣共三十候，而京房以爲其分氣候數爲二十八。對此，徐昂云：“十節乘三，氣候當分三十，而縮其二爲二十八者，則起建之時，初候不足，止建之時，末候不足。”（《京氏易傳箋》卷三）清儒胡煦云：“其云三十六，老陽之策；二十八，少陽之策。”（《周易函書・原古四》）對於諸卦所分氣候數，宋儒晁説之有云：“起建剛日則節氣，柔日則中氣。其數虛則二十有八，盈則三十有六。”（《嵩山文集・記京房易傳後》）剛日，即起建干支爲陽者；柔日即起建干支爲陰者。如否卦起建壬申，即爲剛日；觀卦起建癸酉，即爲柔日。《京氏易傳・泰》云“分氣候二十八”，陸績注：“積算起二十八數於甲辰位。”泰卦九三爻納甲爲甲辰，九三爻爲世爻。此即梨洲所謂“以其五行所屬起世爻。”又《京氏易傳・豫》云：“陰陽升降，分數二十八，極大小之數，以定吉凶之道。”陸績注：“積算壬午入乙未，推吉凶。”壬午爲豫卦積算之始，乙未爲豫卦世爻初六之納甲，視二者之生剋定吉凶。

**八宫世應圖（表）**

| | 乾宫金 | 震宫木 | 坎宫水 | 艮宫土 | 坤宫土 | 巽宫木 | 離宫火 | 兑宫金 |
|---|---|---|---|---|---|---|---|---|
| 本宫 | ䷀<br>乾 | ䷲<br>震 | ䷜<br>坎 | ䷳<br>艮 | ䷁<br>坤 | ䷸<br>巽 | ䷝<br>離 | ䷹<br>兑 |
| 一世 | ䷫<br>姤 | ䷏<br>豫 | ䷻<br>節 | ䷕<br>賁 | ䷗<br>復 | ䷈<br>小畜 | ䷷<br>旅 | ䷮<br>困 |
| 二世 | ䷠<br>遯 | ䷧<br>解 | ䷂<br>屯 | ䷙<br>大畜 | ䷒<br>臨 | ䷤<br>家人 | ䷱<br>鼎 | ䷬<br>萃 |
| 三世 | ䷋<br>否 | ䷟<br>恒 | ䷾<br>既濟 | ䷨<br>損 | ䷊<br>泰 | ䷩<br>益 | ䷿<br>未濟 | ䷞<br>咸 |
| 四世 | ䷓<br>觀 | ䷭<br>升 | ䷰<br>革 | ䷥<br>睽 | ䷡<br>大壯 | ䷘<br>无妄 | ䷃<br>蒙 | ䷦<br>蹇 |
| 五世 | ䷖<br>剥 | ䷯<br>井 | ䷶<br>豐 | ䷉<br>履 | ䷪<br>夬 | ䷔<br>噬嗑 | ䷺<br>涣 | ䷎<br>謙 |
| 遊魂 | ䷢<br>晋 | ䷛<br>大過 | ䷣<br>明夷 | ䷼<br>中孚 | ䷄<br>需 | ䷚<br>頤 | ䷅<br>訟 | ䷽<br>小過 |
| 歸魂 | ䷍<br>大有 | ䷐<br>隨 | ䷆<br>師 | ䷴<br>漸 | ䷇<br>比 | ䷑<br>蠱 | ䷌<br>同人 | ䷵<br>歸妹 |

| 遊魂八卦伏<br>鬼易十六卦，不取本宫爲伏，故别爲圖 | | 歸魂八卦伏 | |
|---|---|---|---|
| 晋　艮四丙戌[1] | 需　兑四丁亥 | 大有　坤三乙卯[2] | 比　乾三甲辰 |
| 大過　坎四戊申 | 頤　離四己酉 | 隨　巽三辛酉 | 蠱　震三庚辰 |
| 明夷　震四庚午 | 訟　巽四辛未 | 師　離三己亥 | 同人　坎三戊午 |
| 中孚　乾四壬午 | 小過　坤四癸丑 | 漸　兑三丁丑 | 歸妹　艮三丙申 |

【1】晋爲乾宫遊魂卦，四爻爲世爻，其自乾宫五世卦剥而來，剥上卦艮，故晋之四爻與艮之四爻爲飛伏。故知此表所言遊魂八卦之伏，皆就其本宫五世卦上卦之四爻而言。

【2】大有爲乾宫歸魂卦，三爻爲世爻，其自乾宫遊魂卦晋而來，晋下卦坤，故大有三爻與坤之三爻爲飛伏。故此表所言歸魂八卦之伏，皆就其本宫遊魂卦下卦之三爻而言。

京氏月建圖（表）

| 甲子 | 乙丑 | 丙寅 | 丁卯 | 戊辰 | 己巳 | 庚午 | 辛未 | 壬申 | 癸酉 |
| --- | --- | --- | --- | --- | --- | --- | --- | --- | --- |
| 乾初 蹇三 謙三 妹三 | 乾二 謙四 小過四 妹四 | 乾三 小過五 妹五 | 乾四 小過上 妹上 | 乾五 小過初 妹初 | 乾上 小過二 妹二 | 姤初 小過三 | 姤二 遯二 | 姤三 遯三 否三 | 姤四 遯四 否四 觀四 |
| 甲戌 | 乙亥 | 丙子 | 丁丑 | 戊寅 | 己卯 | 庚辰 | 辛巳 | 壬午 | 癸未 |
| 剝五 姤五 遯五 否五 觀五 | 剝上 姤上 遯上 否上 觀上 | 震上 遯初 否初 觀初 剝初 | 豫初 否二 觀二 剝二 震初 | 豫二 解二 坎初 觀三 剝三 大有三 震二 | 豫三 解三 恒三 坎二 剝四 晉四 大有四 震三 | 解四 恒四 升四 坎三 晉五 大有五 震四 豫四 | 坎四 解五 恒五 升五 井五 晉上 大有上 震五 豫五 | 恒上 升上 井上 坎五 晉初 大有初 解上 豫上 | 升初 井初 坎上 晉二 大有二 解初 恒初 |
| 甲申 | 乙酉 | 丙戌 | 丁亥 | 戊子 | 己丑 | 庚寅 | 辛卯 | 壬辰 | 癸巳 |
| 節初 晉三 恒二 升二 井二 | 屯二 升三 井三 隨三 節二 | 屯三 既三 井四 大過四 隨四 節三 | 既四 革四 大過五 隨五 節四 屯四 | 既五 革五 豐五 大過上 隨上 節五 屯五 | 既上 革上 豐上 大過初 隨初 節上 屯上 | 革初 豐初 艮上 大過二 隨二 屯初 既初 | 艮初 賁初 大過三 既二 革二 豐二 | 賁二 大畜二 革三 豐三 師三 艮二 | 賁三 大畜三 損四 豐四 夷四 師四 艮三 |
| 甲午 | 乙未 | 丙申 | 丁酉 | 戊戌 | 己亥 | 庚子 | 辛丑 | 壬寅 | 癸卯 |
| 大畜四 損五 睽四 坤上 夷五 師五 艮四 賁四 | 坤初 復初 大畜五 損上 睽五 履五 夷上 師上 艮五 賁五 | 復二 臨二 損初 睽上 履上 坤二 夷初 師初 賁上 大畜上 | 臨二 泰三 睽初 履初 坤三 復三 夷二 師二 大畜初 損二 | 壯四 坤四 復四 臨四 泰四 夷三 損三 睽二 履二 | 夬五 復五 臨五 泰五 壯五 睽三 履三 漸三 坤五 | 臨上 泰上 壯上 夬上 履四 孚四 漸四 復上 | 壯初 夬初 巽上 孚五 漸五 臨初 泰初 | 夬二 巽初 小畜初 孚上 漸上 泰二 壯二 | 比三 巽二 小畜二 家二 孚初 漸初 壯三 夬三 |

續表

| 甲辰 | 乙巳 | 丙午 | 丁未 | 戊申 | 己酉 | 庚戌 | 辛亥 | 壬子 | 癸丑 |
|---|---|---|---|---|---|---|---|---|---|
| 益三 比四 孚二<br>巽三 漸二<br>小畜三 夬四<br>家三 需四 | 小畜四 孚三<br>家四 需五<br>益四 比五<br>无四 巽四 | 家五 需上<br>益五 比上<br>无五 巽五<br>噬五 小畜五 | 益上 需初<br>无上 比初<br>噬上 小畜上<br>家上 | 无初 需二<br>噬初 比二<br>離上 家初<br>益初 | 離初 需三<br>旅初 益二<br>无二<br>噬二 | 旅二 无三<br>鼎二 噬三<br>蠱三<br>離二 | 旅三 噬四<br>鼎三 頤四<br>未三 蠱四<br>離三 | 鼎四 頤五<br>未四 蠱五<br>蒙四 離四<br>旅四 | 鼎五 頤上<br>未五 蠱上<br>蒙五 離五<br>渙五 旅五 |
| 甲寅 | 乙卯 | 丙辰 | 丁巳 | 戊午 | 己未 | 庚申 | 辛酉 | 壬戌 | 癸亥 |
| 未上 頤初<br>蒙上 蠱初<br>渙上 旅上<br>鼎上 | 未初 頤二<br>蒙初 蠱二<br>渙初 鼎初<br>兑上 巽初 | 兑初 頤三<br>困初 未二<br>蒙二<br>渙二 | 困二 蒙三<br>萃二 渙三<br>同三<br>兑二 | 困三 渙四<br>萃三 訟四<br>咸三 同四<br>兑三 | 萃四 訟五<br>咸四 同五<br>蹇四 兑四<br>困四 | 萃五 訟上<br>咸五 同上<br>蹇五 兑五<br>謙五 困五 | 咸上 訟初<br>蹇上 同初<br>謙上 困上<br>萃上 | 蹇初 訟二<br>謙初 同二<br>萃初<br>咸初 | 訟三<br>咸二<br>蹇二<br>謙二 |

＊案，表中乙卯之兑上、丙辰之兑初、丁巳之兑二、戊午之兑三、己未之兑四、庚申之兑五，廣雅書局本、四庫全書本“兑”皆作“艮”，與庚寅至乙未之艮卦六爻重出，非是。據其例，當作“兑”。

# 易學象數論卷二

# 卦氣一

《易緯》有卦氣之法，京房精於其學[1]。以坎、震、離、兑主二十四氣，其餘六十卦起自中孚，卦有六爻，爻主一日，凡主三百六十日餘五日四分日之一。每日分爲八十分，五日得四百分，四分日之一得二十分，積四百二十分均於六十卦，六七四十二，每卦得六日七分。[2]又於六十卦之中，别置復、臨、泰、大壯、夬、乾、姤、遯、否、觀、剥、坤十二以爲辟卦，每爻各主一候。自復至乾爲息卦，曰太陽；自姤至坤爲消卦，曰太陰。息卦所屬者曰少陽，消卦所屬者曰少陰。[3]

【1】卦氣説是《周易》卦爻符號系統與節氣物候學説的結合，它將《周易》卦爻符號視爲天地陰陽消息、節氣物候變化的表徵，旨在推天道以明人事，並以之占驗吉凶。可分爲八卦卦氣説和六十四卦卦氣説。劉大鈞先生考證，卦氣説源於先秦，非漢人始創（參見所著《卦氣溯源》，《中國社會科學》2000 年第 5 期）。卦氣説爲漢易象數學之根柢，西漢孟喜、焦延壽、京房皆傳此説，但有所差異。

【2】“六日七分”説傳自西漢易學家孟喜，《易緯》之《稽覽圖》和《乾元制序記》亦有所記載。該説先以坎、震、離、兑四正卦主二十四氣，每卦六爻，四卦二十四爻各值一氣。自坎卦初六爻值冬至開始，依序將二十四氣排布於四卦二十四爻，坎卦初爻值冬至，至上爻值驚蟄；震卦初爻值春分，至上爻值芒種；離卦初爻值夏至，至上爻值白露；兑卦初爻值秋分，至上爻值大雪。其餘六十卦共值一年三百六十五又四分之一日，則每卦值六又八十分之七日，簡稱“六日七分”。

【3】“六日七分”説將六十卦分布於十二個月，每月五個卦，以侯、大夫、卿、公、辟名之。每月兩個節氣六個物候，依次由侯卦的外卦、大夫卦、卿卦、公卦、辟卦及下月侯卦的内卦符示之。此六十卦之排布由中孚卦開始而由頤卦結束，具體排布次序參見下文之《六日七分圖》。《漢書・眭兩夏侯京翼李傳》孟康注云：“房以消息卦爲辟，辟，君也。息卦曰太陽，消卦曰太陰；其餘卦曰少陰少陽，謂臣下也，并力雜卦氣于消息也。”六十卦中的十二辟卦也稱十二消息卦，即復、臨、泰、大壯、夬、乾、姤、遯、否、觀、剥、坤。此十二消息卦也多被單

獨擇出，用以表徵一年十二月陰陽消息之常態情狀，自復至坤依次符示十一月至十月，每爻主一候，十二卦主七十二候。前六卦爲息卦，爲太陽；後六卦爲消卦，爲太陰。爲息卦統屬之侯、大夫、卿、公諸卦爲少陽，爲消卦統屬之侯、大夫、卿、公諸卦爲少陰。

故孔穎達《復·彖》"反復其道，七日來復"之疏謂："剥卦，陽氣之盡，在於九月之末。十月純坤用事，坤卦之盡，則復卦陽來。坤卦有六日七分，舉成數，故言'七日'。"【4】王昭素駁之曰："'坤卦之盡'，'復卦陽來'，則十月之節終，一陽便來，不得到冬至之日矣。據其節終，尚去冬至十五日，則卦'七日'之義難用《易緯》之數。"【5】某以爲昭素駁之是矣，然昭素未悉卦氣之法，不能鍼其痼疾也。以十二辟卦言之，剥之至復，所隔惟坤六爻，其一爻當一候，一候得五日五分六分分之五，六爻得三十日三十五分，非七日也。以六十卦言之，一卦六日七分，剥之至復，中隔艮、既濟、噬嗑、大過、坤、未濟、蹇、頤、中孚九卦，計五十四日六十三分，非一卦也。孔氏牽合兩者，故其説不能合。【6】

【4】見《周易正義》卷三。孔穎達（574—648），唐初經學家，字沖遠（一字仲達），冀州衡水（今屬河北）人，曾任唐國子監祭酒，奉唐太宗之命主持編纂《五經正義》。其疏復卦《彖傳》時，以"六日七分"説解"七日來復"之義。剥卦值九月，陽氣將盡；坤卦值十月，純陰用事；復卦值十一月，一陽來復。故孔疏以爲自陽之剥盡至其來復，中隔一坤卦，一卦當六日七分，舉其成數即七日，故復卦言"七日來復"。

【5】王昭素（904—982），宋初經學家，開封酸棗縣（今屬河南延津）人，博通九經，尤精於《詩》《易》，認爲王弼、韓康伯《周易注》及孔穎達疏多有錯謬，乃著《易論》二十三篇，今佚。明代唐順之所編《荊川稗編》卷四引王昭素曰："疏引《易緯》六日七分，坤卦之盡則復卦陽來，疏文此説未見雅當。六日七分，是六十四卦分配一歲中之時日之數，今復卦是乾坤二卦陰陽反復之義。疏若實用六日七分，以爲坤卦之盡復卦陽來，則十月之節終，一陽便來也，不得到冬至之日矣。據其節終，尚去冬至十五日，則卦七日之義難用《易緯》之數矣。"王氏認爲，孔疏如果認爲十月坤卦盡則一陽即來，則無須等到冬至復卦之時，且按"六日七分"説由十月坤卦小雪終距十一月冬至有十五日，也非是七日，故復

卦“七日來復”與“六日七分”説不協。

【6】梨洲指出，如果就十二辟卦而言，十二卦七十二爻，爻主一候，卦主一月，則由剥至復，中間隔坤卦爲三十日有餘，而非七日；如果就六十卦而言，由剥至復，中間隔艮至中孚等九卦，每卦當六日七分，九卦總計五十四又八十分之六十三日，也非是一卦之六又八十分之七日，故孔疏明爲用“六日七分”作解，實則並不合乎“六日七分”之義。

《易》之“七日來復”，取卦之反易爲義，反剥爲復，所歷七爻，以一日爲一爻，故曰“反復其道”。反復即反覆也，與卦氣何與?【7】即使孔氏之疏能合卦氣，則《易》之辭無乃爲卦氣圖説乎？爲卦氣之法者，宓戲耶，文王耶？先儒之議卦氣者，謂冬至不起于中孚，而起於復。中孚爲大雪之終氣，至冬至而始盡，故繫於冬至之下。中孚之於冬至，於象於名兩無當也。【8】然觀《太玄》之辭曰：“陽氣藏於黄宫，信無不在其中。”則中孚之直冬至者，顧以其名耳。《太玄》之釋卦序，自辟卦之外，無不以其名爲義也，又何獨疑於中孚乎?【9】所謂“六日七分”者，六日既盡，七分便爲來日之始，非必取足八十分而自爲一日也。趙汝楳乃以餘算歸之一卦，於是有一卦直七日者，失其意矣。【10】葉氏則以七分爲之氣盈，六十卦餘五日二十分，若積餘以置閏者，是一卦直六日，且并焦、京之學失其傳也。【11】

【7】剥與復二卦卦畫相反易。反易之義，見卷一《天根月窟》注【9】。梨洲於本書卷三《原象》云，“七日”者，剥之上九爲一日，反對之即復之上六爲二日，六五爲三日，六四爲四日，六三爲五日，六二爲六日，初九爲七日。

【8】北宋之宋咸、南宋之史繩祖皆曾论卦气起中孚之非，元儒胡一桂亦有《專論卦氣起中孚之非》一文（見所著《周易本義啟蒙翼傳》外篇）。

【9】揚雄著《太玄》，以中首擬中孚卦，當冬至，可知中孚值冬至，乃是用其名義。卦气起于中孚，乃取信在其中之義，即阳气實藏乎其中，故當十一月冬至。朱子也曾説：“文王八卦有些似京房卦氣，不取卦畫，只取卦名。京房卦氣以復、中孚、屯爲次。復，陽氣之始也；中孚，陽實在内而未發也。屯，始發而艱難也。只取名義。”（《朱子語類》卷七十七）

【10】趙氏此説見所著《易序叢書》卷八。他認爲，按“六日七分”説，一卦平均當六又八十分之七日，諸卦值日數相積，則兩卦積十二又八十分之十四

日，三卦積十八又八十分之二十一日，至第十一卦積六十六又八十分之七十七日，第十二卦則當七十二又八十分之八十四日，亦即七十三又八十分之四日，故以第十二卦值七日。以此六十卦相積，凡分數大於八十分之七十三之卦，其後一卦則值七日。此即梨洲所謂“以餘算歸之一卦，於是有一卦直七日者”。其說卦氣非始於中孚，而是始於復，至第十二卦則爲需卦（參見下文《六日七分圖》），趙氏云：“需直六日七分，通直七十二日八十四分。積分算法，八十爲母數，七分爲子數，子如其母爲日，故需直七日。十二卦通直七十三日，尚餘四分入後掛。”（《易序叢書》卷八《六日七分説》）據此説，則第十二卦需、第二十三卦師、第三十五卦履、第四十六卦觀、第五十七卦未濟，凡五卦值七日。

【11】葉氏卦氣説，見趙汝楳《易序叢書》卷八。其説以一爻值一日，一卦值六日，則六十卦值三百六十日，而一年为三百六十五又四分之一日，故六十卦值日後尚餘五又八十分之二十日。趙汝楳論之曰：“今卦周而日尚餘，不知所餘直以何卦。既不均直而别積之，幾類積餘置閏，則是一卦止直六日，而六日七分之名亦可更矣。”（《易序叢書》卷八《葉氏卦氣圖》）

# 卦氣二

六日七分之説，相傳最久，其餘卦氣皆自後起。有自乾至未濟並依《易》書本序，以一卦直一日，乾直甲子，坤直乙丑，至未濟直癸亥，乃盡六十日，六周而三百六十日；四正卦則直二分二至，坎冬至，離夏至，震春分，兑秋分，不在六十卦輪直之列者，焦氏之法也。[1]有以乾、坤、坎、離四卦爲橐籥，餘六十卦依序卦一爻直一時，一月有三百六十時足其數者，又以十二辟卦每卦管領一時，魏伯陽之法也。[2]乾起甲子，坤起甲午，每卦直六月者，京房之法也。[3]

【1】焦氏即焦延壽，見《自序》注【4】。《漢書·眭兩夏侯京翼李傳》顔師古注引孟康述焦氏卦氣説云："分卦直日之法，一爻主一日，六十卦爲三百六十日。餘四卦震、離、兑、坎，爲方伯監司之官。所以用震、兑、離、坎者，是二至二分用事之日，又是四時各專王之氣。各卦主時，其占法，各以其日觀其善惡也。"此謂焦氏法爲爻主一日，而梨洲則謂卦主一日，四正卦主二至而分則同。唐人王俞《漢焦小黄周易變卦筮叙》亦云："焦林知日，六十卦每卦直六日，共直三百六十日，餘四卦各寄直一日。"（四部叢刊影元本《易林》）此亦以焦氏法爲卦直六日。至宋，項安世（1129—1208，字平父，號平庵）則提出"焦氏卦法：乾坤至既未濟並依《易》書本序，以一卦直一日，乾直甲子，坤直乙丑，至既濟直壬戌、未濟直癸亥，乃盡六十日，而四正卦別直二分二至之日。"（《項氏家説》卷一）此當即梨洲言焦氏法之所本。

【2】魏伯陽著《周易參同契》，見《自序》注【8】。《參同契》云："朔旦屯直事，至暮蒙當受，晝夜各一卦，用之如次序。既未晦爽終，終則更復始。"即除乾、坤、坎、離四卦外，其餘六十卦按《周易》經文卦序，每兩卦值一晝夜，由屯蒙二卦值月初一，到既濟、未濟兩卦值月末，六十卦共值三十日，細分之則爻主一時，六十卦主一月三百六十時。十二辟卦每卦管領一時，則自復卦子時始，至坤卦亥時而終，周而復始。

【3】見卷一《占課》注【5】及梨洲所附之《京氏月建圖》。

史繩祖曰：革居序卦之四十九，當大衍之數。節居序卦之六十，當周天之度。六十卦三百六十爻，一爻主一日。上經乾起甲子，泰甲戌，噬嗑甲申，至離三十卦一百八十日，而三甲盡；下經咸起甲午，損甲辰，震甲寅，至節癸亥而終，亦三十卦一百八十日，而一年周，故曰“天地節而四時成”，亦曰“天地革而四時成”。中孚、小過、既未濟者，分坎、離、震、兑（中孚，巽上兑下；小過，震上艮下；既未濟，皆坎離）。以應分至，每爻直十五日以應二十四氣。先儒言“卦起中孚”，非也。【4】

【4】史繩祖（生卒年不詳），南宋學者，字慶長，眉山人，受業於魏了翁，著《學齋佔畢》四卷，考證經史疑義。該書卷一有《中孚起於甲子非卦起於中孚》一篇發明其卦氣之説。其説依《周易》六十四卦次序，以第一卦乾爲始至第六十卦節卦爲終，六十卦爲一周。按六十甲子之序，乾居首故起甲子，泰爲第十一故當甲戌，噬嗑爲第二十一故當甲申；咸爲第三十一故當甲午，損爲第四十一故當甲辰，震爲第五十一故當甲寅。六十卦凡三百六十爻，當一年之數。最后四卦中孚、小過、既濟、未濟，每爻值一氣，四卦二十四爻共值二十四氣。之所以如此，是因爲中孚卦下卦爲兑、小過卦上卦爲震，既濟、未濟卦上下卦爲坎、離，四卦含有震、離、兑、坎四正卦。

以六十卦言，甲子起於乾；以分至四卦言，甲子亦起於中孚，亦古法也。至宋而後，有所謂先天圖者，於是邵子以六日七分之法施於其圖，黜卦起中孚之説，以復起冬至，姤起夏至，其以坎、離、震、兑四正卦主二十四氣者①，改爲乾、坤、坎、離，此圓圖之卦氣也。【5】張理以方圖覆背置之，泰處於東北，乾處於東南，否處於西南，坤處於西北，亦以冬至起復，至泰而正月，至乾而四月，至否而七月，至坤而十月，此方圖之卦氣也。張氏又以一陰一陽至六陰六陽類而並列，六陽處南，六陰處北，陽自下而升，陰自上而降，廣辟卦之法也。【6】邵子又以方圖乾、兑、離、震各重之爲六十四卦，共二百五十六卦，以之算大運，亦以算小運，二十四氣每氣六十四爻，積一千五百三十六爻②，合乾、兑、離、震掛一之數，謂

① “二十四氣”，原作“二子四氣”，非是。據四庫本改之。

② “一千五百三十六爻”，原作“一千五百二十六爻”，四庫本同，均誤，據文義改之。

之《掛一圖》，所謂皇極之學也。[7]諸家之不同如此。蓋初無一定之理，各以意之所見爲之。

【5】邵雍云："乾坤定上下之位，離坎列左右之門，天地之所闔闢，日月之所出入，是以春夏秋冬，晦朔弦望，晝夜長短，行度盈縮，莫不由乎此矣。"（《皇極經世書·觀物外篇》）邵氏以先天大小圓圖爲天地日月四時往來陰陽消息之基本圖式，上可以符示元會運世之周流往復，下可以符示年月日時之陰陽消息。朱子云："先天圖，一日有一個恁地道理，一月有一個恁地道理，以至元會運世，十二萬九千六百歲，亦只是這個道理。"（《朱子語類》卷六十五）但朱子認爲，邵雍先天圖並非倣漢易而用"六日七分"之説，而是"八卦爲一節，不論月氣先後"（《朱子語類》卷六十五）。考諸《皇極經世書》，亦未見有以六日七分論卦者。

【6】張理其人見卷一《圖書六》注【7】。他將先天六十四卦方圖左旋一百八十度，以泰卦居東北，乾卦居東南，否卦居西南，坤卦居西北，由復卦冬至開始，順時針旋轉，至泰卦爲正月，乾卦爲四月，否卦爲七月，坤卦爲十月，周流往來。其名之爲《六十四卦因重圖》。他又改先天六十四卦方圖而爲《六十四卦變通圖》，此圖乾上而坤下，陽自下復、臨、泰、大壯、夬、乾而升，陰自上姤、遯、否、觀、剥、坤而降，此即所謂"廣辟卦之法也"。（詳見所著《易象圖説内篇》卷中）

【7】二百五十六卦，總一千五百三十六爻。以四爻值一日，則一千四百四十爻當一年三百六十日；所餘九十六爻當二十四氣，每四爻值一氣。此皇極卦氣説，非邵氏《皇極經世書》之所本有，乃後世對邵氏説的創造性解釋，則所謂"皇極之學"，並非盡爲邵子本人之説。（詳見卷五《皇極一》）

是故，六日七分之外，有一卦直一日者，有兩卦直一日者，一爻直一日者，四爻三分強直一日者。總卦與日之大數，而後分配其小數，或多或少，不顧其果否如是也。其卦之排比惟序卦可據，序卦之義於時日不可強通，故漢儒别求其義於卦名，而有中孚之起。然揚雄氏所傳之卦義，未免穿鑿附會，未嘗爲《易》之篤論也。宋儒始一變其説，以奇偶之升降消長爲言，而於經文四時可據之方位，一切反之。然則宋儒之畫，漢儒之義，猶二五之爲十也，孰分其優劣哉！[8]

【8】按梨洲之意，卦氣説不過是將曆法數分配於卦爻數之中，至於如此是否合乎卦爻本義，則爲説者不予考慮。卦氣説需要排布六十四卦，《周易》經文六十四卦卦序是最爲可靠的，但按照經文卦序之義又往往與節氣時日不相合，於是漢儒就依卦名取義而與節氣相配，“六日七分”説以中孚卦當冬至就是如此。宋儒又與漢儒取卦名爲説不同，而是以卦爻畫奇偶之消長爲宗旨來排布卦序，而如此以來，其卦之方位與《周易》經傳中之方位則完全不同。總之，漢宋儒之卦氣説皆不合乎經説。

**六日七分圖（表）**

| | | |
|---|---|---|
| 坎初六冬至十一月中 | 復 六四丘蚓結 六五麋角解 | 中孚公六日七分 |
| | 上六水泉動 | 復辟十二日十四分 |
| 九二小寒十二月節 | 臨 初九雁北鄉 | 屯侯十八日二十一分 |
| | 九二鵲始巢 | 謙大夫二十四日二十八分 |
| | 六三雉雊 | 睽卿三十日三十五分 |
| 六三大寒十二月中 | 六四雞乳 六五征鳥厲疾 | 升公三十六日四十二分 |
| | 上六水澤腹堅 | 臨辟四十二日四十九分 |
| 六四立春正月節 | 泰 初九東風解凍 | 小過侯四十八日五十六分 |
| | 九二蟄蟲始振 | 蒙大夫五十四日六十二分 |
| | 九三魚上冰 | 益卿六十日七十分 |
| 九五雨水正月中 | 六四獺祭魚 六五鴻雁來 | 漸公六十六日七十七分 |

續表

| | | |
|---|---|---|
| 九四立夏四月節 | 乾初九螻蟈鳴 | 旅侯一百四十日一分 |
| | 上六戴勝降於桑 | 夬辟一百三十三日七十四分 |
| 六三穀雨三月中 | 九五鳴鳩拂其羽<br>九四萍始生 | 革公一百二十七日六十七分 |
| | 九三虹始見 | 蠱卿一百二十一日六十分 |
| | 九二田鼠化爲鴽 | 訟大夫一百十五日五十三分 |
| 六二清明三月節 | 夬初九桐始華 | 豫侯一百九日四十六分 |
| | 上六始電 | 大壯辟一百三日三十九分 |
| 震初九春分二月中 | 六五雷乃發聲<br>九四玄鳥至上 | 解公九十七日三十二分 |
| | 九三鷹化爲鳩 | 晉卿九十一日二十五分 |
| | 九二倉庚鳴 | 隨大夫八十五日十八分 |
| 上六驚蟄二月節 | 大壯初九桃始華 | 需侯七十九日一十一分 |
| | 上六草木萌動 | 泰辟七十三日四分 |

續表

| | | |
|---|---|---|
| | 九三鷹學習 | 渙卿二百一十三日五分 |
| | 六二蟋蟀居壁 | 豐大夫二百六日七十八分 |
| 六二小暑六月節 | 遯初六温風至 | 鼎侯二百日七十一分 |
| | 上九半夏生 | 姤辟一百九十四日六十四分 |
| 離初九夏至五月中 | 九五蜩始鳴<br>九四鹿角解 | 咸公一百八十八日五十七分 |
| | 九三反舌無聲 | 井卿一百八十二日五十分 |
| | 九二鵙始鳴 | 家人大夫一百七十六日四十三分 |
| 上六芒種五月節 | 姤初六螗螂生 | 大有侯一百七十日三十六分 |
| | 上九麥秋至 | 乾辟一百六十四日二十九分 |
| 六五小滿四月中 | 九五靡草死<br>九四苦菜秀 | 小畜公一百五十八日二十二分 |
| | 九三王瓜生 | 比卿一百五十二日十五分 |
| | 九二蚯蚓出 | 師大夫一百四十六日八分 |

續表

| | | |
|---|---|---|
| | 上九水始涸 | 觀辟二百八十六日九分 |
| 兑初九秋分八月中 | 九五蟄蟲坯户<br>六四雷始收聲 | 賁公二百八十日二分 |
| | 六三群鳥養羞 | 大畜卿二百七十三日七十五分 |
| | 六二玄鳥歸 | 萃大夫二百六十七日六十八分 |
| 上九白露八月節 | 觀初六鴻雁来 | 巽侯二百六十一日六十一分 |
| | 上九禾乃登 | 否辟二百五十五日五十四分 |
| 六五處暑七月中 | 九五天地始肅<br>九四鷹祭鳥 | 損公二百四十九日四十七分 |
| | 六三寒蟬鳴 | 同人卿二百四十三日四十分 |
| | 六二白露降 | 節大夫二百三十七日三十三分 |
| 九四立秋七月節 | 否初六涼風至 | 恒侯二百三十一日二十六分 |
| | 上九大雨時行 | 遯辟二百二十五日十九分 |
| 九三大暑六月中 | 九五土潤溽暑<br>九四腐草化爲螢 | 履公二百一十九日十二分 |

續表

| | | |
|---|---|---|
| | 六三荔挺出 | 頤卿三百六十五日二十分 |
| | 六二虎始交 | 蹇大夫三百五十九日十三分 |
| 上六大雪十一月節 | 復 初九鶡鳥不鳴 | 未濟侯三百五十三日六分 |
| | 上六閉塞而成冬 | 坤辟三百四十六日七十九分 |
| 九五小雪十月中 | 六五天氣騰地氣降<br>六四虹藏不見 | 大過公三百四十日七十二分 |
| | 六三雉入水化蜃 | 噬嗑卿三百三十四日六十五分 |
| | 六二地始凍 | 既濟大夫三百二十八日五十八分 |
| 九四立冬十月節 | 坤 初六水始冰 | 艮侯三百二十二日五十一分 |
| | 上九蟄蟲咸俯 | 剥辟三百十六日四十四分 |
| 六三霜降九月中 | 六五草木黃落<br>六四豺祭獸 | 困公三百一十日三十七分 |
| | 六三菊有黃華 | 明夷卿三百四日三十分 |
| | 六二雀入大水爲蛤 | 无妄大夫二百九十八日二十三分 |
| 九二寒露九月節 | 剥 初六鴻雁來賓 | 歸妹侯二百九十二日十六分 |

## 六日七分卦序解（表）

| 卦 | 節氣 | 解 |
| --- | --- | --- |
| 中孚 | 冬至 | 萬物萌芽於中 |
| 復 | | 陽氣復始 |
| 屯 | 小寒 | 一陽微動，生物甚難 |
| 謙 | | 陽氣澹然温和，萬物於土中始自鑯幼 |
| 睽 | | 睽，外也，萬物將自內而外 |
| 升 | 大寒 | 萬物爲陽氣所育，將射地而出 |
| 臨 | | 陰氣在外，萬物扶疏而上 |
| 小過 | 立春 | 小爲陰小，過者陰將過也 |
| 蒙 | | 萬物孚甲而未舒 |
| 益 | | 陽氣日益 |
| 漸 | 雨水 | 陽氣漸生 |
| 泰 | | 陽氣日盛，萬物暢茂 |
| 需 | 驚蟄 | 陰尚在上，滋生舒緩 |
| 隨 | | 萬物隨陽氣而徧 |
| 晉 | | 萬物日晉而上 |
| 解 | 春分 | 陽氣温暖，萬物解甲而生 |
| 大壯 | | 陽氣內壯 |
| 豫 | 清明 | 陰消陽息，萬物和悦 |
| 訟 | | 萬物争訟而長 |
| 蠱 | | 蠱，飭也，萬物至此整飭 |
| 革 | 穀雨 | 萬物洪舒，變形易體 |
| 夬 | | 陽氣決然，無所疑忌 |
| 旅 | 立夏 | 微陰將升，陽氣若處乎旅 |
| 師 | | 萬物衆多 |
| 比 | | 萬物盛而相比 |
| 小畜 | 小滿 | 純陽據位，陰猶畜而未肆 |
| 乾 | | 萬物猶強盛 |
| 大有 | 芒種 | 陽氣充滿將衰 |
| 家人 | | 陽將休息於家 |
| 井 | | 萬物井然不亂 |
| 咸 | 夏至 | 陽極陰生，感應之理 |

續表

| | | |
|---|---|---|
| 否 | | 陽上陰下，萬物否塞 |
| 損 | 處暑 | 萬物減損 |
| 同人 | | 相同<br>陰氣雖盛，陽氣未去與之 |
| 節 | | 陽不可過，故陰以節之 |
| 恒 | 立秋 | 陰陽進退，不易之常道 |
| 遯 | | 陰進而陽遁 |
| 履 | 大暑 | 陰進陽退，有賓主之禮 |
| 渙 | | 陰陽相雜，渙有其文 |
| 豐 | | 陰陽相濟而物茂盛 |
| 鼎 | 小暑 | 陰陽之氣相和，若调鼎然 |
| 姤 | | 微陰初起，與陽相遇 |

| | | |
|---|---|---|
| 既濟 | | 歲功已濟 |
| 艮 | 立冬 | 物上隔於陰，下歸于陽，各止其所 |
| 剥 | | 陰剥陽幾盡 |
| 困 | 霜降 | 物受傷而困 |
| 明夷 | | 物受傷 |
| 无妄 | | 无妄，災也，萬物凋落 |
| 歸妹 | 寒露 | 陽在下故曰歸 |
| 觀 | | 陽養其根，陰成其形，物皆可觀 |
| 賁 | 秋分 | 賁爲文，陰升陽降，故文見而賁 |
| 大畜 | | 大爲陽，陽氣畜聚於内 |
| 萃 | | 萬物陽氣萃於内 |
| 巽 | 白露 | 巽，伏也，陽氣將伏 |

| | | |
|---|---|---|
| 頤 | | 陽得養而復 |
| 蹇 | | 陰極陽生，故爲之蹇 |
| 未濟 | 大雪 | 陽將復而未濟 |
| 坤 | | 陰上陽下，不相逆而順 |
| 大過 | 小雪 | 陽之受傷將過 |
| 噬嗑 | | 得食<br>噬嗑，食也，物美其根而 |

# 卦變一①

卦變之説，由泰、否二卦彖辭“小往大來”“大往小來”而見之【1】，而夫子《彖傳》所以發明卦義者於是爲多，顧《易》中一大節目也。上經三十卦，反對之爲十二卦；下經三十四卦，反對之爲十六卦。【2】乾、坤、頤、大過、坎、離、中孚、小過，不可反對，則反其奇偶以相配。卦之體兩相反，爻亦隨卦而變。顧有於此則吉，於彼則凶；於彼則當位，於此則不當位。從反對中明此往來倚伏之理，所謂兩端之執也。行有“无妄”之守，反有“天衢”之用；時有“豐亨”之遇，反有羈旅之凶。是之謂卦變，非以此卦生彼卦也，又非以此爻换彼爻也。【3】

【1】陰爻爲小，陽爻爲大，陰陽往來説是古代卦變説的理論依據。

【2】反對之卦，亦即反易之卦，上經反易之卦二十四，不易之卦者六；下經反易之卦三十二，不易之卦二。見卷一《天根月窟》注【9】。

【3】无妄卦與大畜卦爲反對卦，“天衢”見大畜卦上九爻辭。豐卦與旅卦爲反對卦，“豐亨”見豐卦辭。梨洲以《彖傳》之往來説爲據，認爲所謂卦變乃是指反對卦中的上下陰陽往來，並非漢宋易學所謂一卦由另一卦而來、兩爻互换之説。

朱子言：“以《彖》辭考之，説卦變者凡十九卦，蓋言成卦之由。《象》辭不言成卦之由，則不言所變之爻。”【4】此是朱子自言其卦變也。《繫》曰：“爻者言乎變者也。”《易》中何卦不言變？辭有隱顯，而理無不寓，即證之《彖》辭，亦非止十九卦也。訟“剛來而得中”，以需之反對觀之，彼得正又居中，此但得中不能得正。泰、否之“往”“來”，所謂“反其類”。隨“剛來而下柔”，蠱“剛上而柔下”，二卦反對，蠱上之剛自外卦來初，居二三之下；隨初剛自下而上，上柔自上而下。噬嗑“柔得中

① “一”，原闕，四庫本同，今依例補之。

而上行”，賁“柔來而文剛，分剛上而文柔”，前卦言六二上行爲五，後卦言六五自外卦而入内，初九從下卦而至上。无妄“剛自外來而爲主於内”，大畜“剛上而尚賢”，无妄之初九自大畜上爻外卦來爲内卦之主，大畜之上九自无妄初爻而上。咸“柔上剛下”，恒“剛上柔下”，咸指上六、九三，恒指九四、初六。晋“柔進而上行”，明夷之六二上行爲六五。睽“柔進而上行”，家人之六二上行爲六五。蹇“往得中也”，解“其來復吉，乃得中也”，蹇之九五自解内卦，故曰“往”；解之九二自蹇外卦，故曰“來”。升“柔以時升”，升上卦之柔，皆萃下卦所升。鼎“柔進而上行”，鼎五由革二而上。漸“進得位”，漸九五當歸妹居二，爲不得位。涣“剛來而不窮”者，節五來二；“柔得乎外而上同”者，柔在三失位，在四得位。此朱子所謂十九卦之《彖》辭，皆以反對爲義者也。【5】

【4】此非朱子之言，乃其弟子之語（見《朱子語類》卷六十七），然所述確係朱子之説。

【5】此列舉朱子所謂《彖傳》言卦變之十九卦，即訟、泰、否、隨、蠱、噬嗑、賁、无妄、大畜、咸、恒、晋、睽、蹇、解、升、鼎、漸、涣。參見朱子《周易本義》。

需“位乎天位，以正中也”，自訟九二而來，得中又得正。【6】損“損下益上，其道上行”，益“損上益下”，“自上下下”，由損觀之，似以三爻益上爻；由益觀之，似以四爻益初爻。【7】小畜“密雲不雨”，反對爲履，履下之兑，澤氣成雲，故曰“密雲”，兑變而巽，“風以散之”，故曰“不雨”。【8】大有“應乎天而時行”，方其同人在二之時應乎天也，今時行而居其位。【9】謙“地道卑而上行”，地道指坤，豫在下卦爲卑，謙在上卦爲上行。【10】臨“至於八月”，觀二陽在上，臨二陽在下，自臨至觀歷八爻，故言“八月”。【11】復“七日來復”，剥一陽在上，復一陽在下，自剥至復歷七爻，故言“七日”。【12】明夷“初登於天”言晋，“後入於地”言明夷。【13】夬“所尚乃窮”，對姤爲言。【14】井“改邑不改井”，兑爲“剛鹵”之地，變而爲巽，則“近利市三倍”，是“改邑”也；坎不變，是“不改井”也，皆對困言之。【15】歸妹“征凶，位不當也”，漸之二五皆當位，至歸妹皆不當。【16】旅

“柔得中乎外”，在豐爲得中乎内。[17]巽“柔皆順乎剛”，兑“剛中而柔外”，兑柔不順乎剛，巽柔中而剛外，二卦相反。[18]既濟“剛正而位當”①，未濟“不當位”，二卦亦相反。[19]此朱子十九卦以外，亦皆以反對爲義者也。

【6】需與訟二卦反對。需卦《彖傳》云“位乎天位，以正中也”，訟卦《彖傳》云“剛來而得中也”，需之九五自訟九二而來，既得中又得正；訟之九二自需之九五來，得中而不得正。

【7】由損與益二卦反對觀之，損卦《彖傳》“損下益上，其道上行”似是説損其三爻而益其上爻，益卦《彖傳》“損上益下”“自上下下”似是説損其四爻而益其初爻。損之上爻即益之初爻，損之三爻即益之四爻。

【8】小畜與履二卦反對。梨洲以爲“密雲”是履下卦兑之象，“不雨”則指小畜卦中履之兑變爲巽，巽爲風，風散雨勢，故云“不雨”。

【9】大有與同人二卦反對。大有《彖傳》云“應乎天而時行”，梨洲以爲是“應乎天”是説同人卦六二爻在下而上應九五爻，“時行”則是説由同人變爲大有，則處下之六二上行而爲六五。

【10】謙與豫二卦反對。謙卦《彖傳》云“地道卑而上行”，豫卦坤在下，故云“地道卑”，謙卦坤在上，故云“而上行”。

【11】臨與觀二卦反對。臨卦辭言“八月有凶”。觀梨洲復卦“七日來復”之義，可推其所謂“八月”是指由臨卦反易爲觀卦，臨之初九爲一月，九二爲二月，六三爲三月、六四爲四月、六五爲五月、上六爲六月、觀之上九爲七月、九五爲八月。

【12】梨洲於本書卷三《原象》解“七日來復”云，七日者，剥之上九爲一日，反對卦即復之上六爲二日，六五爲三日，六四爲四日，六三爲五日，六二爲六日，初九爲七日。

【13】明夷與晋二卦反對。明夷上六爻辭言：“初登於天，後入於地。”

【14】夬與姤二卦反對。夬《彖傳》云：“‘告自邑，不利即戎’，所尚乃窮也。”姤爲陰息而消陽，夬爲陽息而決陰，姤之陰息至夬而窮。

【15】井與困二卦反對。井卦辭言“改邑不改井”。困之上卦爲兑，兑爲“剛鹵”（《説卦傳》）之地，反對則爲井之下卦巽，巽爲“近市利三倍”，故而有“改邑”之象；困之下卦爲坎，反對則爲井之上卦坎，坎爲水，故有“不改井”之象。

① “剛正而位當”，四庫本同，既濟卦《彖傳》原文作“剛柔正而位當”。

【16】歸妹與漸二卦反對。漸卦二五兩爻皆當位，反而爲歸妹，二五兩爻皆不當位，故歸妹《象傳》云“‘征凶’，位不當也”。

【17】旅與豐二卦反對。旅《彖傳》云“柔得中乎外而順乎剛”，此指旅之六五爻，反而爲豐則成六二爻，故得中于内。

【18】巽與兑二卦反對。巽之初六處九二之下，六四處九五之下，故《彖傳》云“柔皆順乎剛”；反而爲兑，上六處九五之上，六三處九二之上，故云“剛中而柔外”。

【19】既濟與未濟二卦反對。既濟卦六爻皆當位，故《彖傳》云“剛柔正而位當也”；反而爲未濟則六爻皆不當位，故《彖傳》云“不當位”。

反對之窮而反其奇偶以配之，又未嘗不暗相反對於其間。如中孚上爻之“翰音”，反對即爲小過初爻之“飛鳥”；頤之“口實”，由大過之兑；大過“士夫”“老夫”，由頤之艮震。【20】此序卦之不可易也。奈何諸儒之爲卦變，紛然雜出，而不能歸一乎！然虞仲翔之釋比曰：“師二上之五得位。”蜀才曰：“此本師卦，六五降二，九二升五。”亦已發其端矣，特未以此通之於別卦也。【21】至李挺之所傳《變卦反對圖》，可謂獨得其真，而又與《六十四卦相生圖》並出，則擇焉而不精也。【22】其後，來知德頗以此説變而以反對者爲綜，奇偶相反者爲錯，於頤、過八卦相反之外，取反對者而亦復錯之。【23】不知奇偶相反之中，暗寓反對，非別出一義也。若又有相反一義，何以卦爻略不之及乎？爲卦爻之所不及者，可以無待於補矣。

【20】此言不易之卦，亦往往有反對之象。如中孚與小過二卦陰陽爻互變，即所謂“反其奇偶”，然中孚之上爻云“翰音”，小過之初爻云“飛鳥”，此亦上下反對而爲説。頤與大過二卦陰陽相對，大過之上卦兑，兑爲口，故頤卦辭言“口實”；頤卦上卦爲艮，下卦爲震，艮爲少男，震爲長男，故大過九二爻言“老夫”、九五爻言“士夫”。

【21】見李鼎祚《周易集解・比卦》。案，虞仲翔即虞翻，見《圖書二》注【6】。蜀才，史傳無考，年籍不詳，或爲晋時人。師與比二卦反對。虞氏注謂師卦之九二爻上而至五爻，則得位，相應地，其六五爻則下而至二爻，如此則師卦變成比卦。梨洲所引蜀才注不確，按《周易集解》諸本皆謂：“蜀才曰：此本師卦。案，六五降二，九二升五……”此案語爲李鼎祚之言，不屬蜀才。虞氏有卦

變説，此所云比卦本於師卦係就其卦變説而言，非是如梨洲就反對之象而爲説，所以才“未以此通之於别卦”。

【22】李挺之（980—1045），北宋易學家，名之才，字挺之，山東青州人，師從穆修學《易》，後傳其説於邵雍，其著作已佚，《變卦反對圖》《六十四卦相生圖》保留於朱震《漢上易傳》。

【23】來知德（1525—1604），明代易學家，字矣鮮，號瞿塘，四川夔州梁山縣（今屬重慶）人，著有《瞿塘日録》《周易集注》等。書中提出“無錯綜，不成《易》矣”，所謂“錯”即梨洲所謂不易之卦，所謂“綜”即梨洲所謂反對之卦，有《八卦所屬相綜圖》，又有《八卦所屬相錯圖》等，故梨洲謂之“取反對者亦復錯之”。

# 卦變二

古之言卦變者，莫備于虞仲翔，後人不過踵事增華耳。一陰一陽之卦各六，皆自復、姤而變；二陰二陽之卦各九，皆自臨、遯而變；三陰三陽之卦各十，皆自否、泰而變；四陰四陽之卦各九，皆自大壯、觀而變；中孚、小過爲變例之卦，乾坤爲生卦之原，皆不在數中。[1]其法以兩爻相易，主變之卦動者止一爻。四陰四陽即二陰二陽之卦也，其變不收于臨、遯之下者，以用臨、遯生卦則主變者須二爻皆動而後餘卦可盡，不得不別起觀、壯。有四陰四陽而不用五陰五陽之夬、剥者，以五陰五陽之卦已盡於姤、復，無所俟乎此也。[2]中孚、小過爲變例之卦，何也？中孚從二陰之卦，則遯之二陰皆易位；從四陽之卦，則大壯三四一時俱上。小過從二陽之卦，則臨之二陽皆易位；從四陰之卦，則觀三四一時俱上。所謂主變之卦以一爻升降者，至此而窮，故變例也。[3]猶反對之卦，至乾、坤、坎、離、頤、大過、中孚、小過而亦窮也。

【1】詳見下文之《古卦變圖》。虞氏卦變説以乾坤爲六十四卦之本，以消息卦生雜卦爲主體，外加變例之卦。

【2】虞氏卦變以主變之卦兩爻相易爲基本原則，因而以臨、遯爲主變之卦的二陰二陽之卦，不能完全收攝以觀、大壯爲主變之卦的四陰四陽之卦，如兑、艮、睽、蹇、需、晋、大畜、萃等八個四陰四陽之卦如從臨、遯變來，則必須臨、遯四爻相易才能完成，而這有悖於卦變之基本原則。所以，要在二陰二陽之卦皆自臨、遯來之外，再設四陰四陽之卦皆自觀、大壯來。而在一陰一陽之卦皆自復、姤來之外，不必再設五陰五陽之卦例，因爲以復、姤爲主變之卦的一陰一陽之卦完全可以統攝五陰五陽之卦，而不悖於卦變之基本原則。

【3】中孚、小過二卦不能從消息卦變來，因爲中孚卦如從遯卦變來，則需遯之初六、六二與九三、九四相易；如從大壯卦變來，則需大壯之六五、上六與九三、九四相易。小過卦如從臨卦變來，則需臨之初九、九二與六三、六四相易，如從觀卦變來則需觀之九五、上九與六三、六四相易，如此皆違背主變之卦兩爻相易之原則。

虞氏之卦變脈絡分明如此，當時所著《周易注》《周易集林》今既不傳，其見於李鼎祚《易解》中者，語焉不詳。[4]朱漢上據之以定虞氏卦變，遂有此然彼否之異，無怪趙汝楳謂其“錯雜無統”也。[5]某追尋其緒，而後知漢上之誤，然四陰四陽與二陰二陽畢竟相錯，不能不有重出之卦。此八卦者（重於大壯者，爲大過、鼎、革、離；重於觀者，爲頤、屯、蒙、坎），其主變屬之臨、遯乎，屬之大壯、觀乎，抑兼屬之乎？[6]其説有時而窮也。以《彖傳》證之，如无妄之“剛自外來”（遯之初三相易，皆在内卦，非外來），晋之“柔進上行”（觀之四五相易，皆在上卦），睽之“柔進上行”（大壯三上相易，柔爲下行），蹇“往得中”（觀三上相易，不爲得中），皆不能合。此虞氏之短也。[7]

【4】《隋書·經籍志》載虞翻有《周易注》十卷、《周易集林律曆》一卷等。李鼎祚其人見《自序》注【5】。

【5】朱漢上即朱震，見卷一《圖書三》注【4】。趙汝楳，見卷一《納甲一》注【5】。趙氏主張卦變當以乾、坤爲本，而以復、姤、臨、遯、泰、否六消息卦生五十六雜卦，並説：“其他如李之才之相生圖，邵康節反對、升降之説，義皆幾近。若朱漢上所載虞仲翔卦變則錯雜而無統。”（《易雅·釋變》）

【6】據虞氏卦變之體例，四陰四陽之卦各九皆自大壯、觀而變，二陰二陽之卦各九皆自臨、遯而變，兩例中相重之卦八。如此，則相重之八卦主變之卦不一，不知何所適從。

【7】依虞氏卦變之體例，其多有與《彖傳》不合之處。於之不合處，虞翻又自有他説。如其注无妄卦云：“遯上之初。此所謂四陽二陰，非大壯則遯來也。”此遯上之初，又並非上初二爻互易，互易則爲隨卦而非无妄，而是僅將遯之上爻降至初爻，其他五爻各升一位，從而與《彖傳》“剛自外來”相合。其注睽卦云：“大壯上之三，在《繫》‘蓋取’无妄二之五。”據例，睽卦當爲大壯上爻降至三爻而變，但虞翻提出在《繫辭傳》“觀象製器”章中，“弧矢之利，以爲天下，蓋取諸睽”是睽卦由无妄卦變來，即无妄之二爻升之五爻，從而與《彖傳》“柔進而上行”相符。其注蹇卦云：“觀上反三。坤，西南卦。五在坤中，坎爲月，月生西南，故‘利西南’。‘往得中’，謂‘西南得朋’。”據例，蹇卦由觀卦上之三變來，但此與《彖傳》“往得中”之説不合，對此虞翻認爲“往得中”並非指主變之爻，而是指“五在坤中”，即乾五居入坤而爲坎。至於晋卦由觀卦四爻升五爻而變來，此即“柔進而上

行”之義，不必如梨洲以下卦之爻升於上卦爲“上進”。

李挺之《六十四卦相生圖》，凡卦五陰一陽者皆自復來，復一爻五變而成五卦（師、謙、豫、比、剥）；五陽一陰者皆自姤來，姤一爻五變而成五卦（同人、履、小畜、大有、夬）；四陰二陽者皆自臨來，臨五復五變而成十四卦（明夷、震、屯、頤、升、解、坎、蒙、小過、萃、觀、蹇、晋、艮）；四陽二陰者皆自遯來，遯五復五變而成十四卦（訟、巽、鼎、大過、无妄、家人、離、革、中孚、大畜、大壯、睽、需、兑）；三陰三陽者皆自泰來，泰三復三變而成九卦（歸妹、節、損、豐、既濟、賁、恒、井、蠱）；三陽三陰者皆自否來，否三復三變而成九卦（漸、旅、咸、涣、未濟、困、益、噬嗑、隨）。其所謂“乾坤一生二，二生三，至於三極矣”。[8]故不以觀、壯四陰四陽之卦爲主變，可以無虞氏重出之失矣。然臨、遯自第二變以後，主變之卦兩爻皆動，在《彖傳》亦莫知適從，又不如虞氏動以一爻之有定法也。[9]

【8】李挺之《六十四卦相生图》載朱震《漢上易傳卦圖》卷上。梨洲附之於篇末。

【9】李挺之卦變法雖無虞氏卦變重出之病，但臨卦與遯卦之第三變、第四變、第五變中各有六卦皆由主變之卦兩爻動而得，則其卦變之法主變之卦有一爻動者，又有兩爻動者，體例交雜，不如虞翻主變之卦止一爻動爲得法。

方寔孫有《易卦變合圖》與《相生圖》同，至兩爻交動則稍更其次序。[10]朱風林分爲内外體，有自十辟卦所變者（乾坤無變，故十二辟卦去之，爲十卦），一陽在内體自復變，凡二卦（師、謙）；一陽在外體自剥變，凡二卦（豫、比）；二陽在内體自臨變，凡二卦（升、明夷）；二陽在外體自觀變，凡二卦（晋、萃）；二陽在内體，一陽在外體自泰變，凡九卦（與《相生圖》同）。一陰在内體自姤變，凡二卦（同人、履）；一陰在外體自夬變，凡二卦（小畜、大有）；二陰在内體自遯變，凡二卦（无妄、訟）；二陰在外體自大壯變，凡二卦（需、大畜）；二陰在内體，一陰在外體自否變，凡九卦（與《相生圖》同）。有自六子卦所變者，二陽分在内外，不處震之主爻者自震變（蹇、蒙），不處坎之主爻者自坎變（小過、頤），不處艮之主爻者自艮變（解、屯），二陰分在内外，不處巽之主爻者自巽變（癸、革），不處離之主爻者自離變（中孚、大過），不處兑之主爻者自兑變（家人、鼎），各得二卦。[11]其自十辟卦所變者，以一爻升降；其自六子卦所變者，以兩爻升降。自三陰三陽而外，主變之卦多，所生之卦少，何其頭緒之紛紜也？

【10】方寔孫（寔又作實），字端仲，南宋人，史傳未載，四庫全書收録其著《淙山讀周易記》二十一卷，書中有《易卦變合圖》。該圖與李氏《六十四卦相生圖》基本一致，除梨洲所云“至兩爻動則稍更其序”之外，三陰三陽卦亦有先後之不同。

【11】朱風林（應爲楓林）即朱升，見卷一《納甲一》注【6】。朱氏卦變圖，載所著《周易旁注前圖》卷上。梨洲附之於篇末。

蘇子瞻言：“剛柔相易，皆本諸乾坤。”[12]程子亦專以乾坤言卦變，本之蜀才，曰“此本乾卦”“此本坤卦”。[13]荀爽曰謙是乾來之坤。[14]非創論也。但三陰三陽之卦此往彼來顯然可見，其他則來者不知何來，往者不知何往。如无妄“剛自外來”，外卦之乾未嘗損一剛也，而云自外而來，不已背乎？故朱子曰：“程子專以乾坤言卦變，然只是上下兩體皆變者可通，若只一體變者則不通。”[15]蓋已深中其病矣。然較之虞氏而下鑿空爲説者，某以爲獨優也。

【12】見蘇軾《東坡易傳·賁卦》卷三。蘇軾（1037—1101），字子瞻，號東坡居士，眉州眉山（今屬四川）人，謚文忠，北宋中期文壇領袖，著有《東坡易傳》《蘇文忠公全集》《東坡志林》等。

【13】程子即程頤，見《自序》注【10】。其注賁卦（上艮下離）云：“卦之變皆自乾坤，先儒不達，故謂賁本是泰卦，豈有乾坤重而爲泰，又由泰變之理？下離，本乾之中爻變而成離；上艮，本坤之上爻變而成艮。離在内，故云‘柔來’；艮在上，故云‘剛上’，非自下體而上也。故乾坤變而爲六子，八卦重而爲六十四，皆由乾坤之變也。”（《伊川易傳》卷二）在程頤看來，六十四卦都本於乾、坤二卦，由乾坤變而爲六子，八經卦相重而爲六十卦，並不存在一個别卦又

生另一別卦的現象。梨洲認爲程頤之説本於蜀才，遠紹荀爽。案，蜀才注中雖多云“此本乾卦”“此本坤卦”（見《周易集解》），但其實是論消息卦本於乾坤，非以重卦皆自乾坤而變。

【14】荀爽（128—190），字慈明，一名諝，潁川潁陰（今屬河南許昌）人，漢末著名經學家，史載著有《周易注》十一卷，已佚。唐李鼎祚《周易集解》收録其説。荀氏易學以乾升坤降説爲本，諸卦之中凡陽皆出於乾，凡陰皆出於坤。（參見王新春先生《荀爽易學乾升坤降説的宇宙關懷與人文關切》，載所著《易學與中國哲學》）

【15】見《朱子語類》卷六十七。朱子又云：“伊川不取卦變之説，至‘柔來而文剛’‘剛自外來而爲主於内’，諸處皆牽強説了。”（《朱子語類》卷第六十七）

# 卦變三

朱子《卦變圖》，一陰一陽之卦各六，來自復、姤；二陰二陽之卦各十有五，來自臨、遯；三陰三陽之卦各二十，來自否、泰；四陰四陽之卦各十有五，來自大壯、觀；五陰五陽之卦各六，來自夬、剥。一陰一陽與五陰五陽相重出，二陰二陽與四陰四陽相重出，泰與否相重出。除乾坤之外，其爲卦百二十有四，蓋已不勝其煩矣。[1]

《易》之上下往來，皆以一爻升降爲言，既有重出則每卦必有二來，從其一則必舍其一。以《彖傳》附會之，有一合必有一不合。就其所謂一來者，尚有兩爻俱動，并其二來則動者四爻矣。原諸儒卦變之意，所以明其自復、姤、臨、遯、否、泰、大壯、觀、夬、剥而來者，以其卦惟此一爻之故，變爲别卦，是以脈絡可尋，而定爲主變。使一卦之中，頭緒紛然，爻爻各操其柄，則彼卦之體已不復存，猶復可認其自某所而來乎？

【1】朱子在《周易本義》卷首列有《卦變圖》，並説："《彖傳》或以卦變爲説，今作圖以明之。蓋《易》中之一義，非畫卦作《易》之本旨也。"

朱子雖爲此圖，亦自知其決不可用，所釋十九卦《彖辭》盡舍主變之卦，以兩爻相比者互换爲變。[2]訟則自遯（二三相换），泰則自歸妹（三四相换），否則自漸（三四相换），隨則自困（初二相换），自噬嗑（五上相换），自未濟（初與二、五與上相换），蠱則自賁（初二相换）、自井（五上相换）、自既濟（初與二、五與上换），噬嗑則自益（四五相换），賁則自損（二三相换）、自既濟（五上相换），无妄則自訟（初二相换），大畜則自需（五上相换），咸則自旅（五上相换），恒則自豐（初二相换），晋則自觀（四五相换），睽則自離（二三相换），自中孚（四五相换），自家人（二與三、四與五相换），蹇則自小過（四五相换），解則自升，升則自解（皆三四相换），鼎則自巽（四五相换），漸則自涣（二三相换），自旅（四五相换），涣則自漸（二三相换），凡十九卦，而主變者二十有七，或來自一卦，或來自兩卦三卦，多寡不倫，絶無義例。

【2】朱子認爲其卦變説“有自然氣象，只是換了一爻”（《朱子語類》卷六十七），梨洲進一步將之概括爲“以兩爻相比者互換爲變”。這一點與前人同中有異。如漢末虞翻之卦變説，雖然也是以兩爻互換爲基本原則，但其相互往來之兩爻則不必相鄰。

就以其法推之，此十九卦中，朱子之所舉者亦有未盡。訟之自无妄（初二相换）、自巽（三四相换），隨之自既濟（三四相换），蠱之自未濟（三四相换），噬嗑之自未濟，（初二相换）、自賁（三四相换）、自隨（五上相换），賁之自蠱（初二相换）、自噬嗑（三四相换），无妄之自家人（三四相换），大畜之自睽（三四相换），咸之自困（二三相换），恒之自井（四五相换），晋之自艮（三四相换）、自萃（五上相换），睽之自大畜（三四相换）、自兑。（五上相换），蹇之自坎（二三相换）、自萃（三四相换）、自艮（五上相换），鼎之自離，（初二相换）、自大過（五上相换），漸之自否。（三四相换），渙之自益（初二相换）、自未濟（四五相换），復得二十九卦，而兼之者不與焉。[3]

【3】此二十九卦之例，梨洲只是運用了朱子卦變説“兩爻相比者互换爲變”的原則，但忽略了朱子《本義》之所以有十九卦用到了卦變説，乃是爲了解釋《彖傳》之言。不能解釋《彖傳》的卦例，是不可用的。如梨洲説訟卦又可自巽變來，即巽之九三、六四爻互换，此顯然不合《彖傳》“剛來而得中”之義；隨可自既濟變來，即既濟之九三、六四兩爻互换，但不合《彖傳》“剛來而下柔”之義；蠱可自未濟變來，即未濟之六三、九四兩爻互换，但不合《彖傳》“剛上而柔下”之義；噬嗑可自隨變來，即隨之九五、上六兩爻互换，但不合《彖傳》“柔得中而上行”之義，等等。兹不一一驗證。因梨洲所舉之二十九卦，多有不能解《彖傳》之説者，故爲朱子所不取。

此二十九卦者，以爲有用乎？則爲《彖》辭之所不及。以爲無用乎？不應同一卦變在一卦中其可以附會《彖》辭者從而取之，其不可以附會《彖》辭者從而置之。朱子云“某之説却覺得有自然氣象”者，安在也？且《易》所謂“往”“來”“上”“下”者，自内之外謂往，自外之内謂來，

上者上卦也，下者下卦也。今兩爻互換，同在内卦而謂之往，同在外卦而謂之來，同在上卦而曰下，同在下卦而曰上，即欲附會之而有所不能矣。是朱子之卦變，兩者俱爲無當，宜乎其説之不能歸一也。[4]

【4】朱子云："今所謂卦變者，亦是有卦之後，聖人見得有此象，故發於《彖》辭。"（《朱子語類》卷六十七）又説："卦變獨於《彖傳》之詞有用。"（《晦庵文集》卷五十四《答王伯禮》）《彖傳》之言是決定朱子易注中是否用卦變説的根據，自然同一卦變在一卦中合乎《彖》辭者從而取之，不合乎《彖》辭者從而置之。此不足爲朱子卦變説之病。要而論之，梨洲基於漢宋諸家卦變説的認識，而評判朱子卦變説，抓住了朱子卦變説的一些特點，但却没有看到朱子卦變説既有同於前人之處，又多有朱子獨特之思。筆者研究認爲，朱子以卦變説爲後天之學，但他却是以先天卦序作爲其卦變圖建構原則的。這是朱子以先天爲體、後天爲用思想的一種運用和落實。不少學者指出朱子《卦變圖》與《周易本義》注文不合。然細究其實，二者之間並不存在理論衝突，朱子《卦變圖》是一個縱横互通的系統，其施用原則非常靈活。朱子卦變説是對程頤卦變説的批評，也是對李之才卦變説的發展，無論是在卦變理論特性的根本定位問題上，還是在具體卦變系統的建構和施用問題上，都取得了很大的突破，但同時也失去了或者説捨棄了卦變説中一些原有的理論意義和内涵。（詳見拙作《朱熹易學思想研究》，第202～213頁）

古卦變圖

一陰一陽之卦各六皆自復姤而變

復　姤

師 初之二　同人 初之二

謙 初之三　履 初之三

豫 初之四　小畜 初之四

比 初之五　大有 初之五

剝 初之六　夬 初之六

二陰二陽之卦各九皆自臨遯而變

臨　遯

升 初之三　无妄 初之三

解 初之四　家人 初之四

坎 初之五　離 初之五

蒙 初之上　革 初之上

明夷 二之三　訟 二之三

震 二之四　巽 二之四

屯 二之五　鼎 二之五

頤 二之上　大過 二之上

三陰三陽之卦各十皆自泰否而變

泰　否

恒 初之四　益 初之四

井 初之五　噬嗑 初之五

蠱 初之上　隨 初之上

豐 二之四　渙 二之四

既濟 二之五　未濟 二之五
賁 二之上　困 二之上
歸妹 三之四　漸 三之四
節 三之五　旅 三之五
損 三之上　咸 三之上
四陰四陽之卦各九皆自大壯觀而變
大壯　觀
重大過 初之五　重頤 初之五
重鼎 初之上　重屯 初之上
重革 二之五　重蒙 二之五
重離 二之上　重坎 二之上
兌 三之五　艮 三之五
睽 三之上　蹇 三之上
需 四之五　晉 四之五
大畜 四之上　萃 四之上
變例之卦二
中孚
小過
凡變卦皆從乾坤來
乾
坤

古卦變图

李挺之變卦反對圖
乾坤二卦爲易之門萬物之祖圖第一
乾老陽
坤老陰
乾坤相索三變六卦不反對圖第二
坤體而乾來交　頤　小過　坎
乾體而坤來交　大過　中孚　離
乾卦一陰下生反對變六卦圖第三
姤　同人　履
夬　大有　小畜
坤卦一陽下生反對變六卦圖第四
復　師　謙
剝　比　豫
乾卦下生二陰各六變反對變十二卦圖第五
遯　訟　无妄
大壯　需　大畜
睽　兌　革
家人　巽　鼎
坤卦下生二陽各六變反對變十二卦圖第六
臨　明夷　升
觀　晉　萃
蹇　艮　蒙
解　震　屯
乾卦下生三陰各六變反對變十二卦圖第七

坤卦下生三陽各六變反對變十二卦圖第八

| | | |
|---|---|---|
| 否 | 恒 | 豐 |
| 泰 | 咸 | 旅 |
| 歸妹 | 節 | 既濟 |
| 漸 | 渙 | 未濟 |
| 泰 | 損 | 賁 |
| 否 | 益 | 噬嗑 |
| 蠱 | 井 | 未濟 |
| 隨 | 困 | 既濟 |

七　廣雅書局栞

李挺之卦變反對圖

李挺之六十四卦相生圖

姤　乾一交而爲姤

復　坤一交而爲復

凡卦五陰一陽者皆自復卦而來復一爻五變而成五卦

師　謙　豫

比　剝

凡卦五陽一陰者皆自姤卦而來姤一爻五變而成五卦

同人　履　小畜

大有　夬

遯　乾再交而爲遯

臨　坤再交而爲臨

凡卦四陰二陽者皆自臨卦而來臨五復五變而成十四卦

第一 四變：明夷　震　屯　頤

第二復 四變：升　解　坎　蒙

第三復 三變：小過　萃　觀

第四復 二變：蹇　晉

第五 一變：艮

凡卦四陽二陰者皆自遯卦而來遯五復五變而成十四卦

第一 四變：訟　巽　鼎　大過

第二復 四變：无妄　家人　離　革

第三復 三變：中孚　大畜　大壯

第四復 二變：睽　需

第五復 一變：兌

否　乾三交而爲否

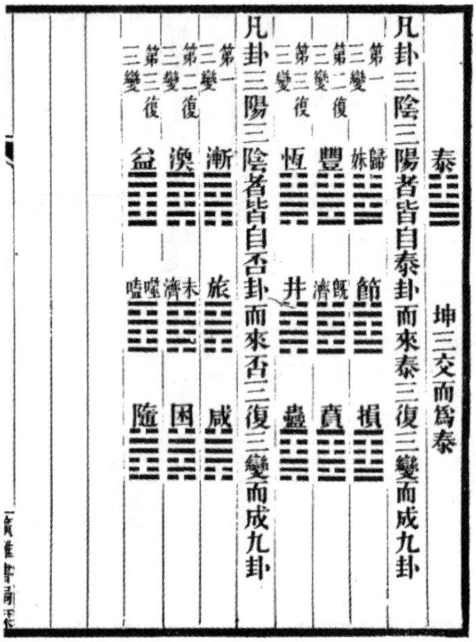

泰　坤三交而爲泰

凡卦三陰三陽者皆自泰卦而來泰三復三變而成九卦

第一三變　歸妹　節　損

第二復三變　豐　既濟　賁

第三復三變　恒　井　蠱

凡卦三陽三陰者皆自否卦而來否三復三變而成九卦

第一三變　漸　旅　咸

第二復三變　渙　未濟　困

第三復三變　益　噬嗑　隨

李挺之六十四卦相生圖

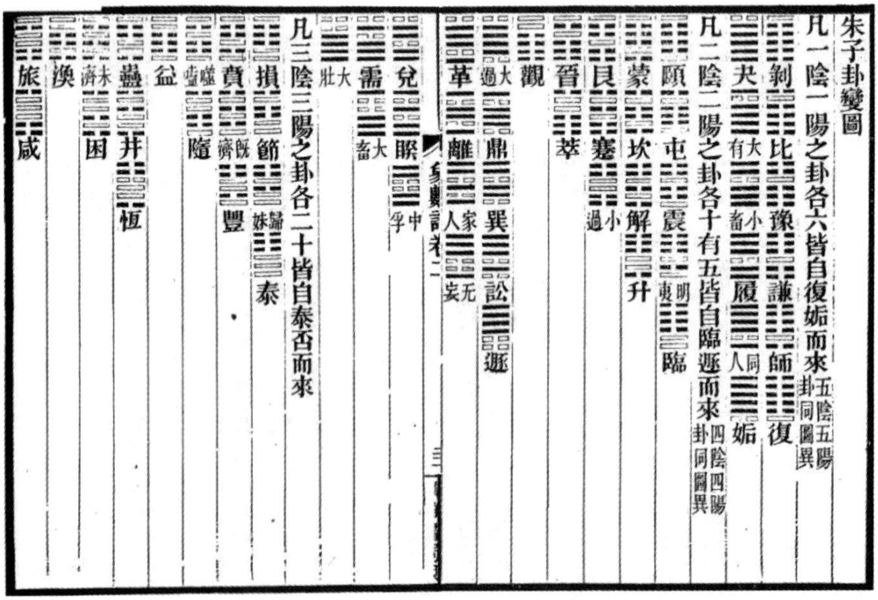

朱子卦變圖

凡一陰一陽之卦各六皆自復姤而來五陰五陽卦同圖異

剝　比　豫　謙　師　復

夬　大有　小畜　履　同人　姤

凡二陰二陽之卦各十有五皆自臨遯而來四陰四陽卦同圖異

頤　屯　震　明夷　臨

蒙　坎　解　升

艮　蹇　小過

晉　萃

觀

大過　鼎　巽　訟　遯

革　離　家人　无妄

象數論卷二　三

兌　睽　中孚

需　大畜

大壯

凡三陰三陽之卦各二十皆自泰否而來

損　節　歸妹　泰

賁　既濟　豐

噬嗑　隨

益

蠱　井　恒

未濟　困

渙

旅　咸

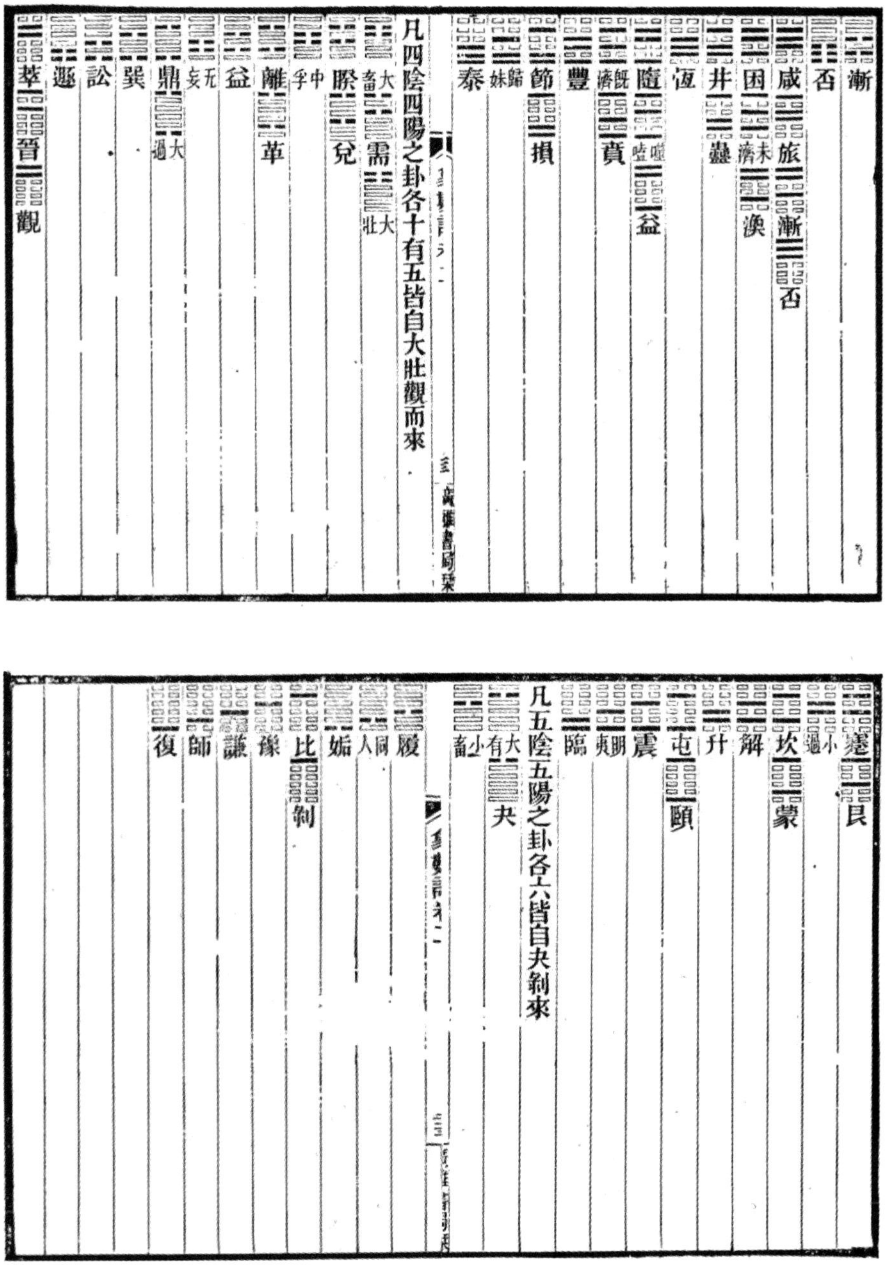

漸
否
咸 旅 漸 否
困 未濟 渙
井 蠱
恆
隨 噬嗑 益
既濟 賁
豐
節 損
歸妹
泰

凡四陰四陽之卦各十有五皆自大壯觀而來

大畜 需 大壯
睽 兌
中孚
離 革
益
无妄
鼎 大過
巽
訟
遯
萃 晉 觀

蹇 艮
小過
坎 蒙
解
升
屯 頤
震
明夷
臨

凡五陰五陽之卦各六皆自夬剝來

大有 夬
小畜
履
同人
姤
比 剝
豫
謙
師
復

朱子卦變圖

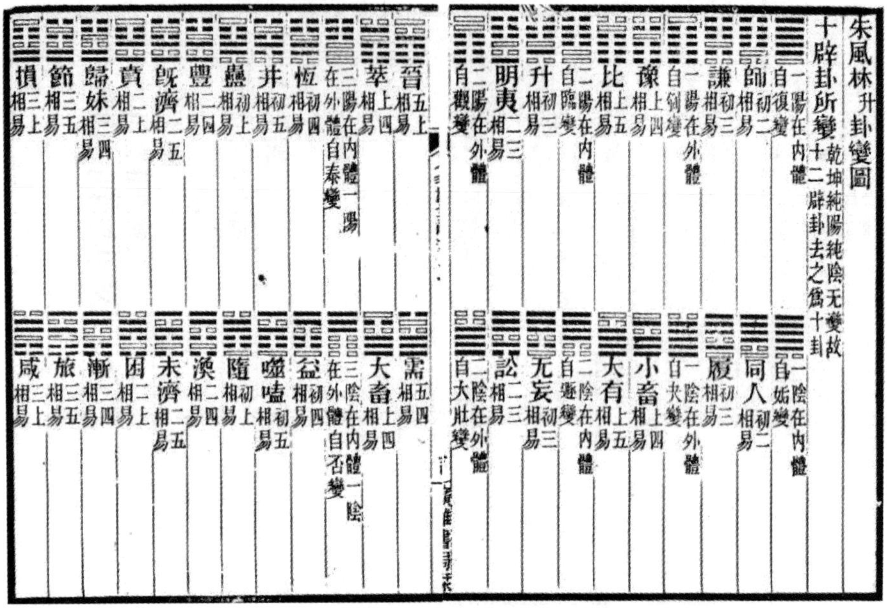

朱風林升卦變圖

十辟卦所變 乾坤純陽純陰无變故十二辟卦去之爲十卦

一陽在內體自復變
師 初二相易
謙 初三相易
一陽在外體自剝變
豫 上四相易
比 上五相易
二陽在內體自臨變
升 初三相易
明夷 二三相易
二陽在外體自觀變
晉 五上相易
萃 上四相易
三陽在內體一陽在外體自泰變
恆 初四相易
井 初五相易
蠱 初上相易
豐 二四相易
既濟 二五相易
賁 二上相易
歸妹 三四相易
節 三五相易
損 三上相易

一陰在內體自姤變
同人 初二相易
履 初三相易
一陰在外體自夬變
小畜 上四相易
大有 上五相易
二陰在內體自遯變
无妄 初三相易
訟 二三相易
二陰在外體自大壯變
需 五四相易
大畜 上四相易
三陰在內體一陰在外體自否變
益 初四相易
噬嗑 初五相易
隨 初上相易
渙 二四相易
未濟 二五相易
困 二上相易
漸 三四相易
旅 三五相易
咸 三上相易

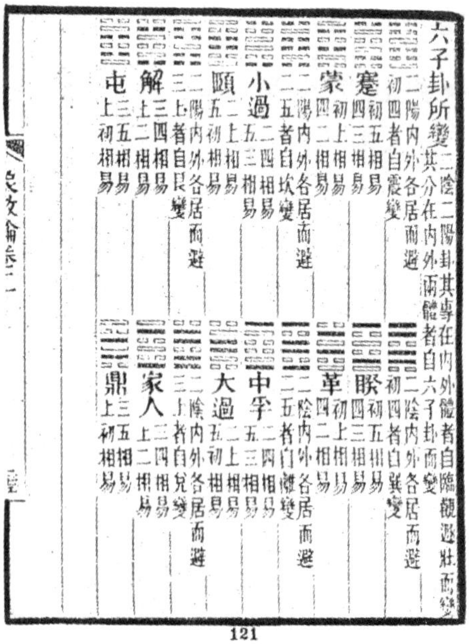

六子卦所變 二陰二陽卦其專在內外體者自臨觀遯壯而變其分在內外兩體者自六子卦而變

二陽內外各居而避 初四者自震變
蹇 初五相易 四三相易
蒙 初上相易 四二相易
二陽內外各居而避 二五者自坎變
小過 二四相易 五三相易
頤 二上相易 五初相易
二陽內外各居而避 三上者自艮變
解 三四相易 上二相易
屯 三五相易 上初相易

二陰內外各居而避 初四者自巽變
睽 初五相易 四三相易
革 初上相易 四二相易
二陰內外各居而避 二五者自離變
中孚 二四相易 五三相易
大過 二上相易 五初相易
二陰內外各居而避 三上者自兌變
家人 三四相易 上二相易
鼎 三五相易 上初相易

121

朱風林卦變圖

來矣鮮知德錯綜圖

一左一右曰錯本圓圖 一上一下曰綜本序卦

乾錯坤 同人錯師 屯蒙

夬錯剝 革錯蒙 需訟

大有錯比 離錯坎 師比

大壯錯觀 豐錯渙 小畜履

小畜錯豫 家人錯解 泰否

需錯晉 既濟錯未濟 同人大有

大畜錯萃 賁錯困 謙豫

泰錯否 明夷錯訟 隨蠱

履錯謙 无妄錯升 臨觀

兌錯艮 隨錯蠱 噬嗑賁

睽錯蹇 噬嗑錯井 剝復

无妄大畜

咸恆

遯大壯

晉明夷

家人睽

蹇解

損益

夬姤

萃升

困井

革鼎

歸妹錯漸 震錯巽 震艮

中孚錯小過 益錯恆 漸歸妹

節錯旅 屯錯鼎 豐旅

損錯咸 頤錯大過 巽兌

臨錯遯 復錯姤 渙節

既濟未濟

來矣鮮錯綜圖

# 互　卦

互卦者，取卦中二、三、四及三、四、五又得經卦二也。《左傳》莊二十二年，周史爲陳侯筮，“遇觀之否，曰：坤，土也。巽，風也。乾，天也。風爲天於土上，山也。”杜預註：“自二至四有艮象，艮爲山。”此互體説《易》之始。漢晋相承，王輔嗣黜而不用。鍾會亦言《易》無互體，荀顗難之①。【1】夫春秋之説經者，去聖人未遠，其相傳必有自。苟非證之經文而見其違背，未嘗可以臆棄矣。

輔嗣云：“爻苟合順，何必坤乃爲牛；義苟應健，何必乾乃爲馬。”【2】以言二體無乾、坤而有牛、馬，不當更求其故。不知《易》中之象，無一字虚設。牛、馬既爲乾、坤之物，則有牛、馬必有乾、坤。求之二體而無者，求之互體而有矣。若棄互體，是聖人有虚設之象也。【3】

【1】鍾會（225—264），字士季，潁川長社（今屬河南長葛）人，三國魏玄學家，嘗論《易》無互體，並注《老子》。荀顗（？—274），字景倩，潁川人，魏太尉荀彧之第六子，博學洽聞，理思周密，“難鍾會《易》無互體，又與扶風王駿論仁孝孰先，見稱於世”（《晋書・列傳第九・荀顗传》）。

【2】見王弼《周易略例・明象》。王弼反對鄭玄、虞翻等爲代表的漢易象數學家務求卦爻辭背後之卦爻象的治《易》路數，提出“觸類可以爲象，合義可以爲徵”（《明象》），解《易》要在把握卦爻辭之義類，義類明則經義明，漢易拘執於某卦某象，爲求得相應之卦發明了互體、卦變、五行等諸多義例，乃是捨本逐末之舉，義無所取。

【3】二體指重卦之上下二卦。《説卦傳》有乾爲馬、坤爲牛之象。梨洲不同意王弼將卦爻辭之象泛化，認爲某卦爲某象是確定不移的，不可隨便以義類推，有些卦雖然上下卦體無此卦象，但其互體之卦則有之，且以互體解卦淵源有自，不應廢棄。

---

① “荀顗”，原作“荀凱”，四庫本同，皆誤，今據《晋書・列傳第九・荀顗传》改之。

或曰：遯無坤，六二稱“牛”；明夷無乾，六二稱“馬”，以互體求之亦無乾坤，誠如輔嗣有虚設之牛馬也。曰：不然。遯之稱“牛”以艮，艮剛在上，猶牛革在外，稱牛革不稱牛也。【4】明夷之稱“馬”以互體之坎，坎於馬“爲美脊爲亟心”，馬之壯者也。【5】他如洪容齋所言，師之“長子”，謙、蠱之“大川”，蹇之重險之類，苟非互體，終不可通。【6】象之無虚設亦明矣。或曰：“雜物撰德，辨是與非，非其中爻不備。”【7】先儒以此爲互體之據，然下文不及互體，何也？曰：卦無乾、坤而有牛、馬，非“雜物”乎？卦無艮、兑而言止、説，非“撰德”乎？“雜物撰德”即是互體，無待於下文也。

【4】遯卦六二爻辭云“執之用黄牛之革”，其六二、六三、九四三爻互體爲艮，艮剛在上，猶如牛革在外。

【5】明夷六二爻辭云“用拯馬壯，吉”，《九家易》云：“九三坎體，坎爲馬。”（《周易集解》）明夷卦六二、九三、六四三爻互體爲坎。《説卦傳》云坎，“其於馬也，爲美脊，爲亟心”，故坎有馬象。

【6】洪容齋，即洪邁（1123—1202），字景盧，號容齋，又號野處，謚文敏，饒州鄱陽（今屬江西鄱陽縣）人。洪邁淹通史籍，撰有《欽宗實録》《四朝國史》《容齋隨筆》等，於歷代歷史、哲學、文學、藝術多有自得之見。其《容齋隨筆》卷十一《易中爻》云：“《易·繫辭》云：‘雜物撰德，辨是與非，則非其中爻不備。’中爻者，謂二、三、四及三、四、五也。如坤坎爲師，而六五之爻曰‘長子帥師’，以正應九二而言，蓋指二至四爲震也。坤艮爲謙，而初六之爻曰‘用涉大川’，蓋自是而上，則六二、九三、六四爲坎也。歸妹之六五曰‘帝乙歸妹’，以下配九二而言，蓋指震也。而泰之六五亦曰‘帝乙歸妹’，固亦下配九二，而九三、六四、六五，蓋震體云，他皆類此。”

【7】見《繫辭下傳》。《朱子語類》卷六十七云：“或問《易》中互體之説，共父以爲‘雜物撰德，辨是與非，則非其中爻不備’此是説互體。先生曰：‘今人言互體者，皆以此爲説。但亦有取不得處也。如頤卦、大過之類是也。’”

其後説互卦者，朱子發於一卦中既互兩卦，又於互卦伏兩卦。【8】林黄中以六畫之卦爲太極，上下二體爲兩儀，合二互體爲四象，又顛倒看二體及互體通爲八卦。【9】黄中又有《包體圖》，每卦只取一互卦，留三畫爲本卦之體，乾包八卦，八卦包乾，如乾包坤則爲損、益，坤包乾則爲咸、恒，餘準此。凡一卦之相包得三十二卦，八卦得二百五十六卦。[10]戴師愈亦一卦具八卦，而與黄中異，有正、有伏、有互、有參。如需卦，乾下坎上是正；乾變爲坤，坎變爲離是伏；自二至四爲兑，自三至五爲離是互；互體兑下離上爲睽是參，本卦是需，凡八卦也。[11]吴草廬以先天圓圖互體立卦，左右各二卦互一卦，六十四卦互成十六卦；又以十六卦互之成四卦而止。[12]僞説滋蔓，互卦之稂莠也。若因此而并去互卦，無乃懲噎而廢食乎？

【8】朱子發，即朱震（詳見卷一《圖書三》注【4】）。一卦之中四爻可互兩卦，互體之二卦又有兩伏卦。如豫卦，二三四爻互體爲艮、三四五爻互體爲坎，艮下又伏兑卦，坎下又伏離卦。

【9】林黄中，即林栗（生卒年不詳），字黄中，南宋經學家，淳熙十五年（1188）官至兵部侍郎，曾與朱熹論《易》，其觀點爲朱熹所批駁，著有《周易經傳集解》三十六卷。其説以重卦之上下體、互體與倒象而論太極兩儀四象八卦。如其論履卦，履卦六畫之總體爲太極之象，其上卦乾與下卦兑爲兩儀之象，其二、三、四爻互體爲離，三、四、五爻互體爲巽，則乾、兑、離、巽爲四象。下體兑，倒象爲巽；上體乾，倒象亦爲乾；互體之巽、離，倒象爲兑、離。乾、兑、離、巽之四象加倒象之乾、巽、離、兑，總爲八卦。（見《周易經傳集解》卷五《履卦序説》）

【10】以重卦之初、二、上或初、五、上三爻爲本卦，以中間三爻爲包卦，則本卦包八卦成十六卦，八卦包本卦成十六卦，則一卦經包與被包可得三十二卦，則八卦經包與被包總共得二百五十六卦。（下文梨洲附《林黄中包體圖》）

【11】戴師愈（生卒年不詳），號玉谿子，博學強記，宋孝宗隆興元年（1163）登進士第，授湘陰主簿。朱子認爲《麻衣心易》爲戴氏所作。（見卷一《圖書六》注【5】）

【12】吴草廬，即吴澄（1249—1333），元代理學家，字幼清，謚文正，撫州崇仁（今屬江西）人，因所居室題曰“草廬”，故學者稱“草廬先生”。著有《五經纂言》《草廬精語》《道德經注》等，後被編爲《草廬吴文正公全集》。其先天圓圖互卦載所著《易纂言外翼·互卦第六》。其方法是以重卦中四爻互體，二、三、四爻互體之卦爲下卦，三、四、五爻互體之卦爲上卦，組成新的重卦，則六十四卦互體後化約得十六卦，十六卦再以此法互體得四卦。（下文梨洲附《吴草廬互先天圖》）

互卦圖

乾乾：乾 姤 夬 大過
乾巽：同人 遯 革 咸
坤坤：坤 復 剝 頤
坤震：師 臨 蒙 損
震坎：艮 謙 明夷 賁
震兌：升 泰 蠱 大畜
巽離：兌 困 訟 履
巽艮：否 萃 隨 无妄
坎離：解 睽 歸妹 未濟
坎艮：豫 噬嗑 震 晉
離坎：蹇 家人 既濟 漸
離兌：井 小畜 需 巽
艮坤：比 益 屯 觀
艮震：坎 中孚 節 渙
兌乾：恆 大有 大壯 鼎
兌巽：小過 離 豐 旅

互卦圖

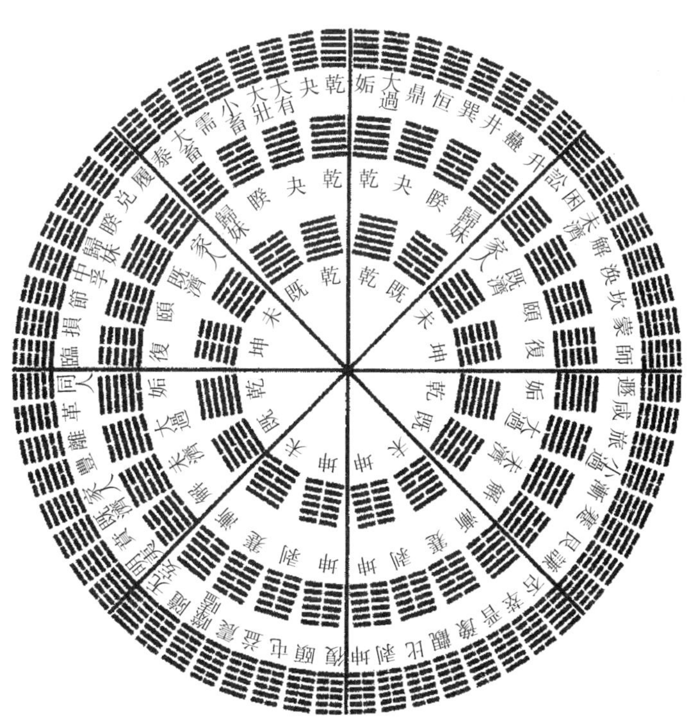

吴草廬互先天圖

吴草廬曰：“自昔言互體者，不過以六畫之四畫互二卦而已，未詳其法象之精也。今以《先天圖》觀之，互體所成十六卦，皆隔八而得（外一層隔八卦得兩卦，即中一層互體之卦名），縮四而一（内層一卦縮外層四卦）。圖之左邊起乾、夬，歷八卦而至睽、歸妹（中層睽、歸妹即接乾、夬），又歷八卦而至家人、既濟（家人、既濟即接睽、歸妹。餘做此），又歷八卦而至頤、復。圖之右邊起姤、大過，歷八卦而至未濟、解，又歷八卦而至漸、蹇，又歷八卦而至剥、坤。左右各二卦互一卦，合六十四卦互體只成十六卦，又合十六卦互體只成四卦，乾、坤、既、未濟也。《周易》始乾坤終既未濟以此歟。”[1]中一層左右各十六卦，其下體兩卦相比，一循乾一坤八之序；其上體十六卦，兩周乾一坤八之序。[2]“正體則二爲内卦之中，五爲外卦之中；互體則三爲内卦之中，四爲外卦之中，故皆謂之中爻。”[3]

【1】見吴澄《易纂言外翼·互卦第六》。此圖中層之十六卦，爲外層六十四卦由乾、夬開始，依次隔八卦而得。内層之四卦，爲中層十六卦自乾開始，依次隔四卦而得。

【2】此圖中間左右各十六卦，其下卦兩兩一組，呈乾一、兑二、離三、震四、巽五、坎六、艮七、坤八之先天卦序；其上體亦呈先天卦序。

【3】見吴澄《易纂言外翼·互卦第六》。在六畫卦中，二爻爲下體之中，五爻爲上體之中，三爻爲二、三、四爻互體之中，四爻爲三、四、五爻互體之中。

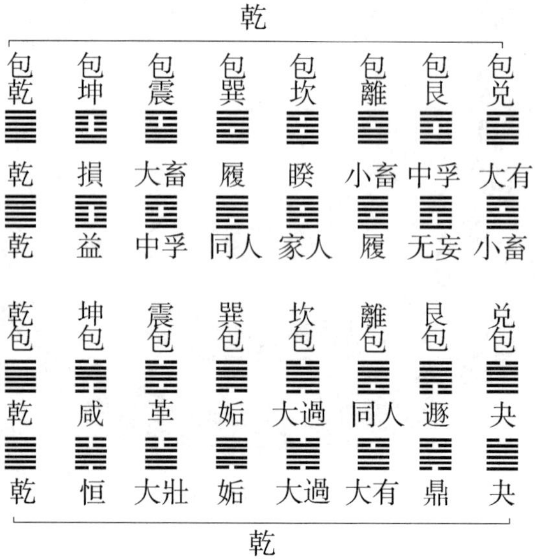

乾

| 包乾 | 包坤 | 包震 | 包巽 | 包坎 | 包離 | 包艮 | 包兑 |
|---|---|---|---|---|---|---|---|
| 乾 | 損 | 大畜 | 履 | 睽 | 小畜 | 中孚 | 大有 |
| 乾 | 益 | 中孚 | 同人 | 家人 | 履 | 无妄 | 小畜 |

| 乾包 | 坤包 | 震包 | 巽包 | 坎包 | 離包 | 艮包 | 兑包 |
|---|---|---|---|---|---|---|---|
| 乾 | 咸 | 革 | 姤 | 大過 | 同人 | 遯 | 夬 |
| 乾 | 恒 | 大壯 | 姤 | 大過 | 大有 | 鼎 | 夬 |

乾

坤

| 包坤 | 包震 | 包巽 | 包坎 | 包離 | 包艮 | 包兑 | 包乾 |
|---|---|---|---|---|---|---|---|
| 坤 | 謙 | 萃 | 豫 | 蹇 | 比 | 小過 | 咸 |
| 坤 | 師 | 小過 | 謙 | 解 | 豫 | 升 | 恒 |

| 坤包 | 震包 | 巽包 | 坎包 | 離包 | 艮包 | 兑包 | 乾包 |
|---|---|---|---|---|---|---|---|
| 坤 | 復 | 蒙 | 師 | 頤 | 剥 | 臨 | 損 |
| 坤 | 復 | 觀 | 比 | 頤 | 剥 | 屯 | 益 |

坤

震

| 包震 | 包巽 | 包坎 | 包離 | 包艮 | 包兑 | 包乾 | 包坤 |
|---|---|---|---|---|---|---|---|
| 明夷 | 隨 | 震 | 既濟 | 比 | 豐 | 革 | 復 |
| 臨 | 豐 | 明夷 | 歸妹 | 震 | 泰 | 大壯 | 復 |

| 震包 | 巽包 | 坎包 | 離包 | 艮包 | 兑包 | 乾包 | 坤包 |
|---|---|---|---|---|---|---|---|
| 明夷 | 蠱 | 升 | 賁 | 艮 | 泰 | 小畜 | 謙 |
| 臨 | 渙 | 坎 | 損 | 蒙 | 節 | 中孚 | 師 |

震

巽

| 包巽 | 包坎 | 包離 | 包艮 | 包兌 | 包乾 | 包坤 | 包震 |
|---|---|---|---|---|---|---|---|
| 訟 | 未濟 | 巽 | 渙 | 鼎 | 姤 | 蒙 | 蠱 |
| 遯 | 漸 | 訟 | 否 | 巽 | 姤 | 觀 | 渙 |

| 巽包 | 坎包 | 離包 | 艮包 | 兌包 | 乾包 | 坤包 | 震包 |
|---|---|---|---|---|---|---|---|
| 訟 | 困 | 无妄 | 否 | 兌 | 履 | 萃 | 隨 |
| 遯 | 咸 | 離 | 旅 | 革 | 同人 | 小過 | 豐 |

巽

坎

| 包坎 | 包離 | 包艮 | 包兌 | 包乾 | 包坤 | 包震 | 包巽 |
|---|---|---|---|---|---|---|---|
| 解 | 井 | 坎 | 恒 | 大過 | 師 | 升 | 困 |
| 蹇 | 困 | 萃 | 升 | 大過 | 比 | 坎 | 咸 |

| 坎包 | 離包 | 艮包 | 兌包 | 乾包 | 坤包 | 震包 | 巽包 |
|---|---|---|---|---|---|---|---|
| 解 | 噬嗑 | 晋 | 歸妹 | 睽 | 豫 | 震 | 未濟 |
| 蹇 | 賁 | 艮 | 既濟 | 家人 | 謙 | 明夷 | 漸 |

坎

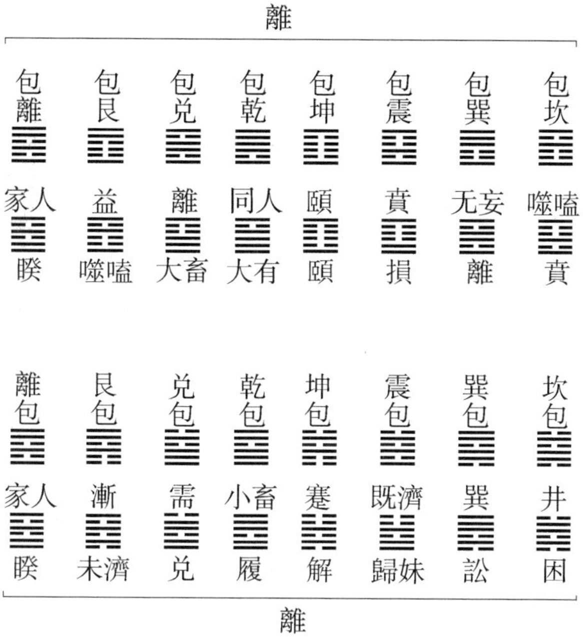

離

| 包離 | 包艮 | 包兌 | 包乾 | 包坤 | 包震 | 包巽 | 包坎 |
|---|---|---|---|---|---|---|---|
| 家人 | 益 | 離 | 同人 | 頤 | 賁 | 无妄 | 噬嗑 |
| 睽 | 噬嗑 | 大畜 | 大有 | 頤 | 損 | 離 | 賁 |

| 離包 | 艮包 | 兌包 | 乾包 | 坤包 | 震包 | 巽包 | 坎包 |
|---|---|---|---|---|---|---|---|
| 家人 | 漸 | 需 | 小畜 | 蹇 | 既濟 | 巽 | 井 |
| 睽 | 未濟 | 兌 | 履 | 解 | 歸妹 | 訟 | 困 |

離

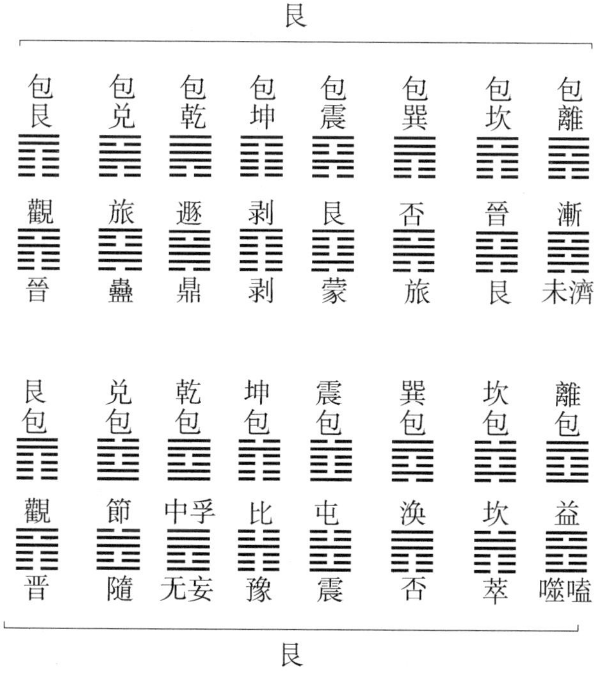

艮

| 包艮 | 包兌 | 包乾 | 包坤 | 包震 | 包巽 | 包坎 | 包離 |
|---|---|---|---|---|---|---|---|
| 觀 | 旅 | 遯 | 剥 | 艮 | 否 | 晉 | 漸 |
| 晉 | 蠱 | 鼎 | 剥 | 蒙 | 旅 | 艮 | 未濟 |

| 艮包 | 兌包 | 乾包 | 坤包 | 震包 | 巽包 | 坎包 | 離包 |
|---|---|---|---|---|---|---|---|
| 觀 | 節 | 中孚 | 比 | 屯 | 涣 | 坎 | 益 |
| 晋 | 隨 | 无妄 | 豫 | 震 | 否 | 萃 | 噬嗑 |

艮

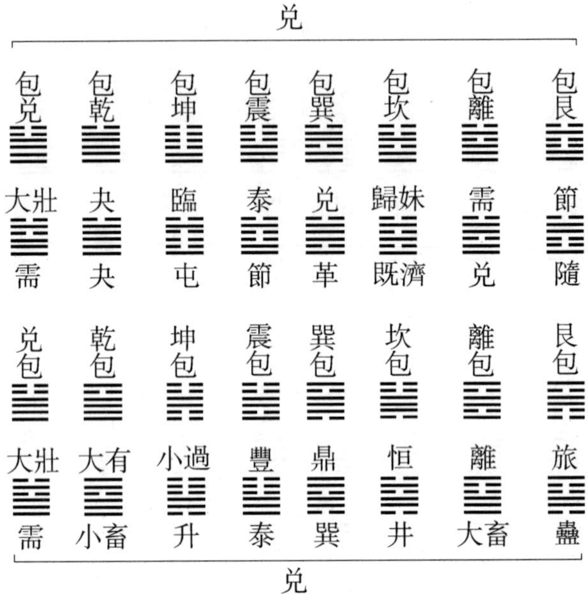

兑

| 包兑 | 包乾 | 包坤 | 包震 | 包巽 | 包坎 | 包離 | 包艮 |
|---|---|---|---|---|---|---|---|
| 大壯 | 夬 | 臨 | 泰 | 兑 | 歸妹 | 需 | 節 |
| 需 | 夬 | 屯 | 節 | 革 | 既濟 | 兑 | 隨 |
| 兑包 | 乾包 | 坤包 | 震包 | 巽包 | 坎包 | 離包 | 艮包 |
| 大壯 | 大有 | 小過 | 豐 | 鼎 | 恒 | 離 | 旅 |
| 需 | 小畜 | 升 | 泰 | 巽 | 井 | 大畜 | 蠱 |

兑

林黄中包體圖

案，朱子與林黄中辨云：“《繫辭》所謂‘易有太極，是生兩儀，兩儀生四象，四象生八卦’，此是聖人作《易》綱領次第，惟邵康節見得分明。今侍郎乃以六畫之卦爲太極，中含二體爲兩儀，又取二互體通爲四象，又顛倒看二體及互體通爲八卦。若論太極則一畫亦未有，何處便有六畫底卦來？如此恐倒説了。兼若如此，即是太極包兩儀、兩儀包四象、四象包八卦，與聖人所謂生者，意思不同矣。”林曰：“惟其包之，是以能生之。包之與生實一義爾。”曰：“包如人之懷子，子在母中。生如人之生子，子在母外，恐不同也。”[1]則林黄中之所謂包體者，如需卦，乾下坎上是兩儀，互體得離、兑是四象，顛倒爲坎下乾上，互體得巽、離，是八卦。今楊止菴《傳易考》所載《包體圖》如上，與朱子所辨者不同。[2]取八卦之互相包裹以爲六畫之卦，多寡絶殊，於大義無所發明，豈當時朱子見之以爲不足辨而置之歟？

【1】見朱熹《晦庵先生朱文公文集》卷三十七。

【2】楊止菴，即楊時喬（1531—1609），字宜遷，號止菴，謚端潔，上饒人，明代學者，通經史，善易學，著有《周易古今文全書》《楊端潔集》及《馬政記》等。其《傳易考》二卷，載《周易古今文全書》。

# 蓍法一

揲蓍之法[1]，“其用四十有九”者，策數四十九，無所謂虛一反於櫝中也[2]。“分而爲二以象兩”者，信手中分，由靜而之動，動靜兩端也。“掛一以象三”者，或左或右隨取一策（孔氏取左，朱子取右）[3]，横於案上，不必在左手小指之間方名爲“掛”；一變中凡三掛，故曰“象三”，非蒙上“象兩”而爲三也。[4]“揲之以四以象四時”者，先取左手之策，四四爲數，一策一時也。“歸奇於扐以象閏”者，四數之餘，不一則二，不三則四，謂之殘奇；扐是指間扐物之處，歸此殘奇於扐；閏者月之餘日，奇者揲之餘策，故象之也。“五歲再閏，故再扐而後掛”者，次取右手之策，四四爲數，并於前之正策，其餘策左三則右一，左二則右二，左一則右三，左四則右四，亦歸之於扐，是爲再扐，猶再閏也。[5]其言五歲者，四十八策中分爲兩，除殘奇以外，每手正策大約以二十爲率，四策一歲，則二十策爲五歲也，以明扐之相去如此，非必真如五歲之中有兩閏以齊氣朔也。[6]此爲第一變。

【1】此節釋《繫辭上》“大衍之數”章。其文曰：“大衍之數五十，其用四十有九，分而爲二以象兩，掛一以象三，揲之以四以象四時，歸奇於扐以象閏，五歲再閏，故再扐而後掛。乾之策二百一十有六，坤之策百四十有四，凡三百有六十，當期之日。二篇之策，萬有一千五百二十，當萬物之數也。是故四營而成易，十有八變而成卦。八卦而小成，引而伸之，觸類而長之，天下之能事畢矣。顯道神德行，是故可與酬酢，可與祐神矣。”

【2】朱熹《筮儀》云：“蓍五十莖，韜以爔帛，貯以皂囊，納之櫝中，置于牀北。……乃以右手取其一策，反于櫝中。”按梨洲之意，雖然大衍之數是五十，但占筮所用蓍草則爲四十九策，並不是占時取蓍草五十策，而置其一不用。

【3】孔穎達《周易正義·繫辭上》疏云：“今以四十九分而爲二，以象兩儀。‘掛一以象三’者，就兩儀之間，於天數中，分掛其一，而配兩儀，以象三才也。”朱熹《易學啟蒙·明蓍策》云：“蓍凡四十有九，信守中分，各置一手，

‘以象兩儀’；而掛右手一策於左手小指之間，以象三才。”

【4】梨洲此解與孔氏、朱子等人之説有兩大不同：一是孔、朱等皆以將所取之一策掛於指間爲“掛一”，而梨洲則以將之横於案上爲“掛一”；二是孔、朱等皆以所掛之一策與二分之蓍策共之爲“象三”，而梨洲認爲將隨機所取之一策横於案上，三變則有三策横於案上，此三策爲“象三”。

【5】“揲，間而數之也。”（《周易本義》）先四四分數左手之蓍策，其餘數或一或二或三或四，此餘數謂之“奇”；將此餘數掛扐于指間爲“歸奇於扐以象閏”。再四四分數右手之蓍策，其餘數與分數左手蓍策之餘數相應，左一則右三，左二則右二，左三則右一，左四則右四，將此餘數掛扐于指間，即爲“五歲再閏，故再扐而後掛”。

【6】關於“五歲”，虞翻云：“謂已一扐，復分掛，如初揲之歸奇於初扐，並掛左手次小指間，爲再扐，則再閏也。又分扐揲之如初，而掛左手第三指間，成一變，則佈掛之一爻。謂已二扐，又加一，爲三，並重前二扐，爲五歲，故‘五歲再閏，再扐而後掛’。”（《周易集解·繫辭上》）朱子云：“五歲之象，掛一，一也；揲左，二也；扐左，三也；揲右，四也；扐右，五也。”（《易學啟蒙·明蓍策》）按大衍筮法三變成一爻，虞翻以揲蓍之餘數爲扐，“再閏”是指第二變，“再扐而後掛”是指第三變，以三扐再重合前二扐爲“五”。朱子則以一變之中的掛一、揲左、扐左、揲右、扐右爲“五”。考諸《繫辭傳》“揲之以四以象四時，歸奇於扐以象閏”之言，虞翻僅以餘策之扐而論五歲，不合傳文之義。朱子以一變之掛、揲、扐而論五歲，較之虞氏更爲可取。但揲四象四時，歸奇於扐象閏，二者合而成歲，不應揲與扐各象一歲。與二氏之説不同，梨洲以四十八策二分之，除去揲四歸奇之後，左右手所餘之正策一般在二十策左右，四策爲四時，二十策則當五歲。此説雖合乎“揲之以四以象四時”，但據其義，揲左手之策時已成“五歲”之象，而不當於揲右手之策時論“五歲再閏，故再扐而後掛”。案，此“五歲再閏，再扐而後掛”，當是突出其“歸奇於扐以象閏”，再扐爲再閏，而所謂“五歲”是就再閏而言其歲數，而不必定與筮法操作步驟相對應。

別置餘策，取見存正策或四十，或四十四，信手中分，復掛一爲二、揲四、歸奇，如前法，此爲再變。并其餘策，取見存正策或四十，或三十六，或三十二，信手中分，復掛一爲三、揲四、歸奇，如前法，此爲三變。并其餘策，取正策，以四而一，得九爲老陽，得六爲老陰，得七爲少陽，得八爲少陰，老變而少不變，始成一爻，故十八變而成六爻也。[7]

【7】一變之後，掛扐之策或爲九或爲五，則見存之正策或爲四十或爲四十四；二變之後，掛扐之策或爲八或爲四，則見存之正策或爲三十二或爲三十六或爲四十；三變之後，掛扐之策或爲八或爲四，則見存之正策或爲二十四或爲二十八或爲三十二或爲三十六，四四分數之，則所得數或六或七或八或九，六爲老陰，七爲少陽，八爲少陰，九爲老陽，此爲三變而成一爻，總十八變而成一卦。

初變爲奇者三，爲偶者一；再變、三變爲奇者二，爲偶者二。其法見於虞翻氏之注，孔穎達氏因之，朱子則有《蓍卦考誤》以主張是説。[8]然法雖是，而所以釋經文者，則多不合。虞氏謂："奇，所掛一策；扐，所揲之餘。"當是時，揲餘未有安置，奇已在掛，信如虞説，則當言歸扐於奇，不應倒置若是。[9]且掛餘截然兩事，合之有何義理？故掛與掛合，餘與餘合，不相雜也。

孔氏以三多、三少、兩少一多、兩多一少餘策定陰陽之老少。經文"乾之策二百一十有六，坤之策百四十有四"，其所以定陰陽老少者，指正策而言，以明餘策置之不用矣。今棄正策而就餘策，是背經文也。[10]蓍之所以必用四十九者，以去其十三則得三十六，去其十七則得三十二，去其二十一則得二十八，去其二十五則得二十四，只有此九、六、七、八老少四者之策。若三多三少之數，則加乎四十九，減乎四十九，無不可得，亦可不顧九、六、七、八策數而以之定老少耶。惟餘策不用，故初變爲四爲八，再變、三變爲三爲七，各不相妨。今必準餘策而以掛一雜於其間，連掛則初變之五、九爲有餘，除掛則再變、三變之三、七爲不足，無乃違揲四之義乎？[11]又有於餘策多少分八卦之象者，夫三變方成一爻，一爻之中但有老少之可分，今於一爻而指其孰爲乾、震、坎、艮，孰爲坤、巽、離、兑，是六變而可以成卦矣，古人何不憚煩而爲此十八變乎？[12]朱子發圍徑之義，以餘策爲徑，正策爲圍，奇之象圓，而徑一得圍三，頗爲近似；偶之象方，而徑二得圍二，其説有所不達矣。[13]此皆執餘策之病也。

【8】此所謂"奇"是指掛扐之數爲五或四，所謂"偶"是指掛扐之數爲九或八。朱熹以"奇""偶"名掛扐數之多少；唐人孔穎達（《周易正義・繫辭上》）、

賈公彦（《周禮注疏·春官·大卜》）、僧一行（《東坡易傳·繫辭上》引）、宋人沈括（《夢溪筆談》）等則皆稱之爲“多”“少”，九、八爲多，五、四爲少。三變掛扐數，如皆爲多，則爲老陰六；如皆爲少，則爲老陽九；如一多二少，則爲少陰八；如一少二多，則爲少陽七。依此法定爻數之陰陽老少被稱爲“掛扐法”，而視三變見存正策之多少而定爻數之陰陽老少，則名爲“過揲法”。第一變，掛扐之數不爲五則爲九，若爲五則有三種情況，即除掛一外，左三右一、左一右三或左二右二；若爲九，則有一種情況，即掛一、左四、右四。此即爲“初變爲奇者三，爲偶者一”。第二變，掛扐之數不爲四則爲八，若爲四，則有兩種情況，即除掛一外，左二右一或左一右二；若爲八，亦有兩種情況，即除掛一外，左三右四或左四右三。第三變掛扐數之可能情況與第二變相同，此即爲“再變、三變爲奇者二、爲偶者二”。梨洲云“其法見於虞翻氏之注”，今所存虞氏注中不詳。

【9】《周易集解》引虞翻注“歸奇於扐以象閏”云：“奇，所掛一策；扐，所揲之餘，不一則二，不三則四。取奇以歸扐，扐並合掛左手之小指，爲一扐。”再結合其下文之注（見本篇注【6】），可知虞氏之義是將掛一之策與左揲之餘策、右揲之餘策合而爲一，並掛於指間爲“一扐”，所以説是“歸奇於扐”，也可自成一説，非梨洲之所謂“倒置”也。

【10】《繫辭上》云：“乾之策二百一十有六，坤之策百四十有四，凡三百有六十，當期之日。”乾卦六爻純陽，陽爻皆稱“九”，則每爻當三十六策，六爻則二百一十六策；坤卦六爻純陰，陰爻皆稱“六”，則每爻當二十四策，六爻則一百四十四策，乾坤二卦合計三百六十策，當一年之日數。據此可知，《繫辭傳》以正策數而非掛扐數來定陰陽老少之數。

【11】梨洲此説，本於郭忠孝、郭雍父子（見朱子《蓍卦考誤》所引）。大衍筮法之所以用正策而非餘策定陰陽爻老少之數，乃是因爲以四十九策爲用，經分二、掛一、揲四、歸奇四營而成一變，三變而成一爻，所得正策數必然爲三十六、三十二、二十八、二十四之一。而若用餘策之多少定陰陽老少之數，則所用策數不必定爲四十九，多於四十九或少於四十九，都可以經三變而得餘策多少之數。且之所以由餘策之三多、三少、一多兩少、一少兩多定所得爻爲六、九、八、七之數，也是由四十九策三變後之正策數而來。若不據此，何以將三少數之五、四、四定爲九，一多兩少之九、四、四等定爲八也？梨洲此論甚是。梨洲又指出，第一變之後，指間掛扐策數之和爲五或九，此以四揲之爲有餘；第二、三變之後，指間除掛一策外，餘策爲三或七，此四揲之爲不足，則二者皆有違揲四

之義。案，指間之策本爲揲四之餘策，不必再以揲四之説而論其當否也。

【12】此批駁唐僧一行之説。一行以“三變皆少，則乾之象也”、“三變皆多，則坤之象也”、“三變而少者一，則震、坎、艮之象也”、“三變而多者一，則巽、離、兑之象也”（見《東坡易傳·繫辭傳上》）。

【13】朱子以掛扐法爲本，而以過揲法爲末，認爲後者由前者所滋生（見其所著《蓍卦考誤》《周易本義》《易學啟蒙》等，可參見拙著《朱熹易學思想研究》，第 230～234 頁）。朱子以掛扐數五、四爲奇，九、八爲偶，提出奇象圓而偶象方，“奇圓圍三，偶方圍四。三用其全，四用其半。積而數之，則爲六、七、八、九”（《周易本義·繫辭上傳》）。奇之象爲圓，圓半徑爲一則周長約爲三；偶之象爲方，方邊長爲一則周長爲四。陽用其全數三，陰用其半數二。故掛扐數之奇皆爲三數，掛扐數之偶皆爲二數。準此，三奇之數相加即爲老陽九，三偶之數相加即爲老陰六，一奇二偶之數相加即爲少陽七，一偶二奇相加即爲少陰八。

# 蓍法二

郭兼山《書伊川揲蓍法》[1]云：四十九蓍，兩手無意而中分之，於左手取蓍一莖，揲於左手小指之間，此名“奇”也。以右手之蓍，置之案上，取左手之蓍，四揲之，四揲之餘數置案之左方。次取右手之蓍，四揲之，四揲之餘數并入左餘，爲之扐，即取所掛之奇歸於扐。一變後，復合見存之策，再以左右手分爲二，更不重掛奇，四揲之餘并入前扐，爲第二變。其第三變如第二變。凡揲蓍第一變必掛一者，謂不掛一則無變，所餘皆得五也。惟掛一，則所餘非五則九，故能變。第二、第三雖不掛，亦有四八之變，蓋不必掛也。[2]

朱子作《蓍卦考誤》辨之：三變皆掛，可爲老陽者十二，可爲老陰者四，可爲少陰者二十八，可爲少陽者二十；若後兩變不掛，則老陽、少陰皆二十七，少陽九，老陰一而已，“深有害於成卦變爻之法”，是後兩變之不可不掛審矣。[3]

某推求其故，後兩變不掛與以掛爲奇，蓋相因爲説者也。蓍之所以必四十九者，每四而當一月，四十有八，十二月之數也。其一者，四分月之一也。四分月之一，積四歲成月而爲閏。然閏恒三歲，以餘分前後相移，不截然一歲餘月之一，故“五歲再閏”也。每合蓍爲一歲，後兩變未嘗不餘一，然而不掛者，猶歲歲有餘分，不俟滿分不可以爲閏也。十有八變，凡六掛而策道窮。十有八歲，凡六閏而氣朔齊。其在一歲論之，乾坤之策三百六十。《堯典》曰：“期三百有六旬有六日。”十二月，月三十日，正三百六十日矣，又除小月六日，是爲歲有餘十二日。乾坤十二爻，凡十有二掛，此閏數在“當期”之外者也。以曆法參合蓍法，姑存之以備一説。[4]

【1】郭兼山，即郭忠孝（？—1128），字立之，河南洛陽人，受《易》《中庸》於程頤，因名書房爲“兼山”，故被學者稱爲“兼山先生”，著有《兼山易

解》《四學淵源論》《中庸説》等。兼山之子郭雍自言此揲蓍法係其父親受之於程頤，本無文字，郭氏據其義而述之。今《兼山易解》已佚，朱子《蓍卦考誤》中引其揲蓍法並駁之。郭雍著《郭氏傳家易説》亦載此法。

【2】兼山之揲蓍法，以掛一之策爲奇，以四揲之餘爲扐，此與虞翻説相似；又主張第一變掛一，而第二、三變不掛一，以爲第一變必須掛一，因爲此時蓍策數爲四十九如不掛一，則左右揲蓍之餘數只能爲五而不可能爲九，故第一變必須掛一。而第二、三變則不必掛一，因爲此時蓍策數或爲四十四或爲四十，不掛一，其左右揲蓍之餘亦有四與八兩種可能。

【3】第一變掛一，則得五有 3 種情況，得九有 1 種情況；第二、三變掛一，得四有 2 種情況，得八亦有 2 種情況（詳見《蓍法一》注【8】）。五、四爲少，九、八爲多。三變後，如得老陽之數（三少），則有 12 種情況（3×2×2）；如得老陰之數（三多），則有 4 種情況（1×2×2）；如得少陰之數（一多兩少：多少少、少少多、少多少），則有 28 種情況（1×2×2+3×2×2+3×2×2）；如得少陽之數（一少兩多：少多多、多少多、多多少），則有 20 種情況（3×2×2+1×2×2+1×2×2）。如第二、三變不掛一，得四有 3 種情況（左一右三、左二右二、左三右一），得八有 1 種情況（左四右四）。據此，三變後，如得老陽之數，則有 27 種情況（3×3×3）；如得老陰之數，則有 1 種情況（1×1×1）；如得少陰之數，則有 27 種情況（1×3×3+3×3×1+3×1×3）；如得少陽之數，則有 9 種情況（3×1×1+1×3×1+1×1×3）。朱熹主張三變皆掛一，他説："三變之後，老者陽饒而陰乏，少者陽少而陰多，亦皆有自然之法象焉。"（《易學啟蒙·明蓍策》）老陽之 12 加少陽之 20 爲 32，老陰之 4 加少陰之 28 亦爲 32，陰陽之比率相等，四者之和爲 64，正合六十四卦之數。因此，朱熹又説："蓋四象之變，極於六十四，老陽十二，老陰四，少陽二十，少陰二十八，乃自然之數，不容增減。"（《晦庵文集》卷三十八《答曾無疑》）

【4】此節係梨洲推求郭氏揲蓍法以掛一爲"奇"和後兩變不掛一之緣由，恐非郭氏揲蓍法之所以如此之原義。梨洲之解乍看似乎有理，實則多有違背經説和自相矛盾之處。其一，梨洲解釋説，四十九策除掛一則爲四十八策，以四揲之則爲十二，以四策爲一月，則四十八策正當一歲十二月，而掛一正爲每歲之餘日。此説不合乎《易傳》"揲之以四以象四時"之説。其二，梨洲説十有八變成一卦，共有六掛一，相當於十八年有六閏。此又以掛一爲閏月，而非以掛一爲四分月之

一，前後齟齬。其三，梨洲又説，按照每月三十日，一年十二月爲三百六十日，其中又有六小月，則又少六日，故每年當三百五十四日。而一歲正數約爲三百六十六，故每年餘日數約爲十二日，而乾坤二卦十二爻，有十二個掛一，正相當於每年餘日之數。此又以掛一當一日，在掛一爲四分月之一、掛一爲閏之外又增新説。可見，梨洲之解貌似與曆數緊密相應，實則歧義紛紜，恐不足爲訓也。

# 蓍法三

自陰陽老少之不均也，後兩變不掛，老陰之變一；三變皆掛，老陰之變亦止四而已，故爲説者紛紜。[1]

宋莊綽作《揲蓍新譜》，引張轅之法：用蓍四十九莖，總篏把之，以意中分，扐一小指間，四揲之。第一揲，餘一、二足滿五，餘三、四足滿九；第二第三揲，餘一、二足滿四，餘三、四足滿八，皆揲左不揲右。四、五爲少，八、九爲多。三多，老陽，交分；三少，老陽，重分；兩少一多，少陰，拆分；兩多一少，少陽，單分。[2]

元張理因之，以謂“揲法從程子、張子……初變既掛一以象人，置而不用，後二變乃蒙上不復掛者爲是也。揲左不揲右，從唐張轅、莊綽二家（綽，宋人，理誤爲唐）。蓋天動地静，陽變陰合，地承天而行，於義爲當。左餘一而右承之以三，左餘三而右承之以一者，成其爲奇之陽也；左餘二而右承之以六，左餘四而右承之以四者，成其爲偶之陰也”。[3]

明季本竊疑《大傳》所言“大衍之數五十，其用四十有九”，“九”字當爲“八”字之誤，止用四十八策，虚二以爲陰陽之母。分二、掛一、揲四、歸奇，三變皆同。除掛一外，左一則右必二，左二則右必一，左三則右必四，左四則右必三，由諸家之法於陰陽老少得其均矣。[4]

然莊綽之餘三足九，張理之餘二承六，皆不可通。四揲之外，方爲殘奇，五策六策尚有一揲，豈可遷就以合左乎？季本則明改經文，無所依據。然則陰陽老少終不可均乎？曰：無所俟乎均也。成卦之法在陰陽，不在老少。以古法論之，陰陽各三十二，九、六常少，七、八常多，七、八所成之卦與九、六所成之卦無以異也。爻之變不變在老少，六爻之中占者一爻，則一變而足，七、八居其五，九、六居其一，乃可謂之均也。若變者與不變者相均，將擾擾何所適從乎？彼輕改古法以均老少者，其亦未達乎此也。[5]

【1】大衍筮法三變皆掛一，則得老陽之數者十二，得少陽之數者二十，得老陰之數者四，得少陰之數者二十八。如後兩變不掛一，則得老陽之數者二十七，少陽之數者九，老陰之數者一，少陰之數者二十七。（参見《蓍法二》注【3】）

【2】莊綽（生卒年不詳），字季裕，惠安（今屬福建）人，兩宋之際學者，著有《雞肋編》《膏肓俞穴灸法》等。其所著《揲蓍新譜》今佚，宋薛季宣《浪語集》有《書莊季綽〈揲蓍新譜〉》。张辕，唐人，著有《周易啟玄》一卷。按四揲之法，知左手之餘策，即可推知右手之餘策，故張氏、莊氏主張揲左不揲右。其法所述第一變之餘策有誤。案，第一變以四十九策掛一，二分四十八策而四揲之，若左餘一則右餘三、左餘二則右餘二，左餘三則右餘一，左餘四則右餘四，再加掛一之策，掛扐之策數不五即九，即左餘一、二、三足滿五，左餘四足滿九，而非“餘一、二足滿五，餘三、四足滿九”。第二、三變所揲之蓍策爲四之整倍數，掛一後二分而四揲之，則左餘一右餘二，左餘二右餘一，左餘三右餘四，左餘四右餘三，故第二、三變所揲掛扐之策數“餘一、二足滿四，餘三、四足滿八”。案，《周禮注疏·春官·大卜》賈公彦稱三多爲交錢、三少爲重錢、兩多一少爲單錢、兩少一多爲拆錢。

【3】張理其人，見本書卷一《圖書六》注【7】。張理承張轅、莊綽之説，揲左不揲右，但初變掛一，後兩變不掛一，則與張、莊之説異。張、莊之説謬在第一變“餘三、四足滿九”，而張理之説則錯在“左餘二而右承之以六”，蓋左右之蓍策皆揲之以四，左餘二則右當餘二，而不應餘六。

【4】季本其人，見本書卷一《納甲二》注【6】，其揲蓍法見所著《易學四同》卷五《繫辭上傳》。依季氏之法，每變掛扐數皆是得四者二，得八者二。如此，三變得老少陰陽之數者皆是八。

【5】梨洲此論有理。大衍筮法三變成一爻，十八變成一卦，其得老陽者十二，得少陽者二十，計得陽爻者共三十二；其得老陰者四，得少陰者二十八，計得陰爻者共三十二，得陰陽爻者均等。又計得少陰少陽者共四十八，得老陰老陽者共十六，得靜爻者爲得動爻者之三倍，則靜爻常多而動爻常少，此正合乎筮法以變爲占之道。

# 占 法

《啟蒙》占法：一爻變，則以本卦變爻辭占；二爻變，則以本卦二變爻辭占，以上爻爲主；三爻變，則占本卦及之卦之彖辭，而以本卦爲貞，之卦爲悔，前十卦主貞，後十卦主悔（凡三爻變者，每卦有二十卦）；四爻變，則以之卦二不變爻占，以下爻爲主；五爻變，則以之卦不變爻占；六爻變，乾、坤占二用，餘卦占之卦彖辭；六爻皆不變，則占本卦彖辭，而以內卦爲貞，外卦爲悔。【1】

王氏占法：一爻變，本卦爻爲貞，之卦爻爲悔，二爻兼用；二爻變，以初變爻爲貞，次變爻爲悔，作兩節消息之；三爻變，以先變爲貞，後二變爲悔；四爻變、五爻變、六爻變，皆以先變爻爲貞，後變爻爲悔，作四、五、六節消息之；六爻皆不變，則占彖辭，彖辭爲七、八不變者設也。【2】

【1】見朱熹《易學啟蒙·考變占》。“三爻變則占本卦及之卦彖辭”，此彖辭即卦辭，之卦即變卦。“以本卦爲貞，之卦爲悔”，據《左傳》《國語》所載筮例，一卦之內卦爲貞，外卦爲悔，又以本卦爲貞，之卦爲悔。“前十卦主貞，後十卦主悔”，此就《易學啟蒙》之《變占圖》而言，一卦三爻變可得二十卦，各有前後之序，如占得前十卦之某卦，則以本卦卦辭爲主；如占得後十卦之某卦，則以之卦卦辭爲主。

【2】王氏爲何人，梨洲言之不詳。考明初朱升《周易旁注圖說》之《揲蓍求卦用策用變占圖說》中所引“太古王氏”之言，與梨洲所言王氏占法文辭一致，故可知此“王氏”即“太古王氏”。又元儒陳師凱之《書蔡傳旁通·洪範》引“太古王氏”之五行說，其內容乃是宋末王埜翁之《讀洪範五行》［見（明）程敏政《新安文獻志》卷三十五］。王埜翁（1240—1300），宋末元初人物，字太古，號太古逸民，新安婺源人，工辭章，晚年嗜《易》，著有《見易篇》《周易分注》，均佚。元汪幼鳳作《王太古墓志》云：“又有《周易分注》，主於明象，以考變占。……吴草廬先生方爲胄監師，見而説之，故所著《易纂言》多采其説。休寧朱端叔先生曰：‘王先生之學，可謂前無古人者矣。’兵革後，雖子孫亦不能知其

説。”（《新安文獻志》卷七十一）從王埜翁人稱太古王氏，且其易学又重變占法來看，梨洲書中之“王氏”當係此人。

又梨洲此節述“三爻變”有脱文。案，朱升《周易旁注圖説》于三爻變云：“王氏曰：亦當以先變爻爲貞，後兩變爻爲悔，其所占作三節消息之。”故梨洲述“三爻變”之句尾應脱“作三節消息之”之語。

豐南禺[3]占法：貞悔者，以六畫言則内爲貞，外爲悔；以三畫言，則下爲貞，上爲悔。貞取定守爲義，悔取感通爲義。故六畫則決之外卦，三畫則決之於上爻。如初、二兩爻變，則以二決之；内卦三爻皆變，則以三決之。如内三爻皆静，外卦之二爻變、三爻變者，皆依内卦之例。如初之於四或五或上，二之於四或五或上，三之於四或五或上，皆二爻變，概決之於悔。三爻變者，如初、四、五，如二、五、上，如三、四、上；四爻變者，如初、三、四、上，皆以最上一爻決之。三爻變者，如二、三、四；四爻變者，如初、二、三、四，則以四決之，而參之以二，所謂“二與四同功而異位也”[4]。如二、三、五，如三、四、五，如初、三、五，皆三爻變者；如初、二、三、五，如初、二、四、五，如二、三、四、五，皆四爻變者；如初、二、三、四、五，爲五爻變者，則皆以五決之，而參之以三，所謂“三與五同功而異位”[5]也。如初、二、三、四、上，如初、三、四、五、上，如初、二、四、五、上，皆五爻變者，則皆以上爻決之，而參之以初，蓋上下相應，亦若二、四、三、五之例也。六爻皆變，乾、坤占二用，餘占之卦之貞悔。六爻皆静，則占本卦之貞悔。（六爻變，占之卦《大象》；六爻不變，占本卦《大象》）若彖辭則專以待卜。天子、諸侯有大事，則簭人先筮得其卦，書於板，以授太卜。太卜以墨畫所得之卦於龜腹，“春灼後左，夏灼前左，秋灼前右，冬灼後右”，其文入於卦墨謂之食，則決於象。

【3】豐南禺，即豐坊（1492—1563），字人叔，一字存禮，後更名道生，號南禺外史，明嘉靖二年（1523）進士，事見《明史·豐熙傳》，著有《古易世學》十七卷，《易辨》一卷。其占法載《古易世學》第十四卷。梨洲《南雷文定》卷二有《豐南禺別傳》。

【4】《繫辭下》云："二與四同功而異位，其善不同。二多譽，四多懼，近也。柔之爲道，不利遠者，其要無咎，其用柔中也。"

【5】《繫辭下》云："三與五同功而異位，三多凶，五多功，貴賤之等也。"

蓋兩家之所以不從《啟蒙》者，以周公爻辭本爲九六之變者設，非爲七八之不變者設。《周易》不用七、八，豈有七、八而冒用九、六之辭哉？則以之卦不變爻占者，失其意矣。彖與爻各自爲書，彖不取足於爻，爻不取足於彖。《易》果爲卜筮而作，未有爻時，彖不可占，豈文王爲未成之書耶？則以占辭平分於爻彖者，非矣！然王氏之法，所謂"四、五、六節消息"者，則亦雜而無紀。豐氏之法，所謂二四同功、三五同功、初上本末者，亦強以辭入於占，不可爲例。【6】

【6】此節梨洲論朱子、王氏、豐氏三家占法之弊病。朱子占法之弊有二：一是四爻變、五爻變皆占不變爻，違背了《周易》以變爲占的基本原則；二是占爻辭則不用卦辭，占卦辭則不用爻辭，有違卦爻意義相攝之實。案，朱子以三爻變占本卦及之卦彖辭，且前十卦主貞，後十卦主悔，最爲無理。至於王氏、豐氏之説則既不合乎經義，又於古無徵，不可爲用。

後之君子苟得《左氏》之意，其無例者未嘗不可見也。故一爻變者，既占本卦變爻，亦占之卦對爻。蓋未有有貞而無悔者。觀《左氏》晉獻公筮嫁伯姬，遇《歸妹》之《睽》，上爻變，既引《歸》上之"刲羊""承筐"，又引《睽》上之"張弧"，可知矣。【7】二爻變者，以下爻爲貞，上爻爲悔。三爻變者，以變末一爻爲主，本卦爲貞，之卦爲悔。觀晉筮立成公，遇《乾》之《否》，三爲變末，曰："配而不終，君三出焉。"終者，《乾》三之"終日"也。《否》三"包羞"，故"配而不終"也。【8】而《啟蒙》以晉重耳之"貞《屯》悔《豫》"，司空季子占"利建侯"爲例【9】，謂當占兩卦彖辭，不知凡所遇之卦不論一爻變至六爻變，彖辭無不可引用，何獨以三爻變專之。觀《左氏》孔成子筮立君，遇《屯》之《比》，此一爻變者，而史占《屯》彖之"元亨"【10】；穆姜遇《艮》之《隨》，此五爻變者，而稱《隨》彖之辭亦明矣【11】。如郭璞遇驢鼠，遇《遯》之《蠱》；又爲晋王筮，遇《豫》之《睽》，皆三爻變也，皆不稱彖辭。[12]四爻變、五爻變者，皆以變末一爻爲主，本卦爲貞，之卦爲悔。即如穆姜五爻之變，主在上爻，《艮》上之“敦艮”既有止義，而《隨》上之辭“拘係之，乃從維之”，故穆姜曰“必死於此，弗得出矣”。六爻變者，皆以上爻爲主，兩卦爲貞悔。六爻不變者，以初爲貞，上爲悔。觀晋伐楚，筮之遇《復》，六爻不變，史曰：“南國蹙，射其元王，中厥目。”國蹙王傷，不敗何待？蓋晋貞楚悔，初之“元吉”，晋實當之；上之“行師”“大敗”“以其國君凶”，楚實當之。[13]其例明顯如是，則無三家之病矣。[14]

【7】見《左傳》僖公十五年：“初晋獻公筮嫁伯姬於秦，遇歸妹䷵之睽䷥。史蘇占之曰：‘不吉。其繇曰：“士刲羊，亦無衁也。女承筐，亦無貺也。”西鄰責言，不可償也。《歸妹》之《睽》，猶無相也。震之離，亦離之震，爲雷爲火。爲嬴敗姬，車説其輹，火焚其旗，不利行師，敗于宗丘。歸妹“睽孤”，“寇張之弧”，姪其從姑，六年其逋，逃歸其國，而棄其家，明年其死於高梁之虚。’”傳本《周易》歸妹卦上六爻辭作“女承筐，无實，士刲羊，无血，无攸利”，傳本睽卦上九爻辭作“睽孤，見豕負塗，載鬼一車，先張之弧，後説之弧。匪寇婚媾，往，遇雨則吉”。此爲一爻變既占本卦變爻，又占之卦變爻之例。

【8】見《國語·周語下》：單襄公云：“成公之歸也，吾聞晋之筮之也，遇《乾》之《否》，曰：‘配而不終，君三出焉。’”

【9】見《國語·晋語四》：“公子親筮之，曰：‘尚有晋國。’得貞《屯》悔《豫》，皆八也。筮史占之，皆曰：‘不吉。閉而不通，爻無爲也。’司空季子曰：‘吉。是在《周易》，皆“利建侯”。不有晋國，以輔王室，安能建侯？我命筮曰“尚有晋國”，筮告我曰“利建侯”，得國之務也，吉孰大焉！震，車也。坎，水也。坤，土也。屯，厚也。豫，樂也。車班外内，順以訓之，泉原以資之，土厚而樂其實。不有晋國，何以當之？震，雷也，車也。坎，勞也，水也，衆也。主雷與車，而尚水與衆。車有震，武也。衆而順，文也。文武具，厚之至也，故曰《屯》。其繇曰：“元亨利貞，勿用有攸往，利建侯。”主震雷，長也，故曰“元”。衆而順，嘉也，故曰“亨”。内有震雷，故曰“利貞”。車上水下，必伯。小事不濟，壅也。故曰“勿用有攸往”，一夫之行也。衆順而有武威，故曰“利建侯”。坤，母也。震，長男也。母老子強，故曰《豫》。其繇曰：“利建侯行師。”居樂、出威之謂也。是二者，得國之卦也。’”

【10】孔成子筮見《左傳》昭公七年："孔成子以《周易》筮之，曰：'元尚享衛國，主其社稷。'遇《屯》。又曰：'余尚立縶，尚克嘉之。'遇《屯》之《比》。以示史朝。史朝曰：'"元亨"，又何疑焉？'"

【11】穆姜之筮見《左傳》襄公九年："穆姜薨於東宫。始往而筮之，遇《艮》之八。史曰：'是謂《艮》之《隨》。隨，其出也。君必速也。'姜曰：'亡。是于《周易》曰："隨，元亨利貞，無咎。"元，體之長也；亨，嘉之會也；利，義之和也；貞，事之幹也。體仁足以長人，嘉德足以合禮，利物足以和義，貞固足以幹事，然，故不可誣也，是以雖隨無咎。今我婦人而與於亂。固在下位而有不仁，不可謂元。不靖國家，不可謂亨。作而害身，不可謂利。棄位而姣，不可謂貞。有四德者，隨而無咎。我皆無之，豈隨也哉？我則取惡，能無咎乎？必死於此，弗得出矣。'"

【12】《晋書·列傳第四十二·郭璞傳》載："璞既過江，宣城太守殷祐引爲參軍，時有物大如水牛，灰色卑脚，脚類象，胸前尾上皆白，大力而遲鈍，來到城下，衆咸異焉。祐使人伏而取之，令璞作卦，遇《遯》之《蠱》。其卦曰：'艮體連乾，其物壯巨。山潛之畜，匪兕匪虎。身與鬼并，精見二午。法當爲禽，兩靈不許。遂被一創，還其本墅。按卦名之，是爲驢鼠。'卜適了，伏者以戟刺之，深尺餘。遂去，不復見。郡綱紀上祠。請殺之。巫云：'廟神不悦，曰：此是郑亭驢山君鼠，使詣荊山，暫來過我，不須觸之。'其精妙如此。"又載："及帝爲晋王，又使璞筮，遇《豫》之《睽》。璞曰：'會稽當出鍾，以告成功，上有勒銘，應在人家井泥中得之，繇辭所謂"先王以作樂崇德，殷薦之上帝"者也。'及帝即位，太興初，會稽剡縣人果於井中得一鍾，長七寸二分，口徑四寸半，上有古文奇書十八字，云會稽嶽命，餘字時人莫識之。璞曰：'蓋王者之作，必有靈符，塞天人之心，與神物合契，然後可以言受命矣。觀五鐸啓號於晋陵，棧鍾告成於會稽，瑞不失類，出皆以方，豈不偉哉。若夫鐸發其響，鍾徵其象，器以數臻，事以實應，天人之際，不可不察。'帝甚重之。"

【13】《左傳》成公十六年："六月，晋楚遇于鄢陵。……公筮之，史曰：'吉。其卦遇《復》三，曰："南國蹙，射其元王，中厥目。"國蹙王傷，不敗何待？'公從之。……及戰，射共王，中目。"《復》初九云："不遠復，无祇悔，元吉。"其上六云："迷復，凶，有災眚。用行師，終有大敗，以其國君凶，至於十年不克征。"

【14】觀《左傳》《國語》等所載占例，或觀本卦與之卦之卦象，或解本卦與

之卦之卦辭或爻辭，亦有用其他易書爲占者，其法不一，筮無定例。梨洲所謂“所遇之卦不論一爻變至六爻變，彖辭無不可引用”，是有道理的，而朱熹以三爻變觀本卦與之卦之卦辭殊爲不當。梨洲提出四爻、五爻變則以變爻中的最上一爻爲主，以本卦爲貞、之卦爲悔，又認爲六爻皆静則以初爻爲貞，上爻爲悔，其所舉占例單一，不足立其説。劉大鈞先生説：“從春秋筮法，到清人解占，都没有什麽一定的規矩可循。有的用卦爻辭解卦，有的全以卦象論斷。有的這樣解釋卦辭，有的却作出完全相反的解釋。有的象辭兼備來解卦，但有的同樣一卦，解卦者用象推和依辭解，竟會産生完全相反的結果。……種種筮例，皆無定法可循。”（《周易概論》，第 142 頁）關於《左》《國》及漢晋迄清諸史所載筮例之研究，可參看尚秉和之專著《周易古筮考》。

# 易學象數論卷三

# 原　象

聖人以象示人，有八卦之象【1】、六畫之象【2】、象形之象【3】、爻位之象【4】、反對之象【5】、方位之象【6】、互體之象，七者而象窮矣。後儒之爲僞象者，納甲也、動爻也【7】、卦變也、先天也，四者雜而七者晦矣。吾觀聖人之繫辭，六爻必有總象，以爲之綱紀，而後一爻有一爻之分象，以爲之脈絡。學《易》者詳分象而略總象，則象先之旨亦晦矣。劉長民《鈎深索隱圖》【8】每談總象又雜四者而爲言，以是不免穿鑿附會之病。羲故別著之以爲象學。

【1】所謂“八卦之象”，《説卦傳》中有集中的表述。如“乾，健也；坤，順也；震，動也；巽，入也；坎，陷也；離，麗也；艮，止也；兑，説也”，此是八卦之卦德。今人或認爲卦德是取義，實則卦德也是取象。再如，“乾爲馬，坤爲牛，震爲龍，巽爲雞，坎爲豕，離爲雉，艮爲狗，兑爲羊”，這是“遠取諸物”。“乾爲首，坤爲腹，震爲足，巽爲股，坎爲耳，離爲目，艮爲手，兑爲口”，這是“近取諸身”。等等。

【2】何謂“六畫之象”？梨洲未作解説。劉大鈞先生認爲，重卦之上卦爲“貞”，下卦爲“悔”；六畫有三才之象，初爻二爻爲地，三爻四爻爲人，五爻上爻爲天；六爻之間具有“承”“乘”“比”“應”的關係；等等，這些都是六畫之象。（《周易概論·關於〈易〉象》）除此以外，梨洲言“臨似夾畫之震，觀似夾畫之艮”，又説“遯爲重畫之巽，大壯爲重畫之兑”，此類也應當屬於六畫之象。

【3】“象形之象”，取卦畫所象物形而言。如鼎卦䷱，《彖傳》説：“鼎，象也。”初爻象鼎之足，二爻、三爻、四爻象鼎之腹，五爻象鼎之耳，上爻象鼎之鉉。再如頤卦䷚，頤者頷也，其卦畫正象人之面頰。再如噬嗑卦䷔，有頤中有物而咬食之之象。等等。

【4】“爻位之象”當有多種。六爻之位有陰陽之分，初、三、五爲陽位；二、四、上爲陰位。陽爻居陽位、陰爻居陰位爲當位，陽爻居陰位、陰爻居陽位爲不當位。漢儒京房等人又以初爻爲元士，二爻爲大夫，三爻爲公，四爻爲諸侯，五爻爲天子，上爻爲宗廟。梨洲書中亦有取用。上文所説的三才之象，也可以説是

爻位之象。等等。

【5】“反對之象”，是指兩卦卦畫上下相對。唐代孔穎達提出，《周易》經文卦序遵循了“二二相耦，非覆即變”（《周易正義·序卦》）的原則。“覆”就是梨洲所謂的“反對之象”，古人也稱之爲“綜”“反易”“倒像”等等。梨洲認爲，“反對之象”是注解《周易》經傳文辭的重要義例。

【6】“方位之象”，也就是本之於《説卦傳》“帝出乎震”章的八卦方位，乾居西北，坎居正北，艮居東北，震居正東，巽居東南，離居正南，坤居西南，兑居正西。宋儒稱此爲後天八卦方位或文王八卦方位。需要注意的是，古人言方位一般都是與時節相對應的，東方爲春，南方爲夏，西方爲秋，北方爲冬。八卦圖式既表徵空間之位次，又符示時節之流轉。因此，方位之像是包含時節之象在其中的，既是方位也是時位。至於先天八卦方位，梨洲以其不合經説而予以否定。

【7】動爻也稱爻變，簡言之即是以卦中爻之變動所成之卦象解釋該爻辭義。此説濫觴於占筮之變卦，漢代易學家如荀爽、虞翻等多從此角度注解經文。南宋朱震《漢上易傳序》云：“聖人觀陰陽之變而立卦，效天下之動而生爻，變動之别，其傳有五：曰動爻，曰卦變，曰互體，曰五行，曰納甲。”其後，沈該《易小傳》、都絜《易變體義》、陳應潤《周易爻變易藴》等書，皆以爻變爲主要解《易》體例。

【8】劉長民即劉牧，詳見卷一《圖書三》注【1】。劉氏書之正名應爲《易數鈎隱圖》。

## 乾

戌亥月
午未月
寅卯月
申酉月
辰巳月
子丑月

東方蒼龍七宿：角、亢、氐、房、心、尾、箕。子丑月黄昏，蒼龍入地，故曰“潛”。寅卯月，角宿昏見天淵之分，故曰“在淵”。辰巳月，蒼龍昏見天田星下，故曰“見龍在田”。午未月，龍星昏中於天，故曰“在天”。申酉月，大火西流，龍將入地，故曰“夕惕”。戌亥月平旦，龍見於東北，晝晦其形，故曰“亢”。[9]魏獻子問龍於蔡墨，蔡墨曰“《周易》有

之，在《乾》之《姤》”云云，“若不朝夕見，誰能物之”。龍非星也，豈得朝夕見乎?【10】

【9】大火，即心宿二，七月大火星西行，慢慢落下。梨洲以乾卦初爻當子丑月、四爻當寅卯月；二爻當辰巳月、五爻當午未月；三爻當申酉月，上爻當戌亥月。如此，龍宿之運行軌跡以乾卦六爻表示，是由初爻開始，經四爻、二爻、五爻、三爻而至上爻。這顯然與乾卦初九“潛龍勿用”、九二“見龍在田”、九三“終日乾乾”、九四“或躍在淵”、九五“飛龍在天”、上九“亢龍有悔”所展現的龍自下而上的逐步變化不一致。案，《説文·龍部》云：“龍，鱗蟲之長，能幽能明，能細能巨，能短能長。春分而登天，秋分而潛淵。”已有學者指出，《説文》言龍“春分而登天，秋分而入淵”與蒼龍七宿運行相應。春分當卯月，角宿昏見於地平線之上，爲“見龍在田”；秋分當酉月，大火入而不見，爲“潛龍勿用”。梨洲以角宿昏見天淵爲“或躍在淵”之象，不若以之爲“見龍在田”之象爲佳。

【10】見《左傳》昭公二十九年，云：“龍見於絳郊。魏獻子問于蔡墨曰：‘吾聞之，蟲莫知于龍，以其不生得也。謂之知，信乎?’對曰：‘人實不知，非龍實知。古者畜龍，故國有豢龍氏，有禦龍氏。’……‘龍，水物也。水官棄矣，故龍不生得。不然，《周易》有之，在《乾》之《姤》曰：“潛龍勿用。”其《同人》曰：“見龍在田。”其《大有》曰：“飛龍在天。”其《夬》曰：“亢龍有悔。”其《坤》曰：“見群龍無首，吉。”《坤》之《剥》曰：“龍戰於野。”若不朝夕見，誰能物之?’”案，蔡墨是以龍爲實有之物，梨洲引其言以證龍爲星宿，未爲明慎。

## 坤

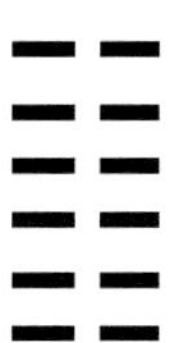

冰霜之候，農功未施。“直方大”，田疇之經界也。三之“含章”，黍稷華秀也。四之“括囊”，穫稻納稼也。五之“黄裳”，授衣載績也。上“龍戰野”，塞向墐户。《春秋傳》曰：“凡土功，龍見而畢務。”【11】

【11】此節梨洲多用《詩經·豳風·七月》文句。詩云：“七月流火，九月授

衣。……七月鳴鵙，八月載績。……穹窒熏鼠，塞向墐户。……八月剥棗，十月穫稻。……九月築場圃，十月納禾稼。”梨洲認爲坤卦六爻辭以農事爲主旨，初爻“履霜，堅冰至”，言天寒不宜務農；二爻“直方大”，言整理疆界，平整土地，而後耕地播種；三爻“含章”，言黍稷生長，吐秀育種；四爻“括囊”，言收穫莊稼，納於囊中；五爻“黄裳”，言天氣轉涼，農婦開始織麻做衣；上爻“龍戰於野”，此龍亦指蒼龍七宿，言肅殺時節，人們準備禦寒過冬，封堵住朝北的窗户，將柴門也用泥塗抹嚴實。案，“塞向墐户”，毛詩傳云：“向，北出牖也。墐，塗也。”又“凡土功，龍見而畢務”見《左傳》莊公二十九年。孔疏云：“謂夏之九月，周之十一月，龍星角亢晨見東方，於是納其禾稼，三務始畢，而戒民以土功事也。”

## 屯

孝 子
墓 尸
賓 客
墓 林
嫠 婦
墓 門

屯難之時，凄然有墟墓之象。“磐”，大石；“桓”，豐碑。[12]所以下棺者，“林中”墓木叢生之處。上之“泣血”，孝子也。二之“不字”，嫠婦也。五之“屯膏”，“取蕭祭脂”也。“班如”，馬行别其類，《左氏》有“班馬之聲”是也。[13]

【12】磐桓，張載《横渠易説》云：“磐桓，猶言柱石。”俞琰《周易集説》亦云：“横渠張子曰：‘磐桓猶言柱石。’或以磐桓爲盤旋徘徊之義誤矣。”《周易正義》孔疏則云：“磐桓，不進之貌。”梨洲之説與張、俞之説相近，不取盤旋不進之義。案，盤桓，帛書《周易》作“半遠”。王念孫《廣雅疏證》卷六上云：“曹大家注《幽通賦》云：‘盤桓，不進也。’屯初九‘磐桓’，《釋文》：‘磐本亦作盤，又作槃。馬云，槃，桓旋也。’《爾雅》：‘般，還也。’《釋文》引《易》作‘般桓’。《管子·小問》篇‘君乘駮馬而洀桓’，尹知章注云：‘洀，古盤字。’漢張納碑作‘般桓’，張表碑作‘畔桓’，侯成碑作‘磐桓’，郭究碑作‘槃桓’，劉寬碑作‘盤桓’，竝字異而義同。”磐桓爲迭韻連綿詞明矣，梨洲之

解非是。

【13】“取蕭祭脂”語出《詩經·大雅·生民》，鄭箋：“取蕭草與祭牲之脂，爇之於行神之位。”“班馬之聲”語出《左傳》襄公十八年，杜預注：“班者，别也。”

## 蒙

解　惑
心　性
聞　見
物　欲
傳　道
氣　稟

陽爲師，陰爲弟子。“包”爲傳道，“擊”爲解惑。氣稟如“桎梏”，物欲如“金夫”。玩物喪志，徇聞見者“困”。山無草木之爲“童”。爲道日損，獨露性真亦“童”也。[14]

【14】《荀子·王制》云：“故山林不童而百姓有餘材也。”楊倞注：“山無草木曰童。”《釋名·釋長幼》云：“山無草木曰童。”

## 需

需爲“飲食”，農者飲食所自出也，“需郊”“需沙”“需泥”“需穴”，皆農事也。[14]“血”即“洫”字，“需血”者致力於溝洫，由是而歲功成矣，故得“酒食”以速客。古者穴居，農事興而出穴，農事畢而入穴，此四、上之義也。

【14】需卦初爻言“需于郊”，二爻言“需于沙”，三爻言“需于泥”，四爻言“需于血，出自穴”，五爻言“需于酒食”，上爻言“入于穴”，未有言“需穴”者，故疑此“需穴”當爲“需血”。

## 訟

訟與獄異。此亦一是非，彼亦一是非，皆訟也。初之“小有言”，枝葉之辯也。二不能自持其説。三唯諾，無别白。四如漢儒堅守師説。五如孟子之闢楊墨。上則“小言破道”。直待得不見自家有是，世間有非，斯無訟矣。[15]

【15】《象傳》釋訟卦九二爻云：“‘不克訟，歸逋’，竄也。”九二爻訟不勝而竄避之，故云“不能自持其説”。又釋六三云：“‘食舊德’，從上吉也。”遵從上命，不敢牴牾，故云“唯諾，無别白”。又釋九四云：“‘復即命渝’，安貞不失也。”漢儒之堅守師説，即安貞自守也。又釋九五云：“‘訟，元吉’，以中正也。”九五秉中正之道而與人訟，故元吉，如孟子以仁義之道而闢楊墨之非。又釋上九：“以訟受服，亦不足敬也。”上九以訟而獲賜鞶帶，旋又被多次褫奪，如小言破道，雖一時獲利而終有大害。

## 師

天子六師，將皆命卿，故六爻皆軍將也。將不從中制，六五者中軍之佐，而非天子。内卦爲行軍之象，故曰“師出”、曰“在師中”。外卦爲養兵之象，“左次”者在閭左而不發，“田有禽”者農隙講武，“開國承家”者兵民不分也。

## 比

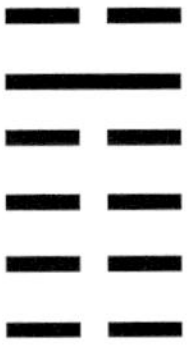

䷇

王者巡狩，諸侯來朝，皆畋獵講武，故五爻皆諸侯也。上之爲“无首”者，處在荒服，遠於教化，非梗化也。[16]

【16】《象傳》云：“地上有水，比，先王以建萬國，親諸侯。”以比爲君王親比諸侯之義。如《詩經·小雅·車攻》所載，周代天子巡狩，會同諸侯，皆要舉行田獵。故比卦九五爻以“王用三驅，失前禽”言田獵之事。因而，梨洲以爲比卦之九五爻爲天子，其餘五爻爲諸侯。比上六爻云：“比之无首，凶。”吴澄《易纂言》云：“比之謂九五比之。聖人一視同仁，不以上六在外而不親比之也。然上六居一卦之上，如人首在一身之上也，獨外王化，不内嚮九五。是比之下體具足，而獨上體不完，猶人之无首也。蓋比卦五陰，下四陰皆順從一陽，唯上六一陰在一陽之外，非嚮化者，故有此象。凶，占也。苗之於舜，葛之於湯，崇之於文王，自取其凶也。”吴氏以上六之“比之无首”爲不順王化，而梨洲則以上六處荒服之地，得不到王道教化，“非梗化也”。梗者，抗也。二者皆以上六不得王化，而原由不同。

## 小畜

䷈

大畜、小畜皆畜乾也。遇艮而止，其畜宜也。“風以散之”，而言畜者，以風行天上則爲罡風，不能及下，而下畜矣。下三爻取畜牧爲義，初爲始生之犢，往來自恣，故曰“復自道”；二則已受羈靮，故曰“牽”；三則已在輹下，故曰“輿”。上三爻取畜積爲義，四言“惕出”，五言“富鄰”，上言“既處”，其指一也。[17]

【17】大畜、小畜下卦俱爲乾。大畜上卦爲艮，艮爲止，故云“遇艮而止”。小畜上卦爲巽，巽爲風。《説卦傳》云：“風以散之。”風行天上，不能及下，故在下者不散而得畜。案，《彖傳》云：“小畜，柔得位而上下應之，曰小畜。”此又以六四陰柔得位而畜衆陽爲義。梨洲以小畜下三爻取畜牧之義，初爻“復自道”言初生之牛馬自由奔走於道路，二爻言“牽復”則牛馬受羈靮，開始得到馴化，三爻言“輿”則蓄養之牛馬開始被用以駕車了，然而“輿説輻”，其駕車並不順利。上三爻以積蓄爲義，故四爻、五爻言“有孚”，積蓄當信而又實，四爻有所積蓄，不再陷入無以聊生的恐懼中，故“血去惕出”；五爻積蓄豐富，能施惠於鄰，故“富以其鄰”；上九積蓄至極而止，故“既處”。

## 履

西方七宿爲白虎，乾、兑當之。初當昴，昴爲白衣，故“素履”。二當畢，昴畢間爲天街，故“履道坦坦”。三當觜，参觜爲虎首，故“咥人”。四當奎，奎爲虎尾，故云“履虎尾”。五當婁，在虎尾之上，卦中言“履”者，指此一爻，故云“夬履”。上當胃，胃爲天倉，明則天下和平，故云“考祥”。【18】

【18】西方白虎七宿：奎、婁、胃、昴、畢、觜、參。履卦上卦爲乾，下卦爲兑，乾居西北，兑居正西，故履卦有西方七宿之象。奎、婁、胃三宿，偏西北，故當乾卦三爻，而以昴、畢、觜、參當兑卦三爻。案，《史記·天官書》云：“昴曰髦頭，胡星也，爲白衣會。”又云：“昴畢間爲天街。”又云：“胃爲天倉。”《史記正義》注云：“胃主倉廩，五穀之府也。占：明則天下和平，五穀豐稔。”故梨洲以白虎七宿之象解履卦六爻之辭，大體能够相對應。但問題是，西方白虎七宿奎爲虎尾，在履之四爻，而觜、參爲虎首却在履之三爻，虎首接虎尾有所不當。又三爻爲虎首，故言“咥人”，但三爻又言“履虎尾”，不知又當作何解。

## 泰　　否

否泰之往來，一歲之寒暑也。兩卦内爻同爲“拔茅”而時異。泰之“拔茅”，言拔地而生也。“野火燒不盡，春風吹又生”，“包荒”之象。“无平不陂，无往不復”者，薈蔚參差之貌。否之“拔茅”，言隕落而根撥也。“野有死麕，白茅包之”，故“包承”“包羞”皆取用於茅也。當泰則陰亦爲美，在人民則“不富以鄰”，大道爲公也；在女則爲“帝乙”之“妹”，不自有其貴也；在土則爲“城隍”，可以守禦也。當否則陽亦無用，四之委於天命，五之憂亡，上之望治，徒袖手旁觀耳。【19】

【19】“野有死麕，白茅包之”語出《詩經·召南·野有死麕》。案，泰卦上六爻云：“城復于隍，勿用師，自邑告命，貞吝。”上爻言城墻傾覆於隍，不能守禦。梨洲以爲其“可以守禦也”，與爻義不侔。又否卦九四爻云：“有命，无咎，疇離祉。”《象傳》云：“有命，无咎，志行也。”九五爻云：“休否，大人吉；其亡其亡，繫于苞桑。”《象傳》云：“大人之吉，位正當也。”上九爻云：“傾否，先否後喜。”《象傳》云：“否終則傾，何可長也。”可見否之三陽爻分别能行其志、當其位、終其否，而梨洲却云“當否在陽亦無用”等等，則均可商榷也。

## 同人

彖言大同，爻則天下爲家，各親其親，各子其子之事也。故同必以族，家庭爲一族，宗黨爲一族，山林爲一族，城市爲一族，軍旅爲一族，田野爲一族，其事同則其心不得不同。離事以爲同，而後謂之君子。【20】

【20】同人卦辭“同人于野，亨，利涉大川，利君子貞”，故云“象言大同”。爻則各同其所親，同其所事。初九“同人于門”，故云“家庭爲一族”；六二“同人于宗”，故云“宗黨爲一族”；九三“伏戎于莽，升其高陵”，故云“山林爲一族”；九四“乘其墉”，故云“城市爲一族”；九五“大師克相遇”，故云“軍旅爲一族”；上九“同人于郊”，故云“田野爲一族”。案，《彖傳》云：“文明以健，中正而應，君子正也。唯君子爲能通天下之志。”王弼注云：“行健而不以武，而以文明用之；相應不以邪，而以中正應之，君子正也。”故梨洲云“離事以爲同”，離事則心無私邪，而所同者在乎中正之志。

## 大有

大有者，以覲禮爲象。“无交害”者，覲亦交也。“大車”所載之庭實在道者，“享於天子”。上公三享，侯伯再享，子男一享。“匪其彭”者，彭，盛貌。“束帛加璧”，“以致庭實”，“匹馬卓上，九馬隨之”，儀文盛矣，而將之以恭敬，匪僅儀文也。“交如”者，“天子賜侯氏以車服”，答其貢賦也。“自天祐之”者，侯氏肉袒，告聽事於廟門，天子辭以歸寧也。[21]

【21】覲禮爲諸侯秋見天子之禮，屬賓禮。諸侯覲見天子，爲上下之交，故云“覲亦交也”。庭實爲陳列於朝堂之貢品。梨洲以爲大有六二爻“大車以載”者，正是進獻天子之貢品。九三爻云：“公用享于天子，小人弗克。”按《周禮·秋官·掌客》載，天子燕饗來朝之諸侯，上公三饗三食三燕，侯伯再饗再食再燕，子男壹饗壹食壹燕。九四爻云：“匪其彭，無咎。”《伊川易傳》云：“彭，盛多之貌。《詩·載驅》云：‘汶水湯湯，行人彭彭。’行人盛多之狀。《雅·大明》云：‘駟騵彭彭。’言武王戎馬之盛也。”又《儀禮·覲禮》云：“三享，皆束帛加璧，庭實唯國所有。奉束帛，匹馬卓上，九馬隨之。”梨洲以九四之“彭”指諸侯進貢物品豐盛。“匪其彭”則言諸侯進獻重在恭敬而非是物品之盛。故《禮記·禮器》云：“束帛加璧，尊德也。”大有六五爻云：“厥孚交如，威如，吉。”

《儀禮・覲禮》云："天子賜侯氏以車服。"梨洲以爲"交如"指天子爲答謝諸侯而賞賜其車輛和禮服。上九爻云："自天祐之，吉無不利。"則言諸侯進獻完畢，順利歸國。《儀禮・覲禮》云，諸侯"乃右肉袒于廟門之東。乃入門右，北面立，告聽事。擯者謁諸天子。天子辭于侯氏，曰：'伯父無事，歸寧乃邦。'"

## 謙

謙以五禮爲象。初屬吉禮，祭祀之道，求之於陰，一謙也；求之於陽，一謙也，故曰"謙謙"。二屬凶禮，哭踊皆"鳴"也。"无不利"者，大小通行之謂，嘉禮以親萬民，故屬之。"鄰"者邦國，賓禮以親邦國，故屬之。"行師"屬軍禮，有鐘鼓曰"伐"，故亦"鳴"也。五禮以忠信爲主，三之一陽是也。[22]

【22】五禮：吉、凶、軍、賓、嘉。梨洲以謙之初六所言爲吉禮，吉禮爲祭祀之禮。祭祀之道，致誠敬以感格鬼神。鬼屬陰，神屬陽。宋真德秀《問非鬼神而祭章》云："既死，則魂升于天以從陽，魄降于地以從陰，所謂各從其類也。魂魄合則生，離則死，故先王制祭享之禮，使爲人子孫者盡誠致敬，以焫蕭之屬，求之於陽；灌鬯之属，求之於陰。求之既至，則魂魄雖離，而可以復合。故《禮記》曰：'合鬼與神，教之至也。'神指魂而言，鬼指魄而言。"王船山《禮記章句》亦云："以祭祀言之，求之於陽者神也，求之於陰者鬼也，是所謂陰陽之靈也。"梨洲亦以祭祀之道爲求之於陰與陽，謙而又謙也。六二爻言"鳴謙"屬凶禮。凶禮爲哀死凶之禮，因悲傷而哭嚎頓足，所以六二爻言"鳴"。六四爻言"无不利"屬嘉禮，《周禮・春官・大宗伯》云"以嘉禮親萬民"，宗族兄弟、夫婦男女、賓朋邦國皆親和，故"无不利"。六五爻言"不富以其鄰"屬賓禮，鄰指邦國，《周禮・春官・大宗伯》云"以賓禮親邦國"。上六爻言"鳴謙，利用行師，征邑國"屬軍禮，鳴鐘鼓而征伐也。《左傳》莊公二十九年云："凡師有鐘鼓曰伐，無曰侵。"謙之九三陽爻爲忠信之象。《禮記・禮器》云："忠信，禮之本也。"

## 豫

䷏

謙、豫兩卦，一禮一樂。“雷出地”而後有聲，故五爲宫。“貞疾，恒不死”者，陽氣不可滅而出也。“冥豫”“有渝”者，祀神之樂謂之“冥豫”，“渝”則變其聲，不用商也。角如雉登木鳴，初應震木而“鳴”也。中聲所止而徵生。宫，天也；徵，地也。磬鼓長而狹以象天，股短而厚以象地。二居中當徵，故如“石”。張羽爲宫，其細已甚，則爲靡靡之樂。三之盱睢，亡國之音也。四則八音克諧，故爲“朋盍”。【23】

【23】豫卦上卦爲震，下卦爲坤，震爲雷，坤爲地，故《象傳》云“雷出地奮，豫，先王以作樂崇德，殷薦之上帝以配祖考”。梨洲以豫卦爲樂之象，以其六五爻爲宫音，上爻爲商音，初爻爲角音，二爻爲徵音，三爻爲羽音，四爻則八音克諧。六五爻言“貞疾，恒不死”，寓示陽氣雖然潛伏于地，但終會顯發而出聲。初六與九四相應，九四在震卦，震爲木，《管子・地員》云“凡聽角如雉登木以鳴”，故初爻言“鳴豫”。磬，爲古代石質打擊樂器，其鼓长而股短。《周禮・冬官考工記・磬氏》鄭玄注：“鄭司農云：‘股，磬之上大者。鼓，其下小者，所當擊者也。’玄謂股，外面；鼓，内面也。假令磬鼓廣四寸半者，股長九寸也。鼓廣二寸，長尺三寸半，厚一寸。”豫卦六二爻言“介于石”，故梨洲以爲磬爲石器，故二爻有“石”之象。九四爻云“由豫，大有得，勿疑，朋盍簪”，盍者合也，故梨洲以之爲八音克諧之象。

## 隨

震，春也。兑，秋也。初至四有離象，三至上有坎象，夏與冬也。又互爲艮、巽。六子皆備，具乾坤之德，故“元亨利貞”。爻以隨前爲義，初隨二，二隨三，三隨四，四隨五，五隨上，不論比應。初隨二中正，故“出門”“有功”。二隨三失初，故“係小子”。三隨四失二，故“係丈夫”。四隨五，故“有獲”而“凶”。五隨上，《詩》云“縶之維之”“于焉嘉客”，故“孚于嘉”。上居天位，人道已畢，無所復隨，則隨於神，故有“西山”之“享”。【24】

【24】隨卦下卦爲震，於時爲春；上卦爲兑，於時爲秋；初爻至四爻，有離之象，於時爲夏；三爻至五爻，有坎之象，於時爲冬；又二三四爻互體爲艮，三四五爻互體爲巽，故云“六子皆備”。又“元亨利貞”为乾卦卦辭，坤卦辭亦云“元亨利牝馬之貞”，古人多釋之爲物之生長遂成，於時配春夏秋冬，隨卦既含四時之象，故云“具乾坤之德”，其卦辭云“元亨利貞，无咎”。案，梨洲以隨卦六爻以隨前爲義，與宋儒趙彦肅之説相類。趙氏《復齋易説》云：“卦義陰隨陽，爻義下隨上也。在下隨人，在上爲人所隨。”其釋初九云：“初隨六二，故‘出門交有功’。當隨之時而取應，失之矣。”釋六二云：“陽爲丈夫，陰爲小子。上隨六三，則下失初九也。隨非其人，則隨我者去。”釋六三云：“隨得其人故隨我，非其人者去，將更得同類來從我，善惡不兩立也。”釋九四云：“下皆隨上，上爲下所隨。四得三并初、二也。四既得衆，以爲己有則凶。率以從五，又何咎乎。惟有孚者，此志明爾。”釋九五云：“受人之隨，當擇賢也。孚于九四，天下隨之矣。”釋上六云：“上无位，義取隨之極至。”趙氏之解正可作梨洲之注脚。

艮爲門闕，所謂象魏也。“巽以申命”，有號令之義。以號令縣之於象魏，當蠱壞之時，不得不以此感動人心。“先甲三日，後甲三日”，《周禮》“挾日而藏之”，鄭云：“從甲至甲謂之挾日。”此“先甲”“後甲”之義與?【25】

【25】象魏，係古天子或諸侯宫門兩側之高建築，亦稱“觀”或“闕”，爲懸示教令之處。蠱卦上卦艮爲門，故有象魏之象。巽爲風，《象傳》云“重巽以申命”，故巽有申命、號令之義。《周禮·天官·大宰》云：“正月之吉，始和布治于邦國都鄙，乃縣治象之灋于象魏，使萬民觀治象，挾日而斂之。”鄭玄注云：“從甲至甲謂之挾日，凡十月。”此與蠱卦辭“先甲三日，後甲三日”之説，恐不相合。

臨　　觀

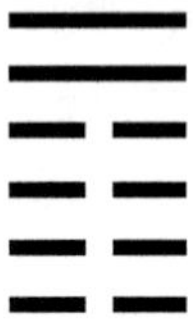

䷒　䷓

臨似夾畫之震，觀似夾畫之艮。震爲雷，“八月”雷始收聲，則非震之時矣，故曰“有凶”。艮爲鬼門，又爲宫闕，地上有木而爲鬼門宫闕者，天子宗廟之象，故有“盥”“薦”之事。臨本體爲澤，加坤其上，是澤之厚者，故水深而“甘”。觀本體爲風，加坤其下，是風之培者，故能化及“童”“女”。【26】

【26】臨有大震之象，觀有大艮之象。震爲雷，按古物候，八月秋分雷始收聲，故臨卦云“至於八月有凶”。案，《易緯乾坤鑿度》云，乾爲天門，坤爲人門，巽爲地户，艮爲鬼冥門。又《吴越春秋·勾踐歸國外傳》：“是古經西北爲天門，東南爲地户，西南爲人門，東北爲鬼門。”艮卦位東北，爲鬼門。觀卦下卦坤爲地，上卦巽爲木，又有大艮之象，故云“地上有木而爲鬼門宫闕者，天子宗廟之象”，因此，觀卦辭有“盥而不薦”，言祭祀之事。

噬嗑

䷔

噬嗑，有圜土之象。九四，寘之圜土者也。初、上則司寇之屬。在圜土之中，宜以困苦象之，而二、三、四、五皆言飲食，何也？《周禮》曰："以圜土聚教罷民。"先王之設刑官，所以輔教官之不逮，非欲以斬刈之也。以燕享祭祀之心，革縲絏桎梏之事。"膚"者，膚鼎也。"腊肉"者，腊鼎也。"乾胏"者，二骨以並也。"乾肉"者，腶①脩也。陳鼎時，膚爲下，故二"噬膚"。腶脩，主婦所設，最後，故五"噬乾肉"。[27]

【27】圜土，古牢獄之稱。《周禮·秋官·太宰》云："以圜土聚教罷民。"鄭玄注："圜土，獄城也。"噬嗑有圜土之象，九四一陽囚禁其中，故爲"寘之圜土者"。初九言"屨校滅趾"、上九言"何校滅耳"，校爲刑具，故梨洲以二爻爲主施刑罰之司寇。六二言"噬膚滅鼻"，朱子《周易本義》云："祭有膚鼎，蓋肉之柔脆，噬而易嗑者。"六三言"噬腊肉"，九四言"噬乾胏"，六五言"噬乾肉"，此所食者皆乾硬之物，均置於鼎中。案，腶脩，脯也，即乾肉。據《儀禮·士昏禮》，婦見舅以棗栗，見姑以腶脩。故梨洲云："腶脩，主婦所設。"

## 賁

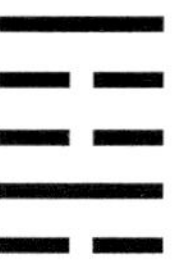

離有"繼明"之象，而賁變離之四爻，日月相抱持也。其六爻皆有天文之象。初當軫，軫爲車，在下而未出地，故曰"舍車"。二當須女，故曰"賁其須"。須女之上爲天漢，三之"濡如"言天漢也。四之"白馬"言天駟也。五之"束帛"言織女也，五居君位故以天孫當之。"白賁"者，西宮白帝也。[28]

【25】離爲日爲明，離卦《象傳》云"明兩作，離，大人以繼明照於四方"，故離有"繼明"之象。離九四爻變則爲賁，賁卦二、三、四爻互體爲坎，坎爲月；上下二陽爻，除九三爻外，中間諸爻爲陰，有離之象，離爲日，離中有坎，

① "腶"，原作"服"，四庫本同，形近致訛。

故云“日月相抱持也”。軫，南方七宿之一，《史記·天官書》云：“軫爲車。”初爻爲地之下位，故“在下而未出地”，因此爻辞言“舍車而徒”。六二言“賁其須”，梨洲以“須”爲須女。須女也稱“女”或“婺女”，北方七宿之一。六四言“白馬翰如”，梨洲以“白馬”指天駟。天駟即房宿，東方七宿之一。六五言“束帛戔戔”，梨洲以“束帛”指涉織女。織女星，亦稱天孫星。《史記·天官書》云：“織女，天女孫也。”梨洲云“五居君位故以天孫當之”，然稱織女爲天孫或係後世之誤。清梁玉繩《史記志疑·天官書》云：“附案徐廣謂孫一作名，是也。《索隱》引荊州占曰：織女一名天女。《星經》及晋隋志亦云天女。此孫字誤。然因此之誤，而後世遂有天孫之號。”上九言“白賁”，梨洲以爲指西宫白帝。西宫即西方七宿，《史記·天官書》“西宫咸池，曰天五潢”，司馬貞《索隱》：“《文耀鉤》云：‘西宫白帝，其精白虎。’”

## 剥

䷖

其象俎豆，五陰爲“足”，一陽爲“牀”。由鼎而升於俎者，爲“膚”爲“魚”。“貫魚”者，饋食禮“魚用鮒，十有五而俎，縮載”是也。“籩豆之實，水土之品”，故有“碩果”。五爻數奇，故言“魚”；上爻數偶，故言“果”，“鼎俎奇而籩豆偶”也。[29]

【29】剥卦有俎之象，五陰爲俎足，一陽爲俎床。剥六四言“剥牀以膚”、六五言“貫魚以宫人寵”，梨洲以其“膚”“魚”皆爲自鼎而升于俎之祭品。案，《儀禮·少牢饋食禮》云：“魚用鮒，十有五而俎，縮載。”縮者縱也，縮載即縱放於俎上。《禮記·郊特牲》云：“鼎俎奇而籩豆偶，陰陽之義也。籩豆之實，水土之品也。”孔穎達疏云：“‘鼎俎奇’者，以其盛牲體，牲體動物，動物屬陽，故其數奇；‘籩豆偶’者，其實兼有植物，植物爲陰，故其數偶，故云陰陽之義也。‘籩豆之實，水土之品也’者，謂籩豆所充實之物，皆是水土所生，品類非人所常食也。”祭祀時，牲體數奇，果蔬之類數偶，故五爻言“魚”，上爻言“果”。

## 復

剥、復爲本末。陽在木上爲末，剥也。陽在木下爲本，復也。“七日”者，剥之上九爲一日；反對之即復之上六，爲二日，去復遠故“迷”；六五爲三日，土再覆爲“敦”，陰氣重也；六四爲四日，在七日之中，故云“中行”；六三爲五日，“頻”者中道而又往之謂；六二爲六日，與復相近，故“休”；初九爲七日，七日似遠，同一卦體，故云“不遠”。坤體本虚，任人來往，一陽横亘其下，有“關”之象。[30]

【30】剥、復爲反對之卦。復卦辭云“反復其道，七日來復”，梨洲以剥上、復上、復五、復四、復三、復二、復初等七爻爲七日，陽爻由剥上而返歸于下。案，《象傳》釋復卦云：“先王以至日閉關，商旅不行，后不省方。”來知德《周易集注》云：“以卦體論，陰爻貫魚，商旅之象；陽爻横亘于下，閉關之象。”梨洲亦以一陽横亘於下爲關之象，與來氏相同。

## 无妄

天下之无妄者，莫如五穀，春稼秋穡，時候不爽。或遭旱潦，則无所用其“耕穫”“菑畬”，有“牛”亦且“繫”之。趨吉避凶，人所同然，雖甚愚者，未嘗以求“疾”“眚”爲事，乃忽然而至，是出於非望者也（无妄，一作无望）。於是逐妄迷復，喪其固有。故惟置身於榮枯得喪之外，而後能“无妄”。三所“繫之牛”即大畜六四之“童牛”，在大畜居艮體爲“邑人”，在无妄居震體爲“行人”。[31]

【31】无妄，《釋文》云：“馬、鄭、王肅皆云妄猶望也，謂無所希望。”无妄

與大畜为反对之卦，无妄六三爻即大畜六四爻，故二者爻辭皆言“牛”。又无妄六三居下卦震，震爲動，故其爻言“行人”；而大畜六四爻居上卦艮，艮爲止，故其爻言“邑人”。案，夾注“无妄，一作无望”，四庫本缺。

## 大畜

大畜亦以畜牧爲義，下三爻皆取象於“馬”，以“乾爲馬”也。“有厲，利已”，馬而病厲，不可行者也。二之“説輹”，覂駕之馬也。唯三爲“良馬”，則知初、二皆不良矣。三至上有離象，故四爲“童牛”。艮爲黔喙，故五爲“豕牙”。艮象門闕，是豕在牢，牛在宫者也。“艮爲徑路”，路在天上，則爲“天衢”。“何天衢”者，其天駟與?[32]

【32】覂駕之馬，《漢書·武帝紀》作“泛駕之馬”，顔師古注：“泛，覆也，音方勇反，字本作覂，後通用耳。覆駕者，言馬有逸氣，而不循軌轍也。”案，覂，原作“罭”，四庫本作“罡”，均訛。大畜三、四、五、上四爻有離之象，離卦辭云“畜牝牛吉”，《左傳》昭公五年云“純離爲牛”，故以離爲牛之象。五爻在艮體，艮象黔喙之屬（《説卦傳》），故五爻言“豕”。又艮爲門闕（《説卦傳》），故有牛、豕在牢圈中之象，故六四言“童牛之梏”、六五言“豶豕之牙”。大畜卦上艮下乾，艮爲徑路（《説卦傳》），乾爲天，路在天上，故上爻言“天衢”。天駟，東方七宿之房宿也。

## 頤

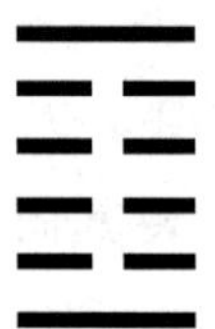

卦中二陽養人，四陰待養。初不能養民，惟剥民以自養，如後世之君誅求無厭，故二、三“顛”“拂”無告，亂世之民也。上九分田制地，徇民好惡，

故四、五皆得其養，雖待哺之民有若飢虎，亦應之不倦，治世之民也。[33]

【33】案，宋鄭汝諧《易翼傳》云："頤之上體皆吉，而下體皆凶。上體，止也。下體，動也。在上而止，養人者也。在下而動，求養於人者也。"梨洲之説與鄭氏大體相同，但鄭氏多取初與四、三與上相應爲解，而梨洲則以上下卦體而論。初九陽爻當養六二、六三兩陰爻，然而初九舍其靈龜而觀人之朵頤，貪得無厭，所謂"剥民以自養"，則君民皆凶，故下三爻皆凶，故梨洲以爲亂世。上九陽爻養六四、六五兩陰爻，雖然其"虎視眈眈，其欲逐逐"，但六五養之不倦，《象傳》解六四爻云"顛頤之吉，上施光也"，正是此義。

## 大過

䷛

"初六在巽體，巽爲木。上六在巳，巳當巽位，巽又爲木。二木在外以夾四陽，四陽互體爲二乾，乾爲君爲父，二木夾君父，是棺椁之象。""養生者不足以當大事，惟送死可以當大事。"送死不嫌於大過也。孔子曰："五十以學《易》，可以無大過矣。"言可以無死也。"原始反終，知死生之説"，故"可以無死"與"朝聞夕死"同一義矣。[34]

【34】自"初六在巽體"至"棺椁之象"，爲鄭玄《周易注》之文。據鄭玄爻辰説，乾卦六爻自初至上依次配六陽支，即初九子、九二寅、九三辰、九四午、九五申、上九戌；坤卦六爻自初至上依次配六陰支，即初六未、六二酉、六三亥、六四丑、六五卯、上六巳。其餘六十二卦諸爻，與乾坤二卦相應爻所配地支相同。因此，大過上六爻配巳。巳居東南，巽卦當東南之位，故云"巳當巽位"。巽爲木（《説卦傳》），上六當巽位，初六在巽體，故有二木在外夾四陽之象。中間四陽爻，二、三、四爻互體爲乾，三、四、五爻互體亦爲乾，故"四陽互體二乾"。乾爲君爲父（《説卦傳》），故二木夾君父，故大過有棺椁之象。案，以大過有棺椁之象本於《繫辭傳》。《繫辭下傳》云："古之葬者，厚衣之以薪，葬之中野，不封不樹，喪期無數，後世聖人易之以棺椁，蓋取諸大過。"又《孟子·離婁下》云："養生者不足以當大事，惟送死可以當大事。"梨洲以爲喪葬哀泣之禮雖過逾常情而不爲過。

“五十以學《易》，可以無大過矣”見《論語·述而》，此“無大過”顯然是指無大的過錯，而梨洲以爲是“言可以無死”，殊爲怪異。“原始反終，故知死生之説”見《繫辭上傳》，“朝聞道，夕死可矣”見《論語·里仁》。梨洲以爲“可以無死”與“朝聞夕死”同義，則其所謂“可以無死”或乃死而無憾之義。

## 坎

䷜

坎爲水，又爲月。月臨子午則潮生，水與月同一氣也。【35】內三爻言水之在天地間，外三爻言人之治水。初六水始導源，江河之“坎窞”也。六三萬川歸之，大海之“坎窞”也。水爲天地間大患，在治之得人。“樽酒簋貳”，巡行治水者以勞之也。五“不盈”，“九川滌源，九澤既陂”【36】也。“徽纆”，黑索也。“叢棘”，聚大木若棘也。治水用索挽木以塞決口，皆不順水性，故績用不成，“三歲不得”也。

【35】《易緯·乾坤鑿度》云：“月，坎也，水魄。……月，陰精。水爲天地信，順氣而潮。潮者，水氣來往，‘行險而不失其信’者也。”古人以日爲陽精，月爲陰精，陽精爲火之氣，陰精爲水之氣，故以水月爲同氣。《説卦傳》以離爲火爲日，坎爲水爲月，即本於日月水火同氣之説。沈括《夢溪補筆談》卷二云：“每至月正臨子午則潮生，候之萬萬無差。月正午而生者爲潮，則正子而生者爲汐。正子而生者爲潮，則正午而生者爲汐。”此子指上中天，午指下中天，當月體正好達到上中天或下中天的時候則滿潮。

【36】“九川滌源，九澤既陂”，語出《尚書·禹貢》，僞孔安國傳云：“九州之川已滌除，泉源無壅塞矣。九州之澤已陂障，無決溢矣。”

## 離

䷝

“明兩作”，在天爲日，在地爲火。内卦，日也。外卦，火也。初爲始旦，二爲日中，三爲“日昃”。日運於上，人事作於下。四之“焚如”，心火上炎，進退失序也。五之“沱若”，水爲火所逼也。“王用出征”，兵猶火也，不戢，自焚。君子“退藏於密”，猶火藏於木石而已。[37]

【37】《象傳》：“明兩作，離。”虞翻注：“兩謂日與月也。……或以日與火爲明兩作。”梨洲取日與火爲明兩作，以離卦之下卦言日，上卦言火。梨洲以内卦言日，與明儒倪元璐（1594—1644）之説同。倪氏《兒易内儀以》云：“初九‘履錯然，敬之，无咎’，此日初出時也。《詩》曰‘如日之升’，若有乘踐，猶曰日乘車以駕六龍，故曰‘履’。以其昏曉初分，月星相錯，故曰‘錯然’也。‘敬之’者，猶《書》曰‘寅賓出日’，傳云：‘寅，敬也。’六二‘黄離，元吉’，此日中天時也。黄爲中色，傳曰‘日煌煌似黄’，日午正離，還其本位，故曰‘元吉’也。九三‘日昃之離，不鼓缶而歌，則大耋之嗟’，此日欲入時也。日入而其光逾赫，故曰‘日昃之離’。羞明者歌，憂晦者嗟。歌嗟之情，晦明之象也。”倪氏離卦下三爻之解正可爲梨洲之注，如此，則梨洲以離卦“初爲始旦，二爲日中，三爲日昃”之説亦頗爲可觀。然梨洲上三爻之解則多齟齬，其以九四爻言“心火上炎，進退失序”，以九五爻言“水爲火所逼”，以上九爻言“兵猶火也，不戢，自焚”，三者之間毫無條理，不知其所謂“人事”究爲何事。又上九爻辭云“王用出征，有嘉折首，獲匪其醜，无咎”，《象傳》云：“王用出征，以正邦也；獲匪其醜，大有功也。”此爻顯然没有過度用兵之義。梨洲又云“火藏於木石”，不知與卦義有何關係。案，《左傳》隱公四年載：“夫兵，猶火也，弗戢，將自焚。”戢者，止也。

## 咸

䷞

自有此身，不能離感應。僞往則僞來，誠往則誠來，思慮纔動，肺肝已見，無一而非感也。人惟求感人，不求自感。逆詐，億不信，見有人己，故有“往來”。“不逆詐，不億不信。”不信者，吾亦信之。“往來”之

路窮，斯之爲真感。“君子以虛受人”，心尚爲下，而況於口舌乎？【38】

【38】《論語·憲問》載：“子曰：不逆詐，不億不信，抑以先覺者，是賢乎！”朱子《論語集註》云：“逆，未至而迎之也。億，未見而意之也。詐謂人欺己，不信謂人疑己。抑，反語辭。言雖不逆不億，而於人之情僞自然先覺，乃爲賢也。”“逆詐，億不信”則不能虛懷應物，因此其所感應皆不得其實。咸卦九四云“憧憧往來，朋從爾思”，《象傳》云：“憧憧往來，未光大也。”《伊川易傳》云：“夫貞一則所感无不通。若往來憧憧然，用其私心以感物，則思之所及者有能感而動，所不及者不能感也，是其朋類則從其思也。以有係之私心，既主於一隅一事，豈能廓然无所不通乎。《繫辭》曰：‘天下何思何慮？天下同歸而殊塗，一致而百慮。天下何思何慮？’夫子因咸極論感通之道。夫以思慮之私心感物，所感狹矣。”《象傳》云：“山上有澤，咸，君子以虛受人。”虛者虛其心也。

## 恒

䷟

蘇子瞻曰：“自其變者而觀之，則天地曾不能以一瞬。自其不變者而觀之，則物與我皆無盡也。”人但知男女飲食之爲恒事，盡力與造化相搏。造化以至變者爲恒，人以其求恒者受變。苟知乾坤成毀不離俄頃，則恒久之道得矣。故爻多以飲食男女爲象。【39】

【39】蘇子瞻即蘇軾，所引文見《赤壁賦》。觀恒卦之卦爻辭，唯六五云“恒其德，貞婦人吉，夫子凶”言及男女，梨洲所云“爻多以飲食男女爲象”不知具體何指。

## 遯　　大壯

䷠　　䷡

遯爲重畫之巽，壯爲重畫之兑。巽之象爲雞，故初之“遯尾”，“雄雞自斷其尾”者也。上之“蜚遯”，“風雨如晦，雞鳴不已”，鼓翼而飛者也。兑之象爲羊，統一卦而言之，皆有羊象焉。初者，羊之足趾也，羊以角觸，而趾用其力，故曰“壯于趾”。【40】

【40】《説卦傳》云：“巽爲雞。”“兑爲羊。”遯卦爲重畫之巽，故梨洲以爲其初六、上九二爻辭與雞有關。大壯卦爲重畫之兑，兑爲羊，因而其六爻辭多取羊之象。案，《左傳》昭公二十二年：“賓孟適郊，見雄雞自斷其尾。問之，侍者曰：‘自憚其犧也。’”杜预注云：“畏其爲犧牲，奉宗廟，故自殘毁。”梨洲以遯卦初六之“遯尾”，如雄雞自斷其尾羽以保其身也。遯卦上九爻“肥遯”，梨洲作“蜚遯”，蜚古飛字。宋姚寬《西溪叢語》卷一云：“《周易》遯卦‘肥遯，無不利’，‘肥’字古作‘巷’，與古‘蜚’字相似，即今之‘飛’字，後世遂改爲‘肥’字。《九師道訓》云：‘遁而能飛，吉孰大焉。’張平子《思玄賦》云：‘欲飛遁以保名。’注引《易》上九‘飛遯無不利’，謂去而遷也。曹子建《七啓》云：‘飛遯離俗。’”又王弼《周易注》解遯上九云“憂患不能累，矰繳不能及”，故而“鼓翼而飛”。“風雨如晦，雞鳴不已”語出《詩經·鄭風·風雨》。

## 晋

䷢

晋有日行黄道之象。内三爻爲夜，外三爻爲晝。夜行爲人目所不見，故“摧如”“愁如”。遅明出海，萬目睽睽，此“衆允”也。帝堯時，日南至，纏虚，虚爲“鼠”也。六五“矢得”，矢，箭籌也，用之以算日次。角，東方七宿之首，自虚至此七宿，日行一周天矣。【41】

【41】晋卦離上坤下，離爲日，故外三爻取晝之象；坤爲夜（《周易集解·繫辭上傳》“剛柔者晝夜之象”荀爽注），故内三爻取夜之象。晋卦初六言“晋如摧如”，六二言“晋如愁如”，梨洲以爲暗夜人不能视物之象。六三言“衆允，悔亡”，梨洲以爲黎明時分，朝日將出之象。“日南至”即冬至，“纏”通“躔”，帝堯時代，冬至日在虚宿。案，《宋史·天文志第一》云：“冬至之日，堯時躔虚。”

虛爲北方七宿之一，其象爲鼠，又稱“虛日鼠”。因此，晋卦九四爻有“鼫鼠”之象。其六五爻辭“失得”之“失”，《釋文》云：“孟、馬、鄭、虞、王肅本作矢。馬、王云：離爲矢。虞云：矢古誓字。”帛書《周易》亦作“矢”。箭籌爲用箭竹做的算籌。其上九爻言“晋其角”，梨洲以“角”爲角宿，東方七宿之首。

## 明夷

䷣

明夷有日食之象。初在食限，去合朔尚遠，故曰“三日不食”。二爲初虧，四爲食甚，五爲復圓，上爲“入地”。曰“左股”“左腹”者，日月俱東行，日遲月疾，其食也，日在右，而月從左追及之，故日食必先於左。若日在左，則與月不相及矣。【42】

【42】漢儒即有以明夷卦爲日食之象者。據《漢書·谷永杜鄴傳》載，杜鄴云：“日食，明陽爲陰所臨，坤卦乘離，明夷之象也。”離日爲坤陰所掩，故明夷有日食之象。日食或月食的發生，要求太陽對於黄道面和白道面的交點不能超出一定的限度，此限度稱爲“食限”。合朔則指日月運行處於同宫同度。案，《後漢書·律曆下》云：“日月相推，日舒月速，當其同所，謂之合朔。”

## 家人

䷤

或問文中子家人之象。子曰：“明内而齊外。”蓋離、巽之卦也。一陽一陰相配於中，有父母、夫婦之象。焦延壽以上爻爲宗廟，五爲君。在家人，則君位爲父矣。【43】

【43】此節係引元張理《大易象數鈎深圖》卷中之言，略有删節。文中子，即王通（584—671），字仲淹，道號文中子，隋代思想家，有《中説》（又稱《文中

子》）十卷傳世。《文中子·禮樂篇》載："程元曰：'敢問"風自火出，家人"，何也？'子曰：'明内而齊外，故家道正而天下治。'"離爲明，巽爲齊，《説卦傳》云"帝出乎震，齊乎巽"。九五陽爻居上卦之中，六二陰爻居下卦之中，故"一陽一陰相配於中"，即《彖傳》所云"女正位乎内，男正位乎外"。

## 睽

䷥

睽有人死爲鬼之象。祖而薦馬，故初言"喪馬"。將葬，甸人抗重而出，重有主道。"遇主於巷"者，謂重也。"輿"，喪車也。"輿曳""牛掣"者，所謂"輪按軌以徐進，馬悲鳴而踴顧"也。"其人天且劓"者，括髮擁鼻而號哭也。"元夫"，尸也。孝子不見親之形象，於虞祭立尸，"遇元夫"也。"膚"，膚鼎，宗廟之祭，内神也。車中之"鬼"，外神也。[44]

【44】据《儀禮·既夕禮》，士人死後，遷靈柩於祖廟，進獻駕車之馬，此即所謂"祖而薦馬"。睽卦初九言"喪馬勿逐"，喪與逐對言，則此喪當爲喪失之義，喪馬即走失之馬，而梨洲則以此"喪馬"爲喪事所用之馬，不當。"甸人"是指公侯派來幫助士治理喪事者。"重"爲用以懸鬲之木架，鬲中盛粥，置於中庭。在未葬之前，以重爲神主，既葬之後，另立神主，而埋重于祖廟門外。《禮記·檀弓下》"重，主道也"，鄭玄注："始死未作主，以重主其神也。重，既虞而後埋之，乃後作主。"睽九二言"遇主於巷"，梨洲以爲此"主"即是指"重"。睽六三云："見輿曳，其牛掣，其人天且劓。无初有終。"梨洲以爲，"輿曳""牛掣"是指送葬車馬緩慢而行。案，"輪按軌以徐進，馬悲鳴而踴顧"，語出晋潘岳之《寡婦賦》。"其人天且劓"，胡瑗《周易口義》云，天當作而，後人傳寫之誤，有罪而髡其髮曰"而"。劓爲古割鼻之刑。故而梨洲云"其人天且劓"爲"括髮擁鼻而號哭"。睽九四言"睽孤，遇元夫"，梨洲以爲"元夫"即"尸"。尸，代死者受祭之人。《儀禮·士虞禮》"祝迎尸"，鄭玄注："尸，主也。孝子之祭，不見親之形象，心無所繫，立尸而主意焉。"既葬而祭謂之虞。睽六五言"厥宗噬膚"，上九言"載鬼一車"，梨洲以"膚"指祭祀宗廟所用之膚鼎，宗廟所祭者爲

内神，而以“鬼”爲外神。案，宗廟所祭爲一家之神，爲内神；郊、社、封禪等所祭之神爲外神。

## 蹇

蹇卦，内艮爲山，城象也；外坎爲谿，隍象也。世道之壞，起於人心。當蹇難之時，機械争勝，天下皆往而不來，靡然降服。唯“君子反身修德”，固守名教，有干城之象，亦如燕盡降齊城，獨莒、即墨不肯下耳。

## 解

坎中之一陽，即震下之一陽，始包於坎中，既而出坎爲震，若果核之仁變而爲芽，則“甲拆”矣。坎爲狐，“三狐”，坎三爻也。二以剛居中，一陽貫於二陰之間，似“矢”中之。“射”之者，“高墉”之上六也。上六，柔也，何以能射，蓋剛已中狐，無“矢”故柔。[45]

【45】解卦下坎上震，坎爲陰包陽，於時爲冬；震爲一陽發動，於時爲春，故由坎而震有陽出之象，若果仁之萌芽。《彖傳》云：“天地解而雷雨作。雷雨作而百果草木皆甲坼，解之時大矣哉。”甲坼者，種子破殼而出也。解卦九二云：“田獲三狐，得黄矢，貞吉。”干寶云：“坎爲狐。”（《周易集解·未濟》）梨洲以“三狐”爲坎卦三爻之象，又以坎卦一陽貫穿於二陰之間有矢之象。解卦上六云：“公用射于高墉之上，獲之，無不利。”梨洲以射狐者乃上六。以梨洲之意，上爻本剛，因射“狐”，其“矢”已在二爻，故變而爲柔。如解卦上爻本剛，二爻爲柔，則其當爲晋卦。因“射狐”，晋之上九往二爻，則變爲解。可見，梨洲雖反對“卦變”説，但在解釋卦象時也不免化用之。案，所謂“觀象繫辭”（《繫辭上

傳》)，其所觀之象不僅是一卦自身卦爻之象，也包括卦與卦間的關係之象，也就是説著眼卦與卦間的關係來解釋卦爻辭的方法，從理論上是不應被刻意否棄的。漢宋易學中的“卦變”説，是在其宇宙生成與陰陽變化理論指導下對卦與卦之間關係的系統化。雖然漢宋易學之“系統化”的卦變説超出了《周易》經文之語義，不應再被廣泛使用，但是著眼於卦與卦之間的變化關係來解釋卦爻辭的一般性卦變方法則不應被排斥。

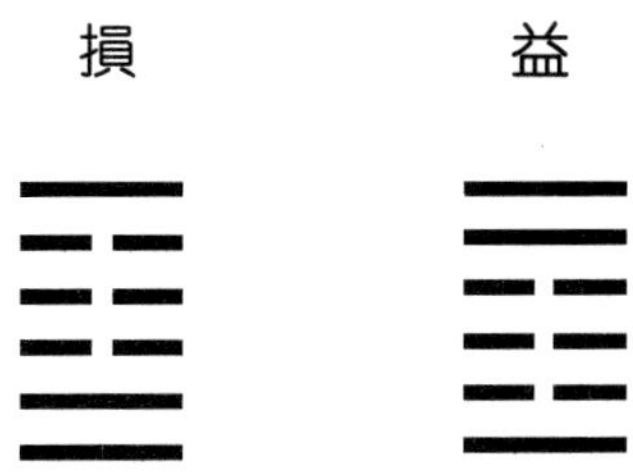


分田授土於下，貢税終事於上，上與下交相損益者也。損初舉趾，粟米之徵也。九二“利貞”，布縷之徵也。六三損人，力役之徵也。四損民之疾苦者也。“百姓足，君孰與不足?”故五有“或益”之“龜”。不以天下自富，故上有“無家”之譽。益初“大作”，受田而耕。六二“享帝”，春秋祈報。“國之大事，在祀與農。”二爻皆“養生”之事也。六三“凶事”，送死之事也。四之“遷國”，封建諸侯，各行井田也。九五“惠心”，“以不忍人之心行不忍人之政”也。損益之道如此。聖人逆知後世剥下奉上，民不聊生，不授田養民，則上無益下之道矣。民買田以自養，又復重税，驅而納之溝壑，使下損無可損，而後之俗儒猶曰“十一而税，先王之制也”，是上之於下非“益之”，乃“擊之”也，故以上九終焉。【46】

【46】《彖傳》云：“損，損下益上，其道上行。”“益，損上益下，民説無疆，自上下下，其道大光。”此以上下君民關係論損益卦義。梨洲之解則將上下損益具體化爲“分田授土於下”與“貢税終事於上”。案，《孟子・盡心下》云：“有布縷之徵，粟米之徵，力役之徵。君子用其一，緩其二。用其二而民有殍，用其三而父子離。”梨洲以損初九爲“粟米之徵”，九二爲“布縷之徵”，六三爲“力役之徵”，皆是上徵求於下。此雖然符合整體卦義，但損初九言“已事遄往”、九二言“利貞，征凶”並無徵收粟米、布縷之義，六三言“三人行則損一人，一人

行則得其友”也與“力役之徵”不吻合。益卦初九言：“利用爲大作，元吉，无咎。”大作爲作大事，虞翻注云：“大作謂耕播。”又侯果注云：“大作爲耕植也。處益之始，居震之初，震爲稼穡，又爲大作。益之大者，莫大耕植，故初九之利利爲大作。若能不厚勞於下民，不奪時於農畯，則大吉无咎矣。”故梨洲亦以“大作”爲“受田而耕”。六二言“王用享于帝”，梨洲以爲“春秋祈報”，即春日社祭以祈豐收，秋日社祭以報神功。六三言“益之用凶事”，吴澄《易纂言》云：“凶事謂喪禮。”梨洲亦以之爲送死之事。梨洲以益卦下三爻言民之養生與送死，皆爲民之“益”。益卦六四言“利用爲依遷國”，梨洲釋之爲分封諸侯而行井田制，授民以田。九五言“有孚惠心”，梨洲以爲此心乃施政者之不忍人之心。因六四、九五能授民以田而行仁政，故初九、六二、六三之下民得其益，養生喪死而無憾。益卦上九言：“莫益之，或擊之，立心勿恒，凶。”梨洲釋之爲，若在上者徵重税于下，非但對自身無益，反對自身有害。梨洲批評俗儒所尊崇的十而税一之制，他認爲：“古者井田養民，其田皆上之田也。自秦而後，民所自有之田也。上既不能養民，使民自養，又從而賦之，雖三十而税一，較之於古亦未嘗爲輕也。”(《明夷待訪録・田制》)

## 夬

兑爲羊，上卦之羊固矣，而統卦皆有羊象，爻中所言皆統卦之義也。上爲羊頄，三以應之，故曰“壯頄”，非三爲“頄”也。四爲羊“臀”，初爲羊“趾”。“莧陸”，羊所食之草。羊善鳴，得草故“無號”也。【47】

【47】《説卦傳》云：“兑爲羊。”夬之上卦爲兑，故梨洲以爲其上卦三爻皆言羊。又夬卦一陰在上而五陽在下，通體有兑之象，故夬卦之總體也爲羊之象。夬卦九三言“壯于頄”，頄即顴骨，顴骨在上，故梨洲以爲夬上六爻爲羊之頄，而九三爻與之相應，故言“壯于頄”。九四言“臀无膚”，初九言“壯于前趾”，皆就羊之象而言。九五言“莧陸夬夬”，孔穎達疏云：“莧陸，草之柔脆者。《子夏傳》云：‘莧陸，木根草莖，剛下柔上也。’馬融、鄭玄、王肅皆云：‘莧陸，一

名商陸。'" 故梨洲以莧陸爲羊所食之草。上六言“无號”，梨洲云羊得草故無（无）號。

## 姤

䷫

彖辭“勿用取女”，六爻皆以此爲象。女登車而“金柅”見“繫”，是爲不吉。嫁娶之家，必宴會賓客，而“庖”中“無魚”，“臀”肉“無膚”，“瓜”尚在“杞”，羊餘惟“角”，則不成禮矣。其爲牝雞索家，不待言也。[48]

【48】姤卦辭言：“女壯，勿用取女。”《周易集解》載鄭玄注：“姤，遇也，一陰承五陽，一女當五男。苟相遇耳，非禮之正，故謂之姤。女壯如是，壯健以淫，故不可取。婦人以婉娩爲其德也。”姤初六言“繫于金柅”，孔穎達疏云：“柅之爲物，衆説不同。王肅之徒皆爲織績之器，婦人所用。惟馬云：‘柅者，在車之下，所以止輪，令不動者也。’王注云：‘柅，制動之主。’蓋與馬同。”梨洲言“女登车而金柅见繫”，則亦以金柅爲車下制動之器。梨洲以“繫于金柅”，爲迎親之車受阻之象。九三言“臀无膚”，九四言“包无魚”（包借爲庖），九五言“以杞包瓜”，上九言“姤其角”，梨洲皆以爲舉行婚禮而不能宴會賓朋之象，喻此婚不合乎禮。《尚書·牧誓》云：“牝雞無晨。牝雞之晨，惟家之索。”僞孔安國傳云：“索，盡也。喻婦人知外事，雌代雄鳴則家盡，婦奪夫政則國亡。”

## 萃

聚天下之人心者，莫如宗廟。九五“萃有位”，四海之内，各以其職來祭。四之“大吉”，二之“用禴”，吉萃也。上六“齎咨涕洟”，是王者

大喪，群公萃而哭臨。三之“嗟如”，初之“號若”，凶萃也。[49]

【49】萃卦辭言“萃，亨，王假有廟”。《伊川易傳》云：“王者萃聚天下之道，至於有廟，極也。群生至衆也，而可一其歸仰。人心莫知其鄉也，而能致其誠敬。鬼神之不可度也，而能致其來格。天下萃合人心、揔攝衆志之道非一，其至大莫過於宗廟。故王者萃天下之道，至於有廟，則萃道之至也。”九五爻言“萃有位，无咎”，九五以天子之位祭祀於宗廟，四海公侯皆來助祭於天子。六二爻言“孚乃利用禴”，王弼注云：“禴，殷春祭名也，四時祭之省者也。居聚之時，處於中正而行以忠信，故可以省薄薦於鬼神也。”梨洲以六二爻與九四爻“大吉，无咎”，皆爲吉萃。以六三之“萃如嗟如”，初六之“乃亂乃萃，若號”爲凶萃。案，諸本初六爻皆云“若號”，未有作“號若”者。蓋梨洲以“號若”而應“嗟如”，非以初六原辭爲“號若”。上六言“齎咨涕洟，无咎”，齎咨涕洟即痛哭流涕之義。《釋文》云：“齎咨，嗟歎之辭也。鄭同。馬云：悲聲，怨聲。”涕洟，鄭玄注：“自目曰涕，自鼻曰洟。”梨洲以爲上六言王者之喪，公侯聚集而哭祭之。

## 升

此王者受命，升中而祭告之事。“允升”者，德洽而後升也。“用禴”者，宗廟之祭也。“虛邑”者，名山之邑，如《春秋》“邴者，鄭伯之所受命，而祭泰山之邑是也”。將“享”“岐山”，先宿其邑而後升也。“升階”者，築土爲壇，故有階也。“冥升”者，感格於冥冥也。[50]

【50】梨洲以升卦言王者登山祭天之事。《禮記·禮器》云：“因天事天，因地事地，因名山升中於天。”鄭玄注：“名猶大也。升，上也。中猶成也。謂巡守至於方獄，燔柴祭天，告以諸侯之成功也。”初六爻言“允升，大吉”，梨洲以允爲德之允洽，此爲升中祭告之本。九二爻言“孚乃利用禴，无咎”，内懷誠信雖薄祭而無咎。九三爻言“升虛邑”，梨洲以爲“虛邑”指專供祭祀的城邑。“邴者，鄭伯之所受命，而祭泰山之邑是也”，載《穀梁傳》桓公元年。六四爻言“王用亨于岐山”，王先宿于專爲祭祀所設之城邑，而後登山嶽以祭天。祭天須築

土爲壇，於壇上燔柴以祭，故梨洲以爲六五爻言“貞吉，升階”之階，爲祭壇之階。升上六爻之“冥升”與豫卦上六爻之“冥豫”，梨洲皆以其“冥”指鬼神所在之幽冥，故以“冥豫”爲祀神之樂，以“冥升”爲感格於鬼神。

## 困

䷮

兑正秋而坎爲冬。兑之一陰，象乎始秋之氣，蔓草未殺，故爲“葛藟”之“困”。六三則秋冬之交，蔓草葉脱而刺存焉，故爲“蒺藜”之“困”。初六則在坎之下，大寒之時也，蔓爲霜殺而靡有孑遺，所存者“株木”而已。【51】

【51】困卦上兑下坎，兑爲正秋，坎爲正冬，故梨洲以秋冬時節草木凋敝來解困卦之初、三、上三爻。上六爻“困于葛藟”，梨洲以爲始秋之時；六三爻“困于石，據于蒺藜”，梨洲以爲秋冬之交；初六爻“臀困于株木”，梨洲以爲大寒之時。案，《周易》卦爻以下爲初，以上爲終，又《易緯·乾鑿度》云“易氣從下生”，而梨洲解困卦之秋冬時節則以上爲始，以下爲終，於易象之常例不合。

## 井

䷯

此即井田之制，故以名卦。巽爲繩直，坎爲水，區畫於水上者，田也。田以溝洫爲主，溝洫之水，人即取汲爲食。“井泥不食”者，溝洫不治，涸而見泥，荒田也，故爲鳥雀所不集。“井谷射鮒”者，水深而有魚可射也。“井渫”“井甃”“井冽”，皆“我疆我理，南東其畝”者也。“井收勿幕”者，大有之年，粒米狼戾，當收歛而勿蓋藏也。“勞民勸相”，省耕省歛也。若以井泉取義，禽固不能入井，有魚之井亦不多見矣。【52】

【52】井卦辭言“汔至亦未繘井，羸其瓶”，《彖傳》則云“巽乎水而上水，井”，皆以井爲水井，而梨洲以之爲井田似不合經文之義。初六爻言“井泥不食，舊井無禽”，梨洲以爲溝洫乾涸而見泥，田地荒蕪，鳥雀不至。此説未爲允洽，因爲荒蕪之田地亦多有鳥雀。九三爻“井渫”、九五爻“井洌”，顯然皆是言井水，非是言井田。六四爻云：“井甃，无咎。”《説文・瓦部》云：“甃，井壁也。”《釋文・周易音義》載：“馬云：爲瓦裏下達上也。《子夏傳》云：修治也。干云：以磚壘井曰甃。《字林》云：井壁也。”甃既然爲井壁或以磚砌井壁，則此“井甃”之井必指水井，而非井田。上六爻言“井收勿幕”，幕者覆也，水井經修治完善，井功大成，不要覆蓋，以便人們汲取。《象傳》云：“木上有水，井，君子以勞民勸相。”《伊川易傳》云：“勞徠其民，法井之用也；勸民使相助，法井之施也。”案，“我疆我理，南東其畝”見《詩經・小雅・信南山》。“省耕省斂”語出《孟子・梁惠王下》：“春省耕而補不足，秋省斂而助不給。”

## 革

䷰

革有爐鞴之象，離火鼓鑄兑金，而金從革也。金成器，則文彩生，故“虎變”“豹變”。“黄牛之革”，橐籥也。“己日乃革”，己爲土，冶必用土也。“革言三就”者，黑濁之氣竭，黄白之氣竭，青白之氣竭，然後可鑄也。器敝改鑄之之爲革。天下亦大器也，禮樂制度，人心風俗，一切變衰，聖人起而革之，使就我範圍以成器。後世以力取天下，仍襲亡國之政，惡乎革？【53】

【53】革卦下離上兑，離爲火，兑爲金，離火鼓鑄兑金，故有爐鞴之象。鞴通韝，《玉篇・韋部》云：“韝，韋囊也，可以吹火令熾。”爐鞴即冶煉所用之火爐與風囊。案，梨洲以革卦爲冶煉之象，多有不通，未若以變革義言之爲當。初九爻言“鞏用黄牛之革”，鼓風之橐籥爲牛皮所製，故梨洲以“黄牛之革”指橐籥。然其言“鞏之用黄牛之革”，鞏者以韋束之，又遯卦六二爻言“執之用黄牛之革”，二爻皆言以黄牛之革束縛之。梨洲以“黄牛之革”爲橐籥，不知何以鞏

之？六二爻言“己日乃革之”，十干己屬土，故梨洲云己爲土。冶雖然用土，但既以己爲天干，則己日爲時日，與冶煉之土不相干。九三爻言“革言三就”，梨洲以爲此言冶煉中金屬的變化過程。《考工記·栗氏》云：“凡鑄金之狀，金與錫黑濁之氣竭，黄白次之；黄白之氣竭，青白次之；青白之氣竭，青氣次之，然後可鑄也。”九四言“大人虎變”、上六言“君子豹變”，梨洲以爲“金成器則文彩生”，然金成器而文彩生與大人、君子有何關係，梨洲未置一詞。案，如以變革義解革卦六爻，則初九“鞏用黄牛之革”，言此時束縛牢固，非變革之時，故《象傳》云“不可以有爲也”；六二“己日乃革之”，己於十干爲第六，己日則言時已過半，大勢將變，變革之機已到，故《象傳》云“行有嘉也”；九三“革言三就”，言變革非一蹴而成，須循序漸進；九四“有孚，改命吉”，言革命已成，《象傳》云“改命之吉，信志也”；九五“大人虎變”，言變革既成，大人行道施政，文教斐然；上九“君子豹變，小人革面”，言君子小人蒙文德之教，皆變化一新。

## 鼎

䷱

初爲鼎足，二、三、四爲鼎腹，五爲鼎耳，上爲鼎鉉。凡烹飪之事，自鑊升於鼎，自鼎載於俎，鼎不受烹者也。《象傳》“以木巽火，烹飪也”，此因鼎以及烹飪，非烹飪以鼎也。“顛趾”“出否”，雍人陳鼎於門外以告潔也。“鼎有實”，司馬司士升牲於鼎中也。“耳革”“行塞”者，主人未迎鼎之時也。“折足”“覆餗”者，舉鼎入門，佐食升之俎也。“折足”非鼎，牲體節折之謂之折俎，自脊脅以外，肩、臂、臑、膊、胳皆足也。“黄耳”“金鉉”者，牛鼎受一斛，羊鼎五斗，豕鼎三斗，天子皆飾以黄金也。[54]

【54】吴澄《易纂言》云：“卦之下一畫耦，鼎足之象。二、三、四，三畫奇，鼎腹中實以牲體之象。五畫耦，鼎耳之象。上一畫奇，鼎鉉之象，故名爲鼎也。”鼎本爲烹飪用具，漢宋《易》注也多以鼎爲烹飪之器，亦有以鼎鑊連言者，梨洲則據周制，指出鼎並不用於烹煮食物，而是由鑊烹煮食物後轉盛於鼎中。其言不虛。案，《周禮·天官·亨人》云：“掌共鼎鑊，以給水火之齊。”鄭玄注：

“鑊，所以煮肉及魚、腊之器。既孰乃晉於鼎，齊多少之量。”《周禮·天官·内饔》云：“王舉，則陳其鼎俎，以牲體實之。”鄭玄注：“取于鑊以實鼎，取于鼎以實俎。實鼎曰晉，實俎曰載。”初六爻言“鼎顛趾，利出否”，《釋文》云：“否，惡也。”否爲鼎中污穢。顛鼎趾以傾倒鼎中污穢，故梨洲云“雍人陳鼎於門外以告潔”。雍人爲掌宰烹之事者。九二爻言“鼎有實”，即將鑊中牲體升於鼎。《儀禮·少牢饋食禮》載“司馬升羊右胖”“司士升豕右胖”，故梨洲云“司馬司士升牲於鼎中”。既升牲於鼎則舉之，遷於廟門，主人則到廟門外迎鼎。九三爻言“鼎耳革，其行塞”，鼎耳變壞，遷鼎之途受阻，尚未至廟門，故云“主人未迎鼎之時也”。主人迎鼎，除去鼎鼏，士舉鼎入門，佐食者將鼎中之牲放於俎上。九四爻言“鼎折足，覆公餗”，古注多以“鼎折足”爲鼎足折斷，而梨洲則以爲“折足”是指折牲體之足的“折俎”，即將牲體折解置於俎上。六五爻言“鼎黄耳，金鉉”，天子之鼎飾以黄金，故黄耳金鉉。案，《周易集解》載九家易曰：“牛鼎受一斛，天子飾以黄金，諸侯白金，三足以象三台，足上皆作鼻目爲飾也。羊鼎五斗，天子飾以黄金，諸侯白金，大夫以銅。豕鼎三斗，天子飾以黄金，諸侯白金，大夫銅，士鐵。三鼎形同。”

## 震

雷之在天地間，能生物亦能殺物。“笑言啞啞”，萬物之鬱結解也。“七日得”，陰不能錮陽也。“蘇蘇”，更生之貌，言草木禽蟲也。内三爻皆爲生物。雷將擊物，其聲重濁，爲“震泥”。上下不已，物遇而傷焉，爲“往來厲”。其擊物也若有鬼神憑之，爲“震索索，視矍矍”。外三爻皆爲殺物。

## 艮

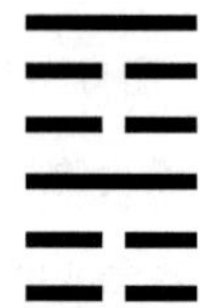

艮爲門闕，兩艮爲重門，互坎爲月，重門不啓，明月在庭，静之至也。其爻言“輔”頰不言口，言“身”不言腹，言“夤”“限”不言臍，有背面而立之象。四陰排布，狀背脅也。上一陽爲肩膊，中一陽爲脊背。[55]

【55】艮卦辭言“行其庭，不見其人”，《説卦傳》云艮爲門闕，上艮下艮故爲兩重門，一爲院門，一爲房門，兩門之間爲庭；二、三、四爻互體爲坎，坎爲月（《説卦傳》），故“重門不啟，明月在庭”。案，梨洲解艮卦之象本於鄭東卿與張理。鄭氏云：“象言‘輔’不言口，言‘身’不言腹，言‘夤’‘限’不言臍，有背面而立之象。”（宋冯椅《厚齋易學》卷二十六）张理《大易象數鉤深圖》卷下云：“艮之象言‘輔’頰不言口，言‘身’不言腹，言‘夤’‘限’不言臍，有背面而立之象，故曰‘艮其背’也。統一卦而觀之，下不分其‘腓’‘趾’，上不别其‘身’‘輔’，四陰排布，宛有背骨之狀；上一陽爲肩膊，中一陽爲脊膂也，脊膂取其貫中而已。艮之九三，艮之主也。以陽居陽，其性躁動，譬之於腰焉，俯仰罄折，起居行止，莫不因之。然其運動，實係於心也，故聖人係之以‘薫心’之象。六二以陰居陰，其性静矣，有‘腓’象，心欲動而腓不能舉行，其心安有快意乎？故聖人又係之以‘其心不快’之辭。”

## 漸

䷴

巽爲長女，艮爲門庭，女自外而歸男家之象。六禮必奠雁，故彖言“女歸”，爻言“鴻漸”。鴻者隨陽之鳥，艮巽界於子午，鴻之去來應之地勢。北高南下，“干”者水之涯，“磐”者岸之下，“陸”則及於岸，南方之象也；“木”者林木之高，“陵”者丘陵之際，“逵”者天際，北方之象也。[56]

【56】古代士娶妻要經過納采、問名、納吉、納徵、請期、親迎等六大禮儀，故又稱爲六禮。據《儀禮·士昏禮》，納采、問名、納吉、請期、親迎時均以雁爲見面禮，故云“六禮必奠雁”，奠者敬獻也。鄭玄注云：“納采而用雁爲摯者，

取其順陰陽往來。”鴻雁爲候鳥，入秋則南徙，春則北歸，故爲隨陽之鳥。艮處東北，巽處東南，子午亦即南北，艮巽分處南北，故云“艮巽界於子午”。初爻言“鴻漸于干”，二爻言“鴻漸于磐”，三爻言“鴻漸于陸”，干、磐、陸均爲水旁之地，南方多水，故均爲南方之象。四爻言“鴻漸于木”，五爻言“鴻漸于陵”，上九言“鴻漸于陸”。案，胡瑗提出漸上九爻“陸”字當爲“逵”，“逵者，雲路也”（《周易口義》），程頤、朱熹均從其説，梨洲亦因之。

## 歸妹

䷵

震爲春，兑爲秋，正嫁娶之時也。下三爻明嫡妾之分，二得中爲嫡，初與三皆娣姪也。四之“愆期”，謂請期也。五爲親迎，婦入門也。上爻婦見舅姑，故“承筐”；舅姑醴婦，故“刲羊”。[57]

【57】關於周代嫁娶時節，諸説不一。《荀子·大略》云“霜降逆女”，此以季秋時節嫁娶。《周禮·地官·媒氏》鄭玄注云：“仲春陰陽交以成昏禮，順天時也。”梨洲則兼取二説，以春秋爲嫁娶之時。歸妹初九爻言“歸妹以娣”，六三爻亦言“歸妹以須，反歸一娣”。按古之媵婚制，女子出嫁爲正妻，其娣或姪陪嫁爲媵。《禮記正義·曲禮下》孔疏：“姪是妻之兄女，娣是妻之妹，從妻來爲妾也。”上六爻云：“女承筐无實，士刲羊无血，无攸利。”按《儀禮·士昏禮》，新婦拜見公婆“執笲棗栗”，笲爲盛物之竹器，故梨洲云“婦見舅姑，故承筐”；公婆則向兒媳行醴禮，此即“舅姑醴婦”。梨洲以“舅姑醴婦”釋“刲羊”，恐不當。舅姑醴婦並不刲羊，且爻辭明言“士刲羊”，此“士”與“女”對言，顯然是指丈夫，並非是舅姑。案，鄭玄《周易注》云：“宗廟之禮，主婦奉筐米。《士昏禮》云：‘婦入三月而後祭行。’”郭雍《郭氏家傳易説》云：“無以奉祭祀，則非夫婦之道矣，故稱‘女’‘士’焉。未嫁曰女，未娶曰士。筐所以載實也，承筐无實，失婦道也。《禮》云：‘血祭，盛氣也。’親割牲而无血，失夫道也。夫不夫，婦不婦，何所利哉？”

## 豐

豐亦爲日食之象。初之“配主”，月也。此在日食前，月之望，故“雖旬无咎，過旬則災”。離，南方之卦，五六月之交，日在午未，日食於井、柳，則“斗”宿遠而得見。“日中見昧”，日食之既也，其應在大臣，故“折其右肱”。震，東方之卦，正二月之交，日在亥戌，日食於室、壁，則斗柄之指午未者，遠而得見。卦中兩“斗”異星也。“來章”，復圓也。“閴其無人”，日入而人息也。[58]

【58】豐卦初九爻云：“遇其配主，雖旬无咎，往有尚。”“配”，鄭玄本作“妃”（《釋文》），帛書《周易》作“肥”，“肥”“妃”“配”相通。日食，故月爲配主。日食必發生於朔日，古人以爲發生日食則有災禍，故梨洲以初爻“雖旬无咎，過旬則災”是指日食前之月望日。豐下卦離，爲南方之卦，於時爲夏，日行於黄道午未，日食於南方井宿、柳宿之間，北方之斗宿可得而見，故六二爻言“日中見斗”。九三爻云：“豐其沛，日中見沬，折其右肱，无咎。”“沬”，鄭玄作“昧”，或以昧爲微昧之光，或以之爲星之小者。梨洲以爲，日中見昧是指日食完全形成，其災主折損大臣，故云“折其右肱”。上卦震，東方之卦，於時爲春，日行於黄道亥戌，日食于北方室宿、壁宿之間，则北斗柄指午未方之星宿柳、井等，可得而見。九四爻言“日中见斗”，梨洲以爲指北斗，與六二爻之“斗”不同。“閴”，“闃”之俗體，《周易》豐卦上六爻辭作“闃”。

## 旅

艮爲闕門，有次舍之象，故内卦皆爲“即次”。三之“焚次”，以近離

火也。離爲“科上槁”，則是巢而已，非次舍也。上卦本三陽，有三矢象，六來居之，“亡”其“一矢”。是爲野鳥入室，故有“焚巢”之變。人生何在非逆旅，豈能久居？聖人以“焚巢”示象。“瑣瑣”者，世人經營求望之心，爭城受禪皆瑣瑣也。“焚巢”“喪牛”，運數之在天者也。中四爻之得失，何足芥蒂乎！【59】

【59】下卦艮爲門闕，六二爻在門之内，故其辭言“旅即次”。上卦離爲火，九三近火，故其辭言“旅焚其次”。六五爻言“射雉，一矢亡”，梨洲以陽爻爲矢之象，五爻本陽而爲陰居之，故云“一矢亡”。案，梨洲於解卦之下卦之象，亦云“一陽貫於二陰之間，似矢中之”。解下卦陽貫穿陰爲中矢之象，旅上卦陰居二陽之間，有“一矢亡”之象。又梨洲以旅之五爻本陽，則其卦爲否，否之九五來居三爻，其六三則往居五爻而成旅。此處梨洲亦用卦變之説（見解卦注）。上九爻云：“鳥焚其巢，旅人先笑後號咷，喪牛于易，凶。”《説卦傳》云離爲“科上槁”，孔穎達疏云：“科，空也。陰在内爲空，木既空中者，上必枯槁也。”梨洲則以“科上槁”爲鳥巢之象。

## 巽

巽有俎象，陰象足，陽象牀，上下二巽爲重俎。凡《易》之言“牀”，皆指俎豆而言，非人所卧之牀也。三爲“牀”，二爲“史巫”，初爲主人。“三品”，牀上所設之牲也。上又一“牀”，亦宜加以鼎實。六四在上卦，是上爻所設之物也，今設之於下卦之上，不可復加，故云“喪其資斧”。【60】

【60】俎爲古代祭祀用來盛祭品的器物，形如几案。梨洲以巽下爲陰爻，上爲陽爻，故有俎之象。巽九二爻言“巽在牀下”，又剥卦爻辭亦言“牀”，梨洲以爲卦爻辭中“牀”皆指俎之案板。巽初六爻言“進退，利武人之貞”，梨洲以初爲主人，亦即主祭之人，“進退”則祭祀進獻時之進退也。六二爻言“巽在牀下，用史巫紛若”，孔穎達疏云：“史爲祝史，巫爲巫覡，並是接事鬼神之人也。”六四爻言“悔亡，田獲三品”，王弼注云：“一曰乾豆，二曰賓客，三曰充

君之庖厨也。”意即所獲獵物分三類，一類做成乾肉以爲豆實，二類供賓客食用，三類則爲君所用。梨洲則以此“三品”爲祭祀之犧牲，牛、羊、豕之類。巽有俎象，上巽下巽則爲兩俎，六四在上卦，其“三品”本當爲上爻俎牀所設之物，但六四又在九三爻俎牀之上，其“三品”已加于下卦俎牀之上，故而上九爻言“喪其資斧”。

## 兑

䷹

兑爲正秋之卦，下二爻，七月之象；中二爻，八月之象；上二爻，九月之象。言“和”言“孚”者，陽氣猶盛也。秋於五音爲“商”。“介”者，陰陽之介也。“剥”則陰欲剥陽，“引”則陽欲避陰，衰落之候也。【61】

【61】商音五行属金，秋亦属金，故秋於五音屬商。上二爻九月之象，九月於十二辟卦爲剥，故九五“孚于剥”，陰欲剥陽。上六陰盛而陽欲避之，故“引兑”。引者，退却也。《禮記・玉藻》“則必引而去君之當”，鄭玄注：“引，却也。”

## 涣

䷺

上巽下坎，有東風解凍之象。亂離之後，“天地閉，賢人隱”，故“用拯馬壯”，以求巖穴之士相助爲理。“机”，几也。既得賢才，則使之憑几而崇禮之。“涣其躬”，所謂“學焉而後臣”也。當是時，不知幾人稱王，幾人稱帝，聚而爲“群”，吾從而涣之。“涣汗其大號”者，建立諸侯，各有封號也。“涣其血”者，“原野厭人之肉，川谷流人之血”，吾以不嗜殺人涣之也。【62】

【62】涣卦上巽下坎，巽爲風，其位爲東南，坎於時爲冬，故涣卦“有東風解凍之象”。《序卦傳》云：“涣者，離也。”故梨洲以涣卦象離亂之世。其初六爻云：“用拯馬壯，吉。”梨洲以此爻意指訪求隱遁之賢人相助以救世，“馬壯”象人賢。九二爻云：“涣奔其機，悔亡。”虞翻注以此爻有“憑機之象”（《周易集解》），王弼注云“機，承物者也”，程頤注云“機者，俯憑以爲安者也”，皆讀“機”爲几案之“几”也。梨洲以爲“涣奔其几”是説使賢者憑几而坐，意即得賢才而尊禮之。六三云：“涣其躬，无悔。”梨洲以之爲在上者躬身下就，求學並任用賢達之義。“學焉而後臣”語出《孟子・公孫丑下》，其文曰：“湯之于伊尹，學焉而後臣之，故不勞而王。桓公之于管仲，學焉而後臣之，故不勞而霸。”六四爻言“涣其群，元吉”，離亂之世，群雄蜂起，稱王稱帝，各自爲“群”，紛爭不已，欲平天下之亂，必須涣散其群。九五爻言“涣汗其大號”，梨洲以“號”爲諸侯封號，以此爻爲平定天下之後，王者分封諸侯之義。上九爻言“涣其血”，《象傳》云：“涣其血，遠害也。”梨洲以“血”爲戰爭殺人所流之血，“涣其血”意指不事殺伐，與民安息。案，“原野厭人之肉，川谷流人之血”，語出揚雄《法言・淵騫》。厭者飽也，滿也；或讀爲壓，言堆積相枕壓。

## 節

䷻

水澤何以謂之節也？百川注海，無澤以納之，則水利不興，旱澇爲患。内爻爲興居之節，互艮爲門户，初、二兩陽，若人處其中。外爻爲飲食之節，“安”者五味相和，自三至上，五以一陽處於三陰之中，坤之“稼穡作甘”也。自二至五有離象，火性“炎上作苦”，故上爲“苦”也。[63]

【63】節卦上坎下兑，坎爲水，兑爲澤。《象傳》云：“澤上有水，節。”孔穎達疏云：“水在澤中，乃得其節。”《子夏易傳》云：“澤上有水，止而不洩，下保其潤，上得其安，節之象也。”故而澤有“節”水之功。三、四、五爻互體爲艮，艮爲門闕，初九、九二陽爻在艮之下，有人在門内之象，故初九言“不出户庭”、九二言“不出門庭”。六三爻云：“不節若，則嗟若，无咎。”《象傳》云：“不出

户庭，知通塞也。不出門庭，凶，失時極也。不節之嗟，又誰咎也。”此即梨洲所謂“内爻言興居之節”。梨洲又以外三爻言飲食之節，六四言“安節，亨”，五味調和以安性氣。又三爻至上爻，九五陽爻而處三陰爻之中，三陰爲坤爲土，《書·洪範》云“土爰稼穡”“稼穡作甘”，故九五言“甘節”。二爻至五爻，上下爲陽爻，中間爲陰爻，有離卦之象，離爲火，《洪範》云“火曰炎上”“炎上作苦”，上六爻居離之上，故云“苦節”。

中孚　　小過

“中孚生陽，羽族，卵生也。咸卦生陰，血肉之物，胎生也。中孚爲生陽之始，小過爲生陽之成”，有嫗卵之象焉。【64】當“燕”之來，鳥雀生卵之時也。“鶴鳴”“子和”，鶴以聲抱者也。【65】“或鼓或罷，或泣或歌”，調和伏卵之節也①。【66】“月幾望”，其氣候將至也。“有孚攣如”，卵已成形，其爪尚攣也②。“翰音登天”，則出觳而鳴矣。【67】小過，“飛鳥”之“音”即“翰音”也。中二陽爲鳥之腹背，下二陰爲左翼，上二陰爲右翼，有東飛之象。【68】大道不行，鳥獸之卵胎既不可俯闚，飛而害之者至矣。故初爲“飛鳥”之“凶”，三之“或戕”，四之“往厲”，五爲矰繳，上爲網罟，人世之險一至於此。【69】

【64】自“中孚生陽”至“生陽之成”，引自元張理《大易象數鈎深圖》卷下。據卦氣六日七分説，中孚卦值冬至之初候，咸卦值夏至之初候，冬至陰極而陽生，夏至陽極而陰生，故云“中孚生陽”“咸卦生陰”。小過卦值立春之初候，立春陽氣上升，萬物更生，故云“小過爲陽之成”。宋人毛伯玉云：“中孚，卵之象。小過，飛鳥之象。未化則爲中孚，已孚則爲小過。中孚上九‘翰音登於天’，明小過之以反對次中孚也。序卦者言其理，此言其象，卦之爲序當以象爲本指。”

① “伏卵之節”，“伏”原作“仗”，非是，據四庫本改之。

② “其爪尚攣”，“爪”原作“瓜”，非是，據四庫本改之。

（馮椅《厚齋易學》卷三十一）郑東卿亦以中孚爲卵之象、小過爲飛鳥之象（見《朱子語類》卷六十六）。“嫗卵”即孵卵之義。嫗者，以體相温也。

【65】中孚初九云：“虞吉，有它不燕。”九二言“鳴鶴在陰，其子和之”，梨洲以之爲鶴孵卵之義。所謂“鶴以聲抱”，“抱”即孵卵之義。《説文·爪部》：“孚，卵孚也。”段玉裁注：“凡孵卵曰抱。”又唐人段成式《酉陽雜俎·前集》卷十六云：“鸛影抱，蝦蟆聲抱。”

【66】中孚六三云：“得敵，或鼓或罷，或泣或歌。”梨洲以爲意指調和伏卵之節，但“鼓”“罷”“泣”“歌”似與伏卵行爲不相契，再者該爻明言“得敵”，更與伏卵之事不相應。

【67】中孚六四云：“月幾望，馬匹亡，无咎。”九五云：“有孚攣如，无咎。”上九云：“翰音登於天，貞凶。”梨洲以此三爻言鳥孵卵漸成形而出。鷇，初生之鳥謂之鷇。

【68】小過卦辭言“飛鳥遺之音”，古人多謂小過有飛鳥之象，如漢末宋衷云：“二陽在内，上下各陰，有似飛鳥舒翮之象，故曰飛鳥。震爲聲音，飛而且鳴，鳥去而音止，故曰遺之音也。”（《周易集解》）梨洲之解更爲具體，以爲小過有鳥東飛之象，蓋畫爻皆自左而右，故梨洲以左爲首以右爲尾，古上南下北左東右西，故以下二爻爲左翼，上二爻爲右翼，成東飛之象。

【69】《禮記·禮運》云：“天降膏露，地出醴泉，山出器車，河出馬圖，鳳凰麒麟皆在郊棷，龜龍在宮沼，其餘鳥獸之卵胎皆可俯而闚也。則是無故，先王能修禮以達義，體信以達順，故此順之實也。”古先王修禮體信，天下有道，故能和諧天人，以至鳥獸之胎卵可以任人俯身觀看，兩不相傷。故梨洲以鳥獸之胎卵不可俯闚言天下無道。小過初六爻言“飛鳥以凶”，九三爻言“從或戕之”，九四爻言“往厲必戒”，六五爻言“公弋取彼在穴”，上六爻言“飛鳥離之”，梨洲以爲皆就飛鳥之受害遇險而言人世之險難。案，《玉篇》云：“弋，繳射也。”弋爲用帶繩子的箭射獵，矰即爲帶繩之箭，故梨洲云“五爲矰繳”。又上六“飛鳥離之”，離者羅也，帛書《周易》“離”即寫作“羅”，故梨洲以上爲網羅。

| 既濟 | 未濟 |
| --- | --- |
| 中呂 | 無射 |
| 姑洗 | 應鐘 |
| 夾鐘 | 夷則 |
| 太簇 | 南呂 |
| 大呂 | 蕤賓 |
| 黃鐘 | 林鐘 |

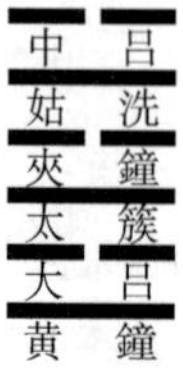

乾、坤分六陰六陽而爲坎、離，坎、離合而爲既濟、未濟。在六十四卦之中，一律一吕可以相配者，更無别卦。【70】既濟初爲黄鐘，黄鐘，陽之始生，“曳輪”“濡尾”，象其初出之貌。二爲大吕，陰爲陽侣，有婦女之義。三爲太簇，其分野幽州，故云“鬼方”。四爲夾鐘，陽以陰爲夾，猶衣以“袽”爲夾也。五爲姑洗，百物滌故就新，猶祭祀之齋戒也。上爲中吕，“濡其首”者，首陽而爲陰所伏也。【71】

未濟初爲林鐘，辟卦在遯，“濡尾”即遯尾濡。二爲蕤賓，陰爲主，陽爲賓，既爲賓主，是“曳其輪”而未行也。三爲南吕，四陰盛長，未可濟也。四爲夷則。夷，傷也，故有“伐鬼方”之事。五爲應鐘，微陽應而將復，故有“君子之光”。上爲無射。射，厭也。萬物之資陽氣，無有厭射，猶人之“飲酒”無厭射也。【72】

【70】古十二律吕與十二月及十二辟卦相應，後又與既濟、未濟二卦相配。《宋史·志第八十二·樂四》載：“律吕相生，起於復而成於乾，終始皆本於陽，故曰樂由陽來，六吕則同之而已。相生之位，分則爲乾坤之爻，合則爲既濟未濟之卦。自黄鐘至仲吕爲既濟，故屬陽而居左；自蕤賓至應鐘爲未濟，故屬陰而居右。《易》始於乾坤，而終於既濟未濟。天地辨位，而水火之氣交際於其中，造化之原皆自此出。”梨洲以本十二律吕與既濟未濟相配之説而解其辭。

【71】既濟初九爻爲黄鐘，當十一月子，冬至一陽生，故云“陽之始生”。既濟初九爻云：“曳其輪，濡其尾，无咎。”車曳輪，狐濡尾，梨洲以爲象事物初始之艱難貌。六二爻言“婦喪其茀”，六二當大吕，大吕爲陰，與黄鐘相配如夫妻，故爻辭言“婦”。九三爻言“高宗伐鬼方”，九三爲太簇，當正月寅，按十二星次分野，寅當析木，屬幽州；鬼方，古代西北地區之國名，顔師古云“鬼方，言其幽昧也”（《漢書·趙充國辛慶忌傳》顔注），故既濟九三爻當太簇，屬幽州，而云“鬼方”。六四爻言“繻有衣袽”，袽者藴絮也，六四當陰吕夾鐘，陽所夾者陰，衣所夾者袽，故有“袽”之象。九五爻云：“東鄰殺牛，不如西鄰之禴祭，實受其福。”九五爻當姑洗，於時爲三月。《吕氏春秋·三月紀》高誘注云：“姑洗，陽律也。姑，故。洗，新。是月陽氣養生，去故就新，竹管音中姑洗也。”梨洲亦以姑洗爲滌故就新之義，而九五爻言“禴祭”，祭祀齋戒亦有自新之義。上六爻言“濡其首”，首爲陽，上六當陰吕中吕，故云“首陽而爲陰所伏”。

【72】未濟卦初六爻云：“濡其尾，吝。”該爻於十二律吕當林鐘，於時爲六

月，於十二辟卦爲遯，遯初六爻言“遯尾”，故梨洲云“濡尾即遯尾濡”。九二爻云：“曳其輪，貞吉。”九二當蕤賓，爲時爲五月。《吕氏春秋·五月紀》高誘注云：“蕤賓，陽律也。是月陰氣萎蕤在下，象主人，陽氣在上象賓客，竹管陰中蕤賔也。”故梨洲云“陰爲主，陽爲賓”。既爲賓主，則有酬酢之禮，不可驟行，故“曳其輪而未行”。六三爻言“未濟，征凶”，於十二律吕爲南吕，於十二辟卦爲觀䷓，故云“四陰盛長”，陰盛則多險，故未可濟。九四爻當夷則，夷者傷也，又時當孟秋，肅殺之氣興起，故爻辭言“震用伐鬼方”。六五爻爲應種，時當孟冬，陰雖極盛而微陽將生，故云“微陽應而將復”。陽爲君子，六五爻言“君子之光”。上九爻當無射，射者厭也。梨洲以爲無射有萬物賴陽而生，無有厭足之義，而爻辭言“有孚于飲酒”，取人於飲酒亦無厭之義。

# 易學象數論卷四

# 太　玄

揚子雲《太玄》以兩贊當一日，七百二十九贊以當一歲三百六十四日半，於歲法三百六十有五日四分日之一尚不及四分日之三也。立踦、贏二贊以補之，例以兩贊一日，則過四分日之一矣。[1]故蘇明允謂四分而加一，是四歲而加一日，千載之後，恐大冬之爲大夏也。欲以一百八分爲日率，四分之，每分得二十七，三之爲八十一，每首加一，盡八十一首，而四分日之三者，無過不及之患矣。[2]然余以爲《玄》之所以准日者贊也，加一分於首，贊之不及如故，是失所以立贊之意。既以踦、贏名贊，不與他贊爲伍，則亦不援兩贊一日之例，即以四分之三當之，無不可矣。第踦以虛而言，贏以盈而言，猶之所謂氣盈朔虛也。合氣贏朔虛十日有奇，則踦、贏當得二十餘贊。今以二贊僅寄其名，餘皆渾於七百二十九贊之中，此則不可謂之合於曆也。[3]

【1】《太玄》八十一首七百二十九贊，其排列效倣漢易卦氣“六日七分”之説。“六日七分”説以中孚卦爲首，值冬至之時（參見本書卷二《卦氣一》）。《太玄》以中首爲始，其初贊值冬至，至養首而終，一歲周而復始。《太玄》兩贊當一日，七百二十九贊則當三百六十四日半。案，一周年爲三百六十五又四分之一日，則《太玄》七百二十九贊尚少四分之三日。於是，揚雄又在七百二十九贊之外，另設踦、贏二贊以補其不足。如果按兩贊當一日來算的話，則補踦、贏二贊後，則多四分之一日。

【2】蘇明允，即蘇洵（1009—1066），字明允，號老泉，眉州眉山人，著有《嘉祐集》。他提出：“以一百八分而爲日，以一分而加之一首之外，盡八十一首而四分日之三者可以見矣。”（《嘉祐集・太玄論中》）即將《太玄》七百二十九贊所缺之四分之三日，均分與八十一首之中，每首加一百零八分之一日，則八十一首總加四分之三日，以此解決贊數與曆數相差的問題。

【3】梨洲認爲，《太玄》是以贊數比擬日數，如果每首加一百零八分之一日，贊數仍爲七百二十九，兩贊當一日，還是不及一周年之日數，所以，蘇洵之説仍有問題。對此，梨洲提出，踦、贏二贊，既然不在七百二十九贊之列，也就可以

不按兩贊當一日來算，以二者直接當四分之三日是完全可以的。又説，踦表示虛，贏表示盈，猶如曆法上的氣盈朔虛，即一歲十二月，每月三十日，共計三百六十日，此爲一歲之常數，而日行黄道一周爲三百六十五又四分之一日，較一歲之常數爲多五日餘，此爲氣盈；而以日月合朔而言，每月則不足三十日，十二月則約爲三百五十四日有奇，此爲朔虛。氣盈五日多，朔虛五日多，故云“合氣盈朔虛十日有奇”。如此，則踦、贏當二十餘贊。

明允言聖人以“六日七分”言《易》，而卦爻未嘗及之。雄以三百六十五日四之一言《玄》，而首贊擬之，失其所以爲書之意。余以爲《易》未嘗有“六日七分”之説，加之起於後世。子雲准曆以作《玄》，苟不相似，則又何以爲書？是故，子雲之短不在局曆以失《玄》，在不能牽《玄》以入曆也。曆以一定之法禦其至變，而後可以傳之久遠。苟不得其至變，即不可謂之定法也。《玄》之中首起牛一度，今未二千年，冬至在箕四度，星之屬水者已屬木矣，其從違亦異，此《玄》失之較然者也。明允加一分以合四分之一，不知四分之一者亦有消長，則又不如踦、贏之以不齊齊之也。【4】

【4】《太玄》以八十一首對應二十八星宿，以中首起北方牛宿一度（即太陽運行至此），當冬至日。而由於歲差，到明代冬至時，太陽已在東方箕宿四度。北方牛宿屬水，東方箕宿屬木，故梨洲云“星之屬水者已屬木矣”。蘇洵於每首加一百八十分之一日，以補足八十一首所差之四分之一日，殊不知此四分之一日也有消長，尚不如揚雄另設踦、贏以補齊之。

## 太玄蓍法

令曰：假太玄，假太玄，孚貞，爰質所疑于神于靈，休則逢陽，星、時、數、辭從，咎則逢陰，星、時、數、辭違。【1】

以上命筮之辭。

凡筮有道，不精不筮，不疑不筮，不軌不筮，革不以其占不若不筮。神靈之，神靈之，曜曾越卓。【2】

去此四者而筮，則神聽之矣。此言爲筮之道。雙湖胡氏連上文爲命筮【3】，非也。

【1】晋范望注："重假者，下假則假借也。孚，信也。貞，正也。爰，曰也。質，問也。假借太玄信正之道，問己所疑之事於天地神靈也。皆筮者之謙辭。《太玄》之術，貴陽而賤陰也。陽日陽時而逢陽首，是謂大休。陰日陰時而逢陰首，是謂大咎。陽日陽時而逢陰首，是謂始咎終休也。逢陽，若中首也。星，若牛一度也。時謂旦、中、夕也。數謂首數之奇偶也。辭爲九贊之辭也。"

【2】明葉子奇《太玄本旨》注："精，專也。不專則不誠，不疑則無事，不軌則無道，皆所不筮。以，用也，謂不用所值勸戒之占辭，不如不筮也。"案，范望注本等無"革"字。"神靈之，神靈之"，范望本同，司馬光《太玄集注》本作"神靈之"。"曜曾越卓"，晋范望注："曜，明也。曾之言則也。如上四句之禁，非精而不用，故《太玄》神靈之明則卓然越踰，示人遠也。"

【3】雙湖胡氏，即胡一桂（1247—?），字庭芳，號雙湖，徽州婺源人，宋末元初易學家，著有《周易本義附録纂注》《易學本義啟蒙翼傳》等，其《太玄》之論見之於後者。

三十有六而筴視焉。

著之數三十有六。

天以三分，終於六成，故十有八策。

以下明著三十六之故。三分者，參天之數。六成者，一二三之積數。十有八者，三六之乘數。

天不施，地不成，因而倍之。

天施地成，故地數亦十有八，合之爲三十六。

地則虚三，以扮天十八也。【4】

陽饒陰乏，地則虚三，故揲用三十三。

【4】范望注："扮猶並也。"

别一以掛于左手之小指。

三十三策之中，取一以掛，掛而後分也。

中分其餘，以三搜之，并餘于芀（蘇氏作扐）。【5】

分爲二刻。三搜左刻，置其餘，或一或二或三。次三搜右刻，置其餘如前。數其餘數，不二即五，掛策在外。

| 左 | 右 |
| --- | --- |
| ●● | ●●● |
| ●●● | ●● |
| ● | ● |

左二則右必三，左三則右必二，左一則右亦一。

以上初揲。在《易》爲再扐，在《玄》爲一艻之半。

次除前餘數，復合其見存之策，或三十或二十七，不掛，分搜如前法，其餘數不三即六。

| 左 | 右 |
| --- | --- |
| ● | ●● |
| ●● | ● |
| ●●● | ●●● |

左一則右必二，左二則右必一，左三則右亦三。

以上爲再揲。再揲之餘，并之於艻，是爲一艻。艻即所掛之一也。《王制》“祭用數之仂”，鄭注“什一”。掛先别於正數，故名艻。蓋再揲未竟，餘數未并，再揲竟則餘數并入掛内，此所謂餘，乃不用之數，與上下分數之餘異。

一艻之後而數其餘，七爲一，八爲二，九爲三。

再揲止一掛，故曰“一艻”。餘數既并置之不用，而數其所得之正策，七其三爲一畫—；八其三爲二畫- -，九其三爲三畫- - -，以成一方之位。如是每再揲而成位，自家而方，四位通計八揲，然後首名定也。[6]老泉蘇氏曰：“一掛一扐之多，不過乎六。既六而其餘二十七者，可以爲九，而不可以爲八、七，況夫不至於六哉?”於是改爲再扐而三數其餘，八扐而四位成。羲按《易》再扐後掛之義，揲左手竟而扐之，揲右手竟而又扐，謂之再扐。蘇氏以初揲爲一扐，故加一扐

於《玄》，不知《玄》之以掛爲艻也。若準《易》之例，四位凡十六扐焉。[7]

【5】搜者求也，以三搜之即三三分數手中之蓍策，猶大衍筮法之“揲之以四”(《繫辭上傳》)。艻與扐通。

【6】一艻之後，左右之餘策或五、或八、或十一，則正策或二十七、或二十四、或二十一，以三數之則得數或九、或八、或七，七數之畫爲—，八數之畫爲– –，九數之畫爲- - -，得一方之位。如是四艻得四數而成一首。

【7】蘇老泉之説見《嘉祐集》之《太玄總例·揲法》。其揲蓍過程與黄氏之説無别，所歧者在於對《太玄》之“艻”的理解。蘇氏以初搜左右手之策爲“一艻”，故以爲《太玄》之法“傳之有失”，梨洲則以之爲“一艻之半”。梨洲認爲，《易》以將揲左右手蓍策之餘掛於指間爲“扐”，而《太玄》則以“掛”爲“艻”，其所謂“一艻”是統初揲左右之蓍策、再揲左右蓍策而言（因爲初揲掛而再揲不掛），故“一艻”即可得七、八、九之數。

六算而策道窮也。

一艻止於再揲，可以爲七、八、九，而不可以爲六。范注曰：“謂餘得七則下一算，得八則下二算，得九則下三算，一、二、三凡六。揲三十三，止得六算，故言窮也。窮則揲以成四位，不出七八九也。”

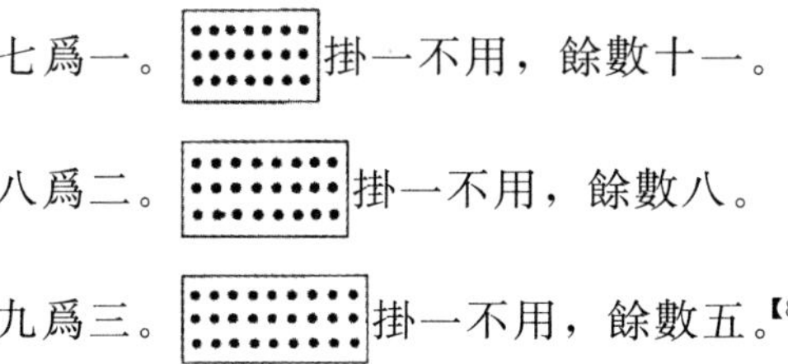

七爲一。掛一不用，餘數十一。

八爲二。掛一不用，餘數八。

九爲三。掛一不用，餘數五。[8]

【8】三十三掛一不用則三十二，餘數十一，則正數二十一，以三搜之，得七；餘數八，則正數二十四，以三搜之，得八；餘數五，則正数二十七，以三搜之，得九。

逢有下中上。下，思也。中，福也。上，禍也。思、禍、福，各有下中上。[9]

九贊之位：一思内，二思中，三思外，四福小，五福中，六福

大，七禍生，八禍中，九禍極。

【9】逢者遇也。占筮所遇之首，其九贊有下中上之分，下爲思，中爲福，上爲禍。思分内、中、外，福分小、中、大，禍分生、中、極，對應九贊之位。

以晝夜别其休咎焉。

首有陰陽，一陽二陰，終九起一。【10】陽首以一、三、五、七、九爲晝，二、四、六、八爲夜。陰首以二、四、六、八爲晝，一、三、五、七、九、爲夜。筮者逢晝爲休，逢夜爲咎。

【10】八十一首，每九首爲一組，奇數者爲陽首，偶數者爲陰首。陽首九贊，奇數者爲晝，偶數者爲夜；陰首九贊，奇數者爲夜，偶數者爲晝。

一從二從三從，是謂大休。

旦筮用一、五、七爲一表，夕筮用三、四、八爲一表，日中、夜中筮用二、六、九爲一表。一、五、七，逢陽首則皆晝，爲從；逢陰首則皆夜，爲違。三、四、八，逢陽首則一晝兩夜，逢陰首則一夜兩晝；二、六、九，逢陽首則兩夜一晝，逢陰首則兩晝一夜。三從者，旦筮逢陽首也。

一從二從三違，始、中休，終咎。

中筮逢陰首。

一從二違三違，始休，中、終咎。

夕筮逢陽首。

一違二從三從，始咎，中、終休。

夕筮逢陰首。

一違二違三從，始、中咎，終休。

中筮逢陽首。

一違二違三違，是謂大咎。【11】

旦筮逢陰首。

【11】九贊分三組，稱三表，一、五、七爲一表，白天占筮用之；三、四、八

爲一表，夜晚占筮用之；二、六、九爲一表，日中、夜中占筮用之。（此三表據九數之五行方位而分，見下文“旦用經，夕用緯”梨洲注。）其“一從二從三從”之“一、二、三”分别表示所占之事的始、中、終。白天占筮用九贊之一、五、七，如筮遇陽首，則皆爲晝爲休，故云“一從二從三從是謂大休”；如筮遇陰首，則皆爲夜爲咎，故云“一違二違三違是謂大咎”。日中、夜中占用九贊之二、六、九，如筮遇陰首，則二、六爲晝爲休，九爲夜爲咎，故云“一從二從三違，始、中休，終咎”；如筮遇陽首，則二、六爲夜爲咎，九爲晝爲休，故云“一違二違三從，始、中咎，終休”。夜占筮用九贊之三、四、八，如筮遇陽首，則三爲晝爲休，四、八爲夜爲咎，故云“一從二違三違，始休，中、終咎”；如筮遇陰首，則三爲夜爲咎，四、八爲晝爲休，故云“一違二從三從，始咎，中、終休”。

占有四：或星，

首五行：一水、二火、三木、四金、五土、六水、七火、八木、九金，終九首復一。星五行：角、亢、氐、房、心、尾、箕，東方，屬木；奎、婁、胃、昴、畢、觜、參，西方，屬金；井、鬼、柳、星、張、翼、軫，南方，屬火；斗、牛、女、虚、危、室、壁，北方，屬水。星與首同德，是從；與首背德，是違。

或時，

冬至筮，逢十月以前首，爲違；冬至以後首，爲從。夏至筮，逢四月以前首，爲違；夏至以後首，爲從。【12】

或數，

即九贊晝夜之數。【13】

或辭。

贊辭。

旦則用經，夕則用緯。

南北爲經，東西爲緯。一、六，水，在北；二、七，火，在南；五土在中，故一、二、五、六、七爲經。三、八，木，在東；四、九，金，在西，故三、四、八、九爲緯。旦筮一、五、七，是用經也。夕筮三、四、八是用緯也。中筮二、六、九，經緯雜用之也。【14】

觀始、中，決從終。

范注：“凡筮或先違而後從，先從而後違，或三皆從，或三皆違，決之者從終辭也。”

【12】“冬至筮”，指十月至三月這段時間占筮；“夏至筮”，指四月至九月這段時間占筮。

【13】陽首奇數贊爲晝，偶數贊爲夜；陰首奇數贊爲夜，偶數贊爲晝。

【14】《太玄·太玄數》云：“三、八爲木，爲東方，爲春……四、九爲金，爲西方，爲秋……二、七爲火，爲南方，爲夏……一、六爲水，爲北方，爲冬……五五爲土，爲中央，爲四維……”范望注：“王則爲五，廢爲十也。重言五者，十可知也。不言十者，以見九贊也。陽舉則陰從，重五以見十，隱十以見玄之大義也。”此即後儒所謂《河圖》之數也。

推玄算：

筮所得首於八十一中次第何居，推其算也。

家一置一，二置二，三置三。

隨家所得之位置算。

部一勿增，二增三，三增六。

部位得一，不置算；得二置三算，得三置六算。

州一勿增，二增九，三增十八。方一勿增，二增二十七，三增五十四。[15]

四位積算，是首之次第也。如筮得《樂》首，一方三州二部三家，方一不置算，州三置十八算，部二置三算，家三置三算，積二十四算，是《樂》去《中》之數也。

【15】此所謂一、二、三即其家、部、州、方之畫也，一即—，二即- -，三即- - -。案，《太玄》以—、- -、- - -表示一、二、三，由之組成八十一首，其排列以中首爲第一，依次加一，逢四則進，至養首而終。八十一首如同一至八十一之數，井然有序，故能由其畫推其位次。

求表之贊：

贊七百二十九，分爲二百四十三表，筮所得次第之數。

置玄姓，去太始策數，

玄姓，筮所得之首。太始，《中》爲群首之始，去太始策數即算也。

減而九之，

減所得之首一算，以九乘之，每首九贊，故九之。

增贊。

增所得首之贊於乘數。如《樂》首二十四，減一，以九乘得二百有七，增入所得贊，是去太始贊數也。又如《樂》首二十四，減一，以三乘得六十有九，增入所得表，即是表數也。[16]

【16】此求某首某贊之總贊數與所居之總表數。“玄姓”即筮所遇之首，“去太始策數”即上文所推之“玄算”，太始指中首。由玄算數減一，再乘以九，所得數再加上所遇首之贊數，即爲此贊於《太玄》中之總贊數。由玄算數減一，再乘以三，所得數再加上所遇首之表數，即爲此表於《太玄》中之總表數。

去玄數半之，則得贊去冬至日數矣。

以七百二十九贊，加踦、嬴，配三百六十五日四分日之一。二贊而爲一日，故半之即得去冬至日數矣。如《樂》首二百有七，增二贊，半之，是一百五日。

偶爲所得日之夜，奇爲所得明日之晝也。

二贊一晝一夜，率一首而四日有半。奇首之次九，爲偶首初一之晝。此言奇偶，統七百二十九贊也。如《樂》首增一贊二百有八則偶，乃是《夷》首次九之夜；增二贊則奇，爲明日之晝。[17]

【17】此求筮所遇首之贊距冬至之日數。兩贊爲一晝夜，中首之初一爲冬至，以筮所遇首之贊之總贊數除以二，即得其距冬至之日數。如《樂》首初一之總贊數爲 208，除 2 得 104，即爲距冬至 104 日之夜，104 日之晝則其前之《夷》首之次九贊當之；《樂》首次二之總贊數爲 209，除以 2，得 104.5 日，即爲距冬日 105 日之晝，此即所謂“偶爲所得日之夜，奇爲所得明日之晝”，此奇偶是指總贊數之奇偶。觀梨洲注文，其認爲所遇之首去冬至日數，應是該首距中首之總贊數再加踦嬴二贊然後除以二，而晋范望、宋司馬光、宋王薦、明葉子奇、清陳本禮等人則均不計踦嬴二贊。筆者亦認爲不當計踦嬴二贊，踦嬴爲餘數，以補七百二

十九贊之不足，而不宜摻雜於七百九十二贊之中。即或摻雜於其中，則自何時雜之，也是一個問題。如《太玄》第二首之周首，當距冬至四日半，其初一爲第五日之夜。此顯然不應計踦贏二贊之數。

求星從牽牛始，除算盡，則是其日也。

冬至，日在牛一度，《中》首之初一也。日行一度。已得日數，依星度除之則得。如《樂》首一百五日，從牛一度除之盡，是爲胃五度。

星度：

牛（八）女（十二）虛（十）危（十七）室（十六）壁（九）

奎（十六）婁（十二）胃（十四）昴（十一）畢（十六）

觜（二）參（九）井（三十一）鬼（四）柳（十五）星（七）

張（十八）翼（十八）軫（十七）角（十二）亢（九）

氐（十五）房（五）心（五）尾（十八）箕（十一）

斗（二十六）

《玄圖》曰：泰積之要，始於十有八策，終於五十有四①。

天地人各十八，并之五十四。

并始終策數，半之，爲泰中。

并五十四於十八爲七十二。

泰中之數三十有六策，以律七百二十九贊，凡二萬六千二百二十四策，爲太積。

猶《易》二篇之策也。每贊三十有六乘之，得太積策數。

七十二策爲一日，凡三百六十四日有半，踦滿焉，以合歲之日而律曆行。

一歲三百六十五日四分日之一。七十二策，二贊晝夜之數也。太積策數，於歲日不及四分日之三，應增五十四策，此踦、嬴所繇作也。

## 王涯揲蓍法[18]

三十六策，虛三掛一，中分左右。以三數左，置餘。以三數右，

① “五十有四”，原作“二十有四”，四庫本同，非是，據《太玄圖》改之。

置餘。合左右正策數之，爲三者七，而後一一數之，及八以爲二，及九以爲三，不及八不及九，從三三之數，而以三七爲一。

老泉蘇氏曰："是苟以牽合乎一扐之言，而不知夫八者，須掛一扐三而後成，而扐終不可以三也。"羲案，左右一揲之餘，其掛扐之數不三即六。三者得三十策，三七之餘爲九；六者得二十七策，三七之餘爲六，更無得二十九策可以爲八也。然王氏雖謬，不以餘策而論，猶爲未失其傳也。【19】

【18】王涯（764—835），字廣津，唐太原人，累官至中書侍郎、同中書門下平章事，著有《太玄經注》六卷、《説玄》一卷。

【19】蘇老泉之説見《嘉祐集》卷七之《太玄論下·揲法》。王涯《太玄》揲蓍法僅一揲。一揲後，掛扐數或三或六，如爲三，則正策爲三十，減除二十一策則數九，爲畫三，即其所謂"及九以爲三"；如爲六，則正策爲二十七，減除二十一策則數六，爲畫一，即其所謂"不及八不及九，則從三三之數，而以三七爲一"；但並不存在其所謂"及八以爲二"的情況。

## 胡雙湖揲蓍法

三揲有餘一、餘二、餘三，而無餘七、餘八、餘九之理。解者甚多，皆不通。意者子雲之法，以餘一準七，餘二準八，餘三準九，只餘一、二、三則七、八、九自定矣。故曰："餘七爲一，八爲二，九爲三。"只倒用一字，故難解。若作餘一爲七，二爲八，三爲九，人無不曉矣。

羲案，胡氏捨正策而論餘數，失之遠矣。南宋以後，揲蓍者皆尚簡便而置正策，不獨《太玄》也。然《易》之餘數與正策相合，故論之不爲失。《太玄》餘數直置之不用者，無可推之理。假如胡氏所言，一刻有餘一、餘二、餘三，連掛則不得有餘一而有餘四；二刻連掛則有餘三、餘六，而不得有餘一、餘二。然則三固準九，六亦準九，《玄》之四位皆三而已，豈可通哉？【20】

【20】胡雙湖即胡一桂（見上文《太玄蓍法》注【3】）。胡氏對《太玄》蓍法有誤讀，其讀《太玄·玄數》蓍法本文爲"一芳之後而數，其餘七爲一，八爲二，九爲三"，實則應讀爲"一芳之後而數其餘，七爲一，八爲二，九爲三"

(《太玄·玄數》)。即一艻之後，再數其正策，計三爲一，得七則爲▬畫，得八則爲▬▬畫，得九則爲▬▬▬畫。詳見上文梨洲之解。對胡氏之説，梨洲指出，就掛扐數而言，一刻（即中分而數其一）之餘數，或一或二或三，合掛一數則餘數或二或三或四，因此就一、二、三而言，“不得有餘一而得有餘四”；二刻（左右策皆數之）之餘數或左一右一、或左二右三、或左三右二，故云“連掛則有餘三、餘六，而不得有餘一、餘二”。

## 季彭山揲蓍法

《太玄》揲法，注家多不能通其説。老泉以爲傳之失者，得其意矣。蓋《玄》之虚三，地之所以配天也。而掛一於左手之策，則天之所以運行乎地也。其曰掛一，非謂所用三十三策之中而掛其一也。所用三十三策之中而掛其一，則歸餘者與七、八、九之數不合矣。故掛一者，十策之中而掛其一也。是三十三策之中分之爲三，而各掛一策，所用實止三十策也。范叔明曰：“十取出一，名以爲艻……謂之艻者，蓋以識三十蓍之數也。”如此，則當其中分左右也，止揲左策，以其所餘者或一、或二、或三，以合於所虚之三，所掛之三，則得一者爲七，得二者爲八，得三者爲九，而右策亦不必揲矣。故不再扐也。意其傳之者失此法耳。所幸范注略發此意，尚得以尋其緒焉。

羲案，季氏牽合餘數，故轉展愈誤也。揚子之虚三，老泉尚議之，又從而掛其三乎？據所引者范注，而范云：“艻，猶成也。合之爲十取一以識之爲艻。中分其餘於左手之二指間，以三搜之，其所餘者并之於左手兩指間，以識揲蓍之數也。凡一掛、再艻以成一方之位。”① 然則范之所謂艻者，餘數也，爲從餘數可以識正策之數。季氏用之證掛，不亦疏乎？《玄數》曰：“别一以掛於左手之小指，中分其餘，以三搜之，并餘於艻。”季氏曰掛三止搜左策，不亦盡背之乎？[21]

【21】季彭山即明儒季本（見卷一《納甲二》注【6】）。季氏據范望注，以爲

① “合之爲十，取一以識之爲艻”，四庫本同，於義不通。范望原注作：“今之數十，取出一，名以爲艻。”故疑“合”爲“今”之訛。“於左手之二指間”原作“於左手之二”，四庫本同，語義不完，今據范望原注補之。

《太玄》蓍法總三十六策，虛三而用三十三策，於三十三策之中再掛三，然後中分三十策，再以三揲其左策，其馀數或一或二或三，將之合於所虛之三策與所掛之三策，則得或七或八或九之數。此法甚謬。對范望注文亦屬誤讀。范注云："艻，猶成也。今之數十取出一名爲艻，蓋以識之也。中分其餘，亦左手之二指間，以三搜之以象三光。其所餘者，并之於左手兩指間，故謂之艻。蓋以識卅蓍之數也。凡一掛再艻，以成一方之位。通率四位，四掛以象四時，八揲以象八風，歸餘於艻以象閏也。"范注並無十策之中掛其一而三十三策則掛三之意。其所謂"今之數十取出一名爲艻"，蓋舉當時計數之例而言艻有以少識多之用。

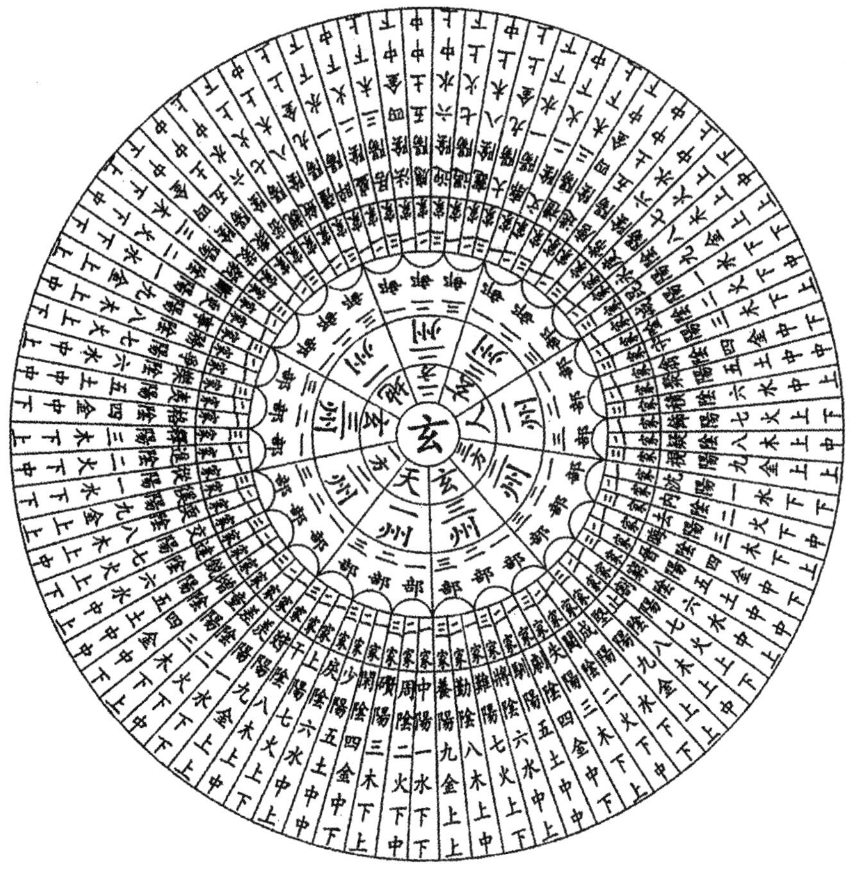


太玄方州部家八十一首圖

# 乾坤鑿度一※

※梨洲下文所論乃是《易緯》之《乾鑿度》的内容，而其題則作《乾坤鑿度》。宋鄭樵《通志》載《乾鑿度》二卷、《乾坤鑿度》二卷，顯然二者各自成文。《永樂大典》合二者爲一，清修《四庫全書》復分之爲二。梨洲此處既題之爲《乾坤鑿度》，當是用《乾鑿度》《乾坤鑿度》合編本。

自緯學禁絶之後，其全書之見於今者，《乾鑿度》而已，而脱文誤字，蕪不可理。間常爲之反覆推求，其術有五：

一、求所直部歲。置積算，以元歲除之，餘不滿部首歲，即爲天元；滿部首歲，除之爲地元；再滿部首歲，除之爲人元。不盡以紀歲約之，即所入部之年也。以部上之干支次其不滿紀歲之年，則得歲次矣。[1]

二、求主歲之卦。置部首以來歲數，以三十二除之，餘不足者，從乾坤始，二卦而當一歲，末算即主歲之卦。[2]

三、求世軌（世軌有二，有唐堯世軌，有文王世軌。其用法則同）。[3]置積算，以大周三萬一千九百二十除之，餘以七百六十而一爲一軌，不滿軌者即入軌之年也。一軌消息一卦。大周逢奇起復，逢偶起姤。四十二軌，消息卦三周有半。八十四軌，消息卦七周，所謂八十四戒也。[4]

四、求戹數軌意。置大周以來年數（用文王世軌，大周三萬二百四十），别用消息卦除之，每一除爲一戹（此屬過去）。周而復始，除至當下而止。視其所直之年，甲乙爲飢，丙丁爲旱，戊己爲中興，庚辛爲兵，壬癸爲水。[5]

五、求五德終始。置積算，以一千五百二十歲除之，餘以三百四歲約之，木金火水土相次爲轉移之歲。五德日數，置部首以來積日，以一百八十除之，餘以三十六約之，甲庚丙壬戊五子相次，是其日也。[6]

其積算天元至文王受命之歲二百七十五萬九千二百八十（脱一五字）歲，入戊午部。二十九年，伐崇侯，作靈臺，改正朔。戊午部之歲爲庚子，二十九年則戊辰也。以武王伐紂十三祀推之，時歲在己卯，則文王受命爲丁卯。伐崇改朔，乃是受命後一年之事。鄭康成謂“受命後五年爲此”，非也。[7]康成云：“三部首而一元，一元而太歲復於甲寅。”以甲寅爲天元之歲，伐崇是戊午年，而非戊午部也。戊午年，文王尚在羑里，豈能伐崇哉？《召誥》“周公攝政七年”，孔穎達疏：“此年入戊午部，五十六歲。”歲在乙未，上距伐紂十七年，伐崇二十八年，其爲戊午部，而非戊午年明矣。不得甲寅爲天元歲首也。[8]今定天元至壬子（作《象數論》之歲），二百七十六萬二千一百四十九歲，入人元庚子部五年。[9]

【1】《乾鑿度》以“元”爲歷史周期，以七十六歲爲一紀，二十紀爲一部，三部爲一元。一元爲 4560 歲，一部爲 1520 歲。一元之三部，先後名之爲天元、地元、人元。如求其時所值部歲，則以積算之歲數除以一元之數，其餘數如不滿一部之 1520 歲，則入天元，其餘數爲入天元歲數；其餘數如超過 1520 歲，又不滿 3040 歲，則入地元，減去 1520 以後之數爲入地元歲數；其餘數如超過 3040 歲，則入人元，其減去 3040 以後之數爲入人元歲數。入元歲數除以一紀之數 76，所得數即爲入本部紀數，其餘數即入紀之年數，由本紀初年之干支按六十甲子之序，順數至入紀年數，“則歲次得矣”。案，由曆元（即至朔同日之甲子年甲子月甲子日甲子時）至所算之年數爲積算歲數。

【2】六十四卦兩卦十二爻，每爻主一月，兩卦主一歲。按《周易》經文卦序，由乾坤兩卦開始，至既濟未濟卦爲一周，共主三十二歲。將積算之年數除以一元之數，所得餘數，除以三十二，再得之餘數，由乾坤開始，按卦序順數之，二卦當一歲，滿餘數即爲主歲之卦。

【3】《易緯》認爲人世之興衰治亂皆有其一定之數，處不同之運數則有不同之境遇。此即其所謂“世軌”，亦即人世之軌道、定數。《乾鑿度下》云：“以七百六十爲世軌者堯，以甲子受天元，爲推術。以往六來八，往九來七爲世軌者文王，推爻四，乃術數。”世軌數有二，唐堯世軌以七百六十歲爲一軌，文王世軌以七百二十歲爲一軌（即爻數有 6、7、8、9，爻策數有 24、28、32、36，總爲 120，六爻則有 720）。

【4】按《乾鑿度》唐堯世軌之法，760 歲爲一軌，42 軌（即 31920 年）爲一大周。先以積算之歲數除以 31920，其餘數再除以 760，所得整數加一爲軌數，餘數爲入軌之年數。42 軌均用十二消息卦表示，復、臨、泰、大壯、夬、乾、姤、

遯、否、觀、剥、坤依次循環，每卦當一軌，由初軌至第四十二軌，消息卦循環三周半。消息卦巡迴七周則當八十四軌，即所謂“八十四戒”。所謂“大周逢奇數起復，逢偶起姤”，是説自曆元始，以大周爲單位，奇數大周則由復卦起算，偶數大周則由姤卦起算。因爲每大周十二消息卦循環三周半，姤卦正爲下半周之始。案，《易緯·稽覽圖》及鄭玄《乾鑿度》注均是將第一至三十六軌配十二消息卦三周，而以震、巽、坎、離、艮、兑六子卦配第三十七至四十二軌，與梨洲以四十二軌均配十二消息卦不同。

【5】求厄數軌意，即推求年歲之災厄，在《乾鑿度》與《稽覽圖》中均有記載。此法用文王世軌，即每軌爲 720 年，一大周爲四十二軌即 30240 年。將積算之歲數除以 30240，所得餘數除以 720，得出整數與餘數。所得之整數加一即爲入第几文王世軌，從而知其對應之消息卦（見下表《文王世軌》）；消息卦中每陽爻當 64×2 歲，每陰爻當 56×2 歲，求出該消息卦所值之年數（見下表《水旱軌意》）；由消息卦所值之年數除以上所得之餘數，所得數再除以 60，得出整數與餘數。由所推年之干支，依六十甲子順數至上餘數止，所值干支，如遇甲乙則爲飢，遇丙丁則爲旱，遇戊己則爲中興，遇庚辛則爲兵，遇壬癸則爲水。例如，《乾鑿度》載文王受命之年積歲爲 2759285。以積歲數除以 30240，得數 91，餘 7445。然後，7445 除以 720，得數 10，餘 245，即文王受命之年入世軌第 11 軌剥卦 245 年。剥卦當 688 年，688 除以 245，得 2 餘 198。198 除以 60，得 3，餘 18。文王受命之年为戊辰，自戊辰下數 18 为癸未，癸爲水，故此年有水災。

【6】五德終始，以五行統攝世運，周流循環，分年之五德終始與日之五德終始兩種。五德以木一、金二、火三、水四、土五爲序，就年而言，每德當 304 歲，五德當 1520 歲即一部之歲數；就日而言，每德當 36 日，五德當 180 日。將積算之歲數，除以 1520，得整數與餘數（無餘數則視爲餘 1520）。將所得餘數除以 304，得整數與餘數（無餘數，則將整數減一，餘 304）。整數加一，即爲入五德數，餘數爲入此德年數。例如，文王受命年積歲爲 2759285，除以 1520，得 1815，餘 485。485 除以 304，得 1，餘 181。可知，文王受命之年入金德第 181 年。推五德日數，則由入部首以來歲數乘以 365.25 得出積日數，以積日數除以 180，得整數與餘數。餘數除以 36，得整數與餘數，整數加一爲入五德數，餘數爲入此德之日數。如入木德，則由甲子日爲一，依六十甲子順數至入德日數，則得該日干支；如入金德，則由庚子日爲一，依六十甲子順數至入德日數，則得該日干支；如入火德，則由丙子日爲一，依六十甲子順數至入德日數，則得該日干

支；如入水德，則由壬子日爲一，依六十甲子順數至入德日數，則得該日干支；如入土德，則由戊子日爲一，依六十甲子順數至入德日數，則得該日干支。此即所謂“餘以三十六約之，甲、庚、丙、壬、戊五子相次”。例如，文王受命年積歲2759285，除以每部歲之1520，得1815，餘485。485乘以365.25，得177147，此即“部首以來積日”。將177147除以180，得984，餘27。以27除以36，則得0，餘27。此即入木德第27日。木德甲子爲始，依六十甲子順數至27，爲庚寅，故知文王受命年之最後一日爲庚寅。

【7】《乾鑿度》載：“今入天元二百七十五萬九千二百八十歲，昌以西伯受命，入戊午部，二十九年，伐崇侯，作靈台，改正朔，布王號於天下，受籙應河圖。”《毛詩正義·大雅·文王》疏云：“其實當云‘二百八十五歲’，以其篇已有入戊午蔀二十九年受籙之言，足以可明，故略其殘數，整言二百八十而不言五也。”案，文王受命年積歲2759285，除以一元之歲4560，得605，餘485。485不滿一部之歲，故爲入天元485年。485除以一紀之歲76，得6，餘29。即文王受命之年入天元第七部戊午29年。曆元爲甲子年，則天元戊午部首歲爲庚子（見下表《乾鑿度曆法》），由庚子依六十甲子順數至29，則爲戊辰。若依史載文王後十三年，武王伐紂，歲次己卯，而逆推之，則文王受命之年爲丁卯，後一年爲戊辰。總之，梨洲認爲，《乾鑿度》鄭玄注以爲文王受命後五年伐崇侯、作靈台、改正朔的說法是錯誤的。案，鄭玄之所以認爲文王受命五年後伐崇，蓋是以文王受命年積歲2759280，而非2759285。《毛詩》孔疏是以入戊午部二十九年反推，定文王受命年積歲2759285。實則二者之分歧在於句讀之差異，如讀《乾鑿度》原文爲“今入天元二百七十五萬九千二百八十歲，昌以西伯受命，入戊午部二十九年，伐崇侯，作靈台，改正朔”，則文王受命年積歲當從孔疏之說；如讀爲“今入天元二百七十五萬九千二百八十歲，昌以西伯受命，入戊午部。二十九年，伐崇侯，作靈台，改正朔”，則當從《易緯》鄭玄注，文王受命年入戊午部二十四年，故五年後伐崇。

【8】《乾鑿度》鄭玄注：“三部而一元，一元而太歲復於甲寅。”此是以甲寅歲爲曆元，即天元之初歲。如以甲寅爲曆元，則文王伐崇爲入天元485年當爲戊午年（485除以60，得8餘5。依六十甲子順序，由甲寅數至五，爲戊午）。故梨洲云：“以甲寅爲天元之歲，伐崇是戊午年，而非戊午部。”戊午年距丁卯年尚有十年，此時文王尚被囚於羑里，故與伐崇時間不符。因此，梨洲認爲，天元歲首不是甲寅，而是甲子。他又舉《尚書正義》孔疏爲證。《尚書·召誥》云“周公

攝政七年”，孔疏：“此年入戊午蔀五十六歲。”梨洲認爲此年歲次乙未。戊午部歲首庚子，依六十甲子順數至五十六，正爲乙未。此是以甲子爲天元歲首。如以甲寅爲天元歲首，戊午部歲首則爲庚寅（戊午部爲天元第七紀，76 歲一紀，六紀則 456 歲，則第七紀歲首爲 457 歲，以 60 除之，得 7 餘 37。如天元歲首甲寅，則自甲寅依六十甲子順數三十七，爲庚寅），由庚寅依六十甲子順數至五十六則爲乙酉，非乙未也，顯然有誤。因此，梨洲主張以甲子爲天元歲首。然而《乾鑿度》云：“元曆無名，推先紀曰甲寅。”此明確以甲寅爲曆元。考諸《易緯》鄭玄注、《尚書注疏・召誥》、《毛詩注疏・文王之什》孔疏等文獻，亦均以甲寅爲曆元。清儒張惠言《易緯略義》對此問題有考辨，梨洲曆元甲子之説與《乾鑿度》曆法不符。

【9】此壬子爲康熙十一年（1672），時黄宗羲六十二歲。其積歲爲 2762149，除以一元之歲 4560，得 605，餘 3349。3349 除以一部之歲 1520，得 2，餘 309，即康熙十一年入人元 309 年。309 除以一紀之歲 76，得 4，餘 5。即入人元第五紀第五年，亦即人元庚子部五年。

# 乾坤鑿度二

主歲之卦以《周易》爲序，而爻之起貞則以“六日七分”之法爲序。【1】内卦爲貞，外卦爲悔，故從初爻起爲貞，其卦於“六日七分”在某月，即以某月起初爻。陽卦左行，陰卦右行，兩卦以當一歲。前爲陽，後爲陰。左行者，其次順數；右行者，其次逆數，皆間一辰。【2】

乾於卦序在四月巳，坤於卦序在十月亥。今乾初不起四月，坤初不起十月者，以十一月陽生，五月陰生，乾坤不與衆卦偶，故乾貞於十一月子；坤又不起於五月者，五月與十一月皆陽辰，間辰而次則相重矣，故貞於六月未，舍午而用未，是退一辰也。【3】屯序在十二月，蒙序在正月，各以其月爲貞。師序在四月，比序亦在四月，陰卦與陽卦同位，陰卦退一辰而貞五月。陽卦在陽辰（子、寅、辰、午、申、戌，皆陽辰），陰卦亦在陽辰；陽卦在陰辰，陰卦亦在陰辰（丑、卯、巳、未、酉、亥，皆陰辰），皆退一辰以爲貞，不特同位然也。【4】泰在正月，貞其陽辰，否在七月，亦陽辰也，自宜避之。以兩卦獨得乾坤之體，故各貞其辰而皆左行。【5】中孚貞於十一月子，小過，正月之卦也，宜貞於二月卯，而貞於六月，非其次矣，故云“法乾坤”。【6】蓋諸卦皆一例，惟乾、坤、泰、否、中孚、小過六卦不同。此是作者故爲更張，自亂其義，而注言“泰卦當貞於戌，否卦當貞於亥”，抑又不知所據矣。【7】

【1】《乾鑿度》以《周易》經文卦序兩卦主一歲，兩卦十二爻每爻主一月。如何求主歲之卦，詳見上文《乾坤鑿度一》注【3】。“六日七分”爲漢易卦氣説之一，詳見本書卷二《卦氣一》注【2】、注【3】等。“六日七分”説諸卦之時序，參見本書卷二《六日七分圖》。

【2】主歲的兩個卦，按“六日七分”説中諸卦所當之月爲初爻之月，陽卦（即兩卦之第一卦）間一辰而順行，陰卦（即兩卦之第二卦）間一辰而逆行。如屯、蒙兩卦，在“六日七分”法中，屯卦在十二月丑，蒙卦在正月寅。據此，屯卦初爻當十二月丑，陽卦間一辰順行，則二爻當二月卯，三爻當四月巳，四爻當

六月未，五爻當八月酉，上爻當十月亥；蒙卦初爻當正月寅，陰卦間一辰逆行，則二爻當十一月子，三爻當九月戌，四爻當七月申，五爻當五月午，上爻當三月辰。

【3】乾卦在四月，坤卦在十月，據上述規則，乾卦初爻應爲四月巳，坤卦初爻應爲十月亥，但由於乾坤爲陰陽之本，與衆卦不同。《乾鑿度》説："乾貞於十一月子，左行陽時六；坤貞於六月未，右行陰時六，以奉順成其歲。"陽始生於十一月子，故乾卦初爻當十一月子，間一辰順行，初爻至上爻依次爲子、寅、辰、午、申、戌。陰生於五月午，故坤卦初爻當爲五月午，但是子午均爲陽辰，坤又當退一辰，故坤初爻當六月未，間一辰逆行，初爻至上爻依次爲未、巳、卯、醜、亥、酉。

【4】如果兩卦同在一個月份，則陰卦退一辰。如師、比兩卦，師卦在四月，比卦也在四月，則師卦初爻當四月巳，間一辰順行，二、三、四、五、上爻依次當六月未、八月酉、十月亥、十二月丑、二月卯；比卦初爻退一辰，當五月午，間一辰逆行，二、三、四、五、上爻依次當三月辰、正月寅、十一月子、九月戌、七月申、五月午。如果兩卦都在陽辰（奇數月），或都在陰辰（偶數月），也是將陰卦初爻退一辰。

【5】泰卦在正月，否卦在七月，二卦都在陽辰，按常例否卦應退一辰排六爻，但兩卦上下卦爲乾坤，故不用常例，"各貞其辰而皆左行"，即泰卦初爻當正月寅，否卦初爻當七月申，均比辰順行。即泰卦初爻至上爻，依次爲寅、卯、辰、巳、午、未；否卦初爻至上爻，依次爲申、酉、戌、亥、子、丑。

【6】中孚卦在十一月子，小過卦在正月寅，均在陽辰，按常例小過卦應退一辰排六爻，實際上却"貞於六月"，即小過初爻當六月未，六爻間一辰逆行。即中孚卦初爻至上爻，依次爲子、寅、辰、午、申、戌；小過卦初爻至上爻，依次爲未、巳、卯、丑、亥、酉。此與乾貞於十一月子，坤貞於六月未相同，故《乾鑿度》云："中孚爲陽，貞於十一月子；小過爲陰，貞於六月未，法乾坤。"

【7】《乾鑿度》云："泰否之卦，獨各貞其辰，共北辰作行相隨也。"（張惠言《易緯略義》認爲"北"當爲"比"，可從）梨洲認爲泰否應各貞其辰而皆左行。但問題是泰當正月，否當七月，如各貞其辰而皆左行，則兩卦主一歲，僅有六奇數月，不足十二月。《乾鑿度》鄭玄注云："泰否獨各貞其辰，言不用卦次，泰卦當貞於戌，否當貞於亥。戌，乾體所在；亥，又坤消息之月。泰、否、乾、坤，體氣與之相亂，故避之而各貞其辰。謂泰貞於正月，否貞於七月，六爻者泰得否

之乾，否得泰之坤，比辰左行，謂泰從正月至六月，皆陽爻；否從七月至十二月，皆陰爻；否泰各自相從。”據張惠言《易緯略義》之説，如按經文卦序推之，乾貞於子，坤貞於未；屯貞於丑，蒙貞於寅；需貞於卯，訟貞於辰；師貞於巳，比貞於午；小畜貞於申，履貞於酉，則泰當貞於戌，否當貞於亥，合乎十二地支之序。但是諸卦之貞於何辰並非用卦次推定，故不用戌亥之説，而各貞其辰。泰貞於正月，否貞於七月，兩卦六爻各比辰而左行，當十二月（見本篇注【5】）。因此鄭玄注與梨洲之説並無分歧。至於梨洲不解郑玄注文“泰卦當貞於戌，否卦當貞於亥”何據，則張惠言之説可爲之解。

# 乾坤鑿度三

軌運測驗之法，可以考見者，以所值之軌分受命之君之善惡。從世爻得正失正而言，復之初陽得正，故聖人；臨之二陽失正，故庸人；泰之三陽得正，故君子；大壯之四陽失正，故庸人；夬之五陽得正，故聖人；乾之上陽失正，故庸人；姤之初陰失正，故小人；遯之二陰得正，故君子；否之三陰失正，故小人；觀之四陰得正，故君子；剥之五陰失正，故小人；坤之上陰得正，故君子。[1]

以一卦得正之爻，爲享國之世數。復二、四、上三陰得正，三六十八，故十八世。初陽得正而不數者，陽少故也。臨四、上得正，二六也，故十二世。泰初、三得正，爲二九；四上得正，爲二六，并之，三十世。大壯初、三得正，爲二九；上得正，爲一五，并之，二十四世。夬初、三、五得正，爲三九；上得正，爲一四（盛極而消）并之，三十二世。[2]姤、遯主陰，雖三、五得正而皆陽也，故止一世。否二、五得正，一九一六得十五世，以非盛時，故即以二五爲世數。[3]觀二、四、五得正，而二、五止數其位，四則數位兼數，并之，二十世。[4]剥二、四得正，爲二六，故十二世。乾三九，二十七，而三十二世者，於五兼數其位也。坤三六，十八，而三十六世者，偶其數也。[5]

其受命即位之年，在入軌之初與天運相符，則有賢子孫繼之，以畢其軌。亦如六爻次序，自初至上。不當軌年之初（入軌已十年百年），既與天運不符，身倖不失，子孫自不能繼。受命之君，其德宜與卦運相符。苟失其德，“陰則起，大而強；陽則柔，易而弱”[6]，則不永其位。水旱兵飢，考知其年，預爲之備，則可以救災度厄。

此五者，其大略也。然其言自相違背，不審於理。一軌七百六十年，所謂聖人、庸人、君子、小人者，一君當之乎？統一軌之君以當之乎？乾爲庸人而三十二世，遯爲君子而一世，則是有天下者，可一委之運數而人事不修也？即位之年必欲當軌之初，從古來有七百餘年不易姓者乎？帝王

之治天下，允執其中，寧因消息所直，而過剛過柔以迎卦氣乎？水旱兵飢，十年内外不能不遇，而以六百年七百年爲期，是亂日少，而治日多也。小道可觀，致遠恐泥，其斯之謂與！

【1】求所值世軌，見《乾坤鑿度一》注【5】。世爻本於京房八宫卦説，見卷一《占課》注【3】。求得所值之軌，則據其所當之消息卦而斷受命之君之善惡。其方法是看所值消息卦世爻之失正得正，陽爻得正則爲聖人、君子，失正則爲庸人；陰爻得正則爲君子，失正則爲小人。見下表《乾鑿度世軌》。

【2】《乾鑿度》云："孔子曰：復十八世消，以三六也。臨十二世消，以二六也。泰三十世消，以二九、二六也。大壯二十四世消，以二九、一五也。夬三十二世消，以三九、一四也。"鄭玄注："皆以爻正爲世之數也。復及臨，不以一九數者，復初九無據。二正，正數中自泰以上卦數則壯矣。《坤靈圖》云：孔子以位三不正，是謂興也。"復卦初九雖得正，然下無所據，故不數。此與梨洲陽少不數之説不同。大壯卦初爻、三爻、上爻得正，初、三爻爲陽數九，上爻爲陰數六，則總爲二十四（2×9+6）。《乾鑿度》作"二九、一五"，梨洲亦從之，顯誤，"五"當作"六"。夬卦初爻、三爻、五爻、上爻得正，初、三、五爻爲陽數九，上爻爲陰數六，其總爲三十三（3×9+6）。《乾鑿度》云"以三九、一四"也，不通。梨洲以爲夬"盛極而消"，如陰六消爲四，則總爲三十一。如以"一四"爲五，以三九爲二十七，則又前後邏輯混亂也。

【3】《乾鑿度》云："孔子曰：姤一世消，無所據也。遯一世消，據不正也。否十世消，以二五也。"以否卦主十世。梨洲認爲，否卦二、五兩爻得正，二爻爲陰數六，五爻爲陽數九，合之，故當十五世，然否非陽盛之時，故不主十世。"以二五也"，此則以二、五爻位數相乘。

【4】《乾鑿度》云："觀二十世消，以二五、四六也。"梨洲認爲，觀二、四、五爻得正，二、五爻止數其位，則不爲六、九之數，而爲二、五之數；四爻爲陰數六，位數四，數位兼數則爲十，故二五爲十（此又以二五爻位數相乘），四六爲十，總爲二十。

【5】《乾鑿度》云："乾，三十二世消；坤，三十六世消。"梨洲以爲乾卦初、三、五爻得正，陽爻數九，三陽爻數二十七，兼五爻之位數五，故總爲三十二。坤卦二、四、上三陰爻得正，數爲十八，倍之，故三十六。此皆梨洲之説也，未必得《乾鑿度》之確義。

【6】《乾鑿度》鄭玄注："陰則起，大而強；陽則柔，劣而弱。"

## 乾鑿度曆法（表）

| 元 | 部首 一爲天元 | | | | | | | 部首 二爲地元 | | | | | | | 部首 三爲人元 | | | | | | |
|---|---|---|---|---|---|---|---|---|---|---|---|---|---|---|---|---|---|---|---|---|---|
| 紀 | 甲子一甲子部（每部七十六年） | 壬子四辛酉部 | 庚子七戊午部 | 戊子十乙卯部 | 丙子十三壬子部 | 甲子十六己酉部 | 壬子十九丙午部 | 甲申一甲子部 | 壬申四辛酉部 | 庚申七戊午部 | 戊申十乙卯部 | 丙申十三壬子部 | 甲申十六己酉部 | 壬申十九丙午部 | 甲辰一甲子部 | 壬辰四辛酉部 | 庚辰七戊午部 | 戊辰十乙卯部 | 丙辰十三壬子部 | 甲辰十六己酉部 | 壬辰十九丙午部 |
| | 庚辰二癸卯部 | 戊辰五庚子部 | 丙辰八丁酉部 | 甲辰十一甲午部 | 壬辰十四辛卯部 | 庚辰十七戊子部 | 戊辰二十乙酉部 | 庚子二乙酉部 | 戊子五庚子部 | 丙子八丁酉部 | 甲子十一甲午部 | 壬子十四辛卯部 | 庚子十七戊子部 | 戊子二十乙酉部 | 庚申二癸卯部 | 戊申五庚子部 | 丙申八丁酉部 | 甲申十一甲午部 | 壬申十四辛卯部 | 庚申十七戊子部 | 戊甲二十乙酉部 |
| | 丙申三壬午部 | 甲申六己卯部 | 壬申九丙子部 | 庚申十二癸酉部 | 戊申十五庚午部 | 丙申十八丁卯部 | | 丙辰三壬午部 | 甲辰六己卯部 | 壬辰九丙子部 | 庚辰十二癸酉部 | 戊辰十五庚午部 | 丙辰十八丁卯部 | | 丙子三壬午部 | 甲子六己卯部 | 壬子九丙子部 | 庚子十二癸酉部 | 戊子十五庚午部 | 丙子十八丁卯部 | |

日法八十一分

月之日二十九日餘八十一分日之四十三

歲之月十二餘十九分月之七

紀歲七十六

紀月九百四十

紀日二萬七千七百五十九[1]

部歲一千五百二十

部月一萬八千八百

部日五十五萬五千一百八十[2]

元歲四千五百六十

元月五萬六千四百

元日一百六十六萬五千五百四十[3]

【1】每紀爲七十六歲，每歲餘十九分之七月，則七十六歲閏二十八月（76×7/19），故每紀之月爲九百四十（76×12＋28）。每歲三百六十五又四分之一日，故每紀二萬七千七百五十九日（76×365.25）。

【2】每部二十紀，總爲一千五百二十歲（76×20）。每紀閏二十八月，則每部總爲一萬八千八百月（1520×12＋28×20）。每紀二萬七千七百五十九日，則每部總爲五十五萬五千一百八十日（27759×20）。

【3】每元三部，總爲四千五百六十歲（1520×3）。每部一萬八千八百月，則每元總爲五萬六千四百月（18800×3）。每部五十五萬五千一百八十日，則每元總爲一百六十六萬五千五百四十日（555180×3）。

分部之法，十九年爲一章，章首甲子日子時朔旦冬至，謂之至朔同日。[1]第二章首復得至朔同日，然非甲子日，乃癸卯日酉時。[2]第三章首至朔同日，乃是癸未日午時。[3]第四章首至朔同日，乃是癸亥日卯時。[4]歷四章畢，得七十六年。其明年，至朔同日，乃癸卯日子時。因其至朔同時，與第一章首同，遂以七十六年斷爲一紀，而以其日干支名其部。[5]每章差三十九日九時，每紀差一百五十九日。除兩甲子，則每紀止差三十九日。二十紀通差七百八十日。甲子十三周無餘，復以甲子别起部首。[6]

【1】以十九年爲一章。冬至爲一年之始，朔旦即爲月初一日之始。曆元爲至朔同日且爲甲子日子時。

【2】以冬至爲歲之始，每歲 12 又 7/19 月，曆 19 年，則共 235 整月，故第二章之始爲至朔同日。每年 365 又 1/4 日，19 年则为 6939 又 3/4 日。將 6939 除以 60，得 115，餘 39。第一章首爲甲子日，則依六十甲子次序，由甲子順數至 39 爲壬寅，則第二章首當爲壬寅之次日癸卯。每日十二時以十二支表示，3/4 日則爲九時，則第二章首當爲第十時即酉時。故第二章首亦得至朔同日，而爲癸卯日酉時。

【3】與第二章首同理，第三章首亦爲至朔同日。每章爲 6939 又 3/4 日，則兩章爲 13879 又 2/4 日。將 13879 除以 60，得 231，餘 19。依六十甲子次序，由甲子順數至 19 爲壬午，則第三章首當爲壬午之次日癸未。每日十二時以十二支表示，2/4 日則爲六時，則第三章首當爲第七時即午時。故第三章首亦得至朔同日，而爲癸未日午時。

【4】第四章首亦爲至朔同日。每章爲 6939 又 3/4 日，則三章爲 20819 又 1/4 日。將 20819 除以 60，得 346，餘 59。依六十甲子次序，由甲子順數至 59 爲壬戌，則第四章首當爲壬戌之次日癸亥。每日十二時以十二支表示，1/4 日則爲三時，則第四章首當爲第四時即卯時。故第四章首亦得至朔同日，而爲癸亥日卯時。

【5】每紀四章共七十六歲。每章爲 6939 又 3/4 日，則四章爲 27759 日。將 27759 除以 60，得 462，餘 39。依六十甲子次序，由甲子順數至 39 爲壬寅，可知第二紀章首爲壬寅之次日癸卯。第一紀爲 27759 日整，則第二紀章首當爲子時。故第二紀章首亦是至朔同時，爲癸卯日子時。因爲第 77 年歲首爲至朔同日且當子時，與第一章首至朔同日且當子時相同，因此以七十六歲斷爲一紀。而以每紀首日干支名其部，如天元甲子一甲子部，即天元第一紀之首當甲子歲甲子日；庚辰二癸卯部，即天元第二紀之首當庚辰歲癸卯日。

【6】此所謂“差”皆就六十甲子數而言。每章爲 6939 又 3/4 日，除以六十甲子數，則得 115，餘 39 又 3/4 日，此即所謂“每章差三十九日九時”。四章爲一紀，故“每紀差一百五十九日”。將 159 日，除以六十甲子數，得 2，餘 39，故云“除兩甲子，則每紀止差三十九日”。每元二十紀，則共差七百八十日，爲六十甲子十三周之數（60×13=780）。二十紀之日數，六十甲子周流循環而無餘，則第二十一紀之首正爲甲子日，即冬至朔旦同日且爲甲子日子時，故另起一元（天

元、地元、人元)。正如林金泉先生之總結:“1 章=19 歲,爲‘朔旦冬至同在一天’之周期;1 紀=76 歲=940 月=27759 日,爲‘朔旦冬至同在一天夜半’之周期;1 部=1520 歲=18800 月=555180 日,555180÷60=9253,除盡無餘分,爲‘甲子日朔旦冬至同在一天夜半’之周期。以甲子元曆推之,則 1 元 4560 歲,4560÷60=76,除盡無餘分,爲‘甲子年甲子日朔旦冬至同在一天夜半’之周期。此甲子元《乾鑿度》曆法之梗概。”(見所著《〈易緯〉曆數體系的建構——黄宗羲〈易學象數論·乾坤鑿度〉考辨》,載《周易文化研究》第九輯,第 115 頁)

# 乾坤鑿度·主歲卦

| 卦 | | | | | | |
|---|---|---|---|---|---|---|
| 乾 | 九月 | 七月 | 五月 | 三月 | 正月 | 十一月 |
| 坤 | 八月 | 十月 | 十二月 | 二月 | 四月 | 六月 |
| 屯 | 十月 | 八月 | 六月 | 四月 | 二月 | 十二月 |
| 蒙 | 三月 | 五月 | 七月 | 九月 | 十一月 | 正月 |
| 需 | 十二月 | 十月 | 八月 | 六月 | 四月 | 二月 |
| 訟 | 五月 | 七月 | 九月 | 十一月 | 正月 | 三月 |
| 師 | 二月 | 十二月 | 十月 | 八月 | 六月 | 四月 |
| 比 | 七月 | 九月 | 十一月 | 正月 | 三月 | 五月 |
| 小畜 | 二月 | 十二月 | 十月 | 八月 | 六月 | 四月 |
| 履 | 九月 | 十一月 | 正月 | 三月 | 五月 | 七月 |
| 泰 | 六月 | 五月 | 四月 | 三月 | 二月 | 正月 |
| 剝 | 七月 | 五月 | 三月 | 正月 | 十一月 | 九月 |
| 復 | 二月 | 四月 | 六月 | 八月 | 十月 | 十二月 |
| 无妄 | 七月 | 五月 | 三月 | 正月 | 十一月 | 九月 |
| 大畜 | 十月 | 十二月 | 二月 | 四月 | 六月 | 八月 |
| 頤 | 九月 | 七月 | 五月 | 三月 | 正月 | 十一月 |
| 大過 | 十二月 | 二月 | 四月 | 六月 | 八月 | 十月 |
| 坎 | 九月 | 七月 | 五月 | 三月 | 正月 | 十一月 |
| 離 | 八月 | 十月 | 十二月 | 二月 | 四月 | 六月 |
| 咸 | 三月 | 正月 | 十一月 | 九月 | 七月 | 五月 |
| 恆 | 十月 | 十二月 | 二月 | 四月 | 六月 | 八月 |
| 遯 | 四月 | 二月 | 十二月 | 十月 | 八月 | 六月 |
| 萃 | 六月 | 四月 | 二月 | 十二月 | 十月 | 八月 |
| 升 | 三月 | 五月 | 七月 | 九月 | 十一月 | 正月 |
| 困 | 七月 | 五月 | 三月 | 正月 | 十一月 | 九月 |
| 井 | 八月 | 十月 | 十二月 | 二月 | 四月 | 六月 |
| 革 | 正月 | 十一月 | 九月 | 七月 | 五月 | 三月 |
| 鼎 | 八月 | 十月 | 十二月 | 二月 | 四月 | 六月 |
| 震 | 十二月 | 十月 | 八月 | 六月 | 四月 | 二月 |
| 艮 | 正月 | 三月 | 五月 | 七月 | 九月 | 十一月 |
| 漸 | 十一月 | 九月 | 七月 | 五月 | 三月 | 正月 |
| 歸妹 | 十二月 | 二月 | 四月 | 六月 | 八月 | 十月 |
| 豐 | 四月 | 二月 | 十二月 | 十月 | 八月 | 六月 |

| 卦 | | | | | | |
|---|---|---|---|---|---|---|
| 否 | 十二月 | 十一月 | 十月 | 九月 | 八月 | 七月 |
| 同人 | 五月 | 三月 | 正月 | 十一月 | 九月 | 七月 |
| 大有 | 八月 | 十月 | 十二月 | 二月 | 四月 | 六月 |
| 謙 | 十月 | 八月 | 六月 | 四月 | 二月 | 十二月 |
| 豫 | 正月 | 七月 | 九月 | 十一月 | 正月 | 三月 |
| 隨 | 十二月 | 十月 | 八月 | 六月 | 四月 | 二月 |
| 蠱 | 五月 | 七月 | 九月 | 十一月 | 正月 | 三月 |
| 臨 | 十月 | 八月 | 六月 | 四月 | 二月 | 十二月 |
| 觀 | 十一月 | 正月 | 三月 | 五月 | 七月 | 九月 |
| 噬嗑 | 八月 | 六月 | 四月 | 二月 | 十二月 | 十月 |
| 賁 | 十一月 | 正月 | 三月 | 五月 | 七月 | 九月 |
| 大壯 | 五月 | 七月 | 九月 | 十一月 | 正月 | 三月 |
| 晉 | 十二月 | 十月 | 八月 | 六月 | 四月 | 二月 |
| 明夷 | 十一月 | 正月 | 三月 | 五月 | 七月 | 九月 |
| 家人 | 三月 | 正月 | 十一月 | 九月 | 七月 | 五月 |
| 睽 | 二月 | 四月 | 六月 | 八月 | 十月 | 十二月 |
| 蹇 | 九月 | 七月 | 五月 | 三月 | 正月 | 十一月 |
| 解 | 四月 | 六月 | 八月 | 十月 | 十二月 | 二月 |
| 損 | 五月 | 三月 | 正月 | 十一月 | 九月 | 七月 |
| 益 | 四月 | 六月 | 八月 | 十月 | 十二月 | 二月 |
| 夬 | 正月 | 十一月 | 九月 | 七月 | 五月 | 三月 |
| 姤 | 八月 | 十月 | 十二月 | 二月 | 四月 | 六月 |
| 旅 | 七月 | 九月 | 十一月 | 正月 | 三月 | 五月 |
| 巽 | 十一月 | 正月 | 三月 | 五月 | 七月 | 九月 |
| 兌 | 六月 | 四月 | 二月 | 十二月 | 十月 | 八月 |
| 渙 | 四月 | 二月 | 十二月 | 十月 | 八月 | 六月 |
| 節 | 九月 | 十一月 | 正月 | 三月 | 五月 | 七月 |
| 中孚 | 九月 | 七月 | 五月 | 三月 | 正月 | 十一月 |
| 小過 | 八月 | 十月 | 十二月 | 二月 | 四月 | 六月 |
| 既濟 | 八月 | 六月 | 四月 | 二月 | 十二月 | 十月 |
| 未濟 | 正月 | 三月 | 五月 | 七月 | 九月 | 十一月 |

乾坤鑿度主歲卦

## 乾鑿度世軌

|  |  |  |  |
|---|---|---|---|
| 一軌 | 七百六十年 | 聖人 | 十八世消 |
| 二軌 | 一千五百二十年 | 庸人 | 十二世消 |
| 三軌 | 二千二百八十年 | 君子 | 三十世消 |
| 四軌 | 三千四十年 | 庸人 | 二十四世消 |
| 五軌 | 三千八百年 | 聖人 | 三十二世消 |
| 六軌 | 四千五百六十年 | 庸人 | 三十二世消 |
| 七軌 | 五千三百二十年 | 小人 | 一世消 |
| 八軌 | 六千八十年 | 君子 | 一世消 |
| 九軌 | 六千八百四十年 | 小人 | 十世消 |
| 十軌 | 七千六百年 | 君子 | 二十世消 |
| 十一軌 | 八千三百六十年 | 小人 | 十二世消 |
| 二十二軌 | 一萬六千七百二十年 | 君子 | 二十世消 |
| 二十三軌 | 一萬七千四百八十年 | 小人 | 十二世消 |
| 二十四軌 | 一萬八千二百四十年 | 君子 | 三十六世消 |
| 二十五軌 | 一萬九千年 | 聖人 | 十八世消 |
| 二十六軌 | 一萬九千七百六十年 | 庸人 | 十二世消 |
| 二十七軌 | 二萬五百二十年 | 君子 | 三十世消 |
| 二十八軌 | 二萬一千二百八十年 | 庸人 | 二十四世消 |
| 二十九軌 | 二萬二千四十年 | 聖人 | 三十二世消 |
| 三十軌 | 二萬二千八百年 | 庸人 | 三十二世消 |
| 三十一軌 | 二萬三千五百六十年 | 小人 | 一世消 |
| 三十二軌 | 二萬四千三百二十年 | 君子 | 一世消 |

廣雅書局栞

|  |  |  |  |
| --- | --- | --- | --- |
| 十二軌 | 九千一百二十年 | 君子 | 三十六世消 |
| 十三軌 | 九千八百八十年 | 聖人 | 十八世消 |
| 十四軌 | 一萬六百四十年 | 庸人 | 十二世消 |
| 十五軌 | 一萬一千四百年 | 君子 | 三十世消 |
| 十六軌 | 一萬二千一百六十年 | 庸人 | 二十四世消 |
| 十七軌 | 一萬二千九百二十年 | 聖人 | 三十二世消 |
| 十八軌 | 一萬三千六百八十年 | 庸人 | 三十二世消 |
| 十九軌 | 一萬四千四百四十年 | 小人 | 一世消 |
| 二十軌 | 一萬五千二百年 | 君子 | 一世消 |
| 二十一軌 | 一萬五千九百六十年 | 小人 | 十世消 |
| 三十三軌 | 二萬五千八十年 | 小人 | 十世消 |
| 三十四軌 | 二萬五千八百四十年 | 君子 | 二十世消 |
| 三十五軌 | 二萬六千六百年 | 小人 | 十二世消 |
| 三十六軌 | 二萬七千三百六十年 | 君子 | 三十六世消 |
| 三十七軌 | 二萬八千一百二十年 | 聖人 | 十八世消 |
| 三十八軌 | 二萬八千八百八十年 | 庸人 | 十二世消 |
| 三十九軌 | 二萬九千六百四十年 | 君子 | 三十世消 |
| 四十軌 | 三萬四百年 | 小人 | 二十四世消 |
| 四十一軌 | 三萬一千一百六十年 | 聖人 | 三十二世消 |
| 四十二軌 | 三萬一千九百二十年 | 庸人 | 三十二世消 |

乾鑿度世軌

## 文王世軌

|  |  |
|---|---|
| 一軌 | 七百二十年 |
| 二軌 | 一千四百四十年 |
| 三軌 | 二千一百六十年 |
| 四軌 | 二千八百八十年 |
| 五軌 | 三千六百年 |
| 六軌 | 四千三百二十年 |
| 七軌 | 五千四十年 |
| 八軌 | 五千七百六十年 |
| 九軌 | 六千四百八十年 |
| 十軌 | 七千二百年 |
| 十一軌 | 七千九百二十年 |
| 十二軌 | 八千六百四十年 |
| 十三軌 | 九千三百六十年 |
| 十四軌 | 一萬八十年 |
| 十五軌 | 一萬八百年 |
| 十六軌 | 一萬一千五百二十年 |
| 十七軌 | 一萬二千二百四十年 |
| 十八軌 | 一萬二千九百六十年 |
| 十九軌 | 一萬三千六百八十年 |
| 二十軌 | 一萬四千四百年 |
| 二十一軌 | 一萬五千一百二十年 |
| 二十二軌 | 一萬五千八百四十年 |
| 二十三軌 | 一萬六千五百六十年 |
| 二十四軌 | 一萬七千二百八十年 |
| 二十五軌 | 一萬八千年 |
| 二十六軌 | 一萬八千七百二十年 |
| 二十七軌 | 一萬九千四百四十年 |
| 二十八軌 | 二萬一百六十年 |
| 二十九軌 | 二萬八百八十年 |
| 三十軌 | 二萬一千六百年 |
| 三十一軌 | 二萬二千三百二十年 |
| 三十二軌 | 二萬三千四十年 |
| 三十三軌 | 二萬三千七百六十年 |
| 三十四軌 | 二萬四千四百八十年 |
| 三十五軌 | 二萬五千二百年 |
| 三十六軌 | 二萬五千九百二十年 |
| 三十七軌 | 二萬六千六百四十年 |
| 三十八軌 | 二萬七千三百六十年 |
| 三十九軌 | 二萬八千八十年 |
| 四十軌 | 二萬八千八百年 |
| 四十一軌 | 二萬九千五百二十年 |
| 四十二軌 | 三萬二百四十年 |

廣雅書局栞

文王世軌

水旱軌意

| 卦 | |
|---|---|
| 復 | 陽爻六十四陰爻五十六復一陽五陰再周得六百八十八 |
| 泰 | 三陽三陰再周得七百二十 |
| 夬 | 五陽一陰再周得七百六十 |
| 姤 | 一陰五陽再周得七百六十 |
| 否 | 三陰三陽再周得七百二十 |
| 剝 | 五陰一陽再周得六百八十八 |
| 臨 | 二陽四陰再周得七百四 |
| 大壯 | 四陽二陰再周得七百三十六 |
| 乾 | 六陽再周得七百六十八 |
| 遯 | 二陰四陽再周得七百三十六 |
| 觀 | 四陰二陽再周得七百四 |
| 坤 | 六陰再周得六百七十二 |

水旱軌意

《乾鑿度》五德轉移

木德　三百四歲

金德　六百八歲

火德　九百一十二歲

水德　一千二百一十六歲

土德　一千五百二十歲

五德日數（從部首起冬至甲子朔）

木德　甲子三十六日

金德　庚子三十六日

火德　丙子三十六日

水德　壬子三十六日

土德　戊子三十六日

# 元　包※

※《元包》又名《元命包》《周易元包》，北周衛元嵩撰。史載，衛元嵩精通陰陽曆算，曾經預言周隋廢興，多有徵驗。衛氏初爲沙門弟子，後則上書建言周武帝滅佛，獲賜爵持節蜀郡公，著有《齊三教論》七卷、《元包》十卷等。今傳有宋明刻《元包》五卷本，唐蘇源明作傳，李江作注，宋韋漢卿釋音。南宋張行成有《元包數總義》二卷。

《元包》祖京氏以爲書，分純卦爲八宫，一世、二世爲地易，三世、四世爲人易，五世、六世爲天易，遊魂、歸魂爲鬼易。但更其次序，先陰而後陽，則《歸藏》之旨也。首坤宫八卦爲太陰，次乾宫八卦爲太陽，兑宫八卦爲少陰，艮宫八卦爲少陽，離宫八卦爲仲陰，坎宫八卦爲仲陽，巽宫八卦爲孟陰，震宫八卦爲孟陽。[1]

蓍用三十六策，太陰之數也。兩手分之，先取左手之策，以三數之，滿四三（共十二策）則置之左，餘一、餘二、餘三皆爲歸奇數；餘四、餘五、餘六，其三爲爻數，一與二與三爲歸奇數；餘七、餘八、餘九，其兩三爲爻數，一與二與三爲歸奇數；餘十、餘十一，其三三爲爻數，一與二爲歸奇數。次取右手之策，以三數之，滿四三則置之右。左餘一，則右餘十一；左餘二，則右餘十，其三三爲爻數，其二其一爲歸奇數。左餘三，則右餘九；左餘四，則右餘八；左餘五，則右餘七，其兩三爲爻數，其三、其二、其一爲歸奇數。左餘六，則右餘六；左餘七，則右餘五；左餘八，則右餘四，其一三爲爻數，其三、其二、其一爲歸奇數。左餘九，則右餘三；左餘十，則右餘二；左餘十一，則右餘一，皆爲歸奇數。於是合兩手之餘策，爻數不九即六，歸奇數不六即三。爻數得九者，陽畫也，歸奇數則三矣。爻數得六者，陰畫也，歸奇數則六矣。兩手各存十二策者，體數也。爻數歸奇數相消長，亦十二策者，用數也。凡六合十二揲，而卦體定矣。[2]

其書因卦兩體，詁以僻字，義實庸淺，何所用蓍？而好事者爲之張皇

也。[3]宋楊楫謂："衛元嵩，益州成都人，明陰陽曆算，獻策周武帝，帝賜爵持節蜀郡公。武帝不敢臣之，有傳在《北史》。"今按《北史》《周書》皆無元嵩之傳，惟《唐書·藝文志》列《元包》十卷，不知楫何所據也。[4]

【1】《元包》首先取京房八宫卦之法，將六十四卦分爲八宫（詳見卷一《占課》注【3】與《八宫世應圖》）。京氏八宫以乾、震、坎、艮、坤、巽、離、兑爲序，統六十四卦。《元包》八宫則以坤、乾、兑、艮、離、坎、巽、震爲序，統六十四卦。《元包》以坤爲太陰，乾爲太陽；兑爲少陰，艮爲少陽；離爲仲陰，坎爲仲陽；巽爲孟陰，震爲孟陽。其八宫六十四卦先坤後乾，先陰後陽，被認爲是效法《歸藏》而爲之。

【2】《元包》尚陰，太陰數六，六六三十六，故其筮法用蓍三十六策。兩手隨機分三十六策，先取左手之策，以三數之，所謂"揲之以三曰三才"；數滿四三（即十二），則置之於左方，所謂"營之以四曰四時"（《元包·運蓍》）。其餘數若爲一、二或三，則爲歸奇數；若爲四、五或六，則其中三爲爻數，一、二或三爲歸奇數；若爲七、八或九，則其中六爲爻數，一、二或三爲歸奇數；若爲十、十一，則其中九爲爻數，一、二爲歸奇數。然後再如此數右手之策，置十二策後，再得爻數與歸奇數。合左右蓍策之爻數不九即六，歸奇數不三即六。九則爲陽爻，六則爲陰爻，故"凡六合十二揲而卦體定矣"。兩手各數之十二策，爲體數。兩手所餘之策，共十二，爲用數。案，此揲蓍法存在兩大問題，一是得九六爻數之概率差異巨大，得九有八種情況，得六則僅三種情況；二是如果三十六策分而爲二，如其中一部分少於十二策，則無法進一步演算。

【3】《元包》六十四卦之卦畫、卦名與《周易》相同，每卦有衛氏所作之卦辭，但無爻辭。《周易》有傳文十篇，《元包》則有《運蓍》《説源》兩篇。其文辭多用冷僻之字，佶屈聱牙，難以卒讀，細究其文，則無甚深義，所謂"以艱深而文淺易，不過效《太玄》之顰"（《四庫全書總目·術數類一》）。

【4】楊楫（1142—1213），字通老，學者稱悦堂先生，南宋長溪人，理學家，朱熹高足，曾爲《元包》作序，説衛元嵩在《北史》有傳。梨洲則指出《北史》《周書》皆無衛元嵩之傳，只有《新唐書·藝文志》中列有《元包》十卷。此前，明儒胡應麟（1551—1602，字元瑞，號少室山人）在其《四部正譌》中亦已提出這一問題。對此，《四庫全書總目》説，衛元嵩其人在《北史》列傳藝術類中有記載，只是未有專傳而已。

# 潛　虚※

※《潛虚》爲北宋司馬光（1019—1086，字君實，世稱涑水先生）的擬《玄》之作，所謂“《玄》以準《易》，而《虚》以擬《玄》也”（張敦實《潛虚發微》）。

“萬物皆祖於虚，生於氣，氣以成體，體以受性，性以辨名，名以立行，行以俟命。”此數言者，《潛虚》之大綱也。[1]

以五行生成圖爲《氣圖》，而變一爲𝍠，二爲𝍡，三爲𝍢，四爲𝍣，五爲X，六爲𝍥，七爲𝍦，八爲𝍧，九爲𝍨，十爲十，詁之以原、熒、本、丱、基、委、焱、末、忍①、冢。將謂虚能生氣，墮老氏“有生於無”之説。[2]

體分十等：王、公、岳、牧、率、侯、卿、大夫、士、庶②。此十等者，位也，而非體也。“二五之精，妙合而凝。‘乾道成男，坤道成女’”，乃所謂體。[3]

性專生克，先列十純，其次降一，水與火配；其次降二，水與木配；其次降三，水與金配；其次降四，水與土配；其下皆降次以配，以生成自配終焉。[4]《湯誥》曰：“惟皇上帝，降衷於下民，若有恒性。”以生克言性，則雜矣，不可謂之恒也。温公從來不知性，曰：“性者，人之所受於天以生者也，善與惡兼有之。……雖聖人不能無惡，雖愚人不能無善，其所受多少之間則殊耳。”[5]其論性如此，猶之雜生克而爲言也。

其名五十有五：“萬物始於元，著於裒，存於齊，消於散，訖於餘。五者，形之運也。柔、剛、雍、昧、昭，性之分也。容、言、慮、聆、覿，動之官也。繇、懠、得、罹③、耽，情之詠（恤）也。𢓊、却、庸、妥、蠢，事之變也。訒、宜、忱、喆、戛，德之塗也。特、偶、暱、續、

① “忍”，四庫本同，知不足齋叢書本《潛虚》作“刃”。

② “庶”，四庫本同，知不足齋叢書本《潛虚》作“庶人”。

③ “罹”，四庫本同，知不足齋叢書本《潛虚》作“罹”。

考，家之綱也。范、徒、醜、隸、林，國之紀也。禋、準、資、賓、戢，政之務也。斅、理、績、育、聲，功之具也。興、痡、泯、造、隆，業之著也。”[6]有性而後有情，有情而後有視聽言動，有德而後有事。以動先於情，以事先於德，失其次矣。

元、餘、齊三名無變，五十二名之變三百六十四謂之行，以其有辭之可見也。吉、臧、平、否、凶，五者謂之命，以其爲時之所遇也。[7]觀辭之善者命必吉，次善者命必臧；辭之惡者命必凶，次惡者命必否；辭之善惡半者命必平。所謂“盡人以合天”也。而陰用其幽，則是善者必凶，惡者必吉，次善次凶，次惡次吉。[8]天道與人事相反，其於勸懲之道，又何居焉？既云“初、上者，事之終始，不占”，則得名之後，揲當五以求變，其揲以七，使得初、上將焉用之？

是故“《玄》以準《易》，《虛》以準《玄》”，亦猶文章遞相模倣，無關大道。論者至謂：由《虛》以曉《玄》，由《玄》以究《易》，斯無躐等之患。使有人言曰“由《三都》以曉《兩京》，由《劇秦》以究《封禪》”，當無信者。不知何以異於是？朱子云：“《潛虛》後截是張行成續，不押韻見得。”今後截未嘗不押韻，似亦不可辨也。

【1】《潛虛》開篇即云：“萬物皆祖於虛，生於氣，氣以成體，體以受性，性以辨名，名以立行，行以俟命。故虛者物之府也，氣者生之户也，體者質之具也，性者神之賦也，名者事之分也，行者人之務也，命者時之遇也。”此爲《潛虛》思想内容之大綱。

【2】《太玄》以“玄”爲宇宙之本體，《潛虛》則以“虛”爲宇宙之本體。《太玄》有九九八十一首，每首有九贊，其數用九；《潛虛》則用五行生成數十，以五行生成圖（即所謂《河圖》）爲《氣圖》。

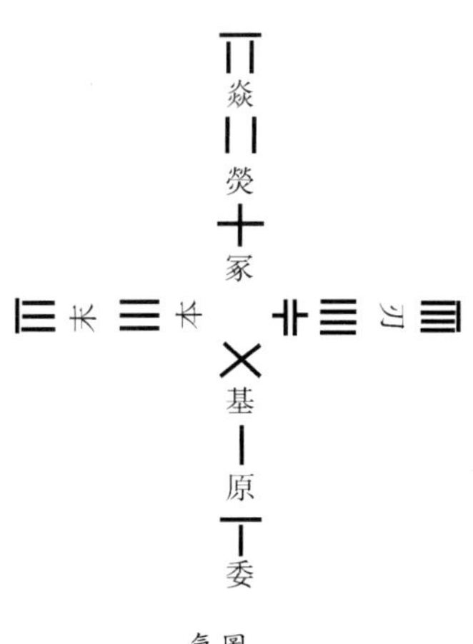


氣圖

【3】由五行之氣，一左一右，兩兩相配，爲五十五，自上而下分十層，處最上層一，即左|與右|；次一層者二，即左|與右||，左||與右||；又次一層者三，即

左〡右〣，左〢右〣，左〣右〣；等等，依次类推而分爲十層，也就是體分十等。自上而下，名之爲王、公、岳、牧、率、侯、卿、大夫、士、庶人。（見下文筆者所附《體图》，載《叢書集成初編》本《潛虚》）

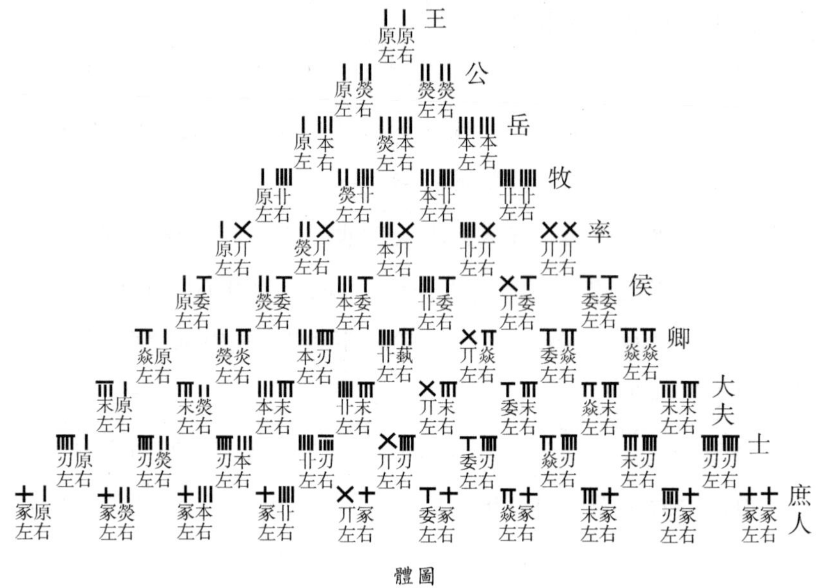


體圖

【4】物有體而受性，性有純有駁。五生數自配，爲生純之性，即左〡右〡，左〢右〢，左〣右〣，左〤右〤，左〤右〤，左〥右〥，五者依次爲水、火、木、金、土；五成數自配，爲成純之性，即左〦右〦，左〧右〧，左〨右〨，左〩右〩，左十右十，五者依次爲水、火、木、金、土。此爲十純之性。十純之外，其次降一，則自二至六依次配五生數，自七至一依次配五成數，皆曰火、木、金、土、水。又其次降二，則自三至七依次配五生數，自八至二依次配五成數，皆曰木、金、土、水、火。又其次降三，則自四至八依次配五生數，自九至三依次配五成數，皆曰金、土、水、火、木。又其次降四，則自五至九依次配五生數，自十至四依次配五成數，皆曰土、水、火、木、金。最後於五成數依次配五生數，曰水、火、木、金、土，是爲五配之性。《潛虚》云："始於純，終於配，天地之道也。"（見下文筆者所附《性圖》，載《叢書集成初編》本《潛虚》）

【5】司馬光《善惡混辨》云："孟子以爲人性善，其不善者外物誘之也。荀子以爲人性惡，其善者聖人之教之也。是皆得其偏而遺其大體也。夫性者，人之所受於天以生者也，善與惡必兼有之。是故雖聖人不能無惡，雖愚人不

能無善，其所受多少之間則殊矣。善至多而惡至少，則爲聖人。惡至多而善至少，則爲愚人。善惡相半，則爲中人。聖人之惡不能勝其善，愚人之善不能勝其惡，不勝則從而亡矣，故曰‘惟上智與下愚不移’。雖然，不學則善日消，而惡日滋；學焉則惡日消，而善日滋，故曰‘惟聖罔念作狂，惟狂克念作聖’。必曰聖人無惡，則安用學矣？必曰愚人無善，則安用教矣？”（《温國文正公文集》卷七十二）司馬光贊同揚雄的人性善惡混之説，反對孟子性善論和荀子的性惡論。

【6】物有體有性，則爲之名以别之。左𝍠與右𝍠相配，名之爲元，爲萬物之始；左𝍥右𝍤相配，名爲餘，爲萬物之終。總計五十五名，秩然有序。（見下文所附之《名圖》，載《叢書集成初編》本《潛虚》）《潛虚》云：“萬物始於元，著於裒，存于齊，消於散，訖於餘。”五十五名依序分爲形之運、性之分、動之官、情之訹、事之變、德之途、家之綱、國之紀、政之務、功之具、業之著等十一類，每類五名。《周易》上下兩經卦重爲六十四别卦，《太玄》上下方州部家四位而得八十一首，《潛虚》則以五行生成數列於左右之位而得五十五名。

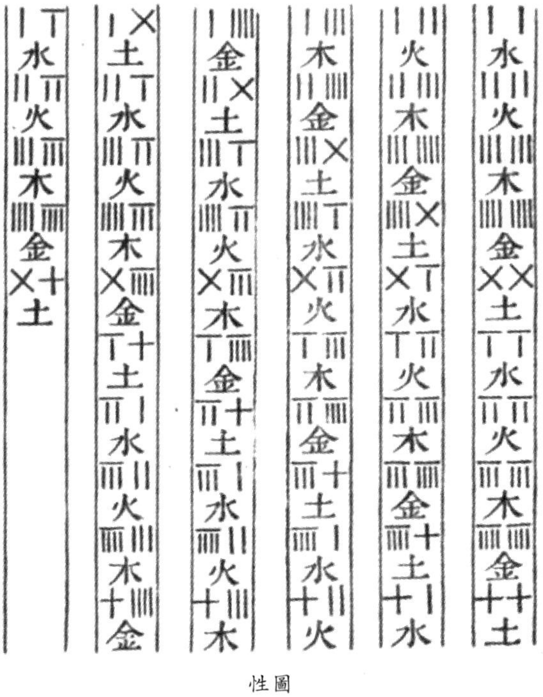

性圖

名圖

【7】由名而立行，有五十五名而有五十五行，行下有辭，如同《易》之卦辭。其中之五十二行又各有初、二、三、四、五、六、上七變，皆有辭，如同《易》之爻辭，《玄》之贊辭。元、餘、齊三者無變，“元、餘者，萬物之始終，故無變。齊者，中也，包斡萬物，故無位。”（《潛虛》）因此，占筮時，三者皆不用。又五十二行之變中，初、上爲事之終始，也不占，以中間五變爲占，配以吉、臧、平、否、凶之命（見下文梨洲所録《命圖》）。五十二行各有七變，共三百六十四變，當一年之日數。

【8】《潛虛》云：“陽則用其顯，陰則用其幽。”《潛虛》由五十五名與行，各由左右兩個數組成，左爲主，右爲客，如揲蓍所得之兩數，先主後客則爲陽，先客後主則爲陰。觀其命圖，陽則吉凶臧否平如圖所示，陰則反之（詳見下文）。

## 潛虛蓍法

五行相乘，得二十五，又以三才乘之，得七十五，以爲策。

蓍之數七十有五。

虚五，用七十。分爲二，取左一，掛於右；揲左以十，觀其餘，扐之。

中分七十策，取左一策，掛於右。十數左策，觀其餘而畫𝍠、𝍡、𝍢、𝍣、╳、𝍥、𝍦、𝍧、𝍨、十數于左方。

復合爲一，再分之，掛揲右，如左法。

揲左畢，置右不揲。復合七十策，分爲二，取右一策，掛於左；揲右，觀其餘，畫數於右方，置左不揲。曷爲不左右皆揲，而需復合哉？“虚”之左右，各備五行之性。若一掛而畢，嫌乎所以授性者不全也，故必需七十而成左，七十而成右，雖曰左右，實分先後也。

左主右客，先主後客者陽，先客後主者陰。

左主位，右客位。《行圖》之中，左右原有定位，先後所得與其左右相符，是爲先主後客者陽。先後所得，左者乃圖之右，右者乃圖之左，是爲先客後主者陰。《虚》合二數爲名，非如《易》之上下互换則爲他卦。其左右之分，止辨陰陽，名固不易也。

觀其所合以名命之。[1]

左右合而“虚”名定。

既得其名，又合蓍分之，陽則置右而揲左，陰則置左而揲右。

此求“虚”之變，猶《易》之爻也。復合七十策，分爲二。陽則取左一，掛於右，揲左，置右不揲。陰則取右一，掛於左，揲右，置左不揲。

生純置右，成純置左。

左右同者爲純，在生數者元𝍡、蠢𝍡 𝍡、容𝍢 𝍢、徒𝍣 𝍣、齊╳╳爲陽；在成數者，造𝍥𝍥、考𝍦 𝍦、莽𝍧 𝍧、乂𝍨 𝍨、績十十爲陰，故揲與之準。

揲以七，所揲之餘爲所得之變。

“虚”之變七，故不得復以十揲之。

觀吉、凶、臧、否、平而決之。陽用其顯，陰用其幽。幽者，吉、凶、臧、否與顯戾也。

吉、凶、臧、否、平，因所得之變，觀於《命圖》。陽則吉凶不易，陰則圖之言吉者反凶，言凶者反吉。

欲知始、中、終者，以所筮之時占之。先體爲始，後體爲中，所得之變爲終。變已主其大矣。又有吉、凶、臧、否、平者，於變之中復細別也。

先體，左也。後體，右也。筮虛凡三揲，以爲始、中、終之時。

不信不筮，不疑不筮，不正不筮，不順不筮，不蠲不筮，不誠不筮。必蠲必誠，神靈是聽。

張敦實曰：七十五策以占五十五名，衍而積之，凡三千八百五十策，以成變化之用。

羲案，《玄》以三十有六律七百二十九贊，固未嘗除虛三之策也。《虛》之積策，惡得除虛五哉？當得四千一百二十五也。

【1】張敦實《潛虛發微·蓍論》舉例云："且如《裒》之一卦，▎爲主，‖爲客。左揲先餘一，右揲後餘二，是先主後客者陽；若左揲先餘二，右揲後餘一，是先客後主者陰。由是觀其所合，以《裒》命之。"

## 命圖（表）

| | 裒 | 柔 | 剛 | 雍 | 昧 | 昭 | 容 | 言 | 慮 | 聆 | 覿 | 繇 | 懠 | 得 | 罹 | 耽 | 歬 | 却 | 庸 | 妥* | 蠢 | 訒 | 宜 | 忱 | 喆 | 戛 |
|---|---|---|---|---|---|---|---|---|---|---|---|---|---|---|---|---|---|---|---|---|---|---|---|---|---|---|
| 吉 | 六 | 五 | 四 | 三 | 二 | 六 | 五 | 四 | 三 | 二 | 六 | 五 | 四 | 三 | 二 | 六 | 五 | 四 | 三 | 二 | 六 | 五 | 四 | 三 | 二 | 六 |
| 臧 | 四 | 四 | 六 | 二 | 四 | 四 | 四 | 六 | 二 | 四 | 四 | 四 | 六 | 二 | 四 | 四 | 四 | 六 | 二 | 四 | 四 | 四 | 六 | 二 | 四 | 四 |
| 平 | 二 | 三 | 五 | 五 | 五 | 二 | 二 | 五 | 五 | 五 | 二 | 三 | 五 | 五 | 五 | 二 | 三 | 五 | 五 | 五 | 二 | 三 | 五 | 五 | 五 | 二 |
| 否 | 五 | 六 | 二 | 六 | 六 | 五 | 六 | 二 | 六 | 六 | 五 | 六 | 二 | 六 | 六 | 五 | 六 | 二 | 六 | 六 | 五 | 六 | 二 | 六 | 六 | 五 |
| 凶 | 三 | 二 | 三 | 四 | 三 | 三 | 二 | 三 | 四 | 三 | 三 | 二 | 三 | 四 | 三 | 三 | 二 | 三 | 四 | 三 | 三 | 二 | 三 | 四 | 三 | 三 |
| | | | | | | | | | | | | | | | | | | | | | | | | | | |
| | 特 | 偶 | 暱 | 續 | 考 | 范 | 徒 | 醜 | 隸 | 林 | 禋 | 準 | 資 | 賓 | 戒 | 斆 | 理 | 績 | 育 | 聲 | 興 | 痛 | 泯 | 造 | 隆 | 散 |
| 吉 | 五 | 四 | 三 | 二 | 六 | 五 | 四 | 三 | 二 | 六 | 五 | 四 | 三 | 二 | 六 | 五 | 四 | 三 | 二 | 六 | 五 | 四 | 三 | 二 | 六 | 五 |
| 臧 | 四 | 六 | 二 | 四 | 四 | 四 | 六 | 二 | 四 | 四 | 四 | 六 | 二 | 四 | 四 | 四 | 六 | 二 | 四 | 四 | 四 | 六 | 二 | 四 | 四 | 四 |
| 平 | 三 | 五 | 五 | 五 | 二 | 三 | 五 | 五 | 五 | 二 | 三 | 五 | 五 | 五 | 二 | 三 | 五 | 五 | 五 | 二 | 三 | 五 | 五 | 五 | 二 | 三 |
| 否 | 六 | 二 | 六 | 六 | 五 | 六 | 二 | 六 | 六 | 五 | 六 | 二 | 六 | 六 | 五 | 六 | 二 | 六 | 六 | 五 | 六 | 二 | 六 | 六 | 五 | 六 |
| 凶 | 二 | 三 | 四 | 三 | 三 | 二 | 三 | 四 | 三 | 三 | 二 | 三 | 四 | 三 | 三 | 二 | 三 | 四 | 三 | 三 | 二 | 三 | 四 | 三 | 三 | 二 |

元、餘、齊三者無變，皆不占。初、上者，事之終始，亦不占。

* “妥”，原作“安”，四庫本同，《知不足齋叢書》本《潛虛》作“妥”，梨洲上文言五十五名亦作“妥”，故據而改之。

# 洞極一

關子明《易》，所傳有兩種，一爲《易傳》，一爲《洞極真經》。陳師道言關子明《易傳》，阮逸所著，而不及《洞經》。豈當時合爲一書耶？即不然，《洞極》遠出《易傳》之下，其爲僞書者，更不及逸矣。[1]

【1】《洞極真經》，舊題關朗撰。關朗，字子明，北魏河東人。世傳有《關氏易傳》，舊題北魏關朗撰，唐趙蕤注。宋陳師道（1053—1102，字無己）《後山談叢》、何薳（1077—1145，字子遠）《春渚紀聞》及邵博（字公濟，邵伯温次子，邵雍之孫）《邵氏聞見後録》均記載，阮逸曾以僞撰之稿示蘇洵。可證世傳之《關氏易傳》爲宋人阮逸之僞作。梨洲認爲，《洞極真經》遠遜于《關氏易傳》，自然也非關氏之作。該書已亡佚，清人馬國翰《玉函山房輯佚書》輯有《洞極真經》一卷。

《洞極》以《洛書》之文“九前一後，三左七右，四前左，二前右，八後左，六後右”，故立生以象天，育以象地，資以象人。“一爲生之弌，四爲生之弍，七爲生之弎；二爲育之弌，五爲育之弍，八爲育之弎；三爲資之弌，六爲資之弍，九爲資之弎。”三象變而各九，以成二十七象，以準彖。弌弍弎以準三爻。《翼》以準《彖傳》，《則》以準《大象》，《傳》以準小象。首生，次萌、息、華、茂、止、安、烕、實；繼之以資，次用、達、興、紊、悖、静、平、序；繼之以育，次和、塞、作、涣、幾、抑、冥、通。《十一論》以發明大意，則準《易》之《繫辭》焉。[2]

【2】该書倣《易》與《太玄》，作爻畫三種：—、- -、- - -。立生以象天，立育以象地，立資以象人。以一爲生之弌，以四爲生之弍，以七爲生之弎；以二爲育之弌，以五爲育之弍，以八爲育之弎；以三爲資之弌，以六爲資之弍，以九爲資之弎，取法於《洛書》九數。三種爻畫分居三位，則有二十七象，名之曰二十七爲，如同《易》之六十四卦。二十七爲皆有辭，如同《易》有

卦辭；有《翼》，如同《易》有《彖傳》；有《則》，如同《易》有《大象傳》；有《傳》，如同《易》有《小象傳》。有論十一篇，梨洲以爲“十一論，發明大義，則準《易》之《繫辭》焉”。今存該書之《次爲論》，解説二十七爲排序先後之義，如同《易》之《序卦傳》。《次爲論》或爲其書十一論之一，則其十一論並非都是效法《繫辭傳》之作，或如《繫辭傳》《説卦傳》《序卦傳》《雜卦傳》之類。馬國翰之輯本中又有《原德》一篇，云：“物無不受之謂洪，物無不燭之謂明，於物無欺之謂正。君子體洪臨下，明以修性，正以治德，故曰洪明正。”此以洪、明、正爲三德，或許與《易》之《文言傳》以乾卦之元亨利貞爲四德相似。

其言生也，曰：“形而上者謂之天，日月星辰皆天也。”其言育也，曰：“形而下者謂之地，山川草木皆地也。”其言資也，曰：“命於中者謂之人，戎狄禽魚皆人也。”全割昌黎《原人》以爲己有，與《易傳》不出一手亦明矣。【3】獨怪朱子既知其僞，而又引以證《圖》十《書》九，何也?【4】

【3】之所以該書以“極”爲名，其《原名》篇説：“形而上者謂之天，日月星辰皆天也；形而下者謂之地，山川草木皆地也；命於中者謂之人，夷狄禽魚皆人也。……達於此者，其知經之所以名乎?”案，《易傳》以天地人爲三才，亦爲三極。可知，《洞極》之“極”正是天地人三才之極。梨洲指出，《原名》天地人之論襲取自韓愈之《原人》，亦可證其爲僞書。

【4】朱子所知其僞者，《關氏易傳》也，而非《洞極真經》。《朱子語類》卷六十七載：“（鄒）浩問：‘李壽翁最好麻衣《易》與關子明《易》，如何?’先生笑曰：‘偶然兩書皆是僞書。關子明《易》是阮逸作，陳無己集中説的分明。’”朱子在《易學啟蒙》中引《關氏易傳》以證《河圖》十數、《洛書》九數之説。朱子既然明知《關氏易傳》係僞作，又爲什麼要引用其説呢？這一問題元儒即有討論，其中吴澄之説較爲可取。他説：“關子明《易》者，宋仁宗時阮逸之所作也。種、穆得《河圖》《洛書》於希夷之家，阮逸同時人，蓋亦因二家之所傳，而得見《圖》《書》之象，故其言云然。”（《易纂言外翼》）其意是説，阮逸與種放、穆修同時，而早於劉牧（主《圖》九《書》十），故在《圖》十《書》九還是《圖》九《書》十問題上，其説可爲引證（參見拙作《朱熹易學思想研究》，第149頁）。

# 洞極二

《極數》篇曰："天一、地二、人三，天四、地五、人六，天七、地八、人九。三極之數四十五。天有十二，地有十五，人有十八①，審其數而畫之。三十有九則弌，四十有二則弍，四十有五則弎。生之策百一十七，育之策百二十六，資之策百三十五。遺其餘，則三百有六十，當期之日。顯冥之道盡矣。"【1】此蓍法也。

【1】《洞極》用《洛書》九數，自一至九，其和爲四十五，故其蓍用四十五策。弌之策三十九，弍之策四十二，弎之策四十五。三弌爲生，故生之策一百一十七；三弍爲育，故育之策一百二十六；三弎爲資，故資之策爲一百三十五。生、育、資之策分别減去七、六、五策，則三者之總策數爲三百六十，當一年之日數。又《洞極》以生象天，生之弌爲一，生之弍爲四，生之弎爲七，一、四、七之和爲十二，故天數十二；以育象地，育之弌爲二，育之弍爲五，育之弎爲八，二、五、八之和爲十五，故地數十五；以資象人，資之弌爲三，資之弍爲六，資之弎爲九，三、六、九之和爲十八，故人數十八。

胡廷芳云："三策之數，本甚不合。遺其餘七、六、五，然後合三百六十之數，未敢以爲然。"【2】楊止菴云："意其揲當用四十九策，而虚三如揚雄之法，而掛一不用。以九揲左手之策，視其所得之策而定畫焉，右則不揲。自三十有九至三百有六十當期之日，其説多牽強，不可通。"【3】

某案，後人不得其解，而《洞極》之蓍法亡矣。間嘗推之而復得。用四十五策，分爲三刻，不掛，每刻以三揲之，不滿三爲餘。若三刻各餘二者，爲三十九，則弌畫━；若三刻各餘一者，若一刻餘一、一刻餘二、一刻無餘者，爲四十二，則弍畫╍；若三刻各無餘者，爲四十五，則弎畫┅。是爲初畫。復合全策如前法者二，是爲二畫、三畫，而極成矣。【4】

① 馬國翰《玉函山房輯佚書》輯《洞極真經》作"天十有二，地十有五，人十有八"。

三極之數四十五者，即策數也。天有十二（一、四、七），地有十五（二、五、八），人有十八（三、六、九）者，合天地人得四十五，以明策數之故。三十有九則弍者，三刻各餘二，四十五除六爲三十有九，於畫得生也。四十有二則弍者，或三刻各餘一，或三刻餘一、餘二、無餘，四十五除三爲四十有二，於畫得育也。四十有五則弎者，三刻各無餘，四十五不除，於畫得資也。生之策百一十七者，三合策而成極，三其三十九爲百一十七。育之策百二十六者，三其四十二。資之策百三十五者，三其四十五。遺其餘則三百六十者，去七、六、五，以當期之數，猶二篇之策萬有一千五百二十，無礙於當萬物之數也。蓋諸家蓍法大略分二，此獨分三；大略揲四則餘四，揲三則餘三，此獨揲三而不餘三。推尋者概以常法，故展轉而不能得也。

【2】胡廷芳（應爲庭芳）即胡一桂（見本卷《太玄蓍法》注【3】）。引文見所著《周易本義啟蒙翼傳·外篇》。

【3】楊止菴即楊時喬（見卷二《互卦》林黄中包體圖注【2】）。引文見所著《周易全書傳易考》。

【4】按梨洲推演之法，《洞極》蓍法是將四十五策分而爲三，不必掛，而各揲之以三，如三部分各餘二，則正策爲三十九，則爲弌而畫━；若三部分各餘一，或一部分餘一、一部分餘二、一部分無餘，則正策爲四十二，則爲弍而畫╍；若三部分均無餘，則正策爲四十五，則爲弎畫┅。此得二十七爲之初畫。然後合蓍策，分揲如初，則得其二畫、三畫。

# 洪　範

蔡九峰《洪範數》，大略倣《潛虛》而作。【1】《虛》有𝍠、𝍡、𝍢、𝍣、㐅、𝍥、𝍦、𝍧、𝍨、十之數，《範》俱因之，但去十而易𝍤。《虛》變卦之上下爲左右，《範》亦因之。《虛》名𝍠爲原，《範》亦名𝍡爲原。《虛》分占爲五：吉、臧、平、否、凶。《範》分占爲九：吉、咎、祥、吝、平、悔、災、休、凶。蓍法，《虛》簡而《範》煩。曷不用七十策，初揲左以九，再揲右以九，大數得矣，求小數復如大數之法，則四揲而畢。此恐雷同於《虛》，而故避之者也。【2】《虛》有爻而《範》無爻，然《虛》不占其辭，而占其所值之吉凶，則《範》之小數即其爻也。《范》得一陽二陽三陽，一陰二陰三陰，當年甲子應之者大吉。以陽應陽，以陰應陰，而非正對，亦爲次吉。求其事類，皆于吉圖。《范》得一陽二陽三陽，一陰二陰三陰，當年甲子違之者大凶。以陰違陽，以陽違陰，而非正對，亦爲次凶。求其事類，皆於凶圖。【3】

《虛》之爲陰陽者二，《範》之爲陰陽者六。【4】《範》之五行：一六爲水，二七爲金，三八爲木，四九爲火，中五爲土。《虛》之五行：一六爲水，二七爲火，三八爲木，四九爲金，五十爲土。一本《九宫》，世名《洛書》。一本"生成"，世名《河圖》。雖異而實同也。【5】故以數而論，《虛》之與《範》無所優劣。以辭而論，《虛》有《易林》《太玄》之遺，《范》無聞焉，乃後世進《範》而退《虛》，豈知言者哉！胡廷芳謂："變數之法不傳，莫能適諸用也。"【6】某既疏明其變數，誠依法用之，其猶賢夫《火珠林》之類也夫。

【1】蔡九峰，即蔡沈（1167—1230），字仲默，號九峰，爲蔡元定次子，專意爲學，無心仕途，少時從學朱熹，後隱居九峰山，著有《書集傳》《洪範皇極内外篇》等。《洪範皇極内外篇》又稱《洪範數》《洪範内外篇》《洪範皇極内篇》等。《四庫全書總目》考辨其書名，以《洪範皇極内外篇》爲正。《永樂大典》《性理大全》及《四庫全書》術數類均收録此書。蔡沈傳其父之學，反復數十年而作《洪範數》，但并未能最終完稿，因書中多有標"數曰"而無下文之處。該書以《洛書》九數爲本，倣效《潛虛》而另創新法。

【2】《潛虛》蓍策七十，分二、掛一而揲之以十，因爲其以五行生成之十數爲本。準此，則《洪範數》亦當用蓍策七十，掛一、分二而揲之以九，因爲其以

《洛書》九數爲本。揲左揲右，由餘數而得大數（即正數）；再合蓍策，分二掛一，揲左揲右，由餘數而得小數（即變數），故云“四揲而畢”。實則《洪範數》用蓍策五十，掛一、分二而揲之以三，然後由初揲定其綱，由再揲得其目，兩揲得左數。復合蓍如初，再兩揲而得右數，故四揲而得大數。復合蓍如初之四揲而得小數，則是八揲而畢。

【3】由一至九，兩兩相配，組成八十一名數。左數分陰陽，一、三爲一陽，五爲二陽，七、九爲三陽；二爲一陰，四、六爲二陰，八爲三陰。右數分五行，一、六爲水，二、七爲金，三、八爲木，四、九爲火，五爲土。書中有《五行干支圖》，按一定順序將六十甲子與三陰三陽及五行相配。如丙子年，筮得三之四《交》，三爲一陽，四爲火，則《交》爲一陽屬火，按圖丙子即一陽屬火，故而“當年甲子應之者大吉”。如丙子年，筮得五之一《庶》，五爲二陽，一爲水，則《庶》爲二陽屬水，而丙子爲一陽屬火，此即爲以陽應陽，雖非正對，亦爲次吉。求其陰陽五行所象徵之事類，則於《五行事類吉圖》中尋之，如三之四《交》，一陽屬火，其事爲“燕集”。再如丙子年，筮得二之四《祈》，二屬一陰，四爲火，則《祈》爲一陰屬火，按圖丙子爲一陽屬水，故而“當年甲子違之者大凶”；按《五行事類凶圖》，其事爲“炙灸”。

【4】《潛虚》五十五數，各分左右，占時先得左數後得右數，爲陽；先得右數後得左數爲陰。《洪範數》八十一數，亦各分左右，左數分三陽三陰（見本篇注【3】）。

【5】《潛虚》用五行生成數，水之生數一，成數六；火之生數二，成數七；木之生數三，成數八；金之生數四，成數九；土之生數五，成數十。《洪範數》用九宮數，一居正北，六居西北，皆爲水；二居西南，七居正西，皆爲金；三居正東，八居東北，皆爲木；四居西南，九居正南，皆爲火；五居中央，爲土。

【6】載胡一桂《周易本義啟蒙翼傳·外篇·皇極内篇》。

## 洪範蓍法

蓍五十，虛一，分二，掛一。

取右刻一策，掛於左手小指間。

以三揲之，視左右手，歸餘於扐。

取左刻之策，以三數之，餘或一或二或三，歸扐於左手無名指間。次揲右刻之策，餘幾歸扐於左手中指間。連掛，左二則右必二，左三則右必一，左四則右必三。

是爲一揲，爲綱。

視左右之餘策，兩奇爲一，左三右一是也。兩偶爲二，左二右二是也。奇偶爲三，左四右三是也。《範》分左右，猶卦分上下。此雖有一二三之數，然未成一旁，需之再揲，綱必待於目也。

復合見存之策，

除去掛扐之策，初揲得四、三，則見存四十二；初揲得三、一或二、二，則見存四十五。

分、掛、揲、歸，如前法，是爲再揲，爲目。

掛扐之數，左四則右必二，左三則右必三，左二則右必一。亦以兩奇爲一，左三右三是也。兩偶爲二，左四右二是也。奇偶爲三，左二右一是也。

初揲，綱也；再揲，目也。綱一函三，以虛待目。目以一爲一，以實從綱。

綱，一數具三數，故一可以爲一，亦可以爲二，亦可以爲三，待目而分。二之爲四、五、六，三之爲七、八、九，亦然。如初揲一，再揲一，則實其函之一，于左方立𝍠；再揲二，則實其函之二，于左方立𝍡；再揲三，則實其函之三，于左方立𝍢。如初揲二，再揲一，則實其函之四，于左方立𝍣；再揲二，則實其函之五，于左方立𝍤；再揲三，則實其函之六，于左方立𝍥。如初揲三，再揲一，則實其函之七，于左方立𝍦；再揲二，則實其函之八，于左方立𝍧；再揲三，則實其函之九，于左方立𝍨。此正九數也。

兩揲而九數具，四揲而數名立，

兩揲，具範之左方。復合四十九策如前，兩揲以具右方。此之九數也。如正九是一數，之九是二數，爲一之二《潛》。如正九是五數，之九是六數，爲五之六《伏》。

八揲而六千五百六十一之數備。

數名既定，復兩揲，以具左方，是變九之正九也。復兩揲，以具右方，是變九之之九也。凡四揲而得數下之小數。如變正九是三，變之九是八，即爲三之八。如大數得一之一《原》，當于《原》下尋小數。大數下之橫，即小數之左；縱即小數之右。橫三縱八，相合之處，便是變九也。一大數之下，有八十一小數，以八十一乘之，得六

千五百六十一數，吉凶休咎睹矣。

大事用年，其次用月，其次用日，其次用時。

此占法也。大數爲年，反大數爲月；小數爲日，反小數爲時。反之者，如大數左一右二爲《潛》，月則左二右一爲《成》也。如小數左一右三[①]，在《潛》下之第三局；時則左三右一，在《潛》下之第十九局也[②]。如大數小數左右同者，則月時與年日同占，此猶《易》之卦變。

辨其陰陽五行，物無遁情。

左方以辨陰陽：一、三爲一陽，五爲二陽，七、九爲三陽；二爲一陰，四、六爲二陰，八爲三陰。右方以分五行：一、六爲水，二、七爲金，三、八爲木，四、九爲火，中五爲土。如筮得一之一，謂之一陽屬水；五之二，謂之二陽屬全；七之三，謂之三陽屬木；二之四，謂之一陰屬火；四之五，謂之二陰屬土；八之六，謂之三陰屬水。餘倣此。

| | | | | | | | | |
|---|---|---|---|---|---|---|---|---|
| 厲 九一之 | 須 八一之 | 閑 七一之 | 蒙 六一之 | 直 五一之 | 信 四一之 | 守 三一之 | 潛 二一之 | 原 一一之 |
| 華 九二之 | 親 八二之 | 易 七二之 | 柔 六二之 | 常 五二之 | 祈 四二之 | 振 三二之 | 冲 二二之 | 成 一二之 |
| 舒 九三之 | 欣 八三之 | 興 七三之 | 壯 六三之 | 育 五三之 | 交 四三之 | 從 三三之 | 獲 二三之 | 見 一三之 |
| 靡 九四之 | 錫 八四之 | 盈 七四之 | 章 六四之 | 益 五四之 | 公 四四之 | 晋 三四之 | 開 二四之 | 此 一四之 |
| 寡 九五之 | 疑 八五之 | 過 七五之 | 伏 六五之 | 中 五五之 | 升 四五之 | 豫 三五之 | 决 二五之 | 庶 一五之 |
| 遠 九六之 | 翕 八六之 | 郤 七六之 | 用 六六之 | 損 五六之 | 昧 四六之 | 虛 三六之 | 戾 二六之 | 節 一六之 |
| 收 九七之 | 訟 八七之 | 分 七七之 | 競 六七之 | 疾 五七之 | 弱 四七之 | 除 三七之 | 懼 二七之 | 迅 一七之 |
| 結 九八之 | 戎 八八之 | 止 七八之 | 報 六八之 | 革 五八之 | 堅 四八之 | 危 三八之 | 賓 二八之 | 實 一八之 |
| 終 九九之 | 墮 八九之 | 移 七九之 | 固 六九之 | 壬 五九之 | 囚 四九之 | 勝 三九之 | 遇 二九之 | 養 一九之 |

洪範名數

① “一”字，原脱，四庫本同。“潛”下之第三局爲左一右三，故補之。

② “潛”字，原脱，四庫本同。左三右一在“潛”下之第十九局，故補之。

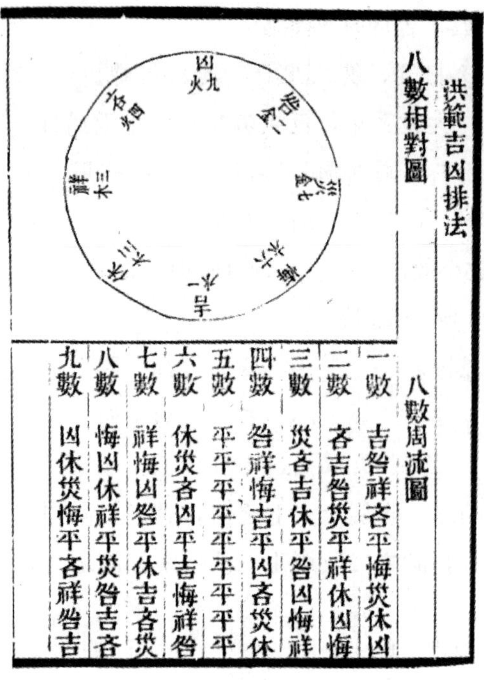

洪範吉凶排法

八數相對圖



八數周流圖

一數　吉咎祥吝平悔災休凶
二數　吝吉咎災平祥休凶悔
三數　災吝吉休平咎凶悔祥
四數　咎祥悔吉平凶吝災休
五數　平平平平平平平平平
六數　休災吝凶平吉悔祥咎
七數　祥悔凶咎平休吉吝災
八數　悔凶休祥平災咎吉吝
九數　凶休災悔平吝祥咎吉

洪範吉凶排法

| 橫九 | 橫八 | 橫七 | 橫六 | 橫五 | 橫四 | 橫三 | 橫二 | 橫一 | |
|---|---|---|---|---|---|---|---|---|---|
| 𝍨𝍠 凶吉 | 𝍧𝍠 休吉 | 𝍦𝍠 災吉 | 𝍥𝍠 悔吉 | 𝍤𝍠 平吉 | 𝍣𝍠 吝吉 | 𝍢𝍠 祥吉 | 𝍡𝍠 咎吉 | 𝍠𝍠 元吉 | 縱一 |
| 𝍨𝍡 凶咎 | 𝍧𝍡 休咎 | 𝍦𝍡 災咎 | 𝍥𝍡 悔咎 | 𝍤𝍡 平咎 | 𝍣𝍡 吝咎 | 𝍢𝍡 祥咎 | 𝍡𝍡 咎咎 | 𝍠𝍡 吉咎 | 縱二 |
| 𝍨𝍢 凶祥 | 𝍧𝍢 休祥 | 𝍦𝍢 災祥 | 𝍥𝍢 悔祥 | 𝍤𝍢 平祥 | 𝍣𝍢 吝祥 | 𝍢𝍢 祥祥 | 𝍡𝍢 咎祥 | 𝍠𝍢 吉祥 | 縱三 |
| 𝍨𝍣 凶吝 | 𝍧𝍣 休吝 | 𝍦𝍣 災吝 | 𝍥𝍣 悔吝 | 𝍤𝍣 平吝 | 𝍣𝍣 吝吝 | 𝍢𝍣 祥吝 | 𝍡𝍣 咎吝 | 𝍠𝍣 吉吝 | 縱四 |
| 𝍨𝍤 凶平 | 𝍧𝍤 休平 | 𝍦𝍤 災平 | 𝍥𝍤 悔平 | 𝍤𝍤 平平 | 𝍣𝍤 吝平 | 𝍢𝍤 祥平 | 𝍡𝍤 咎平 | 𝍠𝍤 吉平 | 縱五 |
| 𝍨𝍥 凶悔 | 𝍧𝍥 休悔 | 𝍦𝍥 災悔 | 𝍥𝍥 悔悔 | 𝍤𝍥 平悔 | 𝍣𝍥 吝悔 | 𝍢𝍥 祥悔 | 𝍡𝍥 咎悔 | 𝍠𝍥 吉悔 | 縱六 |
| 𝍨𝍦 凶災 | 𝍧𝍦 休災 | 𝍦𝍦 災災 | 𝍥𝍦 悔災 | 𝍤𝍦 平災 | 𝍣𝍦 吝災 | 𝍢𝍦 祥災 | 𝍡𝍦 咎災 | 𝍠𝍦 吉災 | 縱七 |
| 𝍨𝍧 凶休 | 𝍧𝍧 休休 | 𝍦𝍧 災休 | 𝍥𝍧 悔休 | 𝍤𝍧 平休 | 𝍣𝍧 吝休 | 𝍢𝍧 祥休 | 𝍡𝍧 咎休 | 𝍠𝍧 吉休 | 縱八 |
| 𝍨𝍨 凶凶 | 𝍧𝍨 休凶 | 𝍦𝍨 災凶 | 𝍥𝍨 悔凶 | 𝍤𝍨 平凶 | 𝍣𝍨 吝凶 | 𝍢𝍨 祥凶 | 𝍡𝍨 咎凶 | 𝍠𝍨 吉凶 | 縱九 |

小數圖

大數下之小數，起一一以至九九，八十一數皆同，其吉凶則互換。左以横序，右以縱序。如左是一數，則吉起横一，凶終横九。左是二數，則吝起横一，悔終横九。如右是一數，則吉起縱一，凶終縱九。右是二數，則吝起縱一，悔終縱九①，皆視周流圖【1】。以“原”（右一左一）下一圖爲例。

【1】梨洲所舉例“左是一數”“左是二數”“右是一數”“右是二數”，皆是就大數而言。如九之七《移》，其下之小數，左數自一至九，視《八數周流圖》之九數之由凶至吉，依次横列；右數自一至九，視《八數周流圖》之七數之由祥至災，依次縱列。縱横交織，而成《移》下八十一數之吉凶。如《移》下小數七之三，則據九數之吉凶之序，其七爲祥；據七數吉凶之序，其三爲凶，故《移》下七之三爲祥之凶。

① “悔”原作“凶”，四庫本同，據圖表，二數是起於吝而終於悔，驗諸蔡氏書中八十一名數下小數之吉凶排列規則亦然，故改作“悔”。

# 易學象數論卷五

# 皇極一※

※此卷論《皇極經世》學。《皇極經世》是北宋邵雍的名著。該書以先天易學爲基礎，發揮陰陽、剛柔、動靜交互相生的思想，通過元會運世、日月星辰、水火土石、春夏秋冬、皇帝王霸等宇宙人世之觀念，構造了一套含納萬物生化和歷史興替的宇宙歷史圖式。該書先天易學的内容，梨洲在本書之第一卷已經做了考論。本卷則是對《皇極經世》之歷史推步及占驗之術的推闡。須知，本卷所論之内容雖多本之《皇極經世》，但又多非該書所本有。其所謂《掛一圖》《卦氣圖》《既濟圖》等，將元會運世之説與六十四卦相配，均係後世對邵雍《皇極經世》學説的創造性解釋。邵雍之後，宋代牛思純、張行成、祝泌、蔡元定，元胡一桂，明代余本等諸多學者，對《皇極經世》之學進行了深入的闡發和創造，形成了一個龐雜的《皇極經世》學系統。

皇極之數，一元十二會，爲三百六十運；一會三十運，爲三百六十世；一運十二世，爲三百六十年；一世三十年，爲三百六十月；一年十二月，爲三百六十日；一月三十日，爲三百六十時；一日十二時，爲三百六十分；一時三十分，爲三百六十秒。蓋自大以至於小，總不出十二與三十之反覆相承而已。[1]

以《掛一圖》之二百五十六卦分配，凡一運一世一年一月一日一時，各得四爻，其爲三百六十者，盡二百四十卦，餘十六卦，分於二十四氣，亦每氣得四爻，以寓閏法於其間，不論運世年月日時，皆有閏也。[2]然推求其説，多有可疑。

【1】《皇極經世》之數以元、會、運、世爲基本模式。一元十二會三百六十運，一會三十運三百六十世，一運十二世三百六十年，一世三十年三百六十月，一年十二月三百六十日，一月三十日三百六十時，一日十二時三百六十分，一時三十分三百六十秒。元會運世、年月日時，由大到小，以十二與三十交替爲用。

【2】《掛一圖》爲張行成所言邵雍所傳十四易圖之一，元會運世各統六十四卦，總爲二百五十六卦（張氏《易通變》卷一）。元、會、運、世四者相交成十六，即元

之元、元之會、元之運、元之世；會之元、會之會、會之運、會之世；運之元、運之會、運之運、運之世；世之元、世之會、世之運、世之世。十六者再相交，成元之元之元之元、元之元之元之會、元之元之元之運、元之元之元之世、元之元之會之元、元之元之會之會、元之元之會之運、元之元之會之世，依此類推，共計二百五十六，配之以二百五十六卦。一元十二會，十二會配以十二支和十二消息卦。一元之中三百六十運、一會之中三百六十世、一運之中三百六十年、一世者中三百六十月，一年之中三百六十日、一月之中三百六十時，此運、世、年、月、日、時六者，皆可配此二百五十六卦。二百五十六卦，每卦六爻，凡一千五百三十六爻，每四爻值運、世、年、月、日、時六者之一，則三百六十共當一千四百四十爻；尚餘九十六爻，則以之配二十四氣，每四爻值一氣。此餘爻又爲閏，不論年、月、日、時皆有閏。

夫自一年成數言之，爲三百六十日；自十二月言之，爲三百五十四日；自二十四氣言之，爲三百六十五日三時；自閏歲言之，爲三百八十四日。今以康節之術按之於曆，辰法三百六十（其數皆以秒言），日法四千三百二十，月法十二萬九千六百，歲法一百五十五萬五千二百，世法四千六百六十五萬六千，運法五億五千九百八十七萬二千，會法一百六十七億九千六百一十六萬①，元法二千一十五億五千三百九十二萬，皆成數也。在一月爲三十日，於朔策強二千一百六十，於氣策弱一千八百九十。在一年爲三百六十日，於歲實弱二萬二千六百八十，於十二朔實強二萬五千九百二十。[3]既不可施之曆矣，乃於一氣相接之際，各增一日以爲閏，以準一年三百八十四日之數，可謂巧矣。然三百八十四日，有閏之歲也。閏雖每歲有之，亦必積之三歲兩歲而後滿於朔實，故有三百八十四日之歲。若一歲之閏策，只四萬八千六百，今概之三百八十四日，是歲歲有閏月也，豈可通乎？且所謂閏者，見之於年月日時者也。就如其說，增此四爻，亦當增之於三百六十之中，徒增之於卦，其爲三百六十者如故，是有閏之名而無閏之實矣。是故運世歲無閏，而月日時有閏，六者不可一例。一年之日三百五十四，以運準之，則少六日。一月之時三百五十四，以世準之，

① 原作“一百六十七億九千九百一十六”，四庫本同，皆有脱訛。《宋元學案·百源学案下》作“一百六十七億九千六百一十六萬”，是也，其正爲運法數之三十倍。

則少六時。康節必欲以十二與三十整齊之，其奇零豈可抹殺乎?[4]如以康節之數而立法，歲實一百五十七萬七千八百八十，朔策一十二萬七千四百四十，氣策六萬五千七百四十五，閏法四萬八千六百。由此，推而上之爲元會運世，庶乎可通耳。[5]康節之爲此書，其意總括古今之曆學盡歸於《易》，奈《易》之於曆本不相通，硬相牽合，所以其說愈煩，其法愈巧，終成一部鶻突曆書，而不可用也。

【3】《皇極經世》之年月日時皆就成數而言，一月成數爲 30 日，如以月朔言之則每月爲 29 日半，較之成數少 6 辰，故云一月成數“於朔策強二千一百六十”(每辰 360 秒，360×6＝2160)；如以氣數言則每月爲 30 日又 5.25 辰，故云一月成數“於氣策弱一千八百九十”(360×5.25＝1890)。一年之成數爲 360 日，以十二月朔言之，一年爲 354 日，較成數少 6 日，故云一年成數“於十二朔實強二萬五千九百二十”(6×12×360＝25920)；以二十四氣言之，一年爲 365 日又 3 辰，較成數多 5 日 3 辰，故云一年成數“於歲實弱二萬二千六百八十”(5×12×360＋3×360＝22680)。

【4】256 卦共 1536 爻，每 4 爻配一日，則 1440 爻配一年 360 日，尚餘 96 爻，以当闰数 24 日，故一年總計 384 日，此即所謂“乃於一氣相接之際，各增一日以爲閏，以準一年三百八十四日之數”。但問題是，閏年才有 384 日，非閏年則十二月朔爲 354 日，並非年年有閏月。(以氣言之，一年 365.25 日；以朔言之，一年 354 日，則每歲閏 11.25 日，11.25×12×360＝48600，故云“一歲之閏策只四萬八千六百”）而《掛一圖》以 256 卦當一歲之策，總爲 384 日，則成“歲歲有閏月”。再者，運、世、年、月、日、時六者，皆可以配之以《掛一圖》之二百五十六卦，但月、日、時三者有閏，而運、世、年三者無閏，六者不可一例視之，因此梨洲認爲一定要以十二、三十之數將其整齊劃一，多有不通之處。

【5】梨洲認爲，如欲曆數不差，當以氣數論年月，而不應以三百六十框定其數。以氣言之，一年 365.25 日，則總爲 1577780 秒（365.25×12×360)；一朔月 29.5 日，則總爲 127440 秒（29.5×12×360)；每氣爲 15 日 2 又 5/8 辰，則總爲 65745 秒（15×12×360＋2×360＋5/8×360)；每歲閏 11.25 日，故閏 48600 秒（11.25×12×360)。

# 皇極二　起運

乾、兑、離、震爲天之四卦，四卦自交成十六卦，十六而十六之，得二百五十六卦，謂之《掛一圖》，以之分配元會運世、年月日時。然在一元，會止十二，止以辟卦配之。一元之中有三百六十運，一會之中有三百六十世，一運之中有三百六十年，一世之中有三百六十月，一年之中有三百六十日，一月之中有三百六十時。凡此六者，則以《掛一圖》配之，皆用四爻直一，三百六十盡二百四十卦，餘十六卦，每氣之首各用四爻，二十四氣恰盡餘卦。[1]

顧六者起卦，各有不同：一曰運卦。張文饒得牛無邪之傳，以爲堯當賁之六五，堯即位在日甲、月巳、星癸、辰未之甲辰年，已歷一百八十運。[2]若起元之元之元之元泰卦，至此在會之世之世之世，其卦爲同人，與無邪之傳異矣。惟起於世之元之元之元升卦，則至此是元之世之世之世，始合無邪之賁，直三、四、五、上爻，一爻直三世，其世在已未，則是五爻以來四十二年也。文饒據此，遂起升卦。[3]番易祝氏謂起泰者，未然之卦，運世用之；起升者，已然之卦，歲月日時用之，直以堯當同人。[4]然無邪有所授受，祝氏以意逆之，固不當舍無邪而從祝氏也。

【1】按先天八卦次序，乾、兑、離、震屬陽，爲天之四卦；巽、坎、艮、坤屬陰，爲地之四卦。乾、兑、離、震自交成十六卦，十六而十六之得二百五十六卦，此係就《掛一圖》之卦數而言，《掛一圖》之二百五十六卦則絶非由此四卦相交而成。案，“掛一”語出《繫辭上傳》：“大衍之數五十，其用四十有九，分而爲二以象兩，掛一以象三，揲之以四以象四時。”張行成云：“《繫辭》曰‘掛一象三’，太極不偏繫於有無，故大衍五十之虚一，與四十九蓍之合一，皆爲易之太極。以理推之，虚一當爲太虚之用，合一當爲元氣之體。分二象兩，元氣既形，真一不自見。三居兩間，代一以致用。掛一之一，即虚一之一。故天地之性，人爲貴也。乾兑離震四卦之變，掛一之蓍一千五百三十六，是爲此圖二百五十六卦之爻。則太極英靈之氣，降而在人者也。”（《易通變》卷一）所謂“乾兑

離震四卦之變”，當指四卦相交成天門十六卦。以陽爻爲三十六策，則所掛之策爲十二；以陰爻爲二十四策，則所掛之策爲二十四。乾兑離震相交十六卦，陽爻有六十四，陰爻有三十二，則陽爻掛一之策總爲七百六十八（64×12），陰爻掛一之策總爲七百六十八（32×24），十六卦所掛之策共一千五百三十六，與《掛一圖》之總爻數相當。《掛一圖》二百五十六卦可以與運、世、年、月、日、時六者相應，卦中四爻可當一運、一世、一年、一月、一日或一時（詳見本卷《皇極一》注【2】）。

【2】張文饒即張行成（見卷一《圖書三》注【3】）。牛無邪，名思純，其父牛師德，父子二人皆研邵氏皇極之學。《宋元學案·百源學案》云：“牛師德者，不知何許人也。晁公武曰：師德自言從温公傳康節之學，未知其信然否？所著有《先天易鈐》《太極寶局》二卷。陳直齋曰：蓋爲邵氏之學而專于術數者，子思純傳其學。或曰：《易鈐》，師德所著；《寶局》則思純所著也。”張文饒論堯即位之年卦，説見所著《易通變》卷十一。案，堯即位年當日甲、月巳、星癸（一百八十）、辰未之甲辰年，參見《皇極經世書》卷五之“以運經世之一”。此所謂日、月、星、辰與元、會、運、世相當。亦即堯即位當巳會之癸運（一百八十）之未世之甲辰年。

【3】按《掛一圖》總當三百六十運，一百八十運正當其半，如運卦起元之元之元之元之泰卦，則第一百八十運當會之世之世之世之同人卦；如運卦起世之元之元之元之升卦，則第一百八十運當元之世之世之世之賁卦。如具體推算，四爻當一運，一百八十運共爲七百二十爻；一百八十運如同一百八十日，其間有十二氣，四爻當一氣，凡四十八爻，則《掛一圖》中曆一百八十運，須經七百六十八爻。每卦六爻，七百六十八爻爲一百二十八卦。因此，如運卦起元之元之元之元之泰卦，至會之世之世之世同人卦爲第一百二十八卦；如運卦起世之元之元之元升卦，至元之世之世之世賁卦爲第一百二十八卦。一運爲十二世，四爻當一運，則一爻當三世；歷一百八十運至賁卦，具體言之則爲賁卦之三、四、五、上四爻當第一百八十運。以十二支紀一運之十二世，堯即位在未世，即第一百八十運之第八世，亦即當賁卦之第五爻。賁卦之第五爻當午、未、申三世，堯即位於未世甲辰年爲入未世之第十一年（參見《皇極經世書》卷五之“以運經世之一”），則堯即位甲辰當爲入賁卦五爻第四十一年，故梨洲云“則是五爻以來四十二年”略有差誤。另，一運十二世，堯即位於一百八十運之第八世，其總爲第 2156 世（179×12＋8），由六十甲子順排，第 2156 世爲己未，故梨洲云“其世在己未”。

【4】祝氏即祝泌，字子涇，鄱陽德興（今江西德興）人，自稱觀物老人，宋度宗咸淳十年（1274）進士，著有《皇極經世理數鈐》《觀物篇解》《皇極經世起數訣》《六壬大占》等。其《觀物篇解》卷一云："凡會、運、世三節，皆元之元之元之元爲頭，既是未然之卦，故用日甲月子。至於歲、月、日、時之卦，却依張之例，用世之元之元之元，取已然之數，而用起日甲月寅。"

二曰世卦。起於會首所當之卦。子會起升，丑會起否，寅會起損，卯會起泰，辰會起涣，巳會起屯，午會起損，未會起坎，申會起比，酉會起大畜，戌會起隨，亥會起剥。[5]夏禹八年入午會，祝氏起卦用泰，午會之首在大畜，故以大畜六五至節九二爲世之始，其卦雖異損，其起於午會同也。[6]但以堯之己未世直賁，歷明夷、同人以與午會之大畜相接續，不知逆推而上，則巳會甲子世一千八百一，亦起於大畜矣。以巳會而用午會之起卦，何所取義？蓋祝氏聞堯運在賁之説，用元之元以推運卦既不能合，而午會世起大畜，其上適與賁接，遂謂無邪所言爲堯之世卦，非運卦也，亦未嘗逆推知其乖戾耳。[7]文饒言："世卦隨大運消長，遇奇卦則取後卦，遇偶卦則取前卦，併二卦以當十二世。"據之，是世卦不煩别起，只在運卦左右。如己未世之運卦是賁，爲偶卦，則取前卦之无妄合之，分配癸亥運内之十二世可也。[8]

【5】求世所值卦，當先由所在之會定其首卦，即文中所言子會起升、丑會起否……亥會起剥之例（會首之卦皆爲二十四氣之中氣所值之卦）。然後由其世數，據《掛一圖》而推算其所值之卦。如堯即位在巳會之癸運之未世，巳會當起屯卦，此癸運爲巳會第三十運，未世爲第三十運之第八世，即爲巳會之第 356 世（29×12+8）。四爻值一世，由《掛一圖》推之，堯即位之世當否卦之五、上爻與豫卦之初、二爻。

【6】按《皇極經世書》，夏禹八年爲月午星甲（一百八十一）辰子（二千一百六十一），即午會甲運子世，亦即午會之第一運第一世。祝泌認爲求世卦，應起元之元之元之元之泰卦，故其十二會之首卦分别爲子會泰、丑會涣、寅會屯、卯會損、辰會坎、巳會比、午會大畜、未會隨、申會剥、酉會升、戌會否、亥會損。夏禹八年當午會之第一運第一世，午會起大畜，四爻當一世，故據《掛一圖》其所值之卦爻爲大畜卦之五、上爻與節卦之初、二爻（大畜之初爻至四爻爲閏）。

【7】祝泌以爲堯即位之世卦爲賁，而非運卦爲賁。其《觀物篇解》卷二云："牛無邪傳康節學，固未純，然説堯之世當賁，亦必有所傳。張氏《通變》用已然之卦推元之會，見堯之運卦得元之賁，遂牽合以爲是；并取牛氏堯壬寅即位，起山風蠱之説。蓋未思堯之時，直世是賁，直運乃是同人，而非賁也。"以祝氏之説，以堯即位巳會己未世（第356世）當賁卦，由賁卦經明夷、同人二卦則至午會之首大畜卦。按祝氏巳會起比之説，堯即位之世所當卦爻應爲无妄之五、上爻與大過之初、二爻，而非賁；如其當賁三、四、五、上四爻，則巳會亦應起大畜。故梨洲説："以堯之己未世直賁，歷明夷、同人以與午會之大畜相接續，則不知逆而推之，則巳會甲子世一千八百一，亦起於大畜矣。"

【8】張文饒之言見所著《易通變》卷十一。其説是以運卦及其相偶之卦表其十二世。《掛一圖》中諸卦兩兩相偶，如運卦爲奇卦，則相偶之卦在其後，故"遇奇卦則取後卦"；如運卦爲偶卦，則相偶之卦在其前，故"遇偶卦則取前卦"，兩卦十二爻表該運之十二世。如堯即位當巳會癸亥運己未世，其運卦爲賁，賁爲偶卦，其前卦爲无妄，則兩卦共表癸亥運之十二世，一爻當一世，己未世爲癸亥運之第八世，即當賁卦之第二爻。

三曰年卦。所謂小運也。以世當月，以年當日，視其世所當之辰而起，子起冬至，丑起大寒，寅起雨水，卯起春分，辰起穀雨，巳起小滿，午起夏至，未起大暑，申起處暑，酉起秋分，戌起霜降，亥起小雪【9】（所謂中朔同起）。三十日分二氣，一氣分三候，一月六候，甲己孟季仲，各直五日；子午卯酉爲仲，辰戌丑未爲季，寅申巳亥爲孟。仲、孟逆生，先候五日；季順行，後候五日。即如唐堯以己未世爲月，甲辰年爲日，甲辰是大暑，以甲己季日當後五日起卦，直師之三、四、五、上；至十一年甲寅得蠱之初六爲立秋節，己未世之季氣即庚申世之初氣也。若漢高小運以己未世爲月，甲午爲日，亦是大暑；以甲己仲日，當先五日起卦，直歸妹初九。祝氏用元之元卦圖，其起卦皆氣後月十五日，非也。【10】

【9】按張行成之説，其以會之世之世之世升卦爲始，亦即升卦值冬至，故據其法求年卦，係子起冬至值升卦，丑起大寒值否卦，寅起雨水值損卦，卯起春分值泰卦，辰起谷雨值涣卦，巳起小滿值屯卦，午起夏至值損卦，未起大暑值坎卦，申起處暑值比卦，酉起秋分值大畜卦，戌起霜降值隨卦，亥起小雪值剥卦。

此與卷後所附《掛一圖》標示之卦氣不同，《掛一圖》乃是以元之元之元之元泰卦值冬至。

【10】堯即位初年爲己未世甲辰年，以己未爲月，以甲辰爲日，則未月起大暑坎卦，甲辰爲季，故後五日起卦。按卦圖，歷蹇、蒙、艮至師之三、四、五、上爻爲五日，故甲辰值師卦三、四、五、上四爻。堯十一年爲己未世甲寅年，按圖由師卦歷泰、臨、謙、小過、觀、剥至蠱爲十一年，蠱卦初、二、三、四爻值立秋，蠱之五、上爻與井之初、二爻值甲寅年。庚申世起處暑，處暑爲七月之中氣，其節氣爲立秋，故云“己未世之季氣即庚申世之初氣也”。漢高祖入關當午會巳運未世之甲午年，未世起大暑，午爲仲，先五日起卦，按卦圖，歷歸妹、涣、漸至坎爲五日，故甲午年值歸妹之初、二、三、四爻。

四曰月卦。以甲子、甲午年之正月起升、蒙，三十年而一周。文饒又言：“月卦隨小運進退，如世卦之法。”如堯時師爲甲辰年偶卦，則取前卦艮合之，一爻配一月也。[11]

五曰日卦。從氣不從月，以立春起升、蒙，一年而周。[12]

六曰時卦。以朔日之子起升、蒙，一月而周。[13]

康節當時有《數鈐》，私相授受，後之爲學者多失其傳，余爲考定如此。[14]即如十二會之辟卦，朱子曰：“《經世書》以十二辟卦，管十二會，綳定時節，却就中推吉凶消長。堯時正是乾卦九五。”按，一會得一卦，會有三十運，是五運得一爻也。巳會當星之巳一百七十六，已入乾上九。唐堯在星之癸一百八十，是上爻將終，安得云九五哉?[15]於其易明者且然，況科條煩碎，孰肯究心於此乎？

【11】一世三十年三百六十月，故云“三十年而一周”。每世之首年非甲子即甲午，故由甲子或甲午年正月起升、蒙，即升卦五、上爻與蒙卦初、二爻值該世首年之正月。由此順數至所求之年月即得其卦。張行成之言見所著《易通變》卷十一，其求月卦法如求世卦法。

【12】即以世之元之元之元之升卦爲始，值立春，升卦五、上爻與蒙卦初、二爻爲首日，二百五十六卦而周一年三百六十日。

【13】一月三十日三百六十時，當《掛一圖》一周。由月初一日之子時值升五、上爻與蒙初、二爻，順而推之得三百六十時之卦爻。

【14】據張行成所言，牛無邪曾得邵雍所傳之《數鈐》，但未能遍閱其書，所以牛氏之説多有訛誤，張氏爲之修正。（見《易通變》卷十一）後祝泌亦著有《皇極經世數鈐》《觀物篇解》等，發明其説，多有與張氏不同之見。

【15】以十二辟卦配十二會，復卦值子會，臨卦值丑會，泰卦值寅會，大壯卦值卯會，夬卦值辰會，乾卦值巳會，姤卦值午會，遯卦值未會，否卦值申會，觀卦值酉會，剥卦值戌會，坤卦值亥會。一會三十運，辟卦六爻，每爻當五運。堯即位在巳會癸運（巳會第三十運，總第一百八十運）甲辰年（巳會第十一年），巳會當乾卦，乾卦上九爻爲第二十六至三十運（總第一百七十六至第一百八十），故堯即位當乾卦上九爻之末，而非九五爻。朱子之説見《朱子語類》卷一百。

# 皇極三　卦氣序

《卦氣圖》二百五十六位之序，雖曰乾、兑、離、震四卦自交而成，然按之方圖，又錯雜，時有出入，則別立取卦之法，於通數中除極數，以謂即見聖人畫卦之旨。[1]

通數：二萬八千九百八十一萬六千五百七十六（陽剛太少，其數十，凡四位爲四十，以四因之得一百六十。陰柔太少，其數十二，凡四位，爲四十八，以四因之得一百九十二。以二數相唱和，各得三萬七百二十，謂之動植體數。於一百六十陽數之中，除去陰數四十八，得一百十二。於一百九十二陰數之中，除去陽數四十，得一百五十二。以一百五十二與一百十二相唱和，各得一萬七千二十四，謂之動植用數。以用數自乘，得通數）。[2]

【1】此《卦氣圖》即《掛一圖》。張行成云："《掛一圖》，舊名《大易一元經世秘鈐》，亦名《卦氣圖》。"（《易通變》卷十）梨洲此篇論述推排《掛一圖》二百五十六卦之規則，本之於牛無邪之説（見《易通變》卷十二）。

【2】陽剛太少，即太陽、少陽、太剛、少剛。陰柔太少，即太陰、少陰、太柔、少柔。此八者爲《皇極經世》天人宇宙架構之基石，諸類事物皆由之而生。陽剛太少，其體數皆十，總爲四十，乘之以四爲一百六十，此爲太陽、少陽、太剛、少剛之體數；陰柔太少，其體數皆十二，總爲四十八，乘之以四爲一百九十二，此爲太陰、少陰、太柔、少柔之體數。由一百六十減去四十八，得一百一十二，此爲太陽、少陰、太剛、少剛之用數。由一百九十二減去四十，得一百五十二，此爲太陰、少陰、太柔、少柔之用數。以陽剛太少之用數乘陰柔太少之用數，爲日月星辰之變數一萬七千二十四，亦爲動數（112×152＝17024）；以陰柔太少之用數乘以陽剛太少之用數，爲水火土石之化數一萬七千二十四，亦爲植數（152×112＝17024）。再以動數乘以植數，爲動植之通數二萬八千九百八十一萬六千五百七十六（17024×17024＝289816576）。

極數：元之元一，元之會十二，元之運三百六十，元之世四千三百二

十；會之元十二，會之會一百四十四，會之運四千三百二十，會之世五萬一千八百四十；運之元三百六十，運之會四千三百二十，運之運一十二萬九千六百，運之世一百五十五萬五千二百；世之元四千三百二十，世之會五萬一千八百四十，世之運一百五十五萬五千二百，世之世一千八百六十六萬二千四百。【3】

假令元之元，置通數（從左起二萬，至右六，凡九位），以其中位之一萬分列於右四位，爲九千九百九十十（其通數萬下之六千五百七十六，除去不用，以此列之），除卦身八算（在千位除之），又除元之元極數一，餘二萬八千九百八十萬一千九百九十九，以中位（萬爲中位），左見八，八屬坤，右見一，一屬乾，左爲外卦，右爲内卦，成地天泰。其第二卦，即以第一卦餘算除卦身，除極數，滿六十四卦方去餘算，再置通數。如在會之元，即以十二除起。凡除卦身，動中萬除右卦身，進動百萬除左卦身。【4】

【3】元會運世之極數，各以一元十二會、一會三十運、一運十二世爲基數，層層相推也。因一元有十二會、三百六十運、四千三百二十世，故以一爲元數，十二爲會數，三百六十爲運數，四千三百二十爲世數，各自相乘即爲其極數，如運之會即 360×12＝4320。

【4】此節舉例以明推算《掛一圖》卦序之法。其首爲元之元之元之元，通數爲 289816576，是個九位數，以第五位數 1 爲中點，左右各四位數。減去通數之右四位 6576，爲 289810000，其右五位爲 10000，故云“九千九百九十十”；繼而 289810000 減去 8000，即“除卦身八算，在千位除之”，得 289802000，再減去元之元極數 1，得 289801999。以第五爲 0 爲中，其左爲 8，其右爲 1。按先天八卦次序，八爲坤，一爲乾。以左數爲外卦，右數爲内卦，左八右一成泰卦。第二卦則自第一卦餘算，減除卦身數，再減除元之會極數而得之。接續至滿六十四卦爲止。

然取卦往往不能相合，則别有五法：一法退陰，於右卦減一算或二算；二法進陽，於左卦增一算或二算，進退不過三；三法虛張，奇畫虛張五，則爲乾六畫；四法分布，偶畫分布十，則爲坤十二畫；五法消息，移

右算補左謂消陰息陽，移左算補右謂之消陽息陰，數不過八。牛無邪所傳如此。又謂退陰而不合，則又進陽，進陽而又不合，則又虛張，以至於消息而止，皆必先右而後左。以某推之，則不然。有不合者，方用五法。若右合而左不合，當竟用其法於左，安得先陰而後陽乎（左爲陽，右爲陰）？有不合者，進退可合，則用進退；虛張、分布可合，則用虛張；分布、消息可合，則用消息，不須從進退以至於消息也。此無邪之説，胡庭芳所以謂之"繁晦"歟？然用此五法以增減，則無卦不可附會，故必知卦而後可算卦。若欲從算以定卦，則五法俱不可用，而通極二數有時而窮也。圖之爲序，當必有説，張、祝二家皆影響矣。[5]

【5】牛無邪云："凡取卦若重，以陽進、陰退、消息、虛張分布其數。其法有五，先退陰，其退法或一，不成乃退二，不可過三，以陰止有太少也。先退陰者，先陰後陽，亦是陰爲下卦。凡疊卦，先從下起，故初九、初六也（此是陰退二）。若退陰又重，即於左進陽，其法或進一進二，不可過三，爲陽之太少有二也（此是陽進二）。若陰陽進退了，又重，乃虛張五。天五乃天心之數也。應物現形，無所不在，其虛張之法，亦先從陰後從陽。若虛張又重（或云虛張五，恐只是補位之空），則消息一卦。其消息數，皆不過八，亦先消息陰，後消息陽。陰陽有消息也（當是消陰息陽，消陽息陰）。算雖有九位，其用本六位，若過去之數，極則不用。"（見張行成《易通變》卷十二）胡一桂《周易本義啟蒙翼傳·外篇》云："取《掛一》卦之法，乃用前數二萬八千九百八十一萬六千五百七十六，是爲九位，掛其中之五位，看左右位陰陽進退、消息、虛張。其説繁晦，今故略之。學者但按邵子所傳《掛一》卦之定序考之，似不須布籌以自惑也。"梨洲認爲，此五法並不是先定之法則，而是所推數與既定卦序不合之時變通以相合的方法。以今日之言言之，此五法只是可以解釋《掛一圖》卦序，但不可由之先驗推定其卦序。但由牛無邪之言觀之，此五法是按通數減除卦身數、極數之後，所得卦出現相重情況時的修正方法，由此似乎可以逐一推定《掛一圖》諸卦。究爲如何，如梨洲所言"當必有説"，今不得其詳矣。

# 皇極四　蓍法

“七十二蓍，合一曰太極，分爲二以象兩。置左不用，揲右以四。視其餘數，一爲元，二爲會，三爲運，四爲世。既得象矣（元會運世爲四象），復合而分之，取左之四并於右（既分之後，從左手取四策，入於右手），置左不用，揲右以八。視其餘數，爲上卦之體。復合而分之，取右之四并於左（取右手四策，入於左手）。置右不用，揲左以八。視其餘數，爲下卦之體。二體相附，既得卦矣。復合而分之，置右不用，揲左以六。視其餘數，自一爲初，訖六爲上，以定直事之爻。”[1]

【1】此爲張行成之“經世揲蓍法”，載所著《易通變》卷二十九。其法用蓍七十二策。第一步，將七十二策於兩手隨意二分，左手之策置之不用，以四揲右手之策，視其餘數：一爲元，二爲會，三爲運，四爲世。第二步，將蓍策合而爲一，再隨意二分，然後取左手之蓍策四並於右手之中，左手餘策置之不用，以八揲右手之策，視其餘數，而得上卦。此由先天八卦數定卦，即一乾、二兑、三離、四震、五巽、六坎、七艮、八坤。第三步，將蓍策合而爲一，隨意二分，然後取右手之蓍策四並之於左手，右手餘策置之不用，以八揲左手之蓍策，視其餘數，爲下卦。至此則得六畫之卦。第四步，將七十二蓍策隨意二分，右手蓍策置之不用，以六揲左手之策，視其餘數而以定值事之爻，餘一即初爻，餘二即二爻，以此類推。

假令初揲餘一，於象爲元；再揲餘五，上體爲巽；三揲餘七，下體爲艮；巽艮合爲漸，在《卦氣圖》得元之漸卦；終揲餘六，則上九爲直事之爻。[2]漸當元之會之會之運，以《律吕圖》求之，元之會爲日月聲，卦當履；會之運爲火土音，卦當蒙；合之爲物數，則卦當遯、困。以觀物之象準之，爲皇之帝之帝之王（皇帝王霸），飛之走之走之木（飛走木草），士之農之農之工（士農工商），一之二之七之六之類是也。[3]上九爻變陰，則爲蹇（爻自下而上，奇位爲陽，偶位爲陰，當位則不變，不當位則變，以九處上爲不當位，故變）。上體巽變震，則爲小過（乾、兑、離、震居上，坤、艮、坎、巽居下，爲當位，反是爲不當位。當位則不變，不當位則變。以巽居上體，故變。卦爻皆以當位爲吉，不當位爲凶）。漸者，艮歸魂之卦，以九三爲世爻，上九爲應爻。今上九爲當世直事之爻，則應復爲世，與本爻相敵。【4】此占之大略也。

康節本無蓍法，張文饒立之，以配《易》《玄》《包》《虚》。《易》《玄》《包》《虚》有辭，而《經世》無辭。有辭者以辭占，無辭者占其陰陽之進退、卦爻之當否、時日之蚤暮、五行之盛衰。爻者，時用也。卦者，定體也。爻之變不變，以觀其隨時。卦之變不變，以觀其大定。變不變者，數也。利不利者，命也。辨其邪正，則有理。制其從違，則有義。若愛惡之私，不忘於胸中，則“吉凶以情遷”矣，雖專心致志，不可謂之誠也。【5】

【2】初揲餘一，於象爲元，其所得之卦當屬元下之六十四卦。卦得漸，按之《掛一圖》即值元之會之會之運之漸卦。如初揲餘二、三或四，於象分别爲會、運、世，則所得之卦當屬會、運、世下之六十四卦。

【3】邵雍《皇極經世書》以日、月、星、辰屬聲，依次配元、會、運、世；又以水、火、土、石屬音，依次配元、會、運、世。然後，又以日、月、星、辰、石、土、火、水配先天卦序，則日當乾一、月當兑二、星當離三、辰當震四、石當巽五、土當坎六、火當艮七、水當坤八。所以值元之會之會之運之漸卦，其元之會當日之月屬聲，於卦爲上乾下兑之履；其會之運當火之土屬音，於卦爲上艮下水之蒙。然後再以履之上卦乾在上，蒙之上卦艮在下，合之爲遯卦；履之下卦兑在上，蒙之下卦坎在下，合之爲困卦。此可參考卷後梨洲所附《既濟陽圖》。將日月星辰、水火土石再與皇帝王霸、飛走草木、士農工商等相配，則元之會之會之運又可得皇之帝之帝之王、飛之走之走之草、士之農之農之工、一之二之七之六，等等。

【4】占斷時，視其上下卦當位與否，當位則不變，不當位則變。乾、兑、離、震居上體，巽、坎、艮、坤居下體，爲當位；否則爲不當位。然後，再看當值之爻當位與否。陽爻居初、三、五，陰爻居二、四、上，爲當位；否則爲不當位。此爲其終變之卦。

【5】梨洲卦爲定體，爻爲時用之説，與王弼相類。王弼云：“卦者時也，爻者

適時之變者也。”（王弼《周易略例·明卦適變通爻》）卦符示一定之時局，爻符示此時局下之變動。爻之變不變，在乎能否應時。卦之變不變，寓示時局之穩定與否。人置身於時局變易之中，則又有數、命、理、義之分判。時局有其不易之發展規律，此爲數。人所逢之時局於己有利或不利，此爲命。辨時局物態之邪正，此爲理。扶正祛邪，輔相物宜，此爲義。逆梨洲之意，占筮之術一則能推明外在之數命，二則能曉諭内在之理義。明數命而行理義，本理義以應數命，當爲先賢發明占筮術之根本宗旨。

# 皇極五　致用

致用之法，以一定之卦推治亂，以聲音數取卦占事物。凡占一卦，視其卦之當位與否，當位則不變，不當位則變。卦既變矣，視其所直之爻當位與否，當位則不變，不當位則變。以終變之卦爲準，終變之卦即不當位亦不變。本卦爲貞，變卦爲悔。當位則吉，不當位則凶。【1】視其卦爲奇爲偶，於《方圖》中奇卦在右爲陽中陽，在左爲陰中陽；偶卦在左爲陰中陰，在右爲陽中陰。陽爲順，陰爲逆。【2】視其卦在某會某運某世。大運以會當月，以運當日，以世當辰。如堯之巳會癸亥運己未世，即一歲之五月三十日未時也。小運以世當月，以年當日，以月當時。如堯之己未世甲辰年，即一歲之六月十一日也。【3】視其卦之納甲，與所當之年月日時有無生剋。視其卦之世應，與所直之爻有無倫奪。【4】又以《律吕圖》求之，運在四大象中某所，得天門唱卦，居左；世在四大象中某所，得地户和卦，居右，合兩卦並觀，在《既濟圖》第幾位，合《掛一圖》何①卦，然後以其卦變化進退之，而推其時運之吉凶。若用年配世，則以世求天門唱卦，居左；以年求地户和卦，居右，與上一例。"取卦之時，視算位中餘數，以六位配六爻。元自一起，世至九終，無問十百千萬，皆以當一。一爲甲，二爲辛，三爲丙，四爲癸，五爲戊，六爲乙，七爲庚，八爲丁，九爲壬，十爲己。甲乙爲木，爲饑饉，爲曲直之物；庚辛爲金，爲兵戈，爲刃物；丙丁爲火，爲大旱，爲鋭物；壬癸爲水，爲淫潦，爲流濕之物；戊己爲土，爲中興，爲重滯之物。"【5】此致用之大凡也。

《皇極》包羅甚富，百家之學無不可資以爲用，而其要領在推數之無窮。宋景濂作《溟涬生贊》，記蜀道士杜可大之言曰："宇宙，太虛一塵爾。人生其間，爲塵幾何？是茫茫者，尚了然心目間。"【6】此一言已盡《皇極》之秘。能者自有冥契，則余言亦説鈐也。【7】

---

① "何"，原作"問"，四庫本同，《宋元學案・百源學案下》作"何"，據改。

【1】卦爻之當位不當位之例，見《皇極四》文中夾注及注【4】。如《皇極四》所舉例，筮得值元之會之會之運之漸卦，上爻值事。漸之上卦爲巽，下卦爲艮。巽當下而居上，不當位，應變爲震；艮當下而居下，當位不變，則漸變爲小過。其值事之上爻爲陰爻當位，故不變。如值事之爻爲四爻，則小過九四爻不當位，陽當變爲陰，則小過變爲謙，上卦爲坤，坤當下而居上，不當位，然此爲終變之卦，雖不當位亦不再變。

【2】所謂卦之奇偶，即《掛一圖》中諸卦兩兩相偶，上者爲奇，下者爲偶。案，胡一桂《周易本義啟蒙翼傳》云："謂得《掛一》卦，以質之圓圖在何處。如陽中陽，則極治之時，事物皆美；陰中陰，極亂之時，事物皆惡；陰中陽，亂而將治，事物終美；陽中陰，治而將亂，事物終惡。"此所謂"圓圖"指先天六十四卦圓圖，則梨洲所謂"方圖"亦應指先天六十四卦方圖。一般認爲，圓圖左陽而右陰，方圖下陽而上陰。梨洲此以方圖右爲陽、左爲陰而論之，不知何義。

【3】一元十二會三百六十運四千三百二十世，故可以元當年，會當月，運當日，而世當時。如堯即位當巳會癸亥運己未世，癸亥運爲巳會第三十運，故堯即位當一歲之巳月三十日未時。一運十二世三百六十年四千三百二十月，故可以運當年，世當月，年當日，月當時。堯即位當己未世甲辰年，甲辰年爲己未世第十一年，故堯即位可轉化爲一歲之六月十一日。梨洲既以未爲六月，則巳當爲四月，則其以堯即位之巳會當五月恐誤。

【4】關於六十四卦納甲法，參見卷一《納甲二》注【1】。由卦中六爻之五行與占卦時年月日之五行生克關係，推定吉凶。諸卦之取世爻應爻法，參見卷一《占課》注【3】。案，納甲占法中，有世爻、應爻與值事之用神爻。若用神與世爻爲同一爻，即用神持世，或用神生合世爻，則多吉；凡用神沖克世爻，則多凶。文中"視其卦之世應，與所直之爻有無奪倫"，當與納甲占法中觀世應爻與用神之生克沖合而論吉凶相類。

【5】自"取卦之時"至"爲重滯之物"，載張行成《易通變》卷十二之《追録温公傳易語》。其下繼云："觸類而長，凡天地人物，皆以五行索之。此一千五百三十六爻中，小位之數也，故用以五行。若元會運世中大位之數，則用以四象。以五行占筮者，古法也，是爲後天。以四象經世觀物者，康節先生法也，是爲先天。五行本爲四象，後天者先天之所出，故以五行爲占法者，不兼四象，而以四象爲法者，兼用五行也。"其十干配数先依其序数排五陽干，即一甲、三丙、五戊、七庚、九壬，再加减五而定五行相同之五陰干數，如甲乙爲木，甲數一，故乙數六；丙丁

爲火，丙數三，故丁數八；庚辛爲金，庚數七，故辛數二；戊己土，戊數五，故己數十；壬癸水，壬數九，故癸數四。

【6】宋景濂即宋濂（詳見卷一《圖書一》注【4】）。溟涬生者，廖應淮也。廖應淮（1229—1280），字學海，號溟涬生。宋濂《溟涬生贊》言，廖應淮抱負奇氣，好研摩運世推移及方技諸家學，遇道士杜可大。可大自言，由盜墓者手中，購得邵氏門徒王豫之《皇極經世體要》一篇與《内外觀象》數十篇。廖氏盡得其學，著有《畫前妙用》《曆髓》《玄玄集》《星野指南》等。

【7】説鈴，瑣屑之言也。語出揚雄《法言・吾子》："好書而不要諸仲尼，書肆也；好説而不見諸仲尼，説鈴也。"晉李軌注云："鈴以諭小聲，猶小説不合大雅。"

**掛一圖**（表）

| 元之元 | | | | 會之元 | | | | 運之元 | | |
|---|---|---|---|---|---|---|---|---|---|---|
| 元之元元之元之<br>泰<br>冬至 | 會之元元之元之<br>需 | 運之元元之元之<br>大壯 | 世之元元之元之<br>夬 | 元之元元之會之<br>咸 | 會之元元之會之<br>小過 | 運之元元之會之<br>蹇 | 世之元元之會之<br>臨 | 元之元元之運之<br>晉<br>立春 | 會之元元之運之<br>巽 | 運之元元之運之<br>井 |
| 元之會元之元之<br>損 | 會之會元之元之<br>中孚 | 運之會元之元之<br>睽 | 世之會元之元之<br>履 | 元之會元之會之<br>未濟 | 會之會元之會之<br>渙<br>大寒 | 運之會元之會之<br>蒙 | 世之會元之會之<br>謙 | 元之會元之運之<br>觀 | 會之會元之運之<br>升 | 運之會元之運之<br>豐 |
| 元之運元之元之<br>大畜 | 會之運元之元之<br>小畜 | 運之運元之元之<br>大有<br>小寒 | 世之運元之元之<br>乾 | 元之運元之會之<br>旅 | 會之運元之會之<br>漸 | 運之運元之會之<br>艮 | 世之運元之會之<br>坤 | 元之運元之運之<br>比 | 會之運元之運之<br>否 | 運之運元之運之<br>屯<br>雨水 |
| 元之世元之元之<br>節 | 會之世元之元之<br>歸妹 | 運之世元之元之<br>兌 | 世之世元之元之<br>困 | 元之世元之會之<br>解 | 會之世元之會之<br>坎 | 運之世元之會之<br>師 | 世之世元之會之<br>遯 | 元之世元之運之<br>剥 | 會之世元之運之<br>豫 | 運之世元之運之<br>革 |

續表

| | | 會會之 | | | | 元會之 | | | | 世元之 | |
|---|---|---|---|---|---|---|---|---|---|---|---|
| 運之元會之會之 艮 | 會之元會之會之 漸 | 元之元會之會之 旅 | 世之元會之元之 乾 | 運之元會之元之 大有 | 會之元會之元之 中孚 | 元之元會之元之 損 春分 | 世之元元之世之 復 | 世之元元之世之 既濟 | 會之元元之世之 家人 | 元之元元之世之 離 | 世之元元之運之 恒 |
| 運之會會之會之 師 | 會之會會之會之 坎 穀雨 | 元之會會之會之 解 | 世之會會之元之 困 | 運之會會之元之 兑 | 會之會會之元之 小畜 | 元之會會之元之 大畜 | 世之會元之世之 同人 | 運之會元之世之 頤 | 會之會元之世之 震 驚蟄 | 元之會元之世之 大過 | 世之會元之運之 蠱 |
| 運之運會之會之 泰 | 會之運會之會之 蹇 | 元之運會之會之 歸妹 | 世之運會之元之 咸 | 運之運會之元之 夬 清明 | 會之運會之元之 大壯 | 元之運會之元之 節 | 世之運元之世之 无妄 | 運之運元之世之 萃 | 會之運元之世之 鼎 | 元之運元之世之 姤 | 世之運元之運之 訟 |
| 運之世會之會之 臨 | 會之世會之會之 蒙 | 元之世會之會之 涣 | 世之世會之元之 未濟 | 運之世會之元之 履 | 會之世會之元之 睽 | 元之世會之元之 需 | 世之世元之世之 賁 | 運之世元之世之 明夷 | 會之世元之世之 噬嗑 | 元之世元之世之 隨 | 世之世元之運之 益 |

續表

| | | 元運之 | | | | 世會之 | | | | 運會之 | |
|---|---|---|---|---|---|---|---|---|---|---|---|
| 運之元運之元之 兑 | 會之元運之元之 小畜 | 元之元運之元之 大畜 夏至 | 世之元會之世之 既濟 | 運之元會之世之 豐 | 會之元會之世之 革 | 元之元會之世之 晉 | 世之元會之運之 坤 | 運之元會之運之 豫 | 會之元會之運之 姤 | 元之元會之運之 蠱 立夏 | 世之元會之會之 謙 |
| 運之會運之元之 夬 | 會之會運之元之 歸妹 | 元之會運之元之 節 | 世之會會之世之 賁 | 運之會會之世之 震 | 會之會會之世之 頤 芒種 | 元之會會之世之 噬嗑 | 世之會會之運之 升 | 運之會會之運之 鼎 | 會之會會之運之 訟 | 元之會會之運之 井 | 世之會會之會之 小過 |
| 運之運運之元之 履 小暑 | 會之運運之元之 睽 | 元之運運之元之 需 | 世之運會之世之 明夷 | 運之運會之世之 家人 | 會之運會之世之 復 | 元之運會之世之 否 | 世之運會之運之 萃 | 運之運會之運之 比 小滿 | 會之運會之運之 无妄 | 元之運會之運之 屯 | 世之運會之會之 觀 |
| 運之世運之元之 乾 | 會之世運之元之 大有 | 元之世運之元之 中孚 | 世之世會之世之 同人 | 運之世會之世之 益 | 會之世會之世之 恒 | 元之世會之世之 離 | 世之世會之運之 隨 | 運之世會之運之 巽 | 會之世會之運之 大過 | 元之世會之運之 遯 | 世之世會之會之 剥 |

續表

| | | | | |
|---|---|---|---|---|
| | 運之元運之世之 蒙 | 運之會運之世之 謙 | 運之運運之世之 坤 | 運之世運之世之 同人 |
| | 會之元運之世之 比 | 會之會運之世之 升 白露 | 會之運運之世之 頤 | 會之世運之世之 賁 |
| 世運之 | 元之元運之世之 蠱 | 元之會運之世之 革 | 元之運運之世之 家人 | 元之世運之世之 否 |
| | 世之元運之運之 无妄 | 世之會運之運之 離 | 世之運運之運之 豐 | 世之世運之運之 復 |
| | 運之元運之運之 師 | 運之會運之運之 艮 | 運之運運之運之 剥 處暑 | 運之世運之運之 觀 |
| | 會之元理之運之 蹇 | 會之會運之運之 豫 | 會之運運之運之 遯 | 會之世運之運之 咸 |
| 運運之 | 元之元運之運之 漸 立秋 | 元之會運之運之 晉 | 元之運運之運之 萃 | 元之世運之運之 泰 |
| | 世之元運之會之 益 | 世之會運之會之 井 | 世之運運之會之 屯 | 世之世運之會之 坎 |
| | 運之元運之會之 小過 | 運之會運之會之 震 | 運之運運之會之 渙 | 運之世運之會之 巽 |
| | 會之元運之會之 姤 | 會之會運之會之 隨 大暑 | 會之運運之會之 旅 | 會之世運之會之 噬嗑 |
| 會運之 | 元之元運之會之 恒 | 元之會運之會之 鼎 | 元之運運之會之 大過 | 元之世運之會之 訟 |
| | 世之元運之元之 困 | 世之會運之元之 未濟 | 世之運運之元之 解 | 世之世運之元之 大壯 |

續表

| | 元世之 | | | | 會世之 | | | | 運世之 | | | | 世世之 | | | |
|---|---|---|---|---|---|---|---|---|---|---|---|---|---|---|---|---|
| 世之元運之世之 明夷 | 元之元世之元之 升 秋分 | 會之元世之元之 坎 | 運之元世之元之 恒 | 世之元世之元之 大過 | 元之元世之會之 兑 | 會之元世之會之 夬 | 運之元世之會之 咸 | 世之元世之會之 履 | 元之元世之運之 益 立冬 | 會之元世之運之 小過 | 運之元世之運之 既濟 | 世之元世之運之 家人 | 元之元世之世之 坤 | 會之元世之世之 離 | 運之元世之世之 師 | 世之元世之世之 觀 |
| 世之會運之元之 臨 | 元之會世之元之 蒙 | 會之會世之元之 巽 | 運之會世之元之 未濟 | 世之會世之元之 姤 | 元之會世之會之 乾 | 會之會世之會之 否 霜降 | 運之會世之會之 革 | 世之會世之會之 泰 | 元之會世之運之 豐 | 會之會世之運之 臨 | 運之會世之運之 晋 | 世之會世之運之 需 | 元之會世之世之 謙 | 會之會世之世之 比 大雪 | 運之會世之世之 同人 | 世之會世之世之 震 |
| 世之運運之世之 損 | 元之運世之元之 蠱 | 會之運世之元之 渙 | 運之運世之元之 鼎 寒露 | 世之運世之元之 訟 | 元之運世之會之 萃 | 會之運世之會之 无妄 | 運之運世之會之 遯 | 世之運世之會之 剥 | 元之運世之運之 歸妹 | 會之運世之運之 賁 | 運之運世之運之 損 小雪 | 世之運世之運之 大畜 | 元之運世之世之 漸 | 會之運世之世之 蹇 | 運之運世之世之 旅 | 世之運世之世之 復 |
| 世之世運之世之 既濟 | 元之世世之元之 井 | 會之世世之元之 解 | 運之世世之元之 困 | 世之世世之元之 隨 | 元之世世之會之 噬嗑 | 會之世世之會之 睽 | 運之世世之會之 大有 | 世之世世之會之 頤 | 元之世世之運之 大壯 | 會之世世之運之 中孚 | 運之世世之運之 節 | 世之世世之運之 小畜 | 元之世世之世之 艮 | 會之世世之世之 豫 | 運之世世之世之 屯 | 世之世世之世之 明夷 |

世（三十）　運（三百六十）　會（一萬八百）　元（十二萬九千六百）

世之世（九百）

世之運（一萬八百）

世之會（三十二萬四千）

世之元（三百八十八萬八千）

運之世（一萬八百）

運之運（十二萬九千六百）

運之會（三百八十八萬八千）

運之元（四千六百六十五萬六千）

會之世（三十二萬四千）

會之運（三百八十八萬八千）

會之會（一億一千六百六十四萬）

會之元（十三億九千九百六十八萬）

元之世（三百八十八萬八千）

元之運（四千六百六十五萬六千）

元之會（十三億九千九百六十八萬）

元之元（一百六十七億九千六百十六萬）

元會運世本數四，互相乘則變爲十六。[8]

世之世之世之世八十一萬（以九百乘九百而得）

世之世之世之運九百七十二萬（以九百乘一萬八百）

世之運之世之運一億一千六百六十四萬（以一萬八百乘一萬八百）

世之世之世之會二億九千一百六十萬（以九百乘三十二萬四千）

世之運之運之運一十三億九千九百六十八萬（以一萬八百乘十二萬九千六百）

世之世之世之元三十四億九千九百二十萬（以九百乘三百八十八萬八千）

運之運之運之運一百六十七億九千六百一十六萬（以十二萬九千六百自乘）

世之世之運之元四百一十九億九千四十萬（以九百乘四千六百六十五萬六千）

世之世之會之會一千四十九億七千六百萬（以九百乘一億一千六百六十四萬）

世之運之運之元五千三十八億八千四百八十萬（以一萬八百乘四千六百六十五萬六千）

世之世之會之元一萬二千五百九十七億一千二百萬（以九百乘十三億九千九百六十八萬）

運之運之運之元六萬四百六十六億一千七百六十萬（以十二萬九千六百乘四千六百六十五萬六千）

世之世之元之元一十五萬一千一百六十五億四千四百萬（以九百乘一

百六十七億九千六百十六萬）

世之會之會之會三十八萬四百九十一億三千六百萬（以三十二萬四千乘一億一千六百六十四萬）

世之運之元之元一百八十一萬三千九百八十五億二千八百萬（以一萬八百乘一百六十七億九千六百十六萬）

世之會之會之元四百五十三萬四千九百六十三億二十萬（以三十二萬四千乘十三億九千九百六十八萬）

運之運之元之元二千一百七十六萬七千八百二十三億三千六百萬（以十二萬九千六百乘一百六十七億六百十六萬）

世之會之元之元五千四百四十一萬九千六百五十八億四千（以三十二萬四千乘一百六十七億六百十六萬）

會之會之會之會一兆三千五百五十五萬四千八百九十六億（以一億一千六百六十四萬自乘）

運之會之元之元六兆五千三百三萬四千七百億八十萬（以三百八十八萬八千乘一百六十七億六百十六萬）

會之會之會之元十六兆三千二百五十八萬六千七百五十二億（以一億一千六百六十四萬乘十三億九千九百六十八萬）

運之元之元之元七十八兆三千六百四十一萬六千四百九億六十萬（以四千六百六十五萬六千乘一百六十七億九千六百十六萬）

會之會之元之元一百九十五兆九千一百四萬一千二十四億（以一億一千六百六十四萬乘一百六十七億九千六百十六萬）

會之元之元之元二千三百五十兆九千二百四十九萬二千二百八十八億（以十三億九千九百六十八萬乘一百六十七億九千六百十六萬）

元之元之元之元二萬八千二百十一兆九百九十萬七千四百五十六億（以一百六十七億九千六百十六萬自乘）

又以十六數互相乘，如元之會爲一數，其下之運之世爲一數，乘之，變爲二百五十六數，分配二百五十六卦。自泰起，元之元之元之元得二萬八千二百十一兆九百九十萬七千四百五十六億，至明夷卦終爲世之世之世之世得八十一萬。今舉二十五條爲例。

【8】以年爲單位，一世三十年，一運十二世三百六十年，一會三十運一萬八百年，一元十二會十二萬九千六百年，故其本數爲世三十、運三百六十、會一萬八百、元十二萬九千六百。四本數互相乘，變爲十六數。十六數互相乘變爲二百五十六數。

既濟陽圖

元之元

| 元之元否否泰<br>水水音八八坤<br>日日聲一一乾 | 元之會否遯損<br>水火音八七謙<br>日日聲一一乾 | 元之運否訟大畜<br>水土音八六師<br>日日聲一一乾 | 元之世否姤節<br>水石音八五升<br>日日聲一一乾 |
|---|---|---|---|
| 會之元遯否震<br>火水音七八剝<br>日日聲一一乾 | 會之會遯遯中孚<br>火火音七七艮<br>日日聲一一乾 | 會之運遯訟小畜<br>火土音七六蒙<br>日日聲一一乾 | 會之世遯姤歸妹<br>火石音七五蠱<br>日日聲一一乾 |
| 運之元訟否大畜<br>土水音六八比<br>日日聲一一乾 | 運之會訟遯睽<br>土火音六七蹇<br>日日聲一一乾 | 運之運訟訟有<br>土土音六六坎<br>日日聲一一乾 | 運之世訟姤兌<br>土石音六五井<br>日日聲一一乾 |
| 世之元姤否夬<br>石水音五八觀<br>日日聲一一乾 | 世之會姤遯履<br>石火音五七漸<br>日日聲一一乾 | 世之運姤訟乾<br>石土音五六渙<br>日日聲一一乾 | 世之世姤姤困<br>石石音五五巽<br>日日聲一一乾 |

元之會

| 元之元否萃咸<br>水水音八八坤<br>日月聲一二履 | 元之會否咸未<br>水火音八七謙<br>日月聲一二履 | 元之運否困旅<br>水土音八六師<br>日月聲一二履 | 元之世否大過解<br>水石音八五升<br>日月聲一二履 |
|---|---|---|---|
| 會之元遯萃小過<br>火水音七八剝<br>日月聲一二履 | 會之會遯咸渙<br>火火音七七艮<br>日月聲一二履 | 會之運遯困漸<br>火土音七六蒙<br>日月聲一二履 | 會之世遯大過坎<br>火石音七五蠱<br>日月聲一二履 |
| 運之元訟萃蹇<br>土水音六八比<br>日月聲一二履 | 運之會訟咸蒙<br>土火音六七蹇<br>日月聲一二履 | 運之運訟困艮<br>土土音六六坎<br>日月聲一二履 | 運之世訟大過師<br>土石音六五井<br>日月聲一二履 |
| 世之元姤萃臨<br>石水音五八觀<br>日月聲一二履 | 世之會姤咸謙<br>石火音五七漸<br>日月聲一二履 | 世之運姤困坤<br>石土音五六渙<br>日月聲一二履 | 世之世姤大過遁<br>石石音五五巽<br>日月聲一二履 |

## 元之運

| 元之元 | 元之會 | 元之運 | 元之世 |
|---|---|---|---|
| 元之元否晉晉<br>水水音八八坤<br>日星聲一三同人 | 元之會否旅觀<br>水火音八七謙<br>日星聲一三同人 | 元之運否未比<br>水土音八六師<br>日星聲一三同人 | 元之世否鼎剝<br>水石音八五升<br>日星聲一三同人 |
| 會之元遯晉巽<br>火水音七八剝<br>日星聲一三同人 | 會之會遯旅升<br>火火音七七艮<br>日星聲一三同人 | 會之運遯未否<br>火土音七六蒙<br>日星聲一三同人 | 會之世遯鼎豫<br>火石音七五蠱<br>日星聲一三同人 |
| 運之元訟晉井<br>土水音六八比<br>日星聲一三同人 | 運之會訟旅豐<br>土火音六七蹇<br>日星聲一三同人 | 運之運訟未屯<br>土土音六六坎<br>日星聲一三同人 | 運之世訟鼎革<br>土石音六五井<br>日星聲一三同人 |
| 世之元姤晉常<br>石水音五八觀<br>日星聲一三同人 | 世之會姤旅蠱<br>石火音五七漸<br>日星聲一三同人 | 世之運姤未訟<br>石土音五六渙<br>日星聲一三同人 | 世之世姤鼎益<br>石石音五五巽<br>日星聲一三同人 |

## 元之世

| 元之元 | 元之會 | 元之運 | 元之世 |
|---|---|---|---|
| 元之元否家人離<br>水水音八八坤<br>日辰聲一四妄 | 元之會否小過大過<br>水火音八七謙<br>日辰聲一四妄 | 元之運否解姤<br>水土音八六師<br>日辰聲一四妄 | 元之世否蹇隨<br>水石音八五升<br>日辰聲一四妄 |
| 會之元遯家人家<br>火水音七八剝<br>日辰聲一四妄 | 會之會遯小過震<br>火火音七七艮<br>日辰聲一四妄 | 會之運遯解鼎<br>火土音七六蒙<br>日辰聲一四妄 | 會之世遯蹇噬<br>火石音七五蠱<br>日辰聲一四妄 |
| 運之元訟家人既<br>土水音六八比<br>日辰聲一四妄 | 運之會訟小過頤<br>土火音六七蹇<br>日辰聲一四妄 | 運之運訟解萃<br>土土音六六坎<br>日辰聲一四妄 | 運之世訟蹇夬<br>土石音六五井<br>日辰聲一四妄 |
| 世之元姤家人復<br>石水音五八觀<br>日辰聲一四妄 | 世之會姤小過同人<br>石火音五七漸<br>日辰聲一四妄 | 世之運姤解无妄<br>石土音五六渙<br>日辰聲一四妄 | 世之世姤蹇賁<br>石石音五五巽<br>日辰聲一四妄 |

## 會之元

元之元萃否損
水水音八八坤
月日聲二一夬
元之會萃遯大畜
水火音八七謙
月日聲二一夬
元之運萃姤節
水土音八六師
月日聲二一夬
元之世萃萃需
水石音八五升
月日聲二一夬

會之元咸否孚
火水音七八剝
月日聲二一夬
會之會咸遯小畜
火火音七七艮
月日聲二一夬
會之運咸訟大壯
火土音七六蒙
月日聲二一夬
會之世咸姤睽
火石音七五蠱
月日聲二一夬

運之元困否有
土水音六八比
月日聲二一夬
運之會困遯兌
土火音六七蹇
月日聲二一夬
運之運困訟夬
土土音六六坎
月日聲二一夬
運之世困姤履
土石音六五井
月日聲二一夬

世之元大過否乾
石水音五八觀
月日聲二一夬
世之會大過遯困
石火音五七漸
月日聲二一夬
世之運大過訟咸
石土音五六渙
月日聲二一夬
世之世大過姤未
石石音五五巽
月日聲二一夬

## 會之會

元之元萃萃旅
水水音八八坤
月月聲二二兌
元之會萃咸解
水火音八七謙
月月聲二二兌
元之運萃困妹
水土音八六師
月月聲二二兌
元之世萃大過渙
水石音八五升
月月聲二二兌

會之元咸萃漸
火水音七八剝
月月聲二二兌
會之會咸咸坎
火火音七七艮
月月聲二二兌
會之運咸困蹇
火土音七六蒙
月月聲二二兌
會之世咸大過蒙
火石音七五蠱
月月聲二二兌

運之元困萃艮
土水音六八比
月月聲二二兌
運之會困咸師
土火音六七蹇
月月聲二二兌
運之運困困泰
土土音六六坎
月月聲二二兌
運之世困大過臨
土石音六五井
月月聲二二兌

世之元大過萃謙
石水音五八觀
月月聲二二兌
世之會大過咸過
石火音五七漸
月月聲二二兌
世之運大過困觀
石土音五六渙
月月聲二二兌
世之世大過大過剝
石石音五五巽
月月聲二二兌

## 會之運

| | | | |
|---|---|---|---|
| 元之元 | 萃 | 晉 | 蠱 |
| 水水音 | 八 | 八 | 坤 |
| 月星聲 | 二 | 三 | 革 |
| 元之會 | 萃 | 旅 | 井 |
| 水火音 | 八 | 七 | 謙 |
| 月星聲 | 二 | 三 | 革 |
| 元之運 | 萃 | 未濟 | 屯 |
| 水土音 | 八 | 六 | 師 |
| 月星聲 | 二 | 三 | 革 |
| 元之世 | 萃 | 鼎 | 遁 |
| 水石音 | 八 | 五 | 升 |
| 月星聲 | 二 | 三 | 革 |
| 會之元 | 咸 | 晉 | 姤 |
| 火水音 | 七 | 八 | 剝 |
| 月星聲 | 二 | 三 | 革 |
| 會之會 | 咸 | 旅 | 訟 |
| 火火音 | 七 | 七 | 艮 |
| 月星聲 | 二 | 三 | 革 |
| 會之運 | 咸 | 未濟 | 无妄 |
| 火土音 | 七 | 六 | 蒙 |
| 月星聲 | 二 | 三 | 革 |
| 會之世 | 咸 | 鼎 | 大過 |
| 火石音 | 七 | 五 | 蠱 |
| 月星聲 | 二 | 三 | 革 |
| 運之元 | 困 | 晉 | 豫 |
| 土水音 | 六 | 八 | 比 |
| 月星聲 | 二 | 三 | 革 |
| 運之會 | 困 | 旅 | 鼎 |
| 土火音 | 六 | 七 | 蹇 |
| 月星聲 | 二 | 三 | 革 |
| 運之運 | 困 | 未濟 | 比 |
| 土土音 | 六 | 六 | 坎 |
| 月星聲 | 二 | 三 | 革 |
| 運之世 | 困 | 鼎 | 巽 |
| 土石音 | 六 | 五 | 井 |
| 月星聲 | 二 | 三 | 革 |
| 世之元 | 大過 | 晉 | 坤 |
| 石水音 | 五 | 八 | 觀 |
| 月星聲 | 二 | 三 | 革 |
| 世之會 | 大過 | 旅 | 升 |
| 石火音 | 五 | 七 | 漸 |
| 月星聲 | 二 | 三 | 革 |
| 世之運 | 大過 | 未濟 | 萃 |
| 石土音 | 五 | 六 | 渙 |
| 月星聲 | 二 | 三 | 革 |
| 世之世 | 大過 | 鼎 | 隨 |
| 石石音 | 五 | 五 | 巽 |
| 月星聲 | 二 | 三 | 革 |

## 會之世

| | | | |
|---|---|---|---|
| 元之元 | 萃 | 豫 | 晉 |
| 水水音 | 八 | 八 | 坤 |
| 月辰聲 | 二 | 四 | 隨 |
| 元之會 | 萃 | 小過 | 噬 |
| 水火音 | 八 | 七 | 謙 |
| 月辰聲 | 二 | 四 | 隨 |
| 元之運 | 萃 | 解 | 否 |
| 水土音 | 八 | 六 | 師 |
| 月辰聲 | 二 | 四 | 隨 |
| 元之世 | 萃 | 恆 | 離 |
| 水石音 | 八 | 五 | 升 |
| 月辰聲 | 二 | 四 | 隨 |
| 會之元 | 咸 | 豫 | 萃 |
| 火水音 | 七 | 八 | 剝 |
| 月辰聲 | 二 | 四 | 隨 |
| 會之會 | 咸 | 小過 | 頤 |
| 火火音 | 七 | 七 | 艮 |
| 月辰聲 | 二 | 四 | 隨 |
| 會之運 | 咸 | 解 | 復 |
| 火土音 | 七 | 六 | 蒙 |
| 月辰聲 | 二 | 四 | 隨 |
| 會之世 | 咸 | 恆 | 常 |
| 火石音 | 七 | 五 | 蠱 |
| 月辰聲 | 二 | 四 | 隨 |
| 運之元 | 困 | 豫 | 豐 |
| 土水音 | 六 | 八 | 比 |
| 月辰聲 | 二 | 四 | 隨 |
| 運之會 | 困 | 小過 | 震 |
| 土火音 | 六 | 七 | 蹇 |
| 月辰聲 | 二 | 四 | 隨 |
| 運之運 | 困 | 解 | 家 |
| 土土音 | 六 | 六 | 坎 |
| 月辰聲 | 二 | 四 | 隨 |
| 運之世 | 困 | 恆 | 益 |
| 土石音 | 六 | 五 | 井 |
| 月辰聲 | 二 | 四 | 隨 |
| 世之元 | 大過 | 豫 | 既 |
| 石水音 | 五 | 八 | 觀 |
| 月辰聲 | 二 | 四 | 隨 |
| 世之會 | 大過 | 小過 | 賁 |
| 石火音 | 五 | 七 | 漸 |
| 月辰聲 | 二 | 四 | 隨 |
| 世之運 | 大過 | 解 | 夷 |
| 石土音 | 五 | 六 | 渙 |
| 月辰聲 | 二 | 四 | 隨 |
| 世之世 | 大過 | 恆 | 同 |
| 石石音 | 五 | 五 | 巽 |
| 月辰聲 | 二 | 四 | 隨 |

## 運之元

| | | | |
|---|---|---|---|
| 元之元 | 晉 | 否 | 大畜 |
| 水水音 | 八 | 八 | 坤 |
| 星日聲 | 三 | 一 | 有 |
| 元之會 | 晉 | 遯 | 節 |
| 水火音 | 八 | 七 | 謙 |
| 星日聲 | 三 | 一 | 有 |
| 元之運 | 晉 | 訟 | 需 |
| 水土音 | 八 | 六 | 師 |
| 星日聲 | 三 | 一 | 有 |
| 元之世 | 晉 | 姤 | 中孚 |
| 水石音 | 八 | 五 | 升 |
| 星日聲 | 三 | 一 | 有 |
| 會之元 | 旅 | 否 | 小畜 |
| 火水音 | 七 | 八 | 剝 |
| 星日聲 | 三 | 一 | 有 |
| 會之會 | 旅 | 遯 | 妹 |
| 火火音 | 七 | 七 | 艮 |
| 星日聲 | 三 | 一 | 有 |
| 會之運 | 旅 | 訟 | 睽 |
| 火土音 | 七 | 六 | 蒙 |
| 星日聲 | 三 | 一 | 有 |
| 會之世 | 旅 | 姤 | 有 |
| 火石音 | 七 | 五 | 蠱 |
| 星日聲 | 三 | 一 | 有 |
| 運之元 | 未 | 否 | 兌 |
| 土水音 | 六 | 八 | 比 |
| 星日聲 | 三 | 一 | 有 |
| 運之會 | 未 | 遯 | 夬 |
| 土火音 | 六 | 七 | 蹇 |
| 星日聲 | 三 | 一 | 有 |
| 運之運 | 未 | 訟 | 履 |
| 土土音 | 六 | 六 | 坎 |
| 星日聲 | 三 | 一 | 有 |
| 運之世 | 未 | 姤 | 乾 |
| 土石音 | 六 | 五 | 井 |
| 星日聲 | 三 | 一 | 有 |
| 世之元 | 鼎 | 否 | 困 |
| 石水音 | 五 | 八 | 觀 |
| 星日聲 | 三 | 一 | 有 |
| 世之會 | 鼎 | 遯 | 未 |
| 石火音 | 五 | 七 | 漸 |
| 星日聲 | 三 | 一 | 有 |
| 世之運 | 鼎 | 訟 | 解 |
| 石土音 | 五 | 六 | 渙 |
| 星日聲 | 三 | 一 | 有 |
| 世之世 | 鼎 | 姤 | 壯 |
| 石石音 | 五 | 五 | 巽 |
| 星日聲 | 三 | 一 | 有 |

## 運之會

| | | | |
|---|---|---|---|
| 元之元 | 晉 | 萃 | 常 |
| 水水音 | 八 | 八 | 坤 |
| 星月聲 | 三 | 二 | 睽 |
| 元之會 | 晉 | 咸 | 鼎 |
| 水火音 | 八 | 七 | 謙 |
| 星月聲 | 三 | 二 | 睽 |
| 元之運 | 晉 | 困 | 大過 |
| 水土音 | 八 | 六 | 師 |
| 星月聲 | 三 | 二 | 睽 |
| 元之世 | 晉 | 大過 | 訟 |
| 水石音 | 八 | 五 | 升 |
| 星月聲 | 三 | 二 | 睽 |
| 會之元 | 旅 | 萃 | 姤 |
| 火水音 | 七 | 八 | 剝 |
| 星月聲 | 三 | 二 | 睽 |
| 會之會 | 旅 | 咸 | 隨 |
| 火火音 | 七 | 七 | 艮 |
| 星月聲 | 三 | 二 | 睽 |
| 會之運 | 旅 | 困 | 旅 |
| 火土音 | 七 | 六 | 蒙 |
| 星月聲 | 三 | 二 | 睽 |
| 會之世 | 旅 | 大過 | 噬嗑 |
| 火石音 | 七 | 五 | 蠱 |
| 星月聲 | 三 | 二 | 睽 |
| 運之元 | 未 | 萃 | 小過 |
| 土水音 | 六 | 八 | 比 |
| 星月聲 | 三 | 二 | 睽 |
| 運之會 | 未 | 咸 | 震 |
| 土火音 | 六 | 七 | 蹇 |
| 星月聲 | 三 | 二 | 睽 |
| 運之運 | 未 | 困 | 渙 |
| 土土音 | 六 | 六 | 坎 |
| 星月聲 | 三 | 二 | 睽 |
| 運之世 | 未 | 大過 | 巽 |
| 土石音 | 六 | 五 | 井 |
| 星月聲 | 三 | 二 | 睽 |
| 世之元 | 鼎 | 萃 | 益 |
| 石水音 | 五 | 八 | 觀 |
| 星月聲 | 三 | 一 | 睽 |
| 世之會 | 鼎 | 咸 | 井 |
| 石火音 | 五 | 七 | 漸 |
| 星月聲 | 三 | 一 | 睽 |
| 世之運 | 鼎 | 困 | 屯 |
| 石土音 | 五 | 六 | 渙 |
| 星月聲 | 三 | 一 | 睽 |
| 世之世 | 鼎 | 大過 | 坎 |
| 石石音 | 五 | 五 | 巽 |
| 星月聲 | 三 | 一 | 睽 |

## 運之運

元之元晉晉漸
水水音八八坤
星星聲三三離
元之會晉旅晉
水火音八七謙
星星聲三三離
元之運晉未萃
水土音八六師
星星聲三三離
元之世晉鼎泰
水石音八五升
星星聲三三離

會之元旅晉蹇
火水音七八剝
星星聲三三離
會之會旅旅豫
火火音七七艮
星星聲三三離
會之運旅未遯
火土音七六蒙
星星聲三三離
會之世旅鼎咸
火石音七五蠱
星星聲三三離

運之元未晉師
土水音六八比
星星聲三三離
運之會未旅艮
土火音六七蹇
星星聲三三離
運之運未未剝
土土音六六坎
星星聲三三離
運之世未鼎觀
土石音六五井
星星聲三三離

世之元鼎晉安
石水音五八觀
星星聲三三離
世之會鼎旅離
石火音五七漸
星星聲三三離
世之運鼎未豐
石土音五六渙
星星聲三三離
世之世鼎鼎復
石石音五五巽
星星聲三三離

## 運之世

元之元晉豫蠱
水水音八八坤
星辰聲三四噬
元之會晉小過革
水火音八七謙
星辰聲三四噬
元之運晉解家
水土音八六師
星辰聲三四噬
元之世晉需否
水石音八五升
星辰聲三四噬

會之元旅豫比
火水音七八剝
星辰聲三四噬
會之會旅小過升
火火音七七艮
星辰聲三四噬
會之運旅解頤
火土音七六蒙
星辰聲三四噬
會之世旅需賁
火石音七五蠱
星辰聲三四噬

運之元未豫蒙
土水音六八比
星辰聲三四噬
運之會未小過謙
土火音六七蹇
星辰聲三四噬
運之運未解坤
土土音六六坎
星辰聲三四噬
運之世未需同
土石音六五井
星辰聲三四噬

世之元鼎豫夷
石水音五八觀
星辰聲三四噬
世之會鼎小過臨
石火音五七漸
星辰聲三四噬
世之運鼎解損
石土音五六渙
星辰聲三四噬
世之世鼎需既
石石音五五巽
星辰聲三四噬

## 世之元

元之元豫否升
水水音八八坤
辰日聲四一壯
元之會豫遯蒙
水火音八七謙
辰日聲四一壯
元之運豫訟蠱
水土音八六師
辰日聲四一壯
元之世豫姤井
水石音八五升
辰日聲四一壯

會之元小過否坎
火水音七八剝
辰日聲四一壯
會之會小過遯巽
火火音七七艮
辰日聲四一壯
會之運小過訟渙
火土音七六蒙
辰日聲四一壯
會之世小過姤解
火石音七五蠱
辰日聲四一壯

運之元解否常
土水音六八比
辰日聲四一壯
運之會解遯未
土火音六七蹇
辰日聲四一壯
運之運解訟鼎
土土音六六坎
辰日聲四一壯
運之世解姤困
土石音六五井
辰日聲四一壯

世之元恆否益
石水音五八觀
辰日聲四一壯
世之會恆遯姤
石火音五七漸
辰日聲四一壯
世之運恆訟訟
石土音五六渙
辰日聲四一壯
世之世恆姤隨
石石音五五巽
辰日聲四一壯

## 世之會

元之元豫萃兌
水水音八八坤
辰月聲四二妹
元之會豫遯乾
水火音八七謙
辰月聲四二妹
元之運豫困萃
水土音八六師
辰月聲四二妹
元之世豫大過隨
水石音八五升
辰月聲四二妹

會之元小過萃夬
火水音七八剝
辰月聲四二妹
會之會小過遯否
火火音七七艮
辰月聲四二妹
會之運小過困妄
火土音七六蒙
辰月聲四二妹
會之世小過大過睽
火石音七五蠱
辰月聲四二妹

運之元解萃咸
土水音六八比
辰月聲四二妹
運之會解遯革
土火音六七蹇
辰月聲四二妹
運之運解困遁
土土音六六坎
辰月聲四二妹
運之世解大過有
土石音六五井
辰月聲四二妹

世之元恆萃履
石水音五八觀
辰月聲四二妹
世之會恆遯泰
石火音五七漸
辰月聲四二妹
世之運恆困剝
石土音五六渙
辰月聲四二妹
世之世恆大過頤
石石音五五巽
辰月聲四二妹

世之運

| | | | |
|---|---|---|---|
| 元之元 | [illegible] | [illegible] | 益 |
| 水水音 | 八 | 八 | 坤 |
| 辰星聲 | 四 | 三 | 豐 |
| 元之會 | [illegible] | [illegible] | 豐 |
| 水火音 | 八 | 七 | 謙 |
| 辰星聲 | 四 | 三 | 豐 |
| 元之運 | [illegible] | [illegible] | 妹 |
| 水土音 | 八 | 六 | 師 |
| 辰星聲 | 四 | 三 | 豐 |
| 元之世 | [illegible] | [illegible] | 壯 |
| 水石音 | 八 | 五 | 升 |
| 辰星聲 | 四 | 三 | 豐 |
| 會之元 | [illegible] | [illegible] | 過 |
| 火水音 | 七 | 八 | 剝 |
| 辰星聲 | 四 | 三 | 豐 |
| 會之會 | [illegible] | [illegible] | 臨 |
| 火火音 | 七 | 七 | 艮 |
| 辰星聲 | 四 | 三 | 豐 |
| 會之運 | [illegible] | [illegible] | 賁 |
| 火土音 | 七 | 六 | 蒙 |
| 辰星聲 | 四 | 三 | 豐 |
| 會之世 | [illegible] | [illegible] | 孚 |
| 火石音 | 七 | 五 | 蠱 |
| 辰星聲 | 四 | 三 | 豐 |
| 運之元 | [illegible] | [illegible] | 既 |
| 土水音 | 六 | 八 | 比 |
| 辰星聲 | 四 | 三 | 豐 |
| 運之會 | [illegible] | [illegible] | 晉 |
| 土火音 | 六 | 七 | 蹇 |
| 辰星聲 | 四 | 三 | 豐 |
| 運之運 | [illegible] | [illegible] | 損 |
| 土土音 | 六 | 六 | 坎 |
| 辰星聲 | 四 | 三 | 豐 |
| 運之世 | [illegible] | [illegible] | 節 |
| 土石音 | 六 | 五 | 井 |
| 辰星聲 | 四 | 三 | 豐 |
| 世之元 | [illegible] | [illegible] | 家 |
| 石水音 | 五 | 八 | 觀 |
| 辰星聲 | 四 | 三 | 豐 |
| 世之會 | [illegible] | [illegible] | 需 |
| 石火音 | 五 | 七 | 漸 |
| 辰星聲 | 四 | 三 | 豐 |
| 世之運 | [illegible] | [illegible] | 大畜 |
| 石土音 | 五 | 六 | 渙 |
| 辰星聲 | 四 | 三 | 豐 |
| 世之世 | [illegible] | [illegible] | 畜 |
| 石石音 | 五 | 五 | 巽 |
| 辰星聲 | 四 | 三 | 豐 |

世之世

| | | | |
|---|---|---|---|
| 元之元 | [illegible] | [illegible] | 坤 |
| 水水音 | 八 | 八 | 坤 |
| 辰辰聲 | 四 | 四 | 震 |
| 元之會 | [illegible] | [illegible] | 謙 |
| 水火音 | 八 | 七 | 謙 |
| 辰辰聲 | 四 | 四 | 震 |
| 元之運 | [illegible] | [illegible] | 漸 |
| 水土音 | 八 | 六 | 師 |
| 辰辰聲 | 四 | 四 | 震 |
| 元之世 | [illegible] | [illegible] | 艮 |
| 水石音 | 八 | 五 | 升 |
| 辰辰聲 | 四 | 四 | 震 |
| 會之元 | [illegible] | [illegible] | 離 |
| 火水音 | 七 | 八 | 剝 |
| 辰辰聲 | 四 | 四 | 震 |
| 會之會 | [illegible] | [illegible] | 比 |
| 火火音 | 七 | 七 | 艮 |
| 辰辰聲 | 四 | 四 | 震 |
| 會之運 | [illegible] | [illegible] | 蹇 |
| 火土音 | 七 | 六 | 蒙 |
| 辰辰聲 | 四 | 四 | 震 |
| 會之世 | [illegible] | [illegible] | 豫 |
| 火石音 | 七 | 五 | 蠱 |
| 辰辰聲 | 四 | 四 | 震 |
| 運之元 | [illegible] | [illegible] | 師 |
| 土水音 | 六 | 八 | 比 |
| 辰辰聲 | 四 | 四 | 震 |
| 運之會 | [illegible] | [illegible] | 同 |
| 土火音 | 六 | 七 | 蹇 |
| 辰辰聲 | 四 | 四 | 震 |
| 運之運 | [illegible] | [illegible] | 旅 |
| 土土音 | 六 | 六 | 坎 |
| 辰辰聲 | 四 | 四 | 震 |
| 運之世 | [illegible] | [illegible] | 屯 |
| 土石音 | 六 | 五 | 井 |
| 辰辰聲 | 四 | 四 | 震 |
| 世之元 | [illegible] | [illegible] | 觀 |
| 石水音 | 五 | 八 | 觀 |
| 辰辰聲 | 四 | 四 | 震 |
| 世之會 | [illegible] | [illegible] | 震 |
| 石火音 | 五 | 七 | 漸 |
| 辰辰聲 | 四 | 四 | 震 |
| 世之運 | [illegible] | [illegible] | 復 |
| 石土音 | 五 | 六 | 渙 |
| 辰辰聲 | 四 | 四 | 震 |
| 世之世 | [illegible] | [illegible] | 夷 |
| 石石音 | 五 | 五 | 巽 |
| 辰辰聲 | 四 | 四 | 震 |

既濟陽圖

陰圖

歲之歲

水水音一一坤
日日聲八八乾
歲之歲泰泰
水水音一一坤
日月聲八七履
歲之月泰臨
水水音一一坤
日星聲八六同
歲之日泰夷
水水音一一坤
日辰聲八五无
歲之時泰復

歲之月

水火音一二謙
日日聲八八乾
歲之歲泰大畜
水火音一二謙
日月聲八七履
歲之月泰損
水火音一二謙
日星聲八六同
歲之日泰賁
水火音一二謙
日辰聲八五无
歲之時泰頤

水水音一一坤
月日聲七八夬
月之歲臨泰
水水音一一坤
月月聲七七兌
月之月臨臨
水水音一一坤
月星聲七六革
月之日臨夷
水水音一一坤
月辰聲七五隨
月之時臨復
水火音一二謙
月日聲七八夬
月之歲臨大畜
水火音一二謙
月月聲七七兌
月之月臨損
水火音一二謙
月星聲七六革
月之日臨賁
水火音一二謙
月辰聲七五隨
月之時臨頤

水水音一一坤
星日聲六八有
日之歲夷泰
水水音一一坤
星月聲六七睽
日之月夷臨
水水音一一坤
星星聲六六離
日之日夷夷
水水音一一坤
星辰聲六五噬
日之時夷復
水火音一二謙
星日聲六八有
日之歲夷大畜
水火音一二謙
星月聲六七睽
日之月夷損
水火音一二謙
星星聲六六離
日之日夷賁
水火音一二謙
星辰聲六五噬
日之時夷頤

水水音一一坤
辰日聲五八壯
時之歲復泰
水水音一一坤
辰月聲五七妹
時之月復臨
水水音一一坤
辰星聲五六豐
時之日復夷
水水音一一坤
辰辰聲五五震
時之時復復
水火音一二謙
辰日聲五八壯
時之歲復大畜
水火音一二謙
辰月聲五七妹
時之月復損
水火音一二謙
辰星聲五六豐
時之日復賁
水火音一二謙
辰辰聲五五震
時之時復頤

## 歲之日

| 音 | 數 | 卦 | 聲 | 數 | 卦 | 所得 | 卦 | 卦 |
|---|---|---|---|---|---|---|---|---|
| 水土音 | 一三 | 師 | 日日聲 | 八八 | 乾 | 歲之歲 | 泰 | 需 |
| 水土音 | 一三 | 師 | 日月聲 | 八七 | 履 | 歲之月 | 泰 | 節 |
| 水土音 | 一三 | 師 | 日星聲 | 八六 | 同 | 歲之日 | 泰 | 既 |
| 水土音 | 一三 | 師 | 日辰聲 | 八五 | 无 | 歲之時 | 泰 | 屯 |
| 水土音 | 一三 | 師 | 月日聲 | 七八 | 夬 | 月之歲 | 臨 | 需 |
| 水土音 | 一三 | 師 | 月月聲 | 七七 | 兌 | 月之月 | 臨 | 節 |
| 水土音 | 一三 | 師 | 月星聲 | 七六 | 革 | 月之日 | 臨 | 既 |
| 水土音 | 一三 | 師 | 月辰聲 | 七五 | 隨 | 月之時 | 臨 | 屯 |
| 水土音 | 一三 | 師 | 星日聲 | 六八 | 有 | 日之歲 | 夷 | 需 |
| 水土音 | 一三 | 師 | 星月聲 | 六七 | 睽 | 日之月 | 夷 | 節 |
| 水土音 | 一三 | 師 | 星星聲 | 六六 | 離 | 日之日 | 夷 | 既 |
| 水土音 | 一三 | 師 | 星辰聲 | 六五 | 嗑 | 日之時 | 夷 | 屯 |
| 水土音 | 一三 | 師 | 辰日聲 | 五八 | 壯 | 時之歲 | 復 | 需 |
| 水土音 | 一三 | 師 | 辰月聲 | 五七 | 妹 | 時之月 | 復 | 節 |
| 水土音 | 一三 | 師 | 辰星聲 | 五六 | 豐 | 時之日 | 復 | 既 |
| 水土音 | 一三 | 師 | 辰辰聲 | 五五 | 震 | 時之時 | 復 | 屯 |

## 歲之時

| 音 | 數 | 卦 | 聲 | 數 | 卦 | 所得 | 卦 | 卦 |
|---|---|---|---|---|---|---|---|---|
| 水石音 | 一四 | 升 | 日日聲 | 八八 | 乾 | 歲之歲 | 泰 | 小畜 |
| 水石音 | 一四 | 升 | 日月聲 | 八七 | 履 | 歲之月 | 泰 | 中孚 |
| 水石音 | 一四 | 升 | 日星聲 | 八六 | 同 | 歲之日 | 泰 | 家人 |
| 水石音 | 一四 | 升 | 日辰聲 | 八五 | 无 | 歲之時 | 泰 | 益 |
| 水石音 | 一四 | 升 | 月日聲 | 七八 | 夬 | 月之歲 | 臨 | 小畜 |
| 水石音 | 一四 | 升 | 月月聲 | 七七 | 兌 | 月之月 | 臨 | 中孚 |
| 水石音 | 一四 | 升 | 月星聲 | 七六 | 革 | 月之日 | 臨 | 家人 |
| 水石音 | 一四 | 升 | 月辰聲 | 七五 | 隨 | 月之時 | 臨 | 益 |
| 水石音 | 一四 | 升 | 星日聲 | 六八 | 有 | 日之歲 | 夷 | 小畜 |
| 水石音 | 一四 | 升 | 星月聲 | 六七 | 睽 | 日之月 | 夷 | 中孚 |
| 水石音 | 一四 | 升 | 星星聲 | 六六 | 離 | 日之日 | 夷 | 家人 |
| 水石音 | 一四 | 升 | 星辰聲 | 六五 | 嗑 | 日之時 | 夷 | 益 |
| 水石音 | 一四 | 升 | 辰日聲 | 五八 | 壯 | 時之歲 | 復 | 小畜 |
| 水石音 | 一四 | 升 | 辰月聲 | 五七 | 妹 | 時之月 | 復 | 中孚 |
| 水石音 | 一四 | 升 | 辰星聲 | 五六 | 豐 | 時之日 | 復 | 家人 |
| 水石音 | 一四 | 升 | 辰辰聲 | 五五 | 震 | 時之時 | 復 | 益 |

## 月之歲

| | | | | | | | | | | |
|---|---|---|---|---|---|---|---|---|---|---|
| 火水音 | 二 | 一 | 剝 | 日日聲 | 八 | 八 | 乾 | 歲之歲 | 大畜 | 泰 |
| 火水音 | 二 | 一 | 剝 | 日月聲 | 八 | 七 | 履 | 歲之月 | 大畜 | 臨 |
| 火水音 | 二 | 一 | 剝 | 日星聲 | 八 | 六 | 同 | 歲之日 | 大畜 | 夷 |
| 火水音 | 二 | 一 | 剝 | 日辰聲 | 八 | 五 | 无 | 歲之時 | 大畜 | 復 |
| 火水音 | 二 | 一 | 剝 | 月日聲 | 七 | 八 | 夬 | 月之歲 | 損 | 泰 |
| 火水音 | 二 | 一 | 剝 | 月月聲 | 七 | 七 | 兌 | 月之月 | 損 | 臨 |
| 火水音 | 二 | 一 | 剝 | 月星聲 | 七 | 六 | 革 | 月之日 | 損 | 夷 |
| 火水音 | 二 | 一 | 剝 | 月辰聲 | 七 | 五 | 隨 | 月之時 | 損 | 復 |
| 火水音 | 二 | 一 | 剝 | 星日聲 | 六 | 八 | 有 | 日之歲 | 賁 | 泰 |
| 火水音 | 二 | 一 | 剝 | 星月聲 | 六 | 七 | 睽 | 日之月 | 賁 | 臨 |
| 火水音 | 二 | 一 | 剝 | 星星聲 | 六 | 六 | 離 | 日之日 | 賁 | 夷 |
| 火水音 | 二 | 一 | 剝 | 星辰聲 | 六 | 五 | 噬 | 日之時 | 賁 | 復 |
| 火水音 | 二 | 一 | 剝 | 辰日聲 | 五 | 八 | 壯 | 時之歲 | 頤 | 泰 |
| 火水音 | 二 | 一 | 剝 | 辰月聲 | 五 | 七 | 妹 | 時之月 | 頤 | 臨 |
| 火水音 | 二 | 一 | 剝 | 辰星聲 | 五 | 六 | 豐 | 時之日 | 頤 | 夷 |
| 火水音 | 二 | 一 | 剝 | 辰辰聲 | 五 | 五 | 震 | 時之時 | 頤 | 復 |

## 月之月

| | | | | | | | | | | |
|---|---|---|---|---|---|---|---|---|---|---|
| 火火音 | 二 | 二 | 艮 | 日日聲 | 八 | 八 | 乾 | 歲之歲 | 大畜 | 大畜 |
| 火火音 | 二 | 二 | 艮 | 日月聲 | 八 | 七 | 履 | 歲之月 | 大畜 | 損 |
| 火火音 | 二 | 二 | 艮 | 日星聲 | 八 | 六 | 同 | 歲之日 | 大畜 | 賁 |
| 火火音 | 二 | 二 | 艮 | 日辰聲 | 八 | 五 | 无 | 歲之時 | 大畜 | 頤 |
| 火火音 | 二 | 二 | 艮 | 月日聲 | 七 | 八 | 夬 | 月之歲 | 損 | 大畜 |
| 火火音 | 二 | 二 | 艮 | 月月聲 | 七 | 七 | 兌 | 月之月 | 損 | 損 |
| 火火音 | 二 | 二 | 艮 | 月星聲 | 七 | 六 | 革 | 月之日 | 損 | 賁 |
| 火火音 | 二 | 二 | 艮 | 月辰聲 | 七 | 五 | 隨 | 月之時 | 損 | 頤 |
| 火火音 | 二 | 二 | 艮 | 星日聲 | 六 | 八 | 有 | 日之歲 | 賁 | 大畜 |
| 火火音 | 二 | 二 | 艮 | 星月聲 | 六 | 七 | 睽 | 日之月 | 賁 | 損 |
| 火火音 | 二 | 二 | 艮 | 星星聲 | 六 | 六 | 離 | 日之日 | 賁 | 賁 |
| 火火音 | 二 | 二 | 艮 | 星辰聲 | 六 | 五 | 噬 | 日之時 | 賁 | 頤 |
| 火火音 | 二 | 二 | 艮 | 辰日聲 | 五 | 八 | 壯 | 時之歲 | 頤 | 大畜 |
| 火火音 | 二 | 二 | 艮 | 辰月聲 | 五 | 七 | 妹 | 時之月 | 頤 | 損 |
| 火火音 | 二 | 二 | 艮 | 辰星聲 | 五 | 六 | 豐 | 時之日 | 頤 | 賁 |
| 火火音 | 二 | 二 | 艮 | 辰辰聲 | 五 | 五 | 震 | 時之時 | 頤 | 頤 |

月之日

| | | | | | |
|---|---|---|---|---|---|
| 火土音 | 日日聲 | 歲之歲 | 二八[illegible] | 三八[illegible] | 蒙乾 |
| 火土音 | 日月聲 | 歲之月 | 二八[illegible] | 三七[illegible] | 蒙履 |
| 火土音 | 日星聲 | 歲之日 | 二八[illegible] | 三六[illegible] | 蒙同 |
| 火土音 | 日辰聲 | 歲之時 | 二八[illegible] | 三五[illegible] | 蒙无 |
| 火土音 | 月日聲 | 月之歲 | 二七[illegible] | 三八[illegible] | 蒙夬 |
| 火土音 | 月月聲 | 月之月 | 二七[illegible] | 三七[illegible] | 蒙兌 |
| 火土音 | 月星聲 | 月之日 | 二七[illegible] | 三六[illegible] | 蒙革 |
| 火土音 | 月辰聲 | 月之時 | 二七[illegible] | 三五[illegible] | 蒙隨 |
| 火土音 | 星日聲 | 日之歲 | 二六[illegible] | 三八[illegible] | 蒙有 |
| 火土音 | 星月聲 | 日之月 | 二六[illegible] | 三七[illegible] | 蒙睽 |
| 火土音 | 星星聲 | 日之日 | 二六[illegible] | 三六[illegible] | 蒙離 |
| 火土音 | 星辰聲 | 日之時 | 二六[illegible] | 二五[illegible] | 蒙噬 |
| 火土音 | 辰日聲 | 時之歲 | 二五[illegible] | 三八[illegible] | 蒙壯 |
| 火土音 | 辰月聲 | 時之月 | 二五[illegible] | 三七[illegible] | 蒙妹 |
| 火土音 | 辰星聲 | 時之日 | 二五[illegible] | 二六[illegible] | 蒙豐 |
| 火土音 | 辰辰聲 | 時之時 | 二五[illegible] | 三五[illegible] | 蒙震 |

月之時

| | | | | | |
|---|---|---|---|---|---|
| 火石音 | 日日聲 | 歲之歲 | 二八[illegible] | 四八[illegible] | 蠱乾 |
| 火石音 | 日月聲 | 歲之月 | 二八[illegible] | 四七[illegible] | 蠱履 |
| 火石音 | 日星聲 | 歲之日 | 二八[illegible] | 四六[illegible] | 蠱同 |
| 火石音 | 日辰聲 | 歲之時 | 二八[illegible] | 四五[illegible] | 蠱无 |
| 火石音 | 月日聲 | 月之歲 | 二七[illegible] | 四八[illegible] | 蠱夬 |
| 火石音 | 月月聲 | 月之月 | 二七[illegible] | 四七[illegible] | 蠱兌 |
| 火石音 | 月星聲 | 月之日 | 二七[illegible] | 四六[illegible] | 蠱革 |
| 火石音 | 月辰聲 | 月之時 | 二七[illegible] | 四五[illegible] | 蠱隨 |
| 火石音 | 星日聲 | 日之歲 | 二六[illegible] | 四八[illegible] | 蠱有 |
| 火石音 | 星月聲 | 日之月 | 二六[illegible] | 四七[illegible] | 蠱睽 |
| 火石音 | 星星聲 | 日之日 | 二六[illegible] | 四六[illegible] | 蠱離 |
| 火石音 | 星辰聲 | 日之時 | 二六[illegible] | 四五[illegible] | 蠱噬 |
| 火石音 | 辰日聲 | 時之歲 | 二五[illegible] | 四八[illegible] | 蠱壯 |
| 火石音 | 辰月聲 | 時之月 | 二五[illegible] | 四七[illegible] | 蠱妹 |
| 火石音 | 辰星聲 | 時之日 | 二五[illegible] | 四六[illegible] | 蠱豐 |
| 火石音 | 辰辰聲 | 時之時 | 二五[illegible] | 四五[illegible] | 蠱震 |

## 日之歲

土水音三一比
日日聲八八乾
歲之歲需泰
土水音三一比
日月聲八七履
歲之月需臨
土水音三一比
日星聲八六同
歲之日需夷
土水音三一比
日辰聲八五无
歲之時需復

土水音三一比
月日聲七八夬
月之歲節泰
土水音三一比
月月聲七七兌
月之月節臨
土水音三一比
月星聲七六革
月之日節夷
土水音三一比
月辰聲七五隨
月之時節復

土水音三一比
星日聲六八有
日之歲既泰
土水音三一比
星月聲六七睽
日之月既臨
土水音三一比
星星聲六六離
日之日既夷
土水音三一比
星辰聲六五噬
日之時既復

土水音三一比
辰日聲五八壯
時之歲屯泰
土水音三一比
辰月聲五七妹
時之月屯臨
土水音三一比
辰星聲五六豐
時之日屯夷
土水音三一比
辰辰聲五五震
時之時屯復

## 日之月

土火音三二蹇
日日聲八八乾
歲之歲需大畜
土火音三二蹇
日月聲八七履
歲之月需損
土火音三二蹇
日星聲八六同
歲之日需賁
土火音三二蹇
日辰聲八五无
歲之時需夷

土火音三二蹇
月日聲七八夬
月之歲節大畜
土火音三二蹇
月月聲七七兌
月之月節損
土火音三二蹇
月星聲七六革
月之日節賁
土火音三二蹇
月辰聲七五隨
月之時節夷

土火音三二蹇
星日聲六八有
日之歲既大畜
土火音三二蹇
星月聲六七睽
日之月既損
土火音三二蹇
星星聲六六離
日之日既賁
土火音三二蹇
星辰聲六五噬
日之時既夷

土火音三二蹇
辰日聲五八壯
時之歲屯大畜
土火音三二蹇
辰月聲五七妹
時之月屯損
土火音三二蹇
辰星聲五六豐
時之日屯賁
土火音三二蹇
辰辰聲五五震
時之時屯夷

## 日之日

| 音 | 聲 | 之 | 一 | 二 | 卦 |
|---|---|---|---|---|---|
| 土土音 | 日日聲 | 歲之歲 | 三八需 | 三八需 | 坎乾 |
| 土土音 | 日月聲 | 歲之月 | 三八需 | 三七節 | 坎履 |
| 土土音 | 日星聲 | 歲之日 | 三八需 | 三六既濟 | 坎同 |
| 土土音 | 日辰聲 | 歲之時 | 三八需 | 三五屯 | 坎无 |
| 土土音 | 月日聲 | 月之歲 | 三七節 | 三八需 | 坎夬 |
| 土土音 | 月月聲 | 月之月 | 三七節 | 三七節 | 坎兌 |
| 土土音 | 月星聲 | 月之日 | 三七節 | 三六既濟 | 坎革 |
| 土土音 | 月辰聲 | 月之時 | 三七節 | 三五屯 | 坎隨 |
| 土土音 | 星日聲 | 日之歲 | 三六既濟 | 三八需 | 坎有 |
| 土土音 | 星月聲 | 日之月 | 三六既濟 | 三七節 | 坎睽 |
| 土土音 | 星星聲 | 日之日 | 三六既濟 | 三六既濟 | 坎離 |
| 土土音 | 星辰聲 | 日之時 | 三六既濟 | 三五屯 | 坎噬 |
| 土土音 | 辰日聲 | 時之歲 | 三五屯 | 三八需 | 坎壯 |
| 土土音 | 辰月聲 | 時之月 | 三五屯 | 三七節 | 坎妹 |
| 土土音 | 辰星聲 | 時之日 | 三五屯 | 三六既濟 | 坎豐 |
| 土土音 | 辰辰聲 | 時之時 | 三五屯 | 三五屯 | 坎震 |

## 日之時

| 音 | 聲 | 之 | 一 | 二 | 卦 |
|---|---|---|---|---|---|
| 土石音 | 日日聲 | 歲之歲 | 三八需 | 四八小畜 | 井乾 |
| 土石音 | 日月聲 | 歲之月 | 三八需 | 四七中孚 | 井履 |
| 土石音 | 日星聲 | 歲之日 | 三八需 | 四六家人 | 井同 |
| 土石音 | 日辰聲 | 歲之時 | 三八需 | 四五益 | 井无 |
| 土石音 | 月日聲 | 月之歲 | 三七節 | 四八小畜 | 井夬 |
| 土石音 | 月月聲 | 月之月 | 三七節 | 四七中孚 | 井兌 |
| 土石音 | 月星聲 | 月之日 | 三七節 | 四六家人 | 井革 |
| 土石音 | 月辰聲 | 月之時 | 三七節 | 四五益 | 井隨 |
| 土石音 | 星日聲 | 日之歲 | 三六既濟 | 四八小畜 | 井有 |
| 土石音 | 星月聲 | 日之月 | 三六既濟 | 四七中孚 | 井睽 |
| 土石音 | 星星聲 | 日之日 | 三六既濟 | 四六家人 | 井離 |
| 土石音 | 星辰聲 | 日之時 | 三六既濟 | 四五益 | 井噬 |
| 土石音 | 辰日聲 | 時之歲 | 三五屯 | 四八小畜 | 井壯 |
| 土石音 | 辰月聲 | 時之月 | 三五屯 | 四七中孚 | 井妹 |
| 土石音 | 辰星聲 | 時之日 | 三五屯 | 四六家人 | 井豐 |
| 土石音 | 辰辰聲 | 時之時 | 三五屯 | 四五益 | 井震 |

## 時之歲

| | | | |
|---|---|---|---|
| 石水音 | 四 | 一 | 觀 |
| 日日聲 | 八 | 八 | 乾 |
| 歲之歲 | [illegible] | 泰 | |
| 石水音 | 四 | 一 | 觀 |
| 日月聲 | 八 | 七 | 履 |
| 歲之月 | [illegible] | 臨 | |
| 石水音 | 四 | 一 | 觀 |
| 日星聲 | 八 | 六 | 同 |
| 歲之日 | [illegible] | 夷 | |
| 石水音 | 四 | 一 | 觀 |
| 日辰聲 | 八 | 五 | 无 |
| 歲之時 | [illegible] | 復 | |
| 石水音 | 四 | 一 | 觀 |
| 月日聲 | 七 | 八 | 夬 |
| 月之歲 | [illegible] | 泰 | |
| 石水音 | 四 | 一 | 觀 |
| 月月聲 | 七 | 七 | 兌 |
| 月之月 | [illegible] | 臨 | |
| 石水音 | 四 | 一 | 觀 |
| 月星聲 | 七 | 六 | 革 |
| 月之日 | [illegible] | 夷 | |
| 石水音 | 四 | 一 | 觀 |
| 月辰聲 | 七 | 五 | 隨 |
| 月之時 | [illegible] | 復 | |
| 石水音 | 四 | 一 | 觀 |
| 星日聲 | 六 | 八 | 有 |
| 日之歲 | [illegible] | 泰 | |
| 石水音 | 四 | 一 | 觀 |
| 星月聲 | 六 | 七 | 睽 |
| 日之月 | [illegible] | 臨 | |
| 石水音 | 四 | 一 | 觀 |
| 星星聲 | 六 | 六 | 離 |
| 日之日 | [illegible] | 夷 | |
| 石水音 | 四 | 一 | 觀 |
| 星辰聲 | 六 | 五 | 噬 |
| 日之時 | [illegible] | 復 | |
| 石水音 | 四 | 一 | 觀 |
| 辰日聲 | 五 | 八 | 壯 |
| 時之歲 | [illegible] | 泰 | |
| 石水音 | 四 | 一 | 觀 |
| 辰月聲 | 五 | 七 | 妹 |
| 時之月 | [illegible] | 臨 | |
| 石水音 | 四 | 一 | 觀 |
| 辰星聲 | 五 | 六 | 豐 |
| 時之日 | [illegible] | 夷 | |
| 石水音 | 四 | 一 | 觀 |
| 辰辰聲 | 五 | 五 | 震 |
| 時之時 | [illegible] | 復 | |

## 時之月

| | | | |
|---|---|---|---|
| 石火音 | 四 | 二 | 漸 |
| 日日聲 | 八 | 八 | 乾 |
| 歲之歲 | [illegible] | 畜 | |
| 石火音 | 四 | 二 | 漸 |
| 日月聲 | 八 | 七 | 履 |
| 歲之月 | [illegible] | 損 | |
| 石火音 | 四 | 二 | 漸 |
| 日星聲 | 八 | 六 | 同 |
| 歲之日 | [illegible] | 賁 | |
| 石火音 | 四 | 二 | 漸 |
| 日辰聲 | 八 | 五 | 无 |
| 歲之時 | [illegible] | 頤 | |
| 石火音 | 四 | 二 | 漸 |
| 月日聲 | 七 | 八 | 夬 |
| 月之歲 | [illegible] | 畜 | |
| 石火音 | 四 | 二 | 漸 |
| 月月聲 | 七 | 七 | 兌 |
| 月之月 | [illegible] | 損 | |
| 石火音 | 四 | 二 | 漸 |
| 月星聲 | 七 | 六 | 革 |
| 月之日 | [illegible] | 賁 | |
| 石火音 | 四 | 二 | 漸 |
| 月辰聲 | 七 | 五 | 隨 |
| 月之時 | [illegible] | 頤 | |
| 石火音 | 四 | 二 | 漸 |
| 星日聲 | 六 | 八 | 有 |
| 日之歲 | [illegible] | 畜 | |
| 石火音 | 四 | 二 | 漸 |
| 星月聲 | 六 | 七 | 睽 |
| 日之月 | [illegible] | 損 | |
| 石火音 | 四 | 二 | 漸 |
| 星星聲 | 六 | 六 | 離 |
| 日之日 | [illegible] | 賁 | |
| 石火音 | 四 | 二 | 漸 |
| 星辰聲 | 六 | 五 | 噬 |
| 日之時 | [illegible] | 頤 | |
| 石火音 | 四 | 二 | 漸 |
| 辰日聲 | 五 | 八 | 壯 |
| 時之歲 | [illegible] | 畜 | |
| 石火音 | 四 | 二 | 漸 |
| 辰月聲 | 五 | 七 | 妹 |
| 時之月 | [illegible] | 損 | |
| 石火音 | 四 | 二 | 漸 |
| 辰星聲 | 五 | 六 | 豐 |
| 時之日 | [illegible] | 賁 | |
| 石火音 | 四 | 二 | 漸 |
| 辰辰聲 | 五 | 五 | 震 |
| 時之時 | [illegible] | 頤 | |

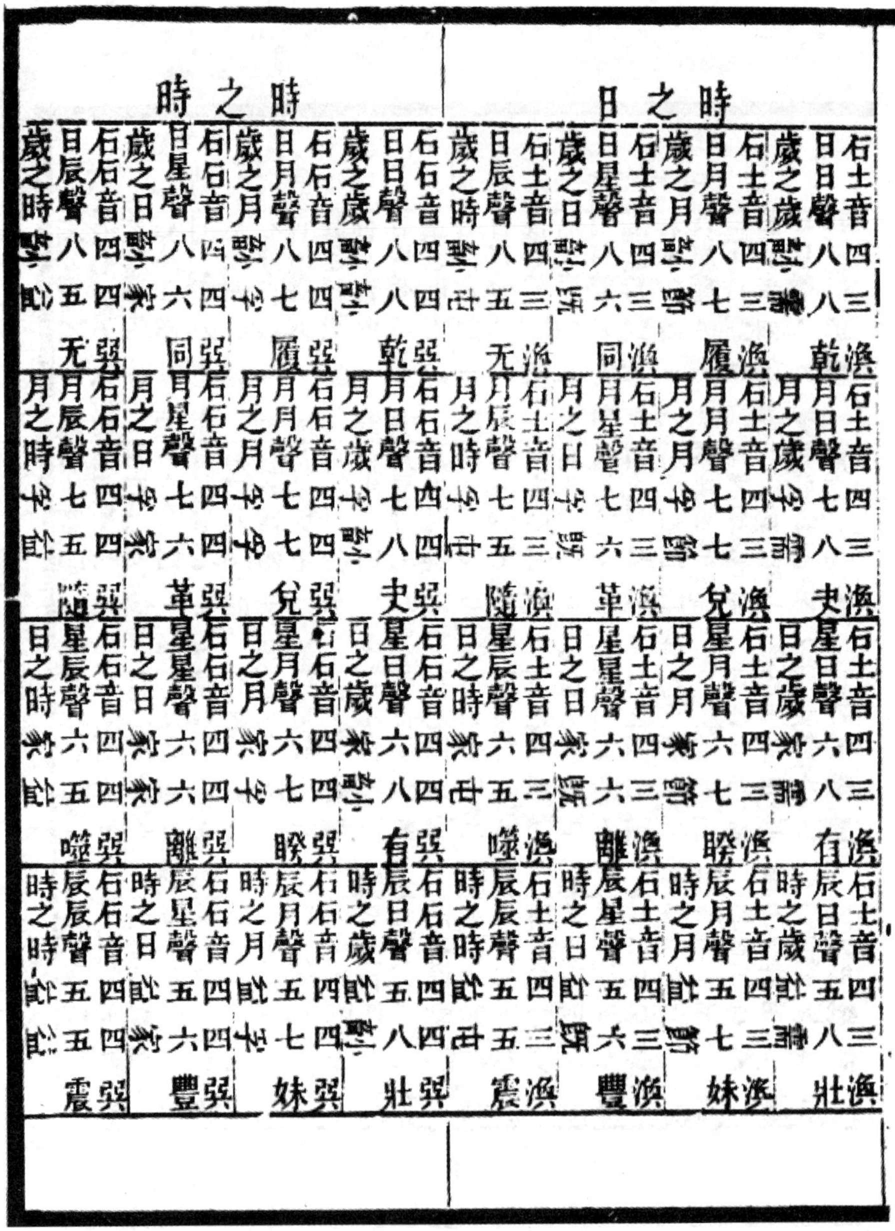

| 時之日 | | | | 時之時 | | | |
|---|---|---|---|---|---|---|---|
| 石土音四三 日日聲八八 歲之歲[illegible][illegible] 渙乾 | 石土音四三 日月聲八七 歲之月[illegible][illegible] 渙履 | 石土音四三 日星聲八六 歲之日[illegible][illegible] 渙同 | 石土音四三 日辰聲八五 歲之時[illegible][illegible] 渙无 | 石石音四四 日日聲八八 歲之歲[illegible][illegible] 弜乾 | 石石音四四 日月聲八七 歲之月[illegible][illegible] 弜履 | 石石音四四 日星聲八六 歲之日[illegible][illegible] 弜同 | 石石音四四 日辰聲八五 歲之時[illegible][illegible] 弜无 |
| 石土音四三 月日聲七八 月之歲[illegible][illegible] 渙夬 | 石土音四三 月月聲七七 月之月[illegible][illegible] 渙兌 | 石土音四三 月星聲七六 月之日[illegible][illegible] 渙革 | 石土音四三 月辰聲七五 月之時[illegible][illegible] 渙隨 | 石石音四四 月日聲七八 月之歲[illegible][illegible] 弜夬 | 石石音四四 月月聲七七 月之月[illegible][illegible] 弜兌 | 石石音四四 月星聲七六 月之日[illegible][illegible] 弜革 | 石石音四四 月辰聲七五 月之時[illegible][illegible] 弜隨 |
| 石土音四三 星日聲六八 日之歲[illegible][illegible] 渙有 | 石土音四三 星月聲六七 日之月[illegible][illegible] 渙睽 | 石土音四三 星星聲六六 日之日[illegible][illegible] 渙離 | 石土音四三 星辰聲六五 日之時[illegible][illegible] 渙噬 | 石石音四四 星日聲六八 日之歲[illegible][illegible] 弜有 | 石石音四四 星月聲六七 日之月[illegible][illegible] 弜睽 | 石石音四四 星星聲六六 日之日[illegible][illegible] 弜離 | 石石音四四 星辰聲六五 日之時[illegible][illegible] 弜噬 |
| 石土音四三 辰日聲五八 時之歲[illegible][illegible] 渙壯 | 石土音四三 辰月聲五七 時之月[illegible][illegible] 渙妹 | 石土音四三 辰星聲五六 時之日[illegible][illegible] 渙豐 | 石土音四三 辰辰聲五五 時之時[illegible][illegible] 渙震 | 石石音四四 辰日聲五八 時之歲[illegible][illegible] 弜壯 | 石石音四四 辰月聲五七 時之月[illegible][illegible] 弜妹 | 石石音四四 辰星聲五六 時之日[illegible][illegible] 弜豐 | 石石音四四 辰辰聲五五 時之時[illegible][illegible] 弜震 |

既濟陰圖

以《方圖》裂爲四片，每片十六卦。西北十六卦爲天門，乾主之；東南十六卦爲地户，坤主之；東北十六卦爲鬼方，泰主之；西南十六卦爲人路，否主之。

陽圖以天門十六卦爲律，每一位各唱地户吕卦十六位，謂之動數，律左吕右。從右横觀，上體與上體互，下體與下體互，又成兩卦，每一位變西南之卦三十二，共成一千二十四卦。

陰圖以地户十六卦爲吕，每一位各唱天門律卦十六位，謂之植數，吕右律左。從左横觀，又成兩卦，每一位變東北之卦三十二，共成一千二十四卦。【9】

【9】將先天六十四卦方圖從中間十字分開，右下西北方十六卦爲天門，左上東南十六卦爲地户，左下東北十六卦爲鬼方，左上西南方十六卦爲人路。案，天門、地户、鬼方、人路之説，《易緯·乾鑿度》等有載。（詳見本書卷三《原象》注【26】）張行成《易通變》卷一云："天門十六卦爲天之變，地户十六卦爲地之化，人路十六卦爲天唱地，鬼方十六卦爲地和天。"

《既濟陽圖》以天門十六卦位律居左，地户十六卦爲吕居右，天門一卦配地户十六卦，即"每一位唱地户吕卦十六位"，則總數爲 16×16＝256，謂之動數。又以天門卦之上卦爲上卦，以地户卦之上卦爲下卦，即組成一西南人路卦；以天門卦之下卦爲上卦，地户卦之下卦爲下卦，組成一西南人路卦，故"每一位變西南之卦三十二"，陽圖總有 16×4×16＝1024 卦。陰圖則以地户十六卦唱天門十六卦，地户一卦配天門十六卦，即"每一位各唱天門律卦十六位"，則總數爲 16×16＝256，謂之植數。又一地户之上卦爲上卦，天門之上卦爲下卦，即組成一東北鬼方卦；又以地户之下卦爲上卦，天門之下卦爲下卦，組成一東北鬼方卦，故"每一位變東北之卦三十二"，陰圖總有 16×4×16＝1024 卦。

# 易學象數論卷六

# 六壬一※

※六壬與太乙、奇門遁甲，古稱“三式”。所謂六壬者，水數一，爲五行生成數之首，天干壬癸屬水，壬陽而癸陰，舉陽以起陰，故名“壬”；一爲水之生數，六爲水之成數，“舉成以該生”，故名“六”（《四庫全書總目·六壬大全》）。又六十甲子之中，壬配支者有六，即壬申、壬午、壬辰、壬寅、壬子、壬戌。由其名可知，六壬乃是用干支五行生克之數加以占驗。

六壬術源出先秦，梨洲已指出，據《吴越春秋》卷七所載，伍子胥、范蠡等人皆精通此術，但是書中所論與後世所傳多有不同。《越絶書》卷十中也載有公孫聖以六壬術推論時勢之言。四庫館臣説：“其事雖不見經傳，似出依託。然趙煜（即趙曄）、袁康，皆後漢人，知其法著於漢代也。”（《四庫全書總目·六壬大全》）六壬之本源，今天已經難以詳考。但三式之術，歷漢魏隋唐，至北宋時，在帝王的推動下，曾形成一個編撰、研究三式文獻的高潮。今日所傳三式之術，多爲宋明人所整理修訂。六壬類古籍主要有宋人之《景祐六壬神定經》，明人之《六壬大全》《大六壬金口訣》，等等。

沈存中云：“六壬十二辰，亥登明爲正月將，戌天魁爲二月將。古人謂之‘合神’，又謂之‘太陽過宫’。”“今日度隨黄道歲差，太陽至雨水方纏娵訾（亥宫），春分後纏降婁（戌宫）。若用合神，則須自立春便用亥將，驚蟄便用戌將。”“若用太陽，則須照過宫時分。”[1]

不知所謂合神者，曆元冬至之時，天與日會於子中，爲十一月。自後，天順日逆，左右分行，天行丑，日纏子，爲十二月；天行寅，日纏亥，爲正月。天與日，各歷十二辰，辰異而月同，謂之合神。則合神者，亥與戌也，登明、天魁是解正月、二月之義，於合神無與也。唐虞之時，冬至，天與日會於丑，宋元以來天與日會於寅。古之所謂合神者，已不相合矣。今之六合，非古之六合。使立春而用亥，驚蟄而用戌，亦非合神也。然惟天與日會於子中，適在十一月，故能建與纏合。其後冬至，自丑而寅而卯，則天行亦不與次舍相應，其所謂合神者，日纏與天行乎，天行與次舍乎？是則兩者分爲三矣。

周雲淵遂欲盡更諸將，謂子月一陽生是謂大吉，午月一陰生是謂小吉。然不名其子午而名其丑未者，以子月冬至太陽在丑，故以丑爲大吉；午月夏至，太陽在未，故以未爲小吉。今太陽冬至在寅，夏至在申，當更以寅爲大吉，申爲小吉。此亦誤以大吉、小吉爲合神也。大吉以十一月爲義，不因於丑。小吉以五月爲義，不因於未。是故以黄道歲差，當更合神，不當更月將。蓋十一月子、十二月丑、正月寅，萬古不易之次舍也。太陽纏子纏丑纏寅者，歲差之次舍也。兩者不相蒙。雲淵渾而一之，故有此失。【2】

存中又欲釐正曆法："如東方蒼龍七宿，當起於亢①，終於斗。南方朱鳥七宿，起於井，終於角。西方白虎七宿，起於婁，終於輿鬼。北方真武七宿，起於東井，終於奎。"【3】經星改動，亦是出此舍，以入彼舍。非東之寅卯辰，移而至南；南之巳午未，移而至西；西之申酉戌，移而至北；北之亥子丑，移而至東。次舍不局於經星，猶月將不局於合神也。

【1】此節見沈括《夢溪筆談·象數一》。書中又云："合神者，正月建寅合在亥、二月建卯合在戌之類。太陽過宫者，正月日躔娵訾、二月日躔降婁之類。二説一也。"躔，指日月星辰在天空運行的軌跡。揚雄《方言》云："躔，歷行也，日運爲躔。"亦寫作"纏"。

正月建寅，其合神在亥，曰登明（古作"徵明"，後避宋仁宗趙禎嫌名改作"登明"）；二月建卯，其合神在戌，曰天魁；三月建辰，其合神在酉，曰從魁；四月建巳，其合神在申，曰傳送；五月建午，其合神在未，曰小吉；六月建未，其合神在午，曰勝光；七月建申，其合神在巳，曰太乙；八月建酉，其合神在辰，曰天罡；九月戌，其合神在卯，曰太沖；十月建亥，其合神在寅，曰功曹；十一月建子，其合神在丑，曰大吉；十二月建丑，合神在子，曰神后。諏訾（亦稱娵訾、娵觜）、降婁爲星次之名。古人把黄道附近一周天分爲星紀（丑）、玄枵（子）、娵訾（亥）、降婁（戌）、大梁（酉）、實沈（申）、鶉首（未）、鶉火（午）、鶉尾（巳）、壽星（辰）、大火（卯）、析木（寅）等十二個等分，稱爲十二星次。

① "亢"，原作"元"，四庫本同，形近致訛。

【2】梨洲認爲，所謂“正月亥登明”，亥爲正月寅之合神，而登明爲月將。登明、天魁以至神后等十二月將是與十二月建對應的，並不是合神之别名，沈括、周雲淵等人皆錯誤地將二者渾而爲一了。案，周雲淵，名述學，字繼志，别號雲淵，明嘉靖年間學者，精通易學、曆法，撰《中經》，又通諸家術數，編纂《神道大編》。梨洲曾作《周雲淵先生傳》，載《南雷文定》卷十。

【3】語出沈括《夢溪筆談·象數一》。“輿鬼”當作“參”。案，“輿鬼”處乎南方“井”“柳”二宿之間，南方七宿既起於井，終於角，則西方七宿不應終於輿鬼，而應爲終於“參”，《夢溪筆談》明弘治八年徐珤刊本即作“參”（參見金良年點校《夢溪筆談》，第76頁）。“東井”，四庫本同，當作“牛”。“東井”即“井”，本屬南方七宿，當不會位移於北方。據上文東方七宿起於亢終於斗，則北方七宿當起於牛，終於奎。

# 六壬二

方伎家多託於上古，無所徵信。唯六壬見之《吴越春秋》，子胥、少伯皆精其術，然與今世所傳亦復不同。【1】泠州鳩之對七律也，即六壬之術。其曰："王以二月癸亥，夜陳未畢而雨。以夷則之上宫畢之，當辰。辰在戌上，故長夷則之上宫，名之曰羽，所以藩屏民則也。"周二月，丑爲月建，以其爲日月所合之辰，故名丑曰"辰"。"辰在戌上"者，以天盤之丑加於地盤之戌，蓋武王畢陳之時在戌也。丑既加戌，則癸亥日，辰乃在申上，申爲夷則，亥以變宫，加於其上，故爲"夷則之上宫"；戌爲無射，羽也，故"名之曰羽"。【2】又曰；"王以黄鐘之下宫，布戎於牧之野，故謂之厲，所以厲六師也。"按《牧誓》："時甲子昧爽，王朝至於商郊牧野。"是時在寅也。以天盤之丑，加於地盤之寅，則甲子日，辰乃在丑上，子爲黄鐘，而丑以宫處其下，故爲"黄鐘之下宫"。丑爲大吕，子以宫加其上，不曰"大吕之上宫"者，以陰吕不可爲唱也。【3】又曰："以太簇之下宫，布令於商，昭顯文德，底紂之多罪，故謂之宣，所以宣三王之德也。"日爲丙寅，時爲子，以天盤之丑，加地盤之子，則丙寅日，辰上臨於丑，寅爲太簇，而丑以宫處其下，故爲"太簇之下宫"。【4】又曰："反及嬴内，以無射之上宫，布憲施舍於百姓，故謂之嬴亂，所以優柔容民也。"案，《汲冢周書》："時四月，既旁生魄，越六日庚戌，武王朝至，燎於周。"則王之反及嬴内，在四月也。周四月建卯，以天盤之卯，加地盤之丑，則子以宫臨日辰之戌上，戌爲無射，故曰"無射之上宫"。【5】

【1】《吴越春秋》，東漢趙曄所著。子胥，即伍員（前559—前484），字子胥，春秋末吴國大夫、政治家。少伯，即范蠡（前536—前448），字少伯，春秋末政治家。《吴越春秋·勾踐入臣外傳》載伍子胥言："今年三月甲戌，時加雞鳴。甲戌，歲位之會，將也。青龍在酉，德在土，刑在金，是日賊其德也。知父將有不順之子，君有逆節之臣。"又范蠡言："今年十二月戊寅之日，時加日出。戊，囚日也。寅，陰後之辰也。合庚辰，歲後會也。夫以戊寅日聞喜，不以其罪罰日

也。時加卯而賊戌，功曹爲騰蛇而臨戌，謀利事在青龍。青龍在勝先而臨酉，死氣也，而尅寅。是時尅其日，用又助之，所求之事，上下有憂，此豈非天網四張，萬物盡傷者乎。”又越王勾踐對范蠡言：“今三月甲辰，時加日昳。孤蒙上天之命，還歸故鄉，得無後患乎?”又《勾踐歸國外傳》載，勾踐對范蠡言：“今十有二月己巳之日，時加禺中。孤欲以此到國，何如?”范蠡云：“大王且留，以臣卜日。”（案，以上所言雞鳴指寅時，日出指卯時，日昳指未時，禺中爲巳時。）对此幾處記載，四庫館臣云：“《吴越春秋》載伍員及范蠡‘雞鳴’‘日出’‘日昳’‘禺中’四課，則時將加乘，與龍蛇刑德之用，一如今世所傳。”（《四庫全書總目·六壬大全》）

【2】泠州鳩，即伶州鳩。《經典釋文·左傳·昭公二十一年》：“泠州鳩，字或作伶，樂官也。或作冷字，非。”伶州鳩之言見《國語·周語下》“景王問鐘律於伶州鳩”。伶爲樂官，州鳩爲其名，周景王時樂官。周以子月爲正月，其二月則是丑月。韋昭《国语注》云：“長謂先用之也。辰，時也，辰，日月之會，斗柄也。當初陳之時，周二月昏斗建丑，而斗柄在戌。上下臨其時，名其樂爲羽，羽翼其衆也。”梨洲則用六壬術解之，以“辰在戌上”爲天盤之丑加於地盤之戌。之所以是戌，是説“武王畢陳之時在戌”。“二月癸亥”，天盤丑既加於地盤之戌，則天盤之亥下爲地盤之申，亥當應鐘變宫音，申於十二律爲夷則，所以説“長夷則之上宫”。（十二支配十二律，見下文《答王仲撝問泠州鳩七律對》所附圖）此處有一個明顯的問題，即梨洲以天盤月辰即月建加地盤時辰戌，此與世傳以天盤月之合神加地盤時辰之六壬術不同。梨洲以六壬天盤地盤術解釋《國語》武王伐紂之系列活動中所用樂律之所以然，即其樂律皆本於月日時也。

【3】“甲子昧爽”即甲子日寅時，故當以天盤之丑加於地盤之寅。甲子日，天盤之丑加於地盤之寅，則天盤之子下爲地盤丑，子當黄鐘宫音，丑於十二律爲大吕，本應説“大吕之上宫”，但是因爲大吕爲陰吕，不可先唱，因此變换之而説是“黄鐘之下宫”。

【4】太簇於十二辰當寅。梨洲以爲，武王甲子日伐紂，功成，於丙寅日子時“布令於商，昭顯文德”。以天盤之丑加地盤之子，則天盤寅上臨於地盤丑，丑當大吕宫音，寅當太簇，故云“以太簇之下宫”。

【5】韋昭《國語注》云：“嬴内，地名。憲，法也。施，施惠。舍，舍辠也。無射，所以宣布哲人之令德，示民軌儀。無射在上，故曰上宫。”梨洲以爲，此時當周之四月卯月，庚戌日，武王朝至當丑時，故以天盤之卯加地盤之丑。卯加

丑上，則地盤戌上爲天盤子，子當黄鐘宮音，戌當無射，古云“無射之上宮”。

其可考見者如此，則並無四課、三傳之説也，而今之六壬，亦絕不及五音十二律也，豈久而失其傳與，抑州鳩舉其大而不及其細與？[6]就以今術論之，卜筮諸術皆以生爲主，以生爲用。壬則於十二時，獨取夫辰。[7]以斗柄罡星歲常指辰，故謂辰爲天罡。辰建於三月，而爲八月之將，金旺殺物之候，以天地之殺爲用故也。其四課，上克下曰“元首”，下克上曰“重審”，上下交相克曰“知一”“涉害”，日辰遥相克曰“蒿矢”“彈射”，“伏吟”“反吟”，皆因衝克以爲之名目。[8]此明與諸術相反。故不取夫生，而取夫殺；不取夫德與合，而取夫克與衝；不取夫禄與旺，而取夫刑與害，則凡一書之中所以論吉凶者，皆當取此，而何所論非所主，所主非所論？所主者刑殺衝克，所論者生旺德合。所主者與諸術相出，所論者與諸術相入，豈失傳之中又失傳與？宋咸言京、郎、關朗輩假《易》以行壬遁之學，其時當不如是也。[9]

【6】四庫館臣云：“考《國語》伶州鳩對七律，以所稱夷則上宫、大吕上宫推之，皆有合於六壬之義，然特以五音十二律定數，未可即指爲六壬之源。”（《四庫全書總目・六壬大全》）

【7】《夢溪筆談・象數一》云：“天事以辰名者爲多，皆本于辰巳之辰。今略舉數事。十二支謂之十二辰，一時謂之一辰，一日謂之一辰，日月星謂之三辰，北極謂之北辰，大火謂之大辰，五星中有辰星，皆謂之辰。今考子、丑至于戌、亥，謂之十二辰者，《左傳》云‘日月之會是謂辰’，一歲日月十二會，則十二辰也。日月之所舍，始于東方，蒼龍角、亢之星起於辰，故以所首者名之。子、丑、戌、亥之月既謂之辰，則十二支、十二時皆子、丑、戌、亥，則謂之辰無疑也。一日謂之一辰者，以十二支言也。以十干言之，謂之‘今日’；以十二支言之，謂之‘今辰’，故支干謂之‘日辰’。日月星謂之三辰者，日月星至于辰而畢見，以其所首者名之，故皆謂之辰。星有三類：一、經星，北極爲之長；二、舍星，大火爲之長；三、行星，辰星爲之長，故皆謂之辰。北辰居其所而衆星拱之，故爲經星之長。大火，天王之座，故爲舍星之長。辰星，日之近輔，遠乎日不過一辰，故爲行星之長。”

【8】“元首”“重審”“知一”“涉害”等，爲六壬四課取用推三傳之式，詳見

下文《六壬起例》。

【9】宋咸，字貫之，北宋建州建陽人，仁宗朝進士，著有《周易補注》《法言廣注》等。朱震《卦圖》卷下載，宋咸云："京房、郎顗、關子明輩，假《易》之名，以行其壬遁卜祝陰陽術數之學，聖人之旨則无有焉。嗚呼，好怪之甚也。"（《漢上易傳·卦圖》）

## 六壬起例

### 地　盤

布十二支爲地盤，以十干寄之：甲寄於寅，乙寄於辰，丙戊寄於巳，丁己寄於未，庚寄於申，辛寄於戌，壬寄於亥，癸寄於丑。

五行家干之寄支，各以類從，戊己爲中央之土，故隨丙丁而寄巳午，其辰戌丑未則空無所寄。六壬避四正之位，故不得不移乙於辰，移丁己於未，移辛於戌，移癸於丑。[1]

【1】沈括《夢溪補筆談》卷二云："世之言陰陽者，以十干寄於十二支，各有五行相從。唯戊己則常與丙丁同行。五行家則以戊寄於巳，己寄於午。六壬家亦以戊寄於巳，而以己寄於未。唯《素問》以奎、壁爲戊分，軫、角爲己分。奎、壁在亥戌之間，謂之戊分，則戊當在戌也；軫、角在辰巳之間，謂之己分，則己當在辰也。"干寄於支，首以五行之類象從，甲寄於寅、乙寄於卯，皆屬木；丙寄於巳、丁寄於午，皆屬火；庚寄於申、辛寄於酉，皆屬金；壬寄於亥，癸寄於子，皆屬水。戊己屬土，而與丙丁同行，即戊寄於丙，己寄於丁，此蓋本於季夏屬土之説。六壬避子午卯酉四正之位，則寄卯之乙，下寄於辰；寄午之丁，下寄於未；寄酉之辛，下寄於戌；寄子之癸，下寄於丑。

### 天　盤

布十二辰於天盤，正月亥，登明；二月戌，天魁；三月酉，從魁；四月申，傳送；五月未，小吉；六月午，勝光；七月巳，太一；八月辰，天

罡；九月卯，太衝；十月寅，功曹；十一月丑，大吉；十二月子，神后。

沈存中以登明至神后爲十二辰之名，術家以爲月將，非也。登明者，正月三陽始兆，天下文明。天魁者，斗魁第一星也，其星抵戌。從魁者，斗魁第二星也，其星抵酉。傳送者，四月陽極陰生，傳陰而送陽也。小吉者，小爲陰，陰長，爲小者吉也。勝光者，王者向明而治，光被四表也。太一者，紫微垣所在。天罡者，斗剛所建。太衝者，日月五星之門户，天之衝也。功曹者，十月歲功成而會計也。大吉者，大爲陽，陽長，故大者吉也。神后者，其位居末，在諸神之后也。【2】

【2】此節論十二辰之名義，多從沈括《夢溪筆談·象數一》之説。案，正月建寅，於十二消息卦當泰䷊，故云“三陽始兆”。四月建巳，於十二消息卦當乾䷀，陽至極而陰將生，故云“傳陰而送陽”。五月建午，於十二消息卦爲姤䷫，陰息而陽消，陰爲小，故云“陰長，爲小者吉”。“斗剛之所見”，斗杓謂之剛。十一月建子，於十二消息卦爲復䷗，陽息而陰消，陽爲大，故云“陽長，故大者吉”。神后，梨洲以爲諸神之後，而沈括則云：“十二月，子位，北方之中，上帝所居也。神后，帝君之稱也。”

### 貴　人

視占時日干，於天盤上求之。

卯、辰、巳、午、未、申，六時用陽貴。甲在未，乙在申，丙在酉，丁在亥，戊在丑，己在子，庚在丑，辛在寅，壬在卯，癸在巳。

子、丑、寅、酉、戌、亥，六時用陰貴。甲在丑，乙在子，丙在亥，丁在酉，戊在未，己在申，庚在未，辛在午，壬在巳，癸在卯。

貴人者，十干之合氣也。其法以十干布十二支，而不居辰戌，虚其對衝，以辰戌爲貴人之獄，對衝爲天空也。陽貴順布，甲與己合，甲加子，己加未，故甲用未爲貴人，己用子爲貴人；乙與庚合，乙加丑，庚加申，故乙用申爲貴人，庚用丑爲貴人；丙與辛合，丙加寅，辛加酉，故丙用酉爲貴人，辛用寅爲貴人；丁與壬合，丁加卯，壬加亥，故丁用亥爲貴人，壬用卯爲貴人；戊與癸合，戊加巳，癸加丑，故戊用丑爲貴人，癸用巳爲貴人。陰貴逆布，甲加申，己加丑，故甲用丑，巳用申爲貴人；乙加未，庚加子，故乙用子，庚用未爲貴人；丙加午，辛加亥，故丙用亥，辛用午爲貴人；丁加巳，壬加酉，故丁用酉，壬用巳爲貴人；戊加卯，癸加未，故戊用未，癸用卯爲貴人。甲之起於子、申者，貴人屬土，正位丑、未乃坤二五黄中之合氣。先天卦之坤在正北子位，河圖之坤在西南申方，故晝夜分之以起甲也。【3】

【3】此論“貴人者，十干之合氣”之説，梨洲引自宋儲泳《祛疑説》。此説從總體上能够説明十日取貴人之法，但也有几个问题未作解释：一是除辰戌爲牢獄之地外，陽貴何以不居午，陰貴何以不居寅。二是陽貴順布，何以癸不加子而加丑；陰貴逆布，何以癸不加申而加未。對此，《六壬大全》卷一云：“此貴神，晝順行，夜逆行，不坐辰戌牢獄之地，各取喜其合處，不喜其刑害之方。如晝貴，甲從子起，爲諸干之首，且貴人之前不敢有對衝坐者，故午上無寄干。癸無所處，特寄在别宫，故晝寄丑宫，夜寄未宫。”可知，陽貴之所以不居午，乃是因爲甲起於子，子午對衝；陰貴之所以不居寅，乃是因爲甲起於申，寅申對衝。癸之所寄不能加子、申而寄於丑、未，恐亦是避甲在子、申也。

## 十二神將

以天盤月辰加地盤時辰，視貴人之在天盤者，臨地盤何位。地盤巳亥

爲界，貴人臨辰亥一邊，則順行天乙（即貴人）、騰蛇、朱雀、六合、勾陳、青龍、天空、白虎、太常、真武、太陰、天后。臨巳戌一邊，則逆行天乙、天后、太陰、真武、太常、白虎、天空、青龍、勾陳、六合、朱雀、騰蛇，皆加於天盤之上。[4]

沈存中曰："六壬十二神將，以義求之，止合十一。貴人爲之主，其前有五將，謂騰蛇、朱雀、六合、勾陳、青龍也，此木火之神，在方左者（方左謂寅、卯、辰、巳、午）。其後有五將，謂天后、太陰、真武、太常、白虎也，此金水之神，在方右者（方右謂未、申、酉、亥、子）。唯貴人相對，謂之天空。如日之在天，月對則虧，五星對則逆行避之。空無所有，非神將也。"又曰："十一將，前二火、二木、一土間之，後當二金、二水、一土間之。真武合在後二，太陰合在後三。"[5]

【4】依上文求貴人例，由日干於天盤上求貴人在何支，然後天盤月辰加地盤時支，視天盤貴人之下爲地盤何支。如貴人下臨之支在亥、子、丑、寅、卯、辰六者之中，則於天盤自貴人起順排十二神將；如貴人下臨之支在巳、午、未、申、酉、戌六者之中，則於天盤自貴人起逆排十二神將。

【5】見沈括《夢溪筆談·象數一》。沈氏指出，十二神將其實只是十一神將，其中天空乃天乙（貴人）相衝之所，乃是空位，並不是神將。又十一神將，以貴人爲中心，前後各有五神將。其前五神將，騰蛇屬火，朱雀屬火、六合屬木、勾陳屬土、青龍屬木，故沈括云"前二火、二木，一土間之"；其後五神將，天后屬水，太陰屬金，真武屬水、太常屬土、白虎屬金，沈括認爲"後當二金、二水、一土間之"，故提出太陰與真武位置應互換。

## 四　課

以天盤月辰加地盤時辰，視地盤，日干連上，爲第一課。即以干上所得之支，移入地盤，名干陰，又連上，爲第二課。又視地盤日支，連上爲第三課。即以支上所得之支，復入地盤，名支陰，又連上，爲第四課。[6]

【6】天盤動，地盤靜，占算之時月之月辰在天盤，時之支在地盤，先將月辰加于時之支。如卯月甲子日寅時占，卯月之月辰爲戌（卯戌相合），則戌加於寅，也就是將天盤之戌與地盤之寅相對應，戌加于寅之時，亥即加於卯，子即加於

辰，丑即加于巳，其餘諸支依次相對應。然後再推四課。每課一上一下兩個字，日干爲第一課之下，日支爲第三課之下。日爲甲子，日干爲甲，其寄支於寅。既知甲寄寅宫，地盤之寅上爲天盤之戌，此戌即爲第一課之上和第二課之下。日干甲在下，連上之戌，即爲第一課上戌下甲。此即“日干連上，爲第一課”。隨之，再看地盤之戌，其上爲天盤之午，則午爲第二課之上，則第二課爲上午下戌。此即“以干上所得之支，移入地盤，名干陰，又連上，爲第二課”。繼而，日支爲子，看地盤子之上天盤爲申，則申爲第三課之上和爲第四課之下，則第三課爲上申下子。此即“又視地盤日支，連上爲第三課”。再看地盤之申，其上天盤爲辰，則辰爲第四課之上，則第四課爲上辰下申。此即“以支上所得之支，復入地盤，名支陰，又連上，爲第四課”。案，“復入地盤”之“復”，原作“後”，四庫本同，形近致訛。清胡煦《周易函書約存》引作“移”，亦可。

## 一、剋賊

四課之中，察其五行，取相克爲用，先以下賊上（地盤剋天盤）爲用；若無下賊上，即以上克下爲用。

假如丙寅日，功曹辰時，

四課：卯　丑　子　戌<br>
　　　丙　卯　寅　子

地盤卯木，剋天盤丑土，即以之爲用。初傳丑卯，再傳亥丑，三傳酉亥，謂之三傳。【7】

【7】推排“四課”之後，則求其“三傳”。其式有九，即剋賊、比用、涉害、遥克、昴星、别責、八專、返吟、伏吟。“剋賊”，亦名賊剋。四課干支五行，以相剋爲用。先以下賊上爲用，若無下賊上，則用上賊下。下克上名“重審”，上克下名“元首”。以下克上爲先，無下克上則用上克下。“丙寅日，功曹辰時”，十月寅功曹，則知其占時爲十月丙寅日辰時。丙爲第一課之下，寅爲第三課之下。十月亥之合神寅加於辰時，即天盤寅加於地盤辰，丙寄於巳，地盤巳上爲卯，則第一課之上與第二課之下爲卯；地盤卯上爲丑，則第二課之上爲丑；地盤寅之上爲子，則第三課之上與第四課之

下爲子；地盤子上爲戌，則第四課之上爲戌。故其第一課上卯下丙，第二課上丑下卯，第三課上子下寅，第四課上戌下子。四課之中，上下相克者唯有第二課丑卯，其下克上爲“重審”，則以丑爲第一傳；地盤丑上爲天盤之亥，則亥爲第二傳；地盤亥上爲天盤之酉，則酉爲第三傳。梨洲書中多將每傳中天盤地盤二支皆書之，則此四課之三傳，即分别爲丑卯、亥丑、酉亥。如四課之中，相克者多，則用下文之例。

## 二、比用

四課中，或有二、三、四課上下相克，陽日用陽比，去陰不用；陰日用陰比，去陽不用。

假如，丙寅日，功曹加酉，

四課：戌　卯　未　子
　　　丙　戌　寅　未

内卯戌爲上克下，因有下克上，故不用。而未寅、子未皆下克上，未寅爲陰比（陰陽以天盤爲主），子未爲陽比。丙陽日，故用子未爲初傳，巳子爲再傳，戌巳爲三傳。[8]

【8】由“丙寅日，功曹加酉”，知所占時爲十月丙寅日辰時，天盤寅加地盤酉。丙寄於巳，地盤巳上爲天盤戌，則第一課上戌下丙；地盤戌上爲天盤卯，則第二課爲上卯下戌；日支爲寅，地盤寅上爲天盤未，則第三課爲上未下寅；地盤未上爲天盤子，則第四課爲上子下未。四課之中相克者，第二課上克下，第三課、第四課皆下克上，當以下克上者爲用。視天盤地支之陰陽，第三課之未爲陰支，第四課子爲陽支。與日干陰陽相比者爲用，丙爲陽日，則取陽支爲用，故用子未爲初傳。地盤子上爲天盤巳，故巳子爲再傳。地盤巳上爲天盤戌，故戌巳爲三傳。若兩課或多課皆與日相比或不相比，則用下文例。

## 三、涉害

四課中，有二、三、四課爲上克、下克，而與日或俱比，或俱不比，則看涉害。視地盤孟、仲、季（寅、申、巳、亥爲孟，深；子、午、卯、酉爲仲，淺；辰、戌、丑、未爲季，尤淺），取深者爲用。若俱深，則剛日用日干上辰，柔日用日支上辰。[9]

假如己巳日，功曹加未，

四課：寅　酉　子　未
　　　己　寅　巳　子

皆上克下。寅己、子巳爲陽比；酉寅、未子爲陰比。己，陰日，不用陽比，而兩陰比，則視下之寅爲孟，子爲仲，故取酉寅爲初傳，辰酉爲再傳，亥辰爲三傳。[10]

假如戊辰日，功曹加未時，

四課：子　未　亥　午
　　　戊　子　辰　亥

三下克上。戊，陽日，除亥辰陰比不用，子戊、午亥俱陽比，而地盤又俱孟，深，子戊乃日干上辰，剛日，故用爲初傳。[11]

【9】以地支配十二月，孟春正月寅、仲春二月卯，季春三月辰，孟夏四月巳、仲夏五月午、季夏六月未。孟秋七月申、仲秋八月酉、季秋九月戌，孟冬十月亥、仲冬十一月子、季冬十二月丑，故“寅、申、巳、亥爲孟，深；子、午、卯、酉爲仲，淺；辰、戌、丑、未爲季，尤淺”。陽剛陰柔，剛日即陽干支日，柔日即陰干支日。

【10】“己巳日，功曹加未”，即所占時爲十月己巳日未時，天盤寅加地盤未。己寄未，地盤未上連寅，故第一課爲寅己。地盤寅上連酉，故第二課爲酉寅。地盤巳上連子，故第三課爲子巳。地盤子上連未，故第四課爲未子。四課均爲上克下，視其天盤地支，則寅己、子巳爲陽，酉寅、未子爲陰，己巳日爲陰，故當用陰比。視其地盤之支，寅爲孟，子爲仲，故取酉寅爲初傳；地盤酉上連辰，則辰酉爲再傳；地盤辰上連亥，故亥辰爲三傳。

【11】“戊辰日，功曹加未時”，即所占時爲十月戊辰日未時，天盤寅加地盤未，與上例同。戊寄巳，地盤巳上連子，故第一課爲子戊；地盤子上連未，故第二課未子；地盤辰上連亥，故第三課亥辰；地盤亥上連午，故第四課午亥。四課之中，子戊、亥辰、午亥爲下克上，未子爲上克下，下克上爲先。又子、午俱爲陽，亥爲陰，戊辰日爲陽，故當選子戊、午亥二者之一爲初傳。視其地盤，戊寄巳，巳亥俱深，則“剛日用日干上辰，柔日用日支上辰”，戊爲日干上辰，故以子戊爲初傳，未子爲再傳，寅未爲三傳。

**四、遥克**

四課中，無上下克，則取上神之克日者爲用，名蒿矢。神不克日，則取日之克上神者爲用，名彈射。若日克兩神，或兩神克日，亦以比日者爲用。[12]

假如己巳日，大吉加辰時，

四課：辰　丑　寅　亥
　　　己　辰　巳　寅

上下皆不相克，而寅巳是天盤寅木克日干己土也，用爲初傳，此蒿矢式。[13]

又如辛未日，大吉加亥，

四課：子　寅　酉　亥
　　　辛　子　未　酉

無克，而日干辛金克天盤寅木，用爲初傳，此彈射式。[14]

【12】《六壬大全》云："凡課無克，取日干與四課上神相克者爲用，曰遥克課。"上神即天盤十二合神，居四課之上故名上神。

【13】"己巳日，大吉加辰時"，即所占之時爲十一月己巳日辰時，天盤之丑加地盤之辰。己寄於未，地盤未上連辰，故第一課爲辰己；地盤辰上連丑，故第二課爲丑辰；地盤巳上連寅，故第三課爲寅巳；地盤寅上連亥，故第四課爲亥寅。四課上下皆不相克，取上神克日干者爲用，第三課寅木克日干己土，故以寅巳爲初傳，亥寅爲再傳，申亥爲三傳。此爲蒿矢式。

【14】"辛未日，大吉加亥"，即所占之時爲十一月辛未日亥時，天盤之丑加地盤之亥。辛寄於戌，地盤戌上連子，故第一課爲子辛；地盤子上連寅，故第二課爲寅子；地盤未上連酉，故第三課爲酉未；地盤酉上連亥，故第四課爲亥酉。四課上下皆不相克，其上神亦無可日干辛金者，而日干辛金克第二課之寅木，故

以寅子爲初傳；地盤寅上連辰，故辰寅爲再傳；地盤辰上連午，故午辰爲三傳。此爲彈射式。

### 五、昴星

四課中無克，又與日干無相克，陽日則從地盤酉仰視所得之神爲用，陰日則從天盤酉俯視所得之神移入天盤，連下爲用。陽日以地盤日支連上爲中傳，日干（用地盤日干所寄之支）連上爲末傳。陰日以地盤日干連上爲中傳，日支連上爲末傳。與上四條自初即傳至末者異。

假如庚午日，勝光加巳，

四課：酉　戌　未　申<br>
　　　庚　酉　午　未

無克，又無遥克。以剛日從地盤酉仰視得戌，爲初傳；日支午從地盤午得未，爲中傳；日干庚，從庚所寄之申，連上酉，爲末傳。[15]

又如丁丑日，小吉加戌，

四課：辰　丑　戌　未<br>
　　　丁　辰　丑　戌

無克，又無遥克，以柔日從天盤酉俯視得子，便移子入天盤，連下卯，爲初傳；日干丁，從丁所寄之未，連上辰，爲中傳；日支丑從地盤丑，連上戌，爲末傳。[16]

【15】“庚午日，勝光加巳”，即所占之時爲六月庚午日巳時，天盤之午加地盤之巳。庚寄於申，地盤申上連酉，故酉庚爲第一課；地盤酉上連戌，故戌酉爲第二課；地盤午上連未，故未午爲第三課；地盤未上連申，故申未爲第四課。四

課均無上下克，也無遥克，庚午日爲剛日，故由地盤酉連上得戌爲初傳，日支午連上未爲再傳；日干庚寄於申，連上酉爲三傳。此亦名爲“虎視”。

【16】“丁丑日，小吉加戌”，即所占之時爲五月丁丑日戌時，天盤之未加地盤之戌。丁寄於未，地盤未上連辰，故第一課爲辰丁；地盤辰上連丑，故第二課爲丑辰；地盤丑上連戌，故第三課爲戌丑；地盤戌上連未，故第四課爲未戌。四課均無上下克，也無遥克，丁丑日爲柔日，故從天盤酉俯視得地盤子，移之入天盤，天盤子連下爲卯，故卯爲初傳；日干寄未，地盤未上連辰，故辰爲中傳；日支丑，地盤丑上連戌，故戌爲三傳。此亦名爲“冬蛇掩目”。

## 六、伏吟

伏吟者，子加子是也。無克者，剛以日干上神（甲、丙、戊、庚、壬），柔以日支上神（丁、己、辛）爲傳首，皆以所刑爲中傳，以中傳所刑爲末傳。若傳首遇自刑者，剛日初傳日（日干所寄之支），次傳支，支所刑爲末傳；柔日初傳支，次傳日，日所刑爲末傳。次傳若更遇自刑者，以次傳所衝爲末傳。[17]

六癸有克，以克處爲傳首，首所刑爲中傳，中所刑爲終傳。（癸，柔日，當用支上神，有克，故與剛同。）[18]

六乙亦有克，而傳首遇自刑，故初傳日，次傳支，末傳支所刑。（乙，柔日，傳首自刑，當用支爲初傳，克在日，故與剛日同例。）[19]

三刑：子刑卯，卯刑子，謂之互刑。

寅刑巳，巳刑申，申刑寅；未刑丑，丑刑戌，戌刑未，謂之遞刑。

辰刑辰，午刑午，酉刑酉，亥刑亥，謂之自刑。

儲華谷曰：“子、卯，一刑也。寅、巳、申，二刑也。丑、戌、未，三刑也。自卯順至子，自子逆至卯，極十數而爲無禮之刑。寅逆至巳，巳逆至申，極十數而爲無恩之刑。丑順至戌，戌順至未，極十數而爲恃勢之刑。皇極中以十爲殺數故也。”[20]

【17】天地盤子加子、寅加寅、卯加卯之類，天地盤上下同支，名爲伏吟。伏吟式，十日之中，除乙、癸日外，其餘均無克。《六壬大全》云：“俯伏本家，不能變動，只有呻吟愁歎而已，故名伏吟。”“剛以日干上神”，剛日即甲、丙、

戊、庚、壬日，其日干上神與其寄支同，分别爲寅、巳、巳、申、亥。“柔日以日支上神”，柔日指丁、己、辛日，其日支上神與日支同，不外乎丑、卯、巳、未、酉、亥六者。“傳首遇自刑者”，指剛日干遇壬，柔日支遇酉、亥。

【18】癸寄於丑，遇伏吟式則第一課上丑下癸，丑土克癸水，則以丑爲初傳，而不從“柔以支上神爲傳首”之例；丑刑戌，則戌爲再傳；戌形未，則未爲三傳。

【19】乙寄於辰，遇伏吟式則第一課上辰下乙，乙木克辰土，則以辰爲初傳；辰自刑，則以日支爲再傳，以日支所刑爲三傳，而不從“柔日初傳支，次傳日，日所刑爲末傳”之例。

【20】儲華谷，名泳，字文卿，號華谷，宋代雲間（今屬上海）人，詩人、學者，著有《祛疑説》等。梨洲所引見《祛疑説·三刑是極度數》。“皇極中以十爲殺數故也”原文作“皇極中天以十爲殺數故也”。儲氏解十二支三刑以十數論之，觀察到了十二支三刑中有十數之特點，但並不周延。一者它並没有解釋何以有互刑、遞刑之不同。爲什麼子卯互刑，寅巳申、未丑戌則不互刑而遞刑？二者它更没有解釋何以有辰、午、酉、亥之自刑。可見其説未能抓住三刑所以然之根本。案，蕭吉《五行大義》云：“《漢書》翼奉奏事云‘木落歸本’，故亥、卯、未，木之位，刑在北方。亥自刑，卯刑在子，未刑在丑。‘水流向末’，故申、子、辰，水之位，刑在東方。申刑在寅，子刑在卯，辰自刑。‘金剛火強，各還其鄉’，故巳、酉、丑，金之位，刑在西方。巳刑在申，酉自刑，丑刑在戌。寅、午、戌，火之位，刑在南方。寅刑在巳，午自刑，戌刑在未。”此以四時五行之方位而論十二支之刑。木生於亥，壯於卯，老於未，故云“亥、卯、未，木之位”。木刑在北方，北方三辰亥、子、丑，兩相對應，故亥自刑，卯刑亥，未刑丑。水生於申，壯於子，老於辰，故云“申、子、辰，水之位”。水刑在東方，東方三辰寅、卯、辰，兩相對應，故申刑寅、子刑卯、辰自刑。金生於巳，壯於酉，老於丑，故云“巳、酉、丑，金之位”，金刑在西方，西方三辰申、酉、戌，兩相對應，故巳刑申，酉自刑，丑刑戌。火生於寅，壯於午，老於戌，故云“寅、午、戌，火之位”。火刑在南方，南方三辰巳、午、未，兩相對應，故寅刑巳、午自刑、戌刑未。（五行生壯老之説，漢以前即有之，後世術數家多用之，參見放馬灘秦簡《日書》乙種、《淮南子·天文》等。）蕭氏之説從四時五行生旺刑克而言，或得三刑説之本旨。

## 七、反吟

反吟者，子加午是也。反吟多相克，以比用、涉害爲例。其不同者，取初傳之衝爲次，取次傳之衝爲末而已。唯六日無克，丁丑、己丑、辛丑，則以登明爲初傳；丁未、己未、辛未，則以太乙爲初傳，支（未丑、丑未）爲中傳，干爲末傳（丑未、辰戌）。【21】

【21】天地盤子加午、午加子之類，名爲反吟，亦作返吟。《六壬大全》云："彼此相衝，往來咨嗟不寧，故名返吟。"反吟式，天地盤上下相衝，故多相克，故以相克者爲初傳，其取初傳法與比用、涉害相同，而其次傳則取初傳之衝，末傳取次傳之衝。丁、己寄於未，丑未相衝，丁未皆屬土；辛寄於戌，辰戌相衝，辰戌皆數土，故反吟式丁丑、丁未、己丑、己未、辛丑、辛未六日無克。此六日反吟之四課，亦據理可推，如丁丑日，其四課依次爲丑丁、未丑、未丑、丑未；辛未日，其四課依次爲辰辛、戌辰、丑未、未丑。六者之中，三丑日以登明亥爲初傳，即亥巳；三未日則以太乙巳爲初傳，即巳亥。以支爲中傳，丑日即未丑，未日或丑未；以干爲末傳，丁、己日即丑未，辛日即辰戌。

### 八、别責

四課不全（謂相重），又無克、無遥，則用别責例。剛日以干合之神（視地盤）爲傳首。柔日以日支三合之神（視天盤，日支順行，隔三位者是）爲傳首。中、末皆以日寄之支爲傳。别責有九課，剛日三課，戊辰、戊午、丙辰；柔日六課，辛未、辛丑各二，丁酉、辛酉。【22】

干合：甲己，乙庚，丙辛，丁壬，戊癸。【23】

三合：寅午戌合火局，申子辰合水局，亥卯未合木局；巳酉丑合金局。【24】

【22】《六壬大全》云："蓋四課不全，又不克，欲如昴星取酉而課又不備，只得别從其類，責取一合神爲用，故名别責。"四課不全，即有兩課相重，或二課與三課重，或首課與四課重。如首課與二課重，則成伏吟。若首課與三課重，則成八專。"剛日以干合之神爲傳首"者，《六壬大全》云"陽日取干合上神爲用"，即如丙日，丙辛合，視地盤辛（寄於戌）上天盤之合神地支爲首傳。"柔日以日支之三合之神爲傳首"，《六壬大全》云"陰日取支前三合之神爲用"，如乙巳日，則視天盤，取巳酉丑三合之酉爲初傳；如乙酉日，則視天盤取巳酉丑三合之丑爲初傳。據四課排布之規則，可爲别則者有九：（一）戊辰日之午戊、未午、巳辰、午巳；（二）戊午日之午戊、未午、未午、申未；（三）丙辰日之午丙、未

午、巳辰、午巳；（四）辛未日之未辛、辰未、辰未、丑辰；（五）辛未日之丑辛、辰丑、戌未、丑戌；（六）辛丑日之未辛、辰未、戌丑、未戌；（七）辛丑日之丑辛、辰丑、辰丑、未辰；（八）丁酉日之巳丁、卯巳、未酉、巳未；（九）辛酉日之酉辛、申酉、申酉、未申。

【23】蕭吉《五行大義》云："干合者，己爲甲妻，故甲與己合；辛爲丙妻，故丙與辛合；癸爲戊妻，故癸與戊合；乙爲庚妻，故乙與庚合；丁爲壬妻，故壬與丁合。"

【24】十二支之三合與其五行之生壯老相同，見本篇注【20】。

## 九、八專

四課中，干支共位者（别責三課，八專兩課），名八專。惟兩課有克，亦以比用、涉害爲例。若無克，剛日從日之陽神順數三神爲用，柔日從第二課陰神逆數三神爲用，中、末俱重在日上。【25】

假如甲寅日，功曹加巳，

四課：亥　申　亥　申
　　　甲　亥　寅　亥

此干支皆同位也。剛日從亥甲順數三神，得丑辰，爲課首；次、末皆亥寅。

又如己未日，太衝加辰，

四課：午　巳　午　巳
　　　己　午　未　午

亦干支同位也。柔日從巳午逆數三神，得卯辰，爲課首；次、末皆午未。

又有一課名獨脚者，亦柔日八專也。

己未日，登明加酉，

四課：酉　亥　酉　亥
　　　己　酉　未　酉

從亥酉逆數三神，得酉未，而酉未乃日上也，三傳同在一課。

【25】《六壬大全》云："干支同位，專聚一處，故名八專。""四課中，干支共位者"，即日干寄於日支者，甲寅、丁未、己未、庚申、癸丑是也，但癸丑日一定非八專，因丑土克癸水。別則式，或第二課與第三課重，或第一課與第四課重，重者不計，故有三課。八專式，第一課與第三課重、第二課與第四課重，重者不計，故有兩課。

**起　年**

陽年，以大吉加歲支；陰年，以小吉加歲支。以四課三傳占十二邦國，各得神將吉凶所主之事。如戊戌陽年，用大吉加戌，四課爲申戊、亥申、丑戌、辰丑，三傳爲子酉、丑戌、申巳。[26]

【26】戊戌年，大吉丑加戌，戊寄於巳，地盤巳上連申，地盤申上連亥，地盤戌上連丑，地盤丑上連辰，故四課爲申戊、亥申、丑戌、辰丑。四課上下無克，亦無與日干相克者，取昴星課，戊戌爲陽，地盤酉上連子，故以子酉爲初傳；年支戌上連丑，故以丑戌爲次傳；年干戊上連申，故以申巳爲末傳。案，"爲子酉、丑戌、申巳"七字諸本皆闕，今據昴星例補之。

**起　月**

以歲合神加月建，以占十二國神將吉凶成敗。[27]

【27】如癸亥年丁巳月，亥之合神爲寅，則天盤寅加地盤巳，丁寄於未，地盤未上連辰，地盤辰上連丑，地盤巳上連寅，地盤寅上連亥，即四課爲辰丁、丑辰、寅巳、亥寅。

## 六壬透易

置年月日時，先以月將加時得四課三傳。其三傳之在天盤者爲一類，在地盤者爲一類。以年干起五虎遁，數天盤三傳，得其所屬甲子，視八卦納甲，相同合之爲上卦。以日干起五鼠遁，數地盤三傳，得其所屬甲子，視納甲，相同合之爲下卦。上下相重爲六晝之卦，以大象爲基，世爻爲命，應爻爲身。大限，陽年從世爻而上，陰年從世爻而降，十年一爻。小限，陽年從應爻而降，陰年從應爻而升，一年一爻，周而復始。陽年用陽貴，陰年用陰貴。

五虎遁　甲己起丙寅　乙庚起戊寅　丙辛起庚寅
　　　　丁壬起壬寅　戊癸起甲寅【28】

五鼠遁　甲己起甲子　乙庚起丙子　丙辛起戊子
　　　　丁壬起庚子　戊癸起壬子【29】

假如辛酉年辛丑月丁亥日丙午時，大吉加午，

四課：寅　酉　午　丑
　　　丁　寅　亥　午

三傳：午　丑　申
　　　亥　午　丑

年干辛，丙辛遁起庚寅，自下至辛丑，其甲子皆爲庚寅所屬。午得甲午，乾四納甲；丑得辛丑，巽初納甲；申得丙申，艮三納甲，合之得離，爲上卦。日干丁，丁壬遁起庚子，自下至辛亥，其甲子皆爲庚子所屬。亥得辛亥，巽二納甲；午得丙午，艮二納甲；丑得辛丑，巽初納甲，合之得震，爲下卦。離震相重爲噬嗑，世在五爻爲命，應在二爻爲身，以陰年，大限自五而四，小限自二而三。【30】

【28】所謂“五虎遁”，即由年干而推月干之法，正月爲寅，寅生肖虎，故名“五虎遁”。其原理《星曆考原》述之甚明。是書卷一云：“上古曆元，年月日時皆起於甲子，是甲子年必甲子月，爲年前冬至十一月也，而正月建寅，故得丙寅，二月丁卯，以次順數至，次年正月得戊寅，故乙年正月起戊寅。從甲至己越五年，共六十月，花甲周而復始，故己年正月亦爲丙寅也。”

【29】所謂“五鼠遁”，即由日干推時干之法，日始子時，子生肖鼠，故名“五鼠遁”。其原理與五虎遁相當，《星曆考原》卷一云：“按甲子日起甲子時，從甲子順數，至次日子時得丙子，故乙日起丙子。從甲至己越五日，共六十時，花甲周而復始，故子時亦爲甲子也。”

【30】“辛酉年辛丑月丁亥日丙午時”，梨洲所推四課、三傳均誤。丑月午時，故當天盤子神后加地盤午，而梨洲誤以天盤丑大吉加午，大吉爲十一月之月將。又梨洲論《國語·周語下》伶州鳩七律對亦徑以天盤月建加地盤時辰，與世傳六壬術不同。今姑以天盤丑加地盤午析之如下：天盤丑加地盤午，日干丁寄於未，上連寅，故第一課爲寅丁。地盤寅上連酉，故第二課爲酉寅。地盤亥上連午，故第三課爲午亥。地盤午上連丑，故第四課爲丑午。第三課午亥，下克上，取克賊式，故以午亥爲初傳；地盤午上連丑，故丑午爲次傳；地盤丑上連申，故以申丑爲三傳。“年干辛，丙辛遁起庚寅，自下至辛丑，其甲子皆爲庚寅所屬”，即辛年十二月干支係由庚寅至辛丑。三傳天盤爲午、丑、申，在庚寅至辛丑間爲甲午、辛丑、丙申。按納甲法，乾納甲，其九四爻納午，故云“午得甲午，乾四納甲”。（案，漢易納甲法，乾内卦納甲，外卦納壬，故其第四爻納壬午，未有納甲午之爻。此處爲變通而用之。參見本書卷一《納甲二》。）巽納辛，其初六爻爲辛丑；艮納丙，其九三爻爲丙申。將乾九四、巽初六、艮九三由下而上組成新的經卦，即爲離。又以日干起五鼠遁，丁亥日起庚子，則丁亥日十二時干支乃由庚子至辛亥。三傳地盤亥、午、丑，在庚子至辛亥間爲辛亥、丙午、辛丑。巽納辛，辛亥爲巽九二爻，辛丑爲巽初六爻；艮納丙，其六二爻爲丙午。將巽九二、艮六二、巽初六由下而上組成新的經卦，即爲震。離上震下則的噬嗑卦。噬嗑爲巽宫五世卦，故其世爻在五爻，應爻在二爻。辛酉爲陰年，故大限由五爻而降四，小限由二爻而升三。

## 答王仲撝問泠州鳩七律對

辛丑秋八月，王仲撝過龍虎山相訪。【1】山空夜静，閒談律曆。仲撝因舉泠州鳩所言爲問。【2】余謂此須以三統曆推之，其言乃合。而邢雲路強按以授時，遂盡改其冬至朔日，至於歲月日星辰之所在，亦未嘗推步，徒以意相牽合耳，豈足信哉!【3】然三統之術亦不傳，其載在《漢書》者，字數漏奪，依之不能盡通。余嘗欲著《三統推法》，將使《漢律曆志》爲有用之書。今便推所問，不特泠州鳩之言不誣，而三統亦可因之發凡矣。

【1】辛丑，即清順治十八年（1661），時梨洲五十一歲。王仲撝（1599—1667），名正中，字仲撝，明末直隸保定人，崇禎丁丑（1637）進士，喜星象、律曆之學，著有《周易注》《律書詳注》等，《清史稿》有傳，與梨洲亦師亦友，梨洲爲之作《王仲撝墓表》（載《南雷文定》卷七）。

【2】泠州鳩，即伶州鳩，見本卷《六壬二》注【2】。下文所論，自“昔武王伐殷”至“所以優柔容民也”，爲《國語·周語下》所載伶州鳩之言。

【3】三統曆，爲西漢末劉歆據太初曆等前人曆法改訂而成，班固載之於《漢書·律曆志》。邢雲路（1549—?），字士登，明代安肅（今屬河北）人，萬曆八年（1580）進士，著有《古今律曆考》七十二卷等。梨洲認爲，邢氏之《古今律曆考》中多有抄襲周述學《曆宗通義》之處（參見梨洲《周雲淵先生傳》，載《南雷文定》卷十）。

昔武王伐殷，

上元至伐紂之歲己卯，十四萬二千一百九歲。

入人統五百二十一歲（凡推本年，皆減一算，獨三統所積是已減者，不可更減）。

積月六千四百四十三。

閏餘一十八。【4】

積日十九萬二百六十七。

小餘二十九。

大餘七。

天正辛卯朔（即周之正月也。從統首甲申數之，歷七位而後辛卯）。【5】

冬至大餘一百一十五。

小餘六十三。

案，《律曆志》云“以算餘乘入統歲數，盈統法得一，名曰大餘。不盈者名曰小餘。”今若依之，必不能通。蓋統法乃統母之誤耳。大餘除六十爲五十五，從甲子起算，得己未冬至。

冬至己未。【6】

【4】按三統曆，天地人三統爲一元，每統1539歲，一元爲4617歲。由曆元至文王受命十三年爲142109歲，除之以4617歲，得30，餘3599歲。以3599除以1539，得2，餘521。天元爲一，地元爲二，人元爲三。則142109歲，入人元第521歲。三統曆以十九年有七閏月，則平均每年月數为（12×19+7）÷19，故521年月數为521×（12×19+7）÷19，得整數6443，餘數18，故云“積月

六千四百四十三，閏餘十八”。

【5】三統曆每月爲 29 又 43/81 日，乘之以月數 6443，亦即 6443×（29×81＋43）÷81，得整數 190267，餘數 29，故“積日十九萬二百六十七，小餘二十九”，亦即伐紂之歲己卯首日已入第 190268 日。以 190267 除以六十甲子數，得 3171，餘 7，故云“大餘七”。以 190268 日除以六十，則得 3171，餘 8。人統首日爲甲申，則順數第八日爲辛卯，故云“天正辛卯朔”。

【6】三統曆每歲爲 365 又 385/1539 日。伐紂之時入人統 521 歲，兩數相乘，亦即 521×（365×1539＋385）÷1539，得整數 190295，餘數 515。（365×1539＋385＝562120，此爲周天數；1539 爲統法）因 360 爲六十甲子之整倍數，故可只算其 5 又 385/1539 日乘其年數，即 521×（5×1539＋385）÷1539，得整數 2753，餘數 515（5×1539＋385＝8080，此爲策餘）。515 爲小餘。此即《漢書・律曆志下》云：“推冬至，以策餘乘入統歲數，盈統法得一，名曰大餘。不盈者名曰小餘。”以 2753 除以六十甲子數，得整數 45，餘數 35。35 爲大餘。由人元統首冬至甲申，順數至 35 得爲戊午。因有餘數，則伐紂之歲冬至當爲戊午之次日己未，故“冬至己未”。梨洲以爲《漢書・律曆志》所云推冬至法不通，非是。梨洲以“大餘除六十爲五十五，從甲子起算，得己未冬至”，此顯然非由統首起算，而是由曆元甲子日起算。如上已知伐紂之年積歲 142109，入第 31 元之第 3559 歲。則由每年 365 又 385/1539 日，乘以 3559，所得數除以 60，可推其冬至甲子。因 360 爲 60 之整倍數，故亦可徑以 3559×（5×1539＋385）÷1539，得整數 2035，餘數 55。再以 2035 除以 60，得整數 33，餘數 55。算外 56，故自甲子數至 56，爲己未，故冬至當己未。如此，大餘、小餘均爲 55，亦非如梨洲推算之數。

歲在鶉火【7】，

積次四百一十五。

次餘八十。

定次七。【8】

從星紀起算，至鶉火第八，此正伐紂己卯歲也。邢雲路謂：“時殷之十一月戊子，於夏爲十月。”非是，此時歲猶在鶉首。【9】

【7】歲指歲星，即木星。《漢書・律曆志下》云：“上元至伐紂之歲，十四萬

二千一百九歲，歲在鶉火張十三度。”韋昭《國語注》云：“鶉火，次名，周分野也。從柳九度至張十七度爲鶉火。謂武王始發師東行，時殷十一月二十八日戊子，於夏爲十月。是時歲星在張十三度。”

【8】《漢書·律曆志下》云：“木金相乘爲十二，是爲歲星小周。小周乘巛策，爲千七百二十八，是爲歲星歲數。”木數三，金數四，相乘爲十二，即歲星十二年一小周。以十二乘以坤策一百四十四（坤卦每爻 24 策，六爻 144 策），得一千七百二十八，此爲歲星大周數。歲星十二年行一周天，故古人分周天爲十二等次，即十二星次（其名序見本卷《六壬一》注【2】）。歲星每年行一星次，故用星次來紀年，如歲在星紀、歲在玄枵之類。而實際上歲星約 11.86 年而非十二年公轉一周，過 86 年歲星實際位置將超過理想位置一星次，此現象劉歆名之爲“超辰”。劉歆以 144 年超辰一次，亦即 144 年歲星行 145 星次，於是他將每星次下分 144 分，則歲星每年行 145 分。十二星次總有 12×144＝1728 分，故劉歆以 12 年爲歲星小周，1728 年爲歲星大周。已知武王伐殷之歲己卯積歲爲 142109 年，則以積歲除以歲星大周數，得整數 82，餘數 413，即此時歲星已行 82 大周，並進入下一大周 413 年。歲星每年行 145 分，413 年則行 413×145＝59885 分。每星次爲 144 分，則以 59885 除以 144，得整數 415，餘數 125，即 413 年運行了 415 星次，外餘 125 分。故梨洲云“積次四百一十五，次餘八十”，當爲“積次四百一十五，次餘一百二十五”。每周天 12 星次，以 415 除以 12，得整數 34，餘數 7，即 415 星次爲 34 小周加 7 星次，故云“定次七”。因除 415 星次外，尚有餘分，故而歲星 413 年已行 34 小周，並進入下一小周第 8 星次。第 8 星次爲鶉火，故云“歲在鶉火”。

【9】邢雲路之言見所著《古今律曆考》卷九，云：“武王伐殷，東行時，殷之十一月戊子，於夏爲十月，是時歲星在張。張，鶉火也。”此説本於韋昭《國語注》。梨洲以爲殷之十一月戊子，亦即周之十二月，此時歲星尚在鶉首，而非在鶉火。

月在天駟【10】，

　　前一年戊寅歲周十二月。

　　積日十九萬二百三十七。

　　小餘六十七。

　　辛酉朔。【11】

合晨三百七度，在心三度。[12]

月夜半在氐十二度。[13]

二十八日戊子。

月在房五度。[14]

天駟，房宿也。月行二十七日有奇，仍還原宿。今朔日在氐十二，則二十八日過氐歷房。案，《三統》不立日月，每日所在之術，可謂疏矣。武王於是日發師，故言其日月之所在。

【10】《漢書·律曆志下》云："自文王受命而至此十三年，歲亦在鶉火，故傳曰'歲在鶉火，則我有周之分壄也。'師出發，以殷十一月戊子，日在析木箕七度，故傳曰'日在析木'。是夕也，月在房五度。房爲天駟，故傳曰'月在天駟'。"韋昭《國語注》云："天駟，房星也。謂戊子日，月宿房五度。"

【11】伐紂之歲己卯歲周正積月 6443，則其前一年戊寅歲周十二月積月爲 6442。每月 29 又 43/81 日，則戊寅歲周十二月朔積日爲 6442 乘以 29 又 43/81，等於 190237 又 67/81 日，故云積日 190237，小餘 67。故知戊寅歲周十二月朔入 190238 日，以之除以六十甲子數，得整數 3170，餘 38。人統首日爲甲申，按六十甲子順序數至 38 爲辛酉，故云"辛酉朔"。

【12】《漢書·律曆志下》載："推合晨所在星：置積日以統法乘之，以十九乘小餘而并之。盈周天，除去之；不盈者，令盈統法得一度。數起牽牛，算外，則合晨所入星度也。"即戊寅歲周十二月朔積日 190237，乘以統法 1539，再加 19 乘以小餘 67，得 292776016。以 292776016 除以周天數 562120，得整數 520，餘數 473616。再以 473616 除以 1539，得整數 307，餘數 1143。算外 308。據二十八宿之度數，308 度入心宿三度，故當爲"合晨三百八度，在心三度"。梨洲作"合晨三百七度"，非是。

【13】《漢書·律曆志下》載："推其月夜半所在星：以月周乘月小餘，盈統法得一度，以減合晨度。"已知周十二月辛酉朔，小餘 67，以月周 254 乘以 67，再除以統法 1539，得整數 11，餘數 89。合晨 308 度減 11，得 297 度。按二十八宿之度數，286 度爲氐初度，297 度爲氐十二度，故云"月夜半在氐十二度"。

【14】戊寅歲十二月朔爲辛酉，則二十八日爲戊子。已知以周正月朔辛卯小餘 29，由戊子至辛卯，間隔己丑、庚寅二日，每日爲 81 分，則 2×81+29=191。以月周 254 乘以 191，再除以 1539，得整數 31，餘數 205。辛卯朔合辰 338 度

（見下文），故以 338 減 32，得 306 度，爲心一度，即己丑夜半月在心一度。夜半之前爲戊子之夕，月右行，則戊子夜半月在房五度。

日在析木之津，

箕七度。【15】

【15】韋昭注云：“津，天漢也。析木，次名，從尾十度至南斗十一度爲析木，其間爲津梁。謂戊子日宿箕七度也。”戊寅歲周十二月二十八日戊子，積日爲 190264 又 67/81。日行一度，一年行一周天。三統曆每年爲 365 又 385/1539 日，以戊子積日數除以年日數，得 520 又 515169/562120，則 520 爲已運行周天之周數，515169/562120 爲入周天之比數。以年日數 365 又 385/1539 乘以入周天之比數，得 334 又 1143/1539。知戊寅周十二月戊子，已入 335 度。三統曆甲子朔夜半冬至起牽牛一度，則據二十八宿之度數，335 度爲箕宿七度。箕宿於十二星次在析木，故云“日在析木之津”。

辰在斗柄【16】，

合晨三百三十九度，在斗一度。

此己卯，周正月辛卯朔也。【17】

【16】《漢書・律曆志下》云：“（殷十一月戊子）後三日得周正月辛卯朔，合辰在斗前一度，斗柄也，故傳曰‘辰在斗柄’。明日壬辰，晨星始見。”韋昭《國語注》云：“辰，日月之會。斗柄，斗前也。謂戊子後三日，得周正月辛卯朔，於殷爲十二月，夏爲十一月，是日月合辰，斗前一度也。”。

【17】《漢書・律曆志下》載：“推合晨所在星：置積日以統法乘之，以十九乘小餘而并之。盈周天，除去之；不盈者，令盈統法得一度。數起牽牛，算外，則合晨所入星度也。”已知伐紂之歲周正辛卯朔積日爲 190267，統法爲 1539，小餘爲 29，則 190267×1539＋19×29＝292821464。周天數爲 562120，292821464 除以 562120，得整數 520，餘數 519064。再將餘數除以統法，即 519064÷1539，得整數 337，餘數 421。故知伐紂之歲周正辛卯朔合晨入 338 度。三統曆甲子朔夜半冬至起牽牛一度，則 338 度入箕宿十度，斗初度爲 340 度，相隔一度。梨洲云“合晨三百三十九度，在斗一度”當爲“合晨三百三十八度，在斗前一度”。

星在天黿[18]，

定見復數四十四萬七千八百六。

見復餘七千三百七十三。[19]

積中法一百七十萬五千三百四。

中餘二萬七千六百八十八。[20]

中元餘四萬三千一百八十四。

入章中數一百八十九。

見中次一。

次於玄枵。[21]

星，辰星也。玄枵即天黿。案，《律曆志》云："以元中除積中，餘則中元餘也。以章中除之，餘則入章中數也。以十二除之，餘則星見中次也。"此三箇除字，其法似乎一例，而不知元中之除與十二之除，皆爲除去而言。乃章中之除，則除一章中當一數也。元中與十二所除之餘，所用在是。章中之餘，直棄之而已，其"餘"字當衍。

積月一百七十萬五千三百一十九。

月中餘四萬一十五。

月元餘四萬九千二百七十四。

入章月數二百九。

見於天正。[22]

用十二、十三除入章月數，恰盡，故星見天正。《漢書》以章月除月元，餘則入章月數也。此除字與上"以章中除之"之"除"同例。

積日六百八。

小餘一千三百八十七萬九千七百七十四。

辛卯朔。[23]

案，《律曆志》云："以月法乘月元餘，盈日法得一，名曰積日，餘名曰小餘。小餘三十八以上，月大。數除積日如法，算外，則星見月朔日也。"此條差誤尤甚。所謂月法者，乃見月法。

所謂日法者，乃見月日法。小餘亦三千八十萬以上，乃月大耳。【24】

入中次日度數二十九。

從斗十二度至女七度，爲二十九度，方盡星紀，歷玄枵。【25】

【18】《漢書·律曆志下》云："明日己未冬至，晨星與婺女伏，歷建星及牽牛，至於婺女天黿之首，故傳曰'星在天黿'。"韋昭《國語注》云："星，辰星也。天黿，次名，一曰玄枵。從須女八度，至危十五度，爲天黿。謂周正月辛卯朔，二日壬辰，辰星始見。三日癸巳，武王發行。二十八日戊午，度孟津，距戊子三十一日。二十九日己未晦，冬至。辰星與須女，伏天黿之首也。"

【19】《漢書·律曆志下》載："水經特成，故一歲而及初，六十四及初而小復。小復乘巛策，則太陰大周爲九千二百一十六歲，是爲辰星歲數。"即辰星以64年爲小復，以9216年爲大周。辰星在9216年中，能够見到29041次，此爲其"見中法"，又稱"復數"。故以復數除以大周數，則爲平均每年所見次數。已知伐紂之年積歲142109，以之乘以平均每年次數，則得其"見復數"。即142109×29041÷9216，得整數447806，餘數7373，故云"定見復數四十四萬七千八百六，見復餘七千三百七十三"。

【20】辰星以9216年一大周，每年中氣12，則總有9216×12＝110592，此爲辰星"見中分"。以"見中分"除以"見中法"，爲平均每見積中氣數。伐紂之前歲得辰星定見復數447806，則447806×110592÷29041，得整數1705304，餘27688，故云"積中法一百七十萬五千三百四，中餘二萬七千六百八十八"。

【21】《漢書·律曆志下》載："推星所見中次：以見中分乘定見復數，盈見中法得一，則積中也。不盈者名曰中餘。以元中除積中，餘則中元餘也。以章中除之，餘則入章中數也。以十二除之，餘則星見中次也。中數從冬至起，次數從星紀起。算外，則星所見中次也。"一元4617年，每年中氣12，則總有4617×12＝55404，此爲"元中數"。以伐紂之歲辰星之積中數1705304，除以元中數55404，得整數30，餘數43184，故云"中元餘四萬三千一百八十四"。每章19年，則每章中氣數爲19×12＝228，故以中元餘43184除以章中氣數228，得整數189，餘數92。可知，伐紂之歲在本元之第190章，歷本章92中氣。故梨洲云"入章中數一百八十九"，非是，應爲"入章中數九十二"。（案，下文梨洲以爲《漢書》"以章中除之，餘則入章中數也"之"餘"當删，非是。因爲以中元餘除章中，所得整數爲已歷章數，餘數方爲入章中數。）以入章中數92除以年中氣數12，得

整數 7，餘數 8。即伐紂之前歲辰星始見中次九，星次當鶉尾。因此，梨洲所謂“见中次一，次於玄枵”應是“見中次九，次於鶉尾”。

【22】《漢書·律曆志下》載：“推星見月：以閏分乘定見復數，以章歲乘中餘從之，盈見月法得一，並積中，則積月也。不盈者，名曰月餘。以元月除積月餘，名曰月元餘。以章月除月元餘，則入章月數也。以十二除之，至有閏之歲除十三入章，三歲一閏，六歲二閏，九歲三閏，十一歲四閏，十四歲五閏，十七歲六閏，十九歲七閏。不盈者，數起於天正，算外，則星所見月也。”據此，以辰星閏分 64512 乘以定見復數 447806，加章歲 19 乘以中餘 27688，得 28889386744。以所得 2888938744，除以辰星見月法 551779，得整數 52356，餘數 445420，則 52356 爲積閏月，445320 爲月餘。已知積中數爲 1705304，加上積閏月數 52356，得 1757660，此即爲積月數。由積月數除以元月數 57105，得整數 30，餘數 44510，故月元餘爲 44510。以月元餘數除以章月數 235，得整數 189，餘數 95。故知入第 190 章 96 月。按十九年七閏法，第七歲總 86 月，96 月爲第八歲之十月。故辰星見伐紂歲之前一年之十月，而非見於天正（天正爲冬至之月）。（參見清王先謙《漢書補注·律曆志下》所引李鋭之推算）

【23】《漢書·律曆志下》載：“推朔日：以月法乘積月元餘，盈日法得一，名曰積日。不盈者，名曰小餘。小餘三十八以上，月大。數除積日如法，則朔日也。”月法 2392，月元餘 44510。2392×44510÷81，得整數 1314418，餘數 62。即入元積日 1314418，小餘 62。積日 1314418 除以 60，得整數 21906，餘數 58。按六十甲子順序，由甲子數至 59 爲壬戌，爲十月壬戌朔，而非辛卯朔。

【24】梨洲則認爲，《漢書》推朔日之“月法”當爲“見月法”，“日法”當爲“見月日法”。此説恐非。所謂“小餘三十八以上，月大”，乃是因爲三統曆以每月爲 29 又 43/81 日，如小餘 38，實即 38/81 日，則兩數相加正爲 30，故月大。梨洲云“積日六百八”，恐刻印有誤。又云“小餘亦三千八十萬以上”，既與上所云“小余餘一千三百一千三百八十七萬九千七百七十四”不一致，又於理不當，不知其如何推算之。

【25】《漢書·律曆志下》載：“推入中次日度數，以中法乘中餘，以見中法乘其小餘，并之，盈見中日法得一，則入中日入次度數也。中以至日數，次以次初數，算外，則星所見及日所在度數也。”案，三統曆之中法爲 140530，辰星見中法爲 29041，辰星見中日法爲 134082297。已知伐紂之前歲中餘 27688，中小餘 2699（即以中法 1405320 乘以中元餘 43184，再除以元法 4617 所得之餘數，見

《漢書・律曆志下》推至日法），則（140530×27688＋29041×2699）÷134082297，得整數29，餘數80989686，故云“入中次日度數二十九”，算外30。已知辰星始見鶉尾，據星次度數，鶉尾總30度，以張第18度爲始，歷翼之1至18度和軫之1至11度而終，則得辰星始見在軫11度。

星與日、辰之位，皆在北維，顓頊之所建也，帝嚳受之。[26]我姬氏出自天黿，及析木者，有建星及牽牛焉[27]，則我皇妣大姜之姪，伯陵之後，逄公之所馮神也。[28]歲之所在，則我有周之分野也。[29]月之所在，辰馬農祥也，我太祖后稷之所經緯也。[30]王欲合是五位三所而用之。[31]自鶉及駟，七列也。南北之揆，七同也。[32]凡神人以數合之，以聲昭之，數合聲龢，然後可同也。故以七同其數，而以律龢其聲，於是乎有七律。[33]

【26】辰星在玄枵，日在析木之津，辰在斗柄，皆在北方，故云“皆在北維”。韋昭注：“顓頊，水德之王，立於北方。帝嚳，木德，故受之於水。今周亦木德，當受殷之水，猶帝嚳之受顓頊也。”

【27】韋昭注：“姬氏，周姓。天黿，即玄枵，齊之分野。周之皇妣王季母太姜者，逄伯陵之後，齊女也，故言出於天黿。《傳》曰：‘有逄伯陵因之，蒲姑氏因之，而後太公因之。’又曰：‘有星出于須女，姜氏、任氏實守其祀。’從斗一度，至十一度，分屬析木，日辰所在也。建星在牽牛間，謂從辰星所在。須女，天黿之首。至析木之分，歷建星及牽牛，皆水宿，言得水類也。”

【28】韋昭注：“皇，君也。生曰母，死曰妣。太姜，太王之妃，王季之母，

姜女也。女子謂昆弟之子男女皆曰姪。伯陵，太姜之祖，有逄伯陵也。逄公，伯陵之後，太姜之姪，殷之諸侯，封于齊地。齊地屬天黿，故祀天黿。死而配食，爲其神主，故云馮。馮，依也。言天黿乃皇妣家之所馮依，非但合於木水相承而已，又我實出于水家。周道起於太王，故本于太姜也。”

【29】韋昭注：“歲星在鶉火。鶉火，周分野也。歲星所在，利以伐之也。”

【30】韋昭注：“辰馬謂房、心星也。心星所在大辰之次爲天駟，駟，馬也，故曰辰馬。言月在房，合於農祥。祥猶象也。房星晨正，而農事起焉，故謂之農祥。稷播百穀，故農祥，后稷之所經緯也。《晋語》：‘農以成善，后稷是祖。’”

【31】韋昭注：“王，武王也。五位，歲、月、日、星、辰也。三所，逄公所馮神、周分野所在、后稷所經緯也。”對韋氏之解，《毛詩》孔疏則非之。孔疏云：“言‘五位三所’，謂五物在三處。當以此五在爲三所，不得以所字充之。若必以所字充之，則周之分野不言所也。又正合五位，則五物皆助。若三所唯數逄公，則日之與辰不助周矣。韋昭之言非。”又云：“歲、月、日、辰、星五者，各有位謂之五位。星、日、辰在北，歲在南，月在東，居三處故言三所。”（《毛詩正義·大雅·大明》）

【32】韋昭注：“鶉火之分，張十三度；駟，天駟，房五度，歲月之所在。從張至房七列，合七宿，謂張、翼、軫、角、亢、氐、房之位。七同，合七律也。揆，度也。歲在鶉火午，星在天黿子。鶉火，周分野。天黿及辰水星，周所出。自午至子，其度七同也。”

【33】韋昭注：“以數合之，謂取其七也。以聲昭之，謂用律調音也。同謂神人相應也。七同其數，謂七列、七律也。律和其聲，律有陰陽、正變之聲也。”

王以二月癸亥，夜陳未畢而雨。以夷則之上宮畢之，當辰。辰在戌上，故長夷則之上宮，名之曰羽，所以藩屏民則也。【34】

周二月庚申朔。

積日十九萬〇二九六。

小餘七十二。

四日癸亥。【35】

此即六壬月將加時之術也。

周二月丑爲月建，以其爲日月所合之辰，故名丑曰“辰”。以天

盤之丑，加於地盤之戌，蓋武王畢陳之時在戌也。丑既加戌，則癸亥日辰，乃在申上，申爲夷則，亥以變宫加於其上，故爲“夷則之上宫”。戌爲無射，羽也，故“名之曰羽”。[36]

【34】韋昭注：“二月，周二月。四日，癸亥，至牧野之日。夜陳陳師未畢而雨，天地神人協同之應也。夷，平。則，法也。夷則，所以平民無貳也。上宫，以夷則爲宫聲。夷則上宫也，故以畢陳。《周禮》：‘大師執同律，以聽軍聲，而詔吉凶。’一曰陽氣在上，故曰上宫也。長，謂先用之也。辰，時也。辰，日月之會，斗柄也。當初陳之時，周二月，昏，斗建丑，而斗柄在戌。上下臨其時，名其樂爲羽。羽，翼其衆也。屏，蔽也。羽之義，以其能藩蔽民，使中法則也。”

【35】已知伐紂之歲周正月朔辛卯，積日190267，小餘29，則周正月小，當二十九日，則由六十甲子自辛卯數至三十，則爲周二月朔，當庚申，積日爲190296。正月小餘29，則二月小餘爲29＋43＝72，故二月大，當三十日。二月朔爲庚申，則其四日爲癸亥，五日爲甲子，七日爲丙寅。

【36】見本卷《六壬二》注【2】。

王以黃鐘之下宫，布戎於牧之野，故謂之厲，所以厲六師也。[37]

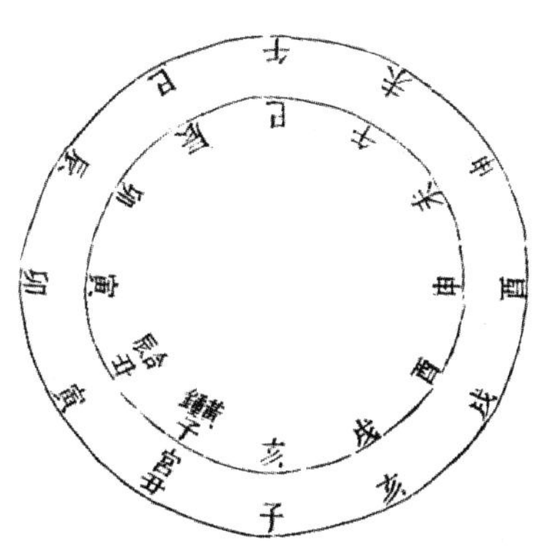

五日甲子。

案，《牧誓》：“時甲子昧爽，王朝至於商郊牧野。”是時在寅也。以天盤之丑，加於地盤之寅，則甲子日辰乃在丑上，子爲黃鐘而丑以宫處其下，故爲“黃鐘之下宫”。然丑爲大吕，子以宫加其上，不曰“大吕之上宫”者，以陰吕不可爲唱也。[38]

【37】韋昭注：“布戎，陳兵，謂夜陳之。晨旦，甲子昧爽，左仗黃鉞，右秉白旄時也。黃鐘所以宣養氣德，使皆自勉，尚桓桓也。黃鍾在下，故曰下宫也。名此樂爲厲者，所以厲六軍之衆也。”

【38】見本卷《六壬二》注【3】。

以太蔟之下宫，布令於商，昭顯文德，底紂之多辠，故謂之宣，所以宣三王之德也。[39]

七日丙寅。

以天盤之丑加地盤之子，則丙寅日辰上臨於丑，寅爲太蔟，而丑以宫處其下，故爲“太蔟之下宫”。[40]

【39】韋昭注：“商，紂都也。文，文王也。底，致也。既殺紂，入商之都，發號施令，以昭明文王之德，致紂之多罪。太蔟，所以贊陽出滯，蓋謂釋箕子之囚、散鹿臺之財、發巨橋之粟也。太蔟在下，故曰下宫也。三王、大王、王季、文王也。”

【40】見本卷《六壬二》注【4】。

反及嬴内，以無射之上宫，布憲施舍於百姓，故謂之嬴亂，所以優柔容民也。[41]

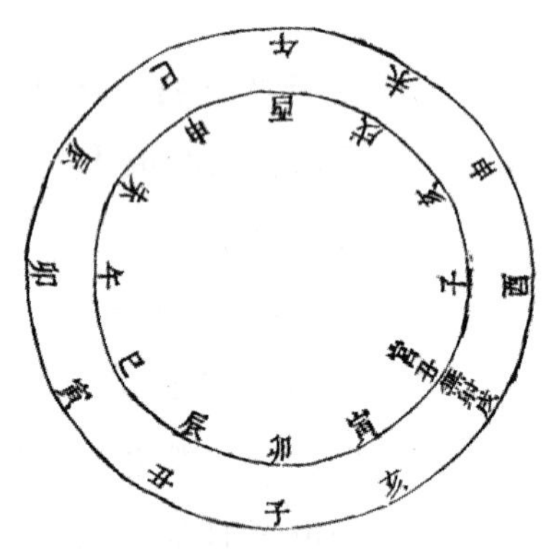


周四月己丑朔。

積日十九萬〇三八五。

小餘三十九。[42]

案，《汲冢周書》：“時四月，既旁生魄，越六日庚戌，武王朝至，燎于周。”則王之反及嬴内，在四月也。四月建巳，以天盤之巳加地盤寅，則己丑日辰以宫臨於戌上，戌爲無射，故曰“無射之上宫”。[43]

【41】韋昭注：“嬴内，地名。憲，法也。施，施惠。舍，舍罪也。無射，所以宣布哲人之令德，示民軌儀。無射在上，故曰上宫也。亂，治也。柔，安也。”

【42】《漢書·律曆志下》云：“《武成》篇曰：‘粤若來三月，既死霸，粤五日甲子，咸劉商王紂。’是歲也，閏數餘十八，正大寒中，在周二月己丑晦。明日閏月庚寅朔。三月二日庚申驚蟄。四月己丑朔死霸。死霸，朔也。生霸，望

也。是月甲辰望，乙巳旁之。故《武成》篇曰：‘惟四月既旁生霸，粤六日庚戌，武王燎于周廟。翌日辛亥，祀于天位。’”已知伐紂之歲入人統 521 年，積月 6443，閏餘爲 18。《漢書·律曆志下》載：“推閏餘所在：以十二乘閏餘，加七得一，盈章中數，所得起冬至，算外，則中至終閏盈。”則 12×18＝216。當 216＋7×2＝230，大於章中數 228，故知閏餘在二月，即伐紂之歲閏二月。已知本年二月大，小餘 72，30 日，則閏二月之小餘爲 43－（81－72）＝34，其月小，29 日。三月小餘爲 77，其月大，30 日。二月朔庚申，自次日辛酉數 89（即 30＋29＋30＋1）則爲四月朔己丑。二月朔積日 190296，則四月朔積日 190296＋89＝190385。三月小餘 77，則四月小餘爲 43－（81－77）＝39。

【43】此説有誤。周四月建卯而非建巳。本卷《六壬二》中，梨洲云：“周四月建卯，以天盤之卯，加地盤之丑，則子以宮臨日辰之戌上，戌爲無射，故曰‘無射之上宮’。”庚戌日，武王反嬴内，燎於周，朝至當丑時，故以天盤卯加地盤丑，則戌上爲天盤子，故云“無射之上宮”。

# 太一※一

※太一，也作太乙、泰一。太一式傳説由玄女傳於黄帝，黄帝用之大敗蚩尤；春秋時范蠡習其術，佐越王勾踐成霸業；後張良得此術而輔佐劉邦。（参見《太乙金鏡式經》卷六）《史記・日者列傳》所述漢武帝所用術數七家中就有太一家。《漢書・藝文志》載有《泰一陰陽》《太壹兵法》《泰壹雜子雲雨》《泰壹雜子候歲》等，或皆爲太一家之書，然早已亡佚。《南齊書・高帝上》有以太一術推斷漢晋南朝史事的記載。所以，太一術“所傳尚古”（《四庫全書總目・術數類二》)。《易緯・乾鑿度》中有關於太一行九宫的記載，《靈樞經》中也有九宫八風之説。1977 年，安徽阜陽西漢汝陰侯墓中出土一九宫式盤，其内容較之後世之太一式盤要簡略得多，因此，其是否就是當時之太一式盤，學界尚有爭議。現存最早太一術著作是唐代王希明的《太乙金鏡式經》，宋人編有《景祐太乙福應經》。太乙術在古代主要被用於推算軍國大事，宋朝時曾不准私人學習，大概元明時代開始也被用於占測常人命運吉凶。

《太一》，緯書也，蓋倣《易》曆而作。【1】其以一爲太極，因之生二目，二目生四輔，猶《易》之太極生兩儀，兩儀生四象也；又有計神與太乙合之爲八將，猶《易》之八卦也。【2】其以歲、月、日、時爲綱，而以八將爲緯，三基、五福、十精之類爲經，亦猶之乎曆也。【3】法以八將推其掩、迫、囚、擊、關、格之類，占人君將相，内外災福。【4】又推四神所臨分野，占水旱、兵喪、飢饉、疾疫。【5】又推三基、五福、大小遊【6】、二限【7】、易卦大運【8】，占古今治亂，天下離合。如遇凶神，陽九、百六交限之際，卦運災變之限，大數凶者，其凶發於八將掩、迫、囚、擊、關、格之年。如遇吉星所會之分，卦象和平之運，非陽九、百六交限之際，大數吉者，八將雖有掩迫之類，其災不發。故占家以爲聖書，私相傳習。然其間經緯渾淆，行度無稽，或分一爲二，或并二爲一，茫然何所適從也。

【1】漢人以太一爲最尊貴之天神，太一式亦興於漢代。其據日月星辰之運行，本九宫式盤而推演吉凶，在學理上主要依託於古代星象曆法學説，與四分

曆、三統曆有密切關係，元代以後也將授時曆的内容引入其中。至於太一術與《易》之關係，在唐代王希明《太乙金鏡式經》有“推太乙時計變卦”，將八卦配七十二紀，但二者尚只是以八卦配九宫的形式性關聯，到宋元以後才有太一術與六十四卦、三百八十四爻之深度結合。

【2】梨洲認爲太一式在形式上模倣《易》卦的衍生模式。其太一如同《易》之太極，其天目文昌、地目始擊如同《易》之兩儀。其主大將、主小將、客大將、客小將爲四輔，如同《易》之四象。其年、月、日、時四計之太一與其計神爲八將，如同《易》之八卦。

【3】太一式分歲計、月計、日計、時計，即可以年、月、日、時四個時間點分别推算，此爲定式之基礎，故云以之爲綱。梨洲又云“以八將爲緯”，此八將當非“又有計神與太乙合之爲八將”之八將，或係指太一監將、主目文昌、地目始擊、主大將、主參將、客大將、客參將、計神。三基即三基太一，分爲君基太一、臣基太一與民基太一三者。五福即五福太一，其運行於黄秘、黄始、黄室、黄庭、玄室五宫。十精指十精太一，包含天皇、帝符、天時、天尊、飛鳥、五行、八風、五風、三風、太一數等十者。（詳見所附《太一推法》）

【4】掩、迫、囚、擊、關、格等爲太一式之格局。以文昌或始擊與太一同宫爲掩，爲掩襲劫殺之義，如歲計遇之，主王綱失序，臣强君弱。凡文昌、始擊、主客大小將在太一左右者，皆爲迫。迫者逼迫挾持之義，臣下之挾迫君上。在太一前一宫稱外宫迫，在太一後一宫成内宫迫；在太一前一辰稱外辰迫，在太一後一辰稱内辰迫。主客大將、主客參將與太一同宫爲囚。囚者拘擊、篡戮之義。始擊在太一前後爲擊，在太一前一宫爲外擊，在太一後一宫爲内擊。擊爲奮縱搏擊，上下相凌之義。主大將、主參將、客大將、客參將同宫爲關。關者關防守禦堤備之義，主將相自相侵奪爭鬥。文昌與太一相對衝爲對，始擊與客大將、客小將與太一相對衝爲格，格爲上下衝犯、以下犯上之義。《景祐太乙福應經》卷三載太一式格局有十。具體内涵諸家之説略有差異。

【5】此四神包括天一太一、地一太一、直符太一和四神太一四者。太一式之分野在九宫分野的基礎上，又細分出絳宫、明堂和玉堂三宫。一乾宫，主冀州、并州；二離宫，主荊州；三艮宫，主青州；四震宫，主徐州；五中宫，主豫州；六兑宫，主雍州；七坤宫，主梁州；八坎宫，主兖州；九巽宫，主揚州；絳宫主交州，按《禹貢》屬揚州，爲南越之土；明堂主益州，按《禹貢》屬梁州；玉堂主幽州，按《禹貢》屬冀州。

【6】大小遊，指大遊太一、小遊太一，其部屬爲大遊天目、小遊天目。（詳參下文《太一推法》注【24】、【25】，《小遊卦法》注【4】）

【7】二限指百六、陽九之限。《漢書·律曆志上》云："三統是元歲。元歲之閏，陰陽災。《易九厄》曰：初入元，百六，陽九；次入三百七十四，陰九；次四百八十，陽九……凡四千六百一十七歲與一元終，經歲四千五百六十，災歲五十七。"按，三統曆以4617歲爲一元，其中4560歲爲一元之經歲，57歲爲一元之閏氣而被視爲災歲。緯書《易九厄》將此57災歲分佈於一元之中，名爲九厄，第一厄爲初入元的106年中有9個災年，所謂"初入元，百六，陽九"，此蓋即"百六""陽九"得名之由。九爲陽之極，六爲陰之窮，窮極則生變，災禍由之而起，故太一式以陽九、百六爲災厄之期限。而與《易九厄》分57災歲於九厄之中有所不同，太一式則將一元4560歲分爲10個陽九。4560年爲陽九之大限，456年爲陽九之小限。《太乙金鏡式經》卷七云："該四千五百六十爲一元，四百五十六歲爲一陽九也。十三年移一邦，命起寅邦，順行十二邦，算外，即陽九所在。"書中以唐開元十二年甲子歲積13331年。將13331除以4560，得整數2，餘數4211。即此年入第3元4211年。4211除以456，得整數9，餘數107。因此，唐開元十二年居第十陽九之107年。然後107除以13，得整數8，餘數3。由寅起數一，則8爲酉，9爲戌。故此年入戌宮第3年。與陽九之大小限不同，百六以4320年爲其大限，以432年爲其小限。《太乙金鏡式經》卷七云："置積年，法以二百八十八年爲一周，十五周爲一元，共計四千三百二十，爲一元也。二十四年移一邦，命起寅邦，順行十二年，算外，即百六所在也。"如上例，唐開元十二年積歲13331，除以4320，得3，餘數371。可知，此年入第四元之第371年。然後371除以288，得1，餘數83。83除以24，得3，於11。由寅起數一，3爲辰，4爲巳。故此年入巳宮第11年。

【8】考唐《太乙金鏡式》、宋《景祐太乙福應經》均未有易卦大運之說，而元代《太乙統宗寶鑒》載之，稱爲"太乙統運入卦紀年術"。此法將六十四卦分歸十二運，並按大衍筮法，以陽爻36策，陰爻24策，一策當一年，六十四卦三百八十四爻總計11520年。其十二運：（一）天地否泰之運，含乾、坤、否、泰四卦，總值720年；（二）男女交親之運，含震、巽、恒、益、坎、離、既濟、未濟、艮、兑、損、咸十二卦，總值2160年；（三）陽晶守政之運，含大壯、无妄、需、訟、大畜、遯六卦，總值1152年；（四）陰毳權衡之運，含觀、升、晉、明夷、萃、臨六卦，總值1008年；（五）資育還本之運，含豫、復、師、比、剥、

謙六卦，總值936年；（六）造化符天之運，含小畜、姤、同人、大有、夬、履六卦，總值1224年；（七）剛中健至之運，含解、屯、小過、頤四卦，總值672年；（八）群愚位賢之運，含家人、鼎、中孚、大過四卦，總值768年；（九）德義順命之運，含豐、噬嗑、歸妹、隨、節、困六卦，總值1080年；（十）惑妬留天之運，含渙、井、漸、蠱、旅、賁六卦，總值1080年；（十一）寡陽相搏之運，含蹇、蒙二卦，總值336年；（十二）物極元終之運，含睽、革二卦，總值384年。十二運六十四卦以乾、坤爲始，以睽、革爲終，卦序是固定的，不同於《周易》經文卦序。如周敬王四十三年甲子（前477），其中演上元積歲爲1936081，除之以11520，得168，餘721，則此年入第169周之第721年。按十二運諸卦爻年數，721年當入男女交親之運當震卦初九爻第一年。

太一者，天帝之神。王希明曰："太一在璿璣玉衡，以齊七政。隨天經行，以斗抑揚，故能馭四方。"此以中宫天極繫於經星者爲太一也。【9】又曰："太一者，木神也，東方木之監將，歲星之精，受木德之正，旺在春三月。"此以五緯木星爲太一也。【10】斗魁戴匡六星，曰文昌宫，經星也；填則土星也，以主目文昌爲填星土德之精，是兼經緯而一之矣。【11】其所謂四神太一者，欲擬太微宫之五帝而首天一，不知天一乃紫微宫之星也。【12】十精：天皇太一謂是紫微垣勾陳中星，即天帝也，既有小遊太一當之矣，此之天皇，無乃重出乎？帝符爲天節之吏，天時爲昴星之使，飛鳥爲朱雀之體，八風爲畢星之神，三風五風爲箕心之精，二十八宿有所去取，其間何也？【13】

【9】《史記·封禪書》云："天神貴者太一。"太一是漢代最爲尊貴的天神，在太一式中，太一總領十六神。王希明之言，見《太乙統宗寶鑒》卷二所引，《太乙金鏡式經》未載。璿璣玉衡者，北斗也。太一神乘北斗而巡察四方。《開元占經》引《黄帝占》曰："北斗爲帝車，運於中央，臨制四方，分别陰陽，建於四時，均立五行，移應節度，定諸紀綱，太一之事也。"

【10】太一式以太一監將、文昌將、始擊將、主大將、客大將爲五將，爲五行五方之精。太一監將爲東方歲星之精，受木德之正氣，旺在春三月；文昌將爲中宫鎮星之精，受土德之正氣，旺在四季；始擊將爲南方熒惑之精，受火德之正氣，旺在夏三月；主大將爲西方太白之精，受金德之正氣，旺在秋三月；客大將

爲北方辰星之精，受水德之正氣，旺在冬三月。

【11】《史記·天官書》云："斗魁戴匡六星，曰文昌宮：一曰上將，二曰次將，三曰貴相，四曰司命，五曰司中，六曰司禄。"此以北斗魁前六星總稱文昌，乃是恒星。太一式又以主目文昌爲填星土德之精，填星乃是行星。故梨洲認爲，太一式錯亂文昌之義，"兼經緯而一之矣"。

【12】四神太一，即天一太一、地一太一、直符太一、四神太一。天一太一爲金神，地一太一爲土神，直符太一爲火神，四神太一爲水神。梨洲認爲，四神太一取法於太微宮之五帝星，但其中天一却是紫微宮之星，並不在太微宮。如此，則太一式的四神太一在取法星象問題上存在扞格之處。

【13】十精即十精太一，也稱太一十精，包括天皇、帝符、天時、天尊、飛鳥、五行、八風、五風、三風、太一數。除太一數外，其餘九個皆爲星使。《太乙金鏡式經》卷七載："經曰：天皇太乙者，在紫微宮，勾陳口中星，曰天皇大帝。"天皇太一二十年巡行十六神一周，視其與太一相合於何方而占斷風向雲氣。太一爲天神之主，審查下情，賞善罰惡。其巡視八宮，每宮居三年，二十四年一周，爲小遊；每宮居三十六年，二百八十八年一周，爲大遊。梨洲認爲，天皇太一與小遊太一名分相混，有重出之嫌。又十精之中，帝符太一爲天節星之使，天時太一爲昴星之使，飛鳥太一爲朱雀七星之使，八風太一爲畢星之使，五風太一爲箕星之使，三風太一爲心星之使。梨洲指出，二十八星宿衆多，太一式爲何選此數者而不及其他並没有明確的標準。

歲星一歲行一宫，十二年一周天。太一既爲木精，而一年理天，一年理地，一年理人，每宫乃至三年，所行宫次一爲十二辰，一爲八卦，位亦不相當也。【14】填星二十八歲一周天，天目既爲土德，而每宫一年，乾坤二年，十八年而一周，所行宫次一爲十二辰，一爲十六辰，亦不相當也。【15】地目爲火星、熒惑之精，火星二年一周，二月而行一宫，此則二宫一年，或三宫一年。【16】主大將屬金，客大將屬水，水金俱一年一周天，此則一年行三宫，或一年行五宫。【17】經星之在天者，皆一年一周天者也。今姑置三基、五福、大遊其所指之恍惚者，如四神之三十六，天皇帝符之二十，昴星之十二年一周，朱雀、箕、畢之九年一周，皆的然違天者也。【18】此皆以歲計言之，降而爲日、月、時，其不相應，更不必論。【19】或曰假星名以寓

術，不必核其果否也。若是，則某不知之矣。[20]

【14】歲星即木星，太一是歲星木德之精，但二者之運行並不相應。歲星一年行黄道一宫，約十二年行一周天，而太一則周行八宫，每宫三年，二十四年一周。二者巡行之周期不一致。再者，歲星周行黄道十二宫，宫次爲十二辰，太一則周行九宫之八宫，宫次爲八卦。二者之宫位劃分不一致。

【15】填星，也作鎮星，即土星，約二十八年行黄道十二宫一周。天目，亦稱主目、上目、文昌，爲鎮星土德之精，巡行十六神，每神一年，其中在乾位之陰德、坤位之大武居兩年，故十八年一周。二者運行周期不同，所行宫位也不同。

【16】地目，亦稱客目、下目、始擊，爲火星熒惑之精。火星，約兩年行黄道十二宫一周，二月行一宫。地目所在由計神與天目之所在推定，亦行於十六神之中。（詳見下文《太乙推法》）

【17】主大將屬金，由主算之數而定，主算之數由天目與太一之間諸宫數而得；客大將屬水，由客算之數而定，客算之數由地目與太乙之間諸宫數而得。（詳見下文《太乙推法》）

【18】四神太一之宫周皆爲三十六，天皇太一、帝符太一之宫周均爲二十，作爲昴星之使的天時太一宫周十二，作爲朱雀七星之使的飛鳥太一、作爲箕星之使的五風太一、作爲畢星之使的八風太一，宫周皆爲九，這些都與經星一年一周天之數明顯不符。

【19】以積年爲數起式爲歲計，以積月爲數起式爲月計，以積日爲數起式爲日計，以積時爲數起式爲時計。古人以爲此四計適用對象不同，《太乙金鏡式經》卷二云："歲月日時無易，各順其常。故王者用歲計，卿士惟月計，師尹惟日計。故時通上下，則上自天子，下及庶士，時通用也。"雖然適用對象不同，但它們在推算方法上是一樣的。梨洲則指出，星象周行皆以年計，而太一式之月、日、時之計與星象周行在時間單位上都不一樣，遑論其他。

【20】太一術藉助星象運行的模式來構建其複雜的天人動態時空架構，以期把握具體宇宙時空格局下人的境遇，從而占測吉凶禍福，其中有合乎星象曆數的成分，也有基於信仰或價值觀念而人爲創設的運行規則。因此，太一術雖取法於星象曆數，但又不同於星象曆數。

# 太一二

太一九宫之數，始於《乾鑿度》，其時不名爲《洛書》也。而九前一後，三左七右，四前左，二前右，八後左，六後右，以離南坎北之方位配之。其下行九宫，與今所傳頗異。鄭康成云："太一下行八卦之宫，每四乃還於中央。中央者，北神之所居。故因謂之九宫。……陽起於子，陰起於午。是以太一下行九宫，從坎始，自此而從於坤宫，又自此而從震宫，又自此而從巽宫，所行半矣，遠息於中央之宫。既又自此而從乾宫，又自此而從兑宫，又自此從艮宫，又自此而從離宫，行則周矣。上遊息於天一之宫而反於紫宫。"[1]據此，則太一一周兩入中宫。今乃避五而不入，則是八宫，非九宫也。紫宫者，午位之離也。"反於紫宫"，所謂"陰起於午"，則由此逆行，自離而艮而兑而乾而中央，而巽而震而坤而坎。今並無逆行之法，則是有陽生而無陰生也。坎一、坤二、震三、巽四、乾六、兑七、艮八、離九，此九宫之序。今宫法，一乾、二離、三艮、四震、六兑、七坤、八坎、九巽，則是擾紀離次也。[2]

《靈樞》曰："太一常以冬至居叶蟄宫（坎），四十六日。明日，居天留（艮）。"如是而倉門（震）、陰洛（巽）、上天（離）、玄委（坤）、倉果（兑）、新洛（乾），周而復始。康成之子、午，亦謂十一月、五月也，太一皆一年一周。今三年一宫，二十四而一周，又析之爲月、日、時，豈其有四氣並行耶？[3]

太一從五行之氣，無所偏倚，故爲獨貴。今以木行當之，豈能"首出庶物"耶？[4]其法有九宫貴神者，坎太一、坤攝提、震軒轅、巽招摇、中天符、乾青龍、兑咸池、艮太陰、離天一。蓋在坎則爲太一，在坤則爲攝提，九宫莫不皆然。以坎起太一，故以太一爲總名，每宫各有所屬，是無偏於木行之失。遇某宫直事，則鈎入中宫，八者分爲鈎位，是無五作空宫之失。[5]曆書三白圖法，尚遵行之。[6]此於康成所云，庶幾相近。今别出之以爲九宫太一，不知其所謂太一者，復何名耶？

【1】九宫之數，所見文獻較早者有《易緯·乾鑿度》和《大戴禮記·明堂》。《乾鑿度》云："易一陰一陽合而爲十五，謂之道。……太一取其數，以行九宫，四正思維皆合於十五。五音六律七宿，由此而作焉。"宋儒據九宫數而畫由黑白點表示的《洛書》。九宫配以八卦，坎數一，居正北；坤數二，居西南；震數三，居正東；巽數四，居東南；五爲中宫；乾數六，居西北；兑數七，居正西；艮數八，居東北；離數九，居正南。梨洲認爲，鄭玄注所謂"陽起於子"，是説太一行九宫由坎宫開始，然後依次行坤宫、震宫、巽宫，繼而還于中宫，然後再行乾宫、兑宫、艮宫、離宫，繼而還于中宫；"陰起於午"，是説太一又由離宫開始，先後曆艮宫、兑宫、乾宫、中宫、巽宫、震宫、坤宫、坎宫，再返回中宫。但細繹鄭注全文，並無太一由離宫逆遊九宫之説。

【2】太一式之九宫卦數，與《乾鑿度》所傳不同。

| 巽九 | 離二 | 坤七 |
|---|---|---|
| 震四 | 中五 | 兑六 |
| 艮三 | 坎八 | 乾一 |

太一九宫数

太一九宫"乃特右旋，以乾、巽爲一、九"（《四庫全書總目·太乙金鏡式經》），即一乾、二離、三艮、四震、五中央、六兑、七坤、八坎、九巽。爲何太一式要將原九宫圖右旋一位，古人説法不一。《太乙金鏡式經》卷二載："郭璞《曜靈經》云：地缺東南，宫數多者不出於九，故差九以填之。樂産曰：太乙寄理，以明人事，後王得之以統一天下，所以差一宫以就乾位。王希明曰：太乙統人事，以知未來之道。故聖人特差一宫，以明先知之義也。"

【3】《靈樞經·九宫八風》云："太一常以冬至之日居叶蟄之宫，四十六日；明日居天留，四十六日；明日居倉門，四十六日；明日居陰洛，四十五日；明日居天宫，四十六日；明日居玄委，四十六日；明日居倉果，四十六日；明日居新洛，四十五日；明日復居叶蟄之宫，曰冬至矣。太一日遊以冬至之日，居叶蟄之宫，數所在日，從一處至九，日復反於一，常如是無已，終而復始。太一移日，天必應之以風雨，以其日風雨則吉，歲美民安少病矣。先之則多雨，後之則多汗。太一在冬至之日有變，占在君；太一在春分之日有變，占在相；太一在中宫之日有變，占在吏；太一在秋分之日有變，占在將；太一在夏至之日有變，占在百姓。"《靈樞經》所載以太一行九宫而占風雨人事的内容，可視爲太一式的理論源頭之一。但其太一行九宫係由冬至叶蟄宫開始，按順時針方向周流循環，這與太一式依九宫數次而巡遊有所不同。據《靈樞經》和《易緯》鄭玄注，太一巡行入中宫，一歲一周，而在太一式中，太一巡行不入中宫，三歲一宫，二十四歲一周。且太一式除年計外，還有月計、日計、時計，如月計之太一巡行，三月一

宫，二十四月一周；日計則三日一宫，二十四日一周；時計則三時一宫，二十四時一周。

【4】太一式以太一爲至上天神，巡行八宫，監察八方，應超乎五行之上，但其又以太一爲監將，爲歲星之精，五行屬木。（参見《太一一》注【11】）

【5】坎太一、坤攝提、震軒轅、巽招摇、中天符、乾青龍、兑咸池、艮太陰、離天一爲九宫太一，也稱九宫貴神。此九者八卦宫數與太乙九宫數有所不同，而與《易緯》之八卦九宫數相同，即坎一、坤二、震三、巽四、中五、乾六、兑七、艮八、離九。九宫貴神輪流入中宫，即所謂“鈎入中宫”，其餘八者則按八卦九宫數依次排列。（詳見下文《太一推法》之直事太一）梨洲認爲，九宫貴神直事法，太一在坎則名太一，太一在坤則名攝提，太一在震則名軒轅，等等，如此並無以太一專屬木行的偏失。

【6】所謂“曆書三白圖法”，是指明代《大統曆》於每月之下記九宫七色的運行，稱爲“飛九宫”。明楊慎《丹鉛總録·訂訛類》云：“九宫七色之説，出于《乾鑿度》。云伏羲時龍馬出河，戴九履一、左三右七、二四爲肩，六八爲足，五居其中，謂之九宫。其色六、一、八爲白，二黑，三碧，四緑，五黄，七赤，九紫。今《大統曆》中，每月列于下方，謂之飛九宫。”宋王伋則認爲：“東漢張衡變九章爲九宫，一白、二黑、三碧、四緑、五黄、六白、七赤、八白、九紫，分三元六甲。”（王伋《管氏指蒙注·陽明造作》）案，《乾鑿度》中並無九宫七色之説。鄭玄注云“上遊息於天一之宫而反於紫宫”，梨洲認爲“紫宫者，午位之離也”，蓋以爲離數九，其色紫，故以離宫爲紫宫。此解有誤。鄭玄注云：“曰天一或曰太一，出入所遊息於紫宫之内外。”太一巡遊八宫而息於中宫，所以説“遊息於紫宫之内外”。顯然，此紫宫爲居中之紫微宫，而非居午位之離宫。所謂“反於紫宫”，即反歸中宫之義，與陰起於午而逆行之説没有關係。此亦可證《乾鑿度》鄭注並無九宫逆行之義。

## 太一推法

**歲計**

周紀三百六十　元法七十二

第一甲子元　第二丙子元　第三戊子元　第四庚子元　第五壬子元

置積年以周紀去之，餘以元法而一，爲一元，不滿元法者，爲入元以

來年數。[1]

【1】以七十二年爲一元，五元三百六十年爲一周紀。以六十甲子表示，則五元之首分别爲甲子、丙子、戊子、庚子、壬子。又以六十年爲一紀，六紀爲一周紀。此稱爲五元六紀。以上元甲子年開始至所推求之年，總年數爲太一積年。由積年數除以周紀三百六十，所得餘數爲入紀元數；以入紀元數除以元法七十二，所得整數爲太一歲計已入元數，餘數爲入元局數。如依《太乙統宗寶鑑》積年數，唐昭宗（實應爲哀帝）天祐二年乙丑歲（905），太乙積年數爲10154822，除以360，得28207，餘302；則此年入紀元數爲302。302除以72，得4，餘14。天祐二年當第五元即壬子元第十四局。以302除以60，得5，餘2。則此年當第六紀第二年。此爲歲計。

### 月計

置不滿周紀，算減一以十二乘之，加入所求之月，是爲積月（太一行月，以節氣爲斷，故不積閏）。[2]

【2】以太一積年數除以周紀三百六十，所得餘數即爲“不滿周紀”年數。以年數減一然後乘以十二，再加上所求之月數，則爲積月數。以積月數除以三百六十，所得餘數爲入紀元數。由入紀元數除以七十二，所得整數爲太一月計已入元數，所得餘數爲太一月計入局數。此爲月計。

### 日計

歲實三百六十五萬二千四百二十五分

朔實二十九萬五千三百五分九十三秒

閏限一十八萬六千五百五十二分九秒

月閏九千六十二分八十二秒

置積年減一，以歲實乘之，得數滿朔實，去之；其不滿朔實者，則是減一内之日，謂之閏餘；仍置歲實所乘之數，減閏餘，此本年天正朔前之積日也。以紀法約之，知其末日甲子，加入本年所求之日，是爲積日。在正以後之月，每月加一朔實，一月閏於閏餘之内。[3]

【3】以積年數減一，再乘以歲實 365.2425 日，然後以所得數除以朔實 29.530593 日，其所得餘數爲閏餘。以積年數乘歲實之數減去閏餘，所得即爲本年天正朔前之積日也。然後以積日數除以 60，視其餘數，順數六十甲子至餘數則爲此日干支。正朔前積日加本年所求之日數，即爲所求之積日。將積日數除以 360，所得餘數爲入紀元數；以入紀元數除以 72，所得整數加一即爲太一日計所當元數，所得餘數即爲入元局數。此爲日計。

**時計**

冬夏二至，但逢甲子，便爲上元。置二至以來積日，減一，以十二乘之，加本日所求之時，是爲積時。冬至後用陽局，起一宮順行；夏至後用陰局，起九宮逆行（推入紀元之法，歲、月、日、時皆同）。[4]

【4】年、月、日三計均用陽局，即九宮由一順數至九；而時計則冬至後夏至前用陽局，夏至後冬至前用陰局。以上元甲子冬至或夏至至所求日之積日，減一，再乘以十二，加入所求日之時，即爲積時。如上例再算其當第幾元入第幾局。此爲時計。

**第一，求太一宫次**

宫法三　宫周二十四

置不滿元法之算，以宫周去之，餘以宫法而一，起一宫，順行，唯不入中五。[5]

【5】太一行九宫，監察四方，故求太一所在宫位又稱求太一監將。太一巡守中宫以外之八宫，三年行一宫，故二十四年行一周。以積數除以七十二，所得餘數除以二十四（或者徑以積歲除以二十四），再所得之餘數如不大於三，則太一在乾宫，所得數即爲入宫年數；如大於三，以三除之，所得數加一，即爲太一所在宫，餘數即爲入宫年數。如唐太宗貞觀八年甲午歲（634），太一積年爲 10154551，以之除以 24，得 423106，餘數 7；7 除以 3，得 2 餘 1，則太一時在第三宫艮宫第 1 年。

**第二，求計神**

置不滿元法之算，以計周十二去之，餘起寅，逆行十二辰。（陰局起申）[6]

【6】年、月、日及時之陽局，以積數除以十二，得餘數，由寅一逆數十二支，數終所在支，即爲計神。寅時之陰局，則由申一逆數十二支，數終所在支即爲計神。《太乙統宗寶鑒》卷一載："書云：計神者，計度之神也，所司幽冥，能量天地人間之萬事，故命起於寅，謂近鬼門之謂也。"案，古説以西北乾位爲天門，東南巽位爲地户爲風門，西南坤位爲人門，東北艮位爲鬼冥門。（《乾坤鑿度》）寅居東偏北，故近鬼門。

**第三，求合神**

子丑合　寅亥合　卯戌合　辰酉合　巳申合　午未合

視歲所在，如歲在子，合神在丑；歲在丑，合神在子。[7]

【7】合神本於太陽過宫（見本卷《六壬一》注【2】)。《太乙金鏡式經》云："假令太歲在子，合神在丑，逆行十二辰，十二年一周天矣。"即十二支由子順行至亥，其合神則由丑逆行至寅，即子丑合、丑子合、寅亥合、卯戌合、辰酉合、巳申合、午未合、未午合、申巳合、酉辰合、戌卯合、亥寅合。

**第四，求天目文昌**

周法十八

置不滿元法之算，以周法去之，餘起武德，順行十六辰；次遇陰德、大武重留一算（陰局起吕申，順行，遇太炅①、和德重留一算）。[8]

---

① 太炅，原作"太昊"，四庫本同，《太乙金鏡式經》《景祐太乙福應經》作"太炅"。據其義，當以"太炅"爲是。

十六宫圖

【8】天目也稱文昌、主目。天目起於武德，順行十六神，遇陰德、大武則重一算，故十八年爲一周。案，所謂十六神，即十二地支加乾坤艮巽四卦，子神曰地主，當建子之月；丑神曰陽德，當建丑之月；艮神曰和德，當冬春之交；寅神曰吕申，當建寅之月；卯神曰高叢，當建卯之月；辰神曰太陽，當建辰之月；巽神曰大炅，當春夏之交；巳神曰大神，當建巳之月；午神曰大威，當建午之月；未神曰天道，當建未之月；坤神曰大武，當夏秋之交；申神曰武德，當建申之月；酉神曰太簇，當建酉之月；戌神曰陰主，當建戌之月；乾神曰陰德，當秋冬之交；亥神曰大義，當建亥之月。其中子（坎八）、午（離二）、卯（震四）、酉（兑六）、乾（一）、坤（七）、艮（三）、巽（九）爲正宫，丑、寅、辰、巳、未、申、戌、亥爲間神。年、月、日及時計之陽局，以積數除以十八，所得餘數按十六神次序以武德爲一而數之，遇陰德、大武則數二次，數終即天目所在宫次。時計之陰局，則以吕申爲一而數之，遇陰德、大武則數二次，數終即天目所在宫次。

## 第五，求始擊

置十六宫爲天地二盤，以天盤計神所臨之宫，加地盤和德，上視天盤文昌臨地盤何宫，其宫便爲始擊。【9】

【9】始擊，又稱地目、客目。以天盤計神加於地盤和德之上，此時看天盤文昌之下爲地盤何神，即爲始擊。計神數起於寅，和德亦在寅處鬼門（見本篇注【6】），故計神加於和德之上。文昌爲主目，始擊爲客目，因主而生客之義。如天

盤計神在吕申宫，文昌在武德宫，當天盤計神加於地盤和德時，則天盤文昌下爲地盤大武，則大武即爲始擊。

### 第六，求主算

視文昌所在宫，在正宫以宫數起算（一宫爲一算，九宫爲九算），在間神（不當八卦者），只起一算，順行至太一前一宫而止（所在間神爲算一，其經行間神不列算數）。[10]

【10】主算由主目文昌而得。如文昌在正宫，則以所在正宫數起算，順行至太一所在之前一宫，所歷諸正宫數相加即爲主算。如文昌在間神，所在間神計數一，順行至太一所在之前一宫，所歷諸正宫數相加即爲主算。如文昌在正宫乾，太一在正宫午，則由乾一、坎八、艮三、震四至巽九，五宫數相加，即爲二十五，即主算。如文昌在間神巳大神，太一在酉太簇，則由巳數一，經離二而至坤七，三數相加，即爲主算十。

### 第七，求客算

視始擊所在宫，其法同文昌。[11]

【11】客算由客目始擊而得。如始擊在正宫，則以所在宫數其算，順行至太一所在之前宫，所歷諸宫數相加即爲客算。如始擊在間神，則所在間神計數一，順行至太一所在之前一宫，所歷諸宫數相加即爲客算。

### 第八，求主大將、客大將

視算多少，取其奇零，以爲宫數，滿十去之。若其數遇十，則去九存一；遇五者名曰無將（五爲虚宫），主視主算，客視客算。[12]

【12】由主算得主大將，由客算得客大將。主算之個位數即爲主大將所在宫次，客算之個位數即爲客大將所在宫次。如個位數爲五，五居中宫爲虚，則爲無將。如主算、客算爲十之倍數，則以九除之，所得餘數爲主大將、客大將所在宫次。如注【9】例，主算爲二十五，則主大將居中宫不出；主算爲十，則數一，主大將居乾宫。

**第九，求主參將、客參將**

以大將所臨之宫，三因之，仍去十用零，以爲參將之宫。【13】

【13】參將也稱小將。由主大將推主參將，由客大將推客參將。以主大將、客大將所在宫次，乘以三，視所得數之個位數，即爲主參將、客參將所在宫次。

**第十，求定計目、大小將**

以歲、月、日、時所用之計合神爲天盤，加地盤歲、月、日、時之辰，視天盤文昌臨地盤何宫，其下即爲定計目也。又視定計目所在，依二目法起宫，間止太一前以取算，又依主客算法去十用零，以爲定計大將；又三因大將宫數，以爲定計參將。【14】

【14】定計目，又稱定目。置年、月、日或時之辰於地盤，置其合神於天盤，以天盤合神加於地盤之辰，天盤文昌下臨地盤之宫，即爲定計目。如甲子歲，合神丑，文昌在申武德，天盤丑加於地盤子，則天盤文昌武德下臨大武，則大武即爲定計目。然後如同求主算客算之法一般，由定計目所在宫起算，順行至太一之前一宫，所歷諸正宫數相加，得其定算。再由定算之個位數之宫次爲定計大將所在，定算爲十的整倍數，則除以九，以餘數爲定計大將宫次；定計大將宫次數乘以三，所得數之個位數爲定計參將宫次。

**三基太一**

君基：邦周三百六十　邦率三十　邦盈差二百五十

置積年加邦盈差，以邦周去之，餘以邦率而一，起午邦，順行十二辰。不滿，爲入邦以來年數。【15】

臣基：邦周三十六　邦率三　邦盈差二百五十

置積年加邦盈差，以邦周去之，餘以邦率而一，起午邦，順行十二辰。不滿，爲入邦以來年數。【16】

民基：周法十二　邦率一　邦盈差二百五十

置積年加邦盈差，以周法去之，餘起戌邦，順行十二辰。【17】

【15】《景祐太乙福應經》卷五云："君基太乙者，人君之象也。故主事之邦，

能守其疆，終爲侯王；不能守其疆，戈甲飛揚。謂君基所臨之邦，其君修德，上符天道，下合民心，則其化昇平，民登富壽，兵强將勇，遠近歸服。若其君妄興徭役，竊弄戈干，曲施賦斂，廣營宫室，則水旱灾傷，兵革疾疫，灾害並臻。一曰君基所在之邦，宜進献珍羞，以供聖躬人主，宜服其地，或幸其方，以順天道則吉。”太乙積年數，《太乙金鏡式經》《景祐太乙福應經》和《太乙統宗寶鑒》等書所載均不相同。《太乙金鏡式經》卷五云：“自上元甲寅之歲，至大唐開元十二年甲子歲，積得二十八萬五千一十一算。”《景祐太乙福應經》卷五云：“置演紀上元甲寅至所求積年，距今大宋景祐元年甲戌，積四十二萬四千零四十。”《太乙統宗寶鑒》卷一云：“置演上元甲子，距大元大德七年癸卯歲，積一千零一十五萬五千二百一十九年。”前兩者無邦盈差，《太乙統宗寶鑒》用邦盈差。又《太乙金鏡式經》君基太乙命起戌邦，而《景祐太乙福應經》及《太乙統宗寶鑒》等則命起午邦。《景祐太乙福應經》卷五云：“古法命起戌邦，臣等（案，指楊維德等人）今演命起午邦者，蓋以君基，人君之象。聖人南面，垂拱而治天下。故命起午邦，順行十二次，所貴符合聖人順天施化，下民付群聖之義。”以元大德七年癸卯歲（1303）爲例，（10155219＋250）÷360，得整數28209，餘數229。229÷30，得整數7，餘數19。算外8，則由午邦數一，順行十二辰，八爲丑邦，故元大德七年癸卯，君基太一居丑邦第19年。

【16】《景祐太乙福應經》卷五云：“臣基太乙者，輔相之象也。所臨之邦，其人民可引爲將相，或備文武之任，於王室有益也。”又云：“臣基同起午邦，蓋取君臣相承，翊贊王業，相繼治衆。”臣基太乙每宫居三年，故邦率三，邦周三十六。以元大德七年癸卯歲爲例，（10155219＋250）÷36，得整數282096，餘數13。13÷3，得整數4，餘1。算外5，則由午邦數一，順行十二辰，五爲戌邦，故元大德七年癸卯，臣基太乙居戌邦第1年。

【17】《景祐太乙福應經》卷五云：“民基太乙者，庶民之象也。所在之邦，其民富庶，五穀豐稔，無兵戈疾疫之災。”又云：“民基起戌邦者，以明黎庶下居，不可與聖帝賢臣同道而行也。”民基太乙每宫居一年，故邦率一，邦周十二。以元大德七年癸卯歲爲例，（10155219＋250）÷12. 得整數846289，餘1，算外2，故元大德七年癸卯歲，民基太乙居亥邦。

**五福太一**

一宫曰黄秘，在西河之乾地；

二宫曰黄始，在遼東之艮地；

三宫曰黄室，在東吴之巽地①；

四宫曰黄庭，在蜀川之坤地；

五宫曰玄室，在洛邑之中宫②。

宫周二百二十五　宫率四十五　宫盈差一百一十五

置積年加宫盈差，以宫周去之，餘以宫率而一，起一宫，乾行至五宫。不滿宫率者，爲入宫以來年數。【18】

【18】五福太乙爲吉神，所臨之地無兵革、疾疫、饑荒、水旱之災。其行宫有五：一爲黄秘在乾宫，二爲黄始在艮宫，三爲黄室在巽宫，四爲黄庭在坤宫，五爲玄室在中宫。四十五年移一宫，故二百二十五年一周。以元大德七年癸卯歲爲例，積年加宫應差爲 10155219＋115＝10155334，除以宫周 225，得整數 45134，餘 69。69 除以 45，得 1，餘 24。故知元大德七年五福太乙居黄始艮宫第 24 年。

**四神太一**

一宫　二宫　三宫　四宫　五宫　六宫　七宫　八宫　九宫　絳宫　明堂　玉堂。（已上十二宫，天一、地一、直符、四神皆順行。）【19】

天一：宫周三十六　宫率三

置積年以宫周去之，餘以宫率而一，起六宫。不滿宫率，爲入宫之年。【20】

地一起九宫。【21】

直符起五宫。【22】

四神起一宫（宫周、宫率皆同天一）。【23】

【19】此四神太一，包括天一太一、地一太一、直符太一和四神太一四者。此四者巡行十二宫，即在九宫後加絳宫、明堂、玉堂。每宫居三年，三十六年爲一周。

---

① “東吴”，原作“□東”，四庫本同，《太乙金鏡式經》《景祐太乙福應經》等作“東吴”，據補之。

② “中宫”原作“北宫”，四庫本同，非是。玄室居中宫。

【20】天一太一，爲金神，主兵革，“若累年兵革相接者，天乙臨之，即有勝負，爲金能决斷主兵喪也”（《太乙金鏡式經》卷五）。六爲兑宫，兑主金，故天一太一起於六宫。《太乙統宗寶鑒》卷七云，“不滿宫率爲入宫以來年數”，“算外即得天乙太乙金神所在”。如唐高祖武德五年壬午（622），積歲爲10154539，除以36，得整數282070，餘數19。19除以3，得6，餘1，算外7。數一起六宫，則七爲玉堂宫。玉堂宫爲幽燕之分，後二年燕王高開道爲部下張金樹所殺，舉其地來降於唐。“此蓋天乙金神所臨所有兵喪之應也。”（《太乙統宗寶鑒》卷七）

【21】地一太一，爲土神，掌地之主，所守之宫有喪兵，“若臨無道之邦，即五穀荒歉，庶民流亡，地震山崩，蟲生災異。常居中五，王在四季”（《景祐太乙福應經》卷五）。九爲坤宫，坤主土，故地一太一起於九宫。如後唐閔帝應順元年甲午（934），積歲爲10154851，除以36，得整數282079，餘數7。7除以3，得2，餘1，算外3。數一起九宫，則三爲明堂。故《太乙統宗寶鑒》卷七云：“後唐閔帝應順元年甲午歲，地乙太乙土神入明堂宫，梁益之分，次年乙未正月孟知祥僭称帝于益州，建立臺省百官，改元明德。八月孟知祥薨。其子昶嗣。此蓋地乙土神所臨之分，有大兵喪之應也。”

【22】直符太一，爲火神，“乃天帝之使，天遣觀察理道，以稽萬民”（《景祐太乙福應經》卷五），若臨失理之國、無道之邦，主火光旱涸之災，千里草木不生。蓋其爲天帝之使，故由中宫而起。

【23】四神太一，爲水神，所臨之地，“紀綱有道之代則昌，無道之代則殃。若臨克賊之鄉，兼君無道，則兵革、水旱、饑荒也”（《太乙金鏡式經》卷五）。由一爲水之生數，故四神太乙起於一。如天祐四年丁卯（907），積歲10154824，除以36，得整數282078，餘數16。16除以3，得5，餘1。數一起一宫，則四神太一居六宫第一年，所主爲雍州。故《太乙統宗寶鑒》卷七云：“唐昭宗（實應爲哀帝）天祐四年丁卯歲，四神太乙水神入六宫雍州之分，其分水旱兵賊飢荒大作。夏四月，唐禅位于朱全忠，國號梁。有唐三百年王業至此而已盡。梁王朱全忠遂遷都於汴，是謂東京。此蓋四神太乙所臨，君不修德，失業喪亡之驗也。”

**太遊太一**

宫周二百八十八

宫率三十六

宮盈差三十四

置積年加宮盈差，以宮周去之，餘以宮率而一，起七宮，順行，不入中五。[24]

【24】《太乙金鏡式經》卷五云："大遊太乙者，巡考八宮，與小遊同宮。一考三十六年，十二年治天，十二年治地，十二年治人。考較人君善惡，二百八十八年一周，而行其賞罰。太乙治陰宮，遼東不見兵。太乙治陰宮，蜀漢可全身。"案，所謂陽宮，即坎八、艮三、震四、巽九四宮；所謂陰宮即離二、坤七、兑六、乾一四宮。如後唐明宗長興元年庚寅歲（930），積歲 10154847，加宮盈差 34，再除以宮周 288，得整數 35260，餘數 1，則此年大遊太一入七宮。故《太乙福應經》卷五云："後唐明宗長興元年庚寅歲，太遊太乙入七宮，梁益之分，東川董璋叛，西川孟知祥叛，自後西川兵寇連年。雖出師，命將征討，終不平。至四年，孟知祥爲劍南東西川節度使，封蜀王，於是國家遂失西土。蓋大遊宮'蜀汉可全身'也。"

**大遊天目**

神周一十八

神盈差二百一十四

置積年加神盈差，以神周去之，餘起天道，順行十六神，遇大武、陰德重留一算。[25]

【25】《太乙統宗寶鑒》卷七云："經曰太遊天目者，土神也。爲太遊之目，巡行下土，主威行，則訪察所臨之地，敷德惠，恤軍民，納規諫，立刑憲，得無傾危之罰；有惰政令，黜忠良，興徭役，損百姓，傾危之變，不旋踵而至矣。"

**直事太一**

周紀三百六十

紀法六十

宮周九

宮盈差三

置積年以周紀去之，餘以紀法而一，所得爲一紀。不滿紀法者，爲入

紀年數。置不滿紀法者，加盈差，以宮周去之，餘起一宮，逆行，即爲直事。以直事鈞入中宮，其相次之神，順排六七八九一二三四之宮爲鈞位。

一太一坎　九天一離　八太陰艮

七咸池兑　六青龍乾　五天符中

四招摇巽　三軒轅震　二攝提坤[26]

【26】此所謂“直事太一”，即求九宮太一之貴神。所謂九宮太一，即一太一、二攝提、三軒轅、四招摇、五天符、六青龍、七咸池、八太陰、九天一。其配九宮數，不依太一九宮數一乾、二離、三艮、四震、五中、六兑、七坤、坎八、巽九，而是依八卦九宮數，即一坎、二坤、三震、四巽、五中、六乾、七兑、八艮、九離。直事之神必居中宮，其餘八者則依八卦九宮圖位次順序而排。如公元 2020 年，積歲 10155937，除以 360，得整數 28210，餘數 337。337 除以 60，得整數 5，餘數 37，則此年入第六紀第 37 年，按六十甲子順序即爲庚子。37 加盈差 3，再除以 9，得 4，餘數 4。則起一宮，逆行至四爲七咸池，故咸池爲直事太一。因此，移咸池入中宮，按八卦九宮數序，咸池在中五，依序則當太陰在六乾位，天一在七兑位，太一在八艮位，攝提在九離位，軒轅在一坎位，四招摇在二坤位，五天符在三震位，六青龍在四巽位。（見右圖）此即所謂“以直事鈞入中宮，其相次之神，順排六七八九一二三四之宮爲鈞位。”

| 青龍 四巽 | 攝提 九離 | 招摇 二坤 |
|---|---|---|
| 天符 三震 | 咸池 中五 | 天一 七兑 |
| 太一 八艮 | 軒轅 一坎 | 太陰 六乾 |

## 十精太一

天皇：周法二十

置積年以周法去之，餘起武德，順行十六神，遇乾、坤、艮、巽四維重留一算（陰局取對衝，十精皆做此）。[27]

帝符：周法二十

置積年以周法去之，餘起陰主，順行十六神，遇坎、離、震、兑四正重留一算。[28]

天時：周法十二　置積年以周法去之，餘起吕申，順行十二辰。[29]

天尊[①]：周法四　置積年以周法去之，餘起地主，逆行四正。[30]

飛鳥：周法九　置積年以周法去之，餘起陰德，順行九宮。[31]

五行：周法五　置積年以周法去之，餘起陰德，行地主、和德、大炅[②]、大武五宮。[32]

八風：周法九　置積年以周法去之，餘起大威，順行九宮。[33]

五風：周法九　置積年以周法去之，餘先陽後陰，以一三五七九二四六八爲次。[34]

三風：周法九　置積年以周法去之，餘以三七二六一五九四八爲次。[35]

太一數：置積年以大周法三百六十去之，不足以元法七十二去之，餘順行，每宮一數。[36]

【27】天皇太一，在紫微宮，是勾陳口中星，稱天皇大帝。《太乙金鏡式經》卷七云："天皇與太乙合東方，日暈大風；合西方，日暈雲氣；合在南方，大昏；合在北方，陰昏。天皇與飛鳥合，天小陰雨；與天時合，有小陰昏；與太尊合，太陰日月有變；與五風合，疾風起；與太乙計數合，有大風雨。"所謂"天皇與太乙合"即天皇太一與太一同在一宮，其餘類此。天皇太一周法二十，積年除以二十，其餘數起武德，順行十六神，其中陰德（乾）、和德（艮）、大炅（巽）、大武（坤）重複算一次。如時計之陰局，則數起陰德（乾）。

【28】帝符太一，爲天節星之使。《太乙金鏡式經》卷七云："帝符若與太一合，則日暈大風；若合太乙旺相之地，小雨小陰，雲氣卒起；若帝符與天目合，小陰疾風，日月有變。"帝符太一周法二十，數起陰主，順行十六神，其中地主子、大威午、高叢卯、大簇酉重複算一次。如時計之陰局，則數起太陽。

【29】天時天一，爲昴星之使。審晝夜，查天時，故名天時太一。如與太乙合於旺相之地，則有風雲卒起，或陰雨也。天時太一周法十二，起於吕申，順行十二辰，即乾、艮、巽、坤除外。

【30】天尊，也作太尊。《景祐太乙福應經》卷七云："天尊太乙者，黄星之長也。《星贊》曰：大尊一星，威比聖公。"天尊太一若與太一合在旺相之地，大

① "天尊"，原以梨洲避其父尊素之名諱而缺"尊"字，今補之。

② "大炅"，原作"大昊"，四庫本同，非是。今據《太乙金鏡式經》《景祐太乙福應經》改。

陰雨寒；若合在八宫，日暈；若合在二宫，大陰昏寒；若合在四宫，日暈。天尊太一周法四，起於地主子，逆行四正，即按子一、酉二、午三、卯四而行。

【31】飛鳥太一，朱雀七星之使也，故稱飛鳥。飛鳥太一若與太一合在旺相之地，主天星有變或大風；若與天時太一合，則有陰風。飛鳥太一周法九，順行九宫。之所以起於陰德，蓋陰德在乾宫，其數一。

【32】五行太一，爲金木水火土五行星之使。《景祐太乙福應經》卷七云："五行與太乙合在旺相之地，暴風、大寒，雲氣昏暗，或雨；與天目合，有大風，陰，日月有變；與八風合，小陰風雨；與太尊合，日月變色，小陰；與地符合，風，昏，小陰；與天時合，大陰，昏，風雲起。"五行太一周法五，數起陰德乾位，順行地主坎位、和德艮位、大炅巽位、大武坤位，即太一九宫一、八、三、九、七五宫。

【33】八風太一，畢星之使。"畢星有八星，故曰八風。其星好雨。近之觜參，其星好風。"（《太乙金鏡式經》卷七）畢爲西方七宿之一，古人很早就用之占風雨。《詩經·小雅·漸漸之石》云："月離于畢，俾滂沱矣。"《景祐太乙福應經》卷七云："八風與太乙合在旺相之地，雲起，小雨；合在陰宫爲雨，陽宫爲風。與五風合，陰有大風，天昏；與天時合，陰，昏，日月有變；與天皇合，大風疾，陰，日月有變；與地符合，陰雨。"八風太一周法九，數起二宫，順行二、三、四、五、六、七、八、九宫。

【34】五風太一，箕星之使。箕爲東方七宿之一。"箕有五星，故曰五風。……若與太乙合旺相之地，主日月連日不見，天暴風疾雨。"（《太乙金鏡式經》卷七）若與太尊合，小陰雨，日月有變；與飛鳥合疾風；與帝符合有大風；與天時合大風；與天目合，大陰，小風，日月有變。五風太一周法九，以一、三、五、七、九、二、四、六、八爲序。"先陽後陰"者即先陽數宫，後陰數宫。

【35】三風太一，爲心星之使。心爲東方七宿之一，有三星，故名三風。"三風與太乙合在旺相之地，日月無光，寒雲四起；與天時合，小陰；與飛鳥合，疾風，陰雲，日月有變；與太尊合，小陰，風；與帝符合，小陰；與五風合，日月有變；與天皇合，有小風，日月有變。與天目合，大風雨。"（《太乙金鏡式經》卷七）三風太一周法九，其遊九宫之序本於先陽後陰之一、三、五、七、九、二、四、六、八，由三宫開始，間隔一宫而遊，即三、七、二、六、一、五、九、四、八。

【36】《景祐太乙福應經》云："經曰：太乙數者，五子元七十二局之數也。

與太乙合，日暈，有大風；與太乙相冲，日暈，風起；若數得三十，大風，日暈；數得四十，有陰雨，黄霧；數得五十，與天目合，在旺相之地日暈；數與太乙挾天目，陰雨，日暈；數與與天地併，日暈，天十地五；與計目合，日暈；與天地相當，大風；與太乙飛鳥合，疾風。”求太一數所在宫與求太一所在宫，有所不同。太一三年居一宫，不入中宫，故宫周二十四。太一數則一年居一宫，不入中宫，故宫周八。求其宫次，梨洲先以積年除以大周三百六十，再除元法七十二，而古法多直接以積年除以七十二，實無二致。

## 太一命法卦限

**陽九限**

取日干化氣之五行，從所生之方而起，男順女逆。初限依化氣之生數交宫，其次皆十年一交。

甲己化土：火生土，故起於午；土數五，五年而後交宫。

乙庚化金：土生金，故起於巳；金數四，四年而後交宫。

丙辛化水：金生水，故起於申；水數一，一年而即交宫。

丁壬化木：水生木，故起於亥；木數三，三年而後交宫。

戊癸化火：木生火，故起於寅；火數二，二年而後交宫。[1]

【1】陽九、百六爲災厄交會之期，漢唐時以之推一元4560年間之災厄（詳參《太一一》注【7】），後又以之推人命之禍福。梨洲取以人出生之日干之合氣而推陽九限，古人亦有以人出生之月干之合氣而推者。如甲寅日所生人，日干甲，甲己合化土，土所生之方爲午，故則起午宫；土之生數爲五，故爲五歲交午宫；其後十年一交，如爲男則順行十二宫，即十五歲交未宫，二十五歲交申宫，三十五歲交酉宫，等等；如爲女，則逆行十二宫，即十五歲交巳宫，二十五歲交辰宫，三十五歲交卯宫，等等。案，《淮南子·天文》中論五行之生壯死，言土生於午，壯於戌，死於寅；木生於亥，壯於卯，死於未；火生於寅，壯於午，死於戌；金生於巳，壯於酉，死於丑；水生於申，壯於子，死於辰。此據四時之五行生旺而論也。亦即此處土起於午、金起於巳、水起於申、木起於亥、火起於寅之所本之理。又日干化氣之説，《素問·五運行大論》以丹天之氣、黅天之氣、蒼天之氣、蘇天之氣、玄天之氣於星宿間之運行而推之，沈括《夢溪補筆談》卷二論之頗詳，指出《素问》以五運始於戊己之分，所謂戊己之分即天門與地户。

天門在戌亥之間，奎壁之分，地户在辰巳之間，角軫之間。凡陰陽皆始於辰。十二月謂之十二辰，十二支亦謂之十二辰，十二時亦謂之十二辰，日月星謂之三辰，五行之時謂之五辰。五運起於角軫者，亦始於辰也，也就是角軫之間。甲己之歲，戊己黅天之氣經於角軫，且其歲之辰、巳月干爲戊、己，皆爲土運。乙庚之歲，庚辛素天之氣經於角軫，且其歲之辰、巳月干爲庚、辛，皆爲金運。丙辛之歲，壬癸元天之氣經於角軫，且其辰、巳月干爲壬、癸，故爲水運。丁壬之歲，甲乙蒼天之氣經於角軫，且其辰、巳月干爲甲、乙，故爲木運。戊癸之歲，丙丁丹天之氣經於角軫，且其辰、巳月干爲丙、丁，故爲火運。可見，十干合氣本於星象。

**百六限**

取生日生時干支及納音六者生成之數積之，加天地之數五十有五，以六十除之，餘爲限數。以限數從生日之辰逆數，至於數盡，謂之受氣。其受氣之干，依陽九限化氣起所生之方。大限十年一易，男順女逆；小限一年一易，男逆女順。[2]

【2】如甲子日丁卯時生人，甲屬木，生數三，成數八，其和爲十一；子屬水，生數一，成數六，其和爲七；丁屬火，生數二，成數七，其和爲九；卯屬木，生成數之和爲十一。甲子納音爲金，生數四，成數九，其和爲十三；丁卯納音爲火，生成數之和爲九（參見卷一《〈内經〉納音圖》）。十一、七、九、十一、十三、九，六數相加爲六十，再加天地之數五十五，得一百一十五。一百一十五除以六十，得一，餘五十五。依六十甲子之序，由日辰甲子爲一逆數，至五十五爲庚午，則庚午爲受氣之限。受氣之干庚與乙合，化金，土生金，起於巳，故巳爲百六行限之宫。又金數四，故百六一至四歲在巳宫。其大限十年居一宫，如男命，則順行十二宫，則五至十四歲，入午宫；十五至二十四，入未宫；二十五至三十四，如申宫，等等；如女命，則逆行十二宫，即五至十四歲，如辰宫；十五至二十四歲，如卯宫；二十五至三十四歲入，寅宫，等等。其小限一年居一宫，如男命，則逆行十二宫，即五歲入辰宫，六歲入卯宫，七歲入寅宫，等等；如女命，則順行十二宫，即五歲入午宫，六歲入未宫，七歲入申宫，等等，均依次類推。

## 入卦

以年、月、日、時干支及納音十二者生成之數積之，加入天地之數，以六十四除之，餘爲入卦之次。卦次依《周易》。視受氣之辰屬陽屬陰，陽用陽爻（初、三、五），自下而升；陰用陰爻（二、四、上），自上而降，皆起於子，數至受氣之支即爲動爻。其行限，陽爻九年，陰爻六年（爻之陰陽與上異），皆自動爻順行，本卦既畢，動爻變爲之卦。從變爻起限，一如本卦。本卦爲出身之卦限，之卦爲立業之卦限。[3]

【3】此爲推出身卦限和立業卦限。如求甲戌年辛未月甲子日丁卯時生人，其40歲當何卦何爻。先求其四柱及其納音生成數之和。其年干甲屬木，生成數爲3＋8＝11；年支戌屬土，生成數爲5＋10＝15；月干辛屬金，生成數爲4＋9＝13；月支未屬土，生成數爲5＋10＝15；日干甲屬木，生成數3＋8＝11；日支子屬水，生成數爲1＋6＝7；時干丁屬火，生成數爲2＋7＝9；時支爲卯屬木，生成數3＋8＝11；又四柱納音，甲戌爲火，生成數爲9；辛未爲土，生成數爲15；甲子爲金，生成數13；丁卯爲火，生成數9。11＋15＋13＋15＋11＋7＋9＋11＋9＋15＋13＋9＝138，再加天地之數55，得193。193除以64，得整數3，餘數1。依《周易》經文卦序，1爲乾卦，故其出身卦爲乾。再求其受氣之辰，其法見上文百六限所述。據本篇注【2】已知甲子日丁卯時之受氣之限爲庚午。午屬陽支，則依十二辰順數初、三、五三爻，自初爻數子、三爻數丑、五爻數寅、初爻數卯，依序推之，則午在初爻，故初爻爲動爻，又稱直事之爻。如受氣之辰爲陰支，則依十二辰順數上、四、二三爻，自上爻數子，至受氣之支則爲動爻。既知初爻爲動爻，再推其行限。自動爻開始順行，陽爻當九年，陰爻當六年。乾卦初爻動，則初九爻當1到9歲，九二爻當10到18歲，九三爻當19到27歲，九四爻當28到36歲，九五爻當37到45歲，上九爻當46到54歲。然後“本卦既畢，動爻變爲之卦”，乾卦初爻動變爲姤卦。之卦爲姤，其初六爻當55至60歲，九二爻當61至69歲，九三爻當70至78歲，九四爻當79至87歲，九五爻當88至96歲，上九爻當97至105歲。可知此人40歲當乾卦九五爻。案，梨洲夾注“爻之陰陽與上異”者，上指由受氣求動爻時，以爻位論陰陽；而求行限時，則以爻性論陰陽。

## 流年卦

就出身卦次，加入行年幾歲，滿六十四除之，餘便爲流年卦。視百六限所到宫辰，陽用陽爻，自下升；陰用陰爻，自上降。起子，數至宫辰爲動爻。[4]

【4】如上例，甲戌年辛未月甲子日丁卯時生人，其出身卦爲乾。求其 40 歲流年卦，即（1＋40）＝41，再除以 64，得 0，餘 41。故其流卦爲《周易》第 41 卦損卦。然後據百六限所到宫辰推動爻。已知甲子日丁卯時百六限四十歲，男則當酉宫，女則當丑宫（見本篇注【2】）。如爲酉，則數初、三、五三爻，初子、三丑、五寅、初卯、三辰……初酉，則初爻爲動爻。如爲丑，則數上、四、二三爻，上子、四丑，則四爻爲動爻。因此，其流年卦之本卦爲損，如男命，其之卦爲蒙；如女命，其之卦爲睽。

## 月卦

就流年卦次，從天正起，加入所求之月，滿六十四除之，便爲月卦。陽月用陽爻，下升；陰月用陰爻，上降。起子，數至月建之辰爲動爻。[5]

【5】天正即冬至所在之子月。如上例，甲戌年辛未月甲子日丁卯時生人，求其 40 歲三月之月卦。已知流年卦爲《周易》第 41 卦損卦，三月屬辰，辰數 5，則 41＋5＝46，再除以 64，得 0，餘 46。故而其月卦爲《周易》之第 46 卦升卦。辰爲陽月，數初、三、五三爻，初子、三丑、五寅、初卯、三辰。故升卦之九三爻爲動爻，升九三爻動變爲師卦，則其月卦之本卦爲升，之卦爲師。

## 日卦

就月卦次，從甲子起，加入所求之日，滿六十四去之，便爲日卦。陽日用陽爻，下升；陰日用陰爻，上降。起子，數至日辰爲動爻。[6]

【6】如上例，甲戌年辛未月甲子日丁卯時生人，求其 40 歲三月庚子日之日卦。已知月卦爲《周易》第 46 卦升卦，庚子於六十甲子數爲 37，則 46＋37＝83，83 除以 64，得 1，餘 19。故其日卦爲《周易》第 19 卦臨卦。庚子爲陽日，數初、三、五爻，初爻子，故臨卦初爻爲動爻，初爻動臨變爲師，則其日卦本卦爲臨，之卦爲師。

### 時卦

就日卦次，加所直之時，爲時卦。陽辰用陽爻，下升；陰辰用陰爻，上降。起子，數至當時爲動爻。年、月、日、時，皆只取動爻，餘爻不用。[7]

【7】如上例，甲戌年辛未月甲子日丁卯時生人，求其40歲三月庚子日未時之時卦。已知日卦爲第19卦臨卦，未時數8，則19＋8＝27。27除以64，得0，餘27。故其時卦爲《周易》第27卦頤卦。未爲陰辰，用二、四、上三爻，由上至下，上子、四丑、二寅、上卯、四辰、二巳、上午、四未，故頤卦之六四爻爲動爻，六四爻動頤變爲噬嗑，則其時卦之本卦爲頤，之卦爲噬嗑。

## 大遊卦法

### 内卦

一宫乾，二宫離，三宫艮，四宫震，六宫兑，七宫坤，八宫坎，九宫巽（中五不入）。

宫周二百八十八

宫率三十六

宫盈差三十四

置積年加宫盈差，滿宫周去之，餘以宫率而一，起七宫坤，順行八宫，即爲内卦。其不滿宫率者，是入卦年數。[1]

【1】大遊卦法，《太乙統宗寶鑑》稱爲“太遊軌運象卦”，並認爲它係屬古法，秘而不露，後經唐代李淳風傳揚而爲後世所知。求其内卦法，與求大遊太一所在宫法完全一致（詳見《太一推法》注【24】），將大遊太一所處宫次轉爲其當此宫之卦，即爲内卦。如公元2020年，積歲10155937，加宫盈差34，除以宫周288，得整數35263，餘數227。然後，227除以宫率36，得整數6，餘數11。故知2020年大遊軌運内卦，由坤七宫起數，入第7宫次，即四宫震，因而其内卦爲震，入宫11年。

### 外卦

六十四卦周六百四十

八卦周八十

卦率一十

置積年加宫盈差，滿六十四卦周去之，不盡，滿八卦周去之，餘以卦率而一，起七宫坤，順行八卦。不滿卦率者，是入卦年數。即爲外卦，以内外相重，得值運之卦。[2]

【2】求内卦依大遊太一之宫率、宫周，求外卦則以卦率十，卦周八十而推。如公元 2020 年，積歲 10155937，加宫盈差 34，除以六十卦周 640，得整數 15868，餘數 451。然後，451 除以 80，得整數 5，餘數 51。最後，51 除以 10，得 5，餘 1。故知 2020 年大遊軌運外卦，由坤七宫起數，入第 6 宫次，即三宫艮，因而其外卦爲艮，入宫 1 年。由上知其内卦爲震，則 2020 年大遊軌運當上艮下震之頤卦。

**動爻**

大遊入内卦，三十六年均分於重爻之六爻，則六年行一爻。視當下入内卦以來年數，自一至六，初爲動爻；自七至十二，二爲動爻；十三至十八，三爲動爻；十九至二十四，四爲動爻；二十五至三十，五爲動爻；三十一至三十六，上爲動爻。[3]

【3】大遊太一宫率三十六，重卦六爻，自初至上每爻當六年，則大遊軌運入内卦年數所在爻即爲動爻。故如上例公元 2020 年，大遊軌運入内卦震 11 年，11 年在重卦第二爻，因而大遊軌運頤卦之六二爻爲動爻。六二爻動，頤變爲損。所以，公元 2020 年，大遊軌運得頤之損卦。

## 小遊卦法

**内卦**

卦周一百九十二

卦率二十四

置積年滿卦周去之，餘以卦率而一，起一宫乾，順行。不滿卦率者，爲入卦以來年數。[4]

【4】小遊卦法，《太乙統宗寶鑒》稱爲“小遊太乙軌運卦”。小遊太乙在歲計系統中是主飢饉、兵革、水旱、流亡的凶神。小遊太乙宮率三，宮周二十四。小遊卦法則卦率二十四，卦周一百九十二。一卦當一宮，因而所謂卦率即宮率，卦周即宮周。如上例，公元 2020 年，積歲 10155937，除以卦周 192，得整數 52895，餘數 97。97 除以 24，得整數 4，餘數 1。故而公元 2020 年，小遊軌運內卦，由乾一宮起數，入第 5 宮次，即兑宮，則其內卦爲兑，入宮 1 年。案，大遊軌運卦率三十六，起坤七宮，而小遊軌運二十四，起乾一宮，按《周易》大衍筮法，老陽之策數三十六，老陰之策數二十四，老陽之策當乾，老陰之策當坤，則大遊用乾之策數而起於坤，小遊用坤之策數而起於乾，《太乙統宗寶鑒》卷十以爲此乃乾坤尊卑、陰陽互用而成萬物之義，其中亦包含太乙變化之機。

**外卦**

卦周紀元三百六十

卦周二十四

卦率三

置積年滿紀元去之，不盡以卦周去之，餘以卦率而一，起一宮乾，順行，爲外卦。以內外相重，得值運之卦。[5]

【5】案，卦周紀三百六十，原作“一百六十”，非是。《太乙統宗寶鑒》卷九作“三百六十”，據改之。卦周紀元三百六十，意同太乙周紀三百六十。如上例，公元 2020 年，積歲 10155937，除以 360，得整數 28210，餘數 337。然後，337 除以卦周 24，得整數 14，餘數 1。因而公元 2020 年，小遊軌運外卦，由一乾宮起數，入第 15 宮次，即八坎宮，則其外卦爲坎，入宮 1 年。內兑外坎，重爲節卦。

**直爻**

以內卦之率，分於重卦之六爻，每爻四年。視入內卦以來年數，即知所入之爻。[6]

【6】內卦卦率 24，重卦六爻，由初至上每爻當 4 年，入內卦以來年數所在爻即爲動爻。如上例，公元 2020 年小遊軌運當節卦，內卦入兑 1 年，故知節卦初爻爲動爻，亦即直事之爻。節卦初爻動則變爲坎卦。

# 遁　甲※

※遁甲，也稱奇門、奇門遁甲。據説，黄帝創制了奇門，以一時爲一局，總爲一年四千三百二十局；風后繼之，而以四候爲六十局，總爲一年一千八十局；西周姜尚則以一候爲一局，總爲一年七十二局；漢張良則以四候爲一局，總爲年一十八局（參見明程道生《遁甲演義·遁甲源流》）。術數之學追溯其源頭多言其出於黄帝，傳於高士，此多托古自高，不足爲信。《四庫全書總目》在《遁甲演義》提要中指出，《漢書》之《藝文志》中未記載遁甲之書，到南朝梁簡文帝之樂府詩中，才有“三門應遁甲”之語。《陳書·武帝紀》中遁甲之名才見於史書。《隋書·經籍志》載有伍子胥《遁甲文》、信都芳《遁甲經》、葛秘《三元遁甲圖》等十三家，後世皆不得見。唐代李靖有《遁甲萬一訣》，胡乾有《遁甲經》，俱見於史志。李筌之《太白陰經》卷九亦專言遁甲。入宋以後，傳其説者增多。北宋時仁宗命修《景祐樂髓新經》，述七宗二變，合古今之樂，參以六壬遁甲。又令司天正楊維德撰《遁甲玉函符應經》，仁宗親爲制序。當時壬遁之學最盛。由清儒之論，可知遁甲術發展之大略。需要補正的是，雖然《漢書》之《藝文志》中没有以遁甲爲名的著作，但遁甲術在漢代已經産生並頗具影響。《後漢書·方術列傳》即將遁甲與風角、七政、六日七分、逢占、日者、挺專等占驗之術並提，並載高獲、趙彦等人精通遁甲，多有神奇之效。可知，遁甲術在漢代已相當成熟，並流行較廣。今日流傳的遁甲術之文獻，以宋人之作爲最早。

遁甲、太一、六壬三書，世謂之三式，皆主九宫，以參詳人事，而甲尤注意於兵。其術之自以爲精者，在超神、接氣、置閏之間。起神者，節氣未到而甲子、己卯之符頭先到，則借用未到節氣之上局，故謂之超。接氣者，甲子、己卯之符頭未至，而節氣先至，則仍用已過節氣之下局，故謂之接。蓋緣一月節氣，必三十日零五時二刻積之，而符頭節氣遂相參差，至於順將變逆，逆將變順。在芒種、大雪之後，有超至九日、十日者，則爲之置閏。芒種後則叠芒種上中下三局，大雪後則叠大雪上中下三局，以歸每節氣所餘五時二刻，而後二至之順逆始分，於是節先局後，不得不以接氣繼之矣。是欲與曆法相符。某則以爲自亂其術者此也。[1]

節氣三十日所零者，五時二刻耳。積之一百八十日之久，則爲時三十，爲刻十二，蓋不及三日也。[2]符頭五日一换，所差不過半局，略爲消息便可符合。今以超神而太過者九日十日以置閏，而不及者五日六日，氣序不清，局法重出。甲之所重者，在二至置閏，歸餘於其前半年之中，必有超神。超神之後，必且置閏。閏閏之局，必侵二至，是二至必不能正其始也。順者反逆，逆者反順。使其吉凶星煞無驗則可，不然則避其所當趨，趨其所當避矣。某故以爲自亂其術也。[3]

【1】遁甲起局以二十四節氣爲本，以一年爲三百六十日，每個節氣當十五日，分上中下三元，五日一元，每元之首日稱爲符頭。據此，則每個節氣的交節之日當爲上元符頭，如冬至甲子、小寒己卯、大寒甲午、立春己酉、雨水甲子、驚蟄己卯、春分甲午、清明己酉，等等，亦即交節日爲甲子、己卯、甲午、己酉四日之一，此名爲“正授”。但實際上，一年二十四節氣約爲365又1/4日，每個節氣約爲十五日零二又五分之三時，則每月爲三十日零五又五分之一時，與梨洲所云“三十日零五時二刻”相當。如此以來，自上元冬至起甲子，日月往來，時差相積，勢必導致一些節氣的交節之日不在上元符頭。如果符頭出現在交節之前，此名爲“超神”。隨著時日的推移，“超”的天數也會越來越多，當上元符頭早於交節日九天以上，就要“置閏”。所謂“置閏”也就是將此接氣的上中下三元重複一遍，但並非每個節氣都可以置閏，只有芒種（夏至前）、大雪（冬至前）兩節能置閏。如芒種置閏，則立芒種超神三局和閏奇三局；大雪置閏則立大雪超神三局和閏奇三局。超神九日以上而置閏十五日，則又使下一節氣之上元符頭出現於交節日之後，此名爲“接氣”。因置閏只在芒種或大雪，則接氣也僅在冬至或夏至。詳例見下文《超神接氣直指》。

【2】以節氣論，一月爲三十日零五時二刻，半年則積一百八十日又三十時十二刻。一日十二時，三日三十六時，故三十時十二刻不及三日。案，“爲刻十二”原作“爲刻二十”，四庫本同，均訛。

【3】符頭五日一换，當符頭與交接日之間出現偏差時，最初其相差也不過三兩日，故梨洲以爲“所差不過半局，略爲消息便可符合”，而不必用超神置閏之法。然遁甲術以超神九日以上而置閏，置閏則導致大雪或芒種之局重出；而至於超五日六日以至八日者仍依常例而起局，導致交節日不在上元而在中元，節次紊

亂，故梨洲以爲遁甲超神置閏法“氣序不清，局法重出”。由於遁甲術在大雪或芒種置閏，冬至或夏至之交接日勢必在符頭之先，如此則冬至或夏至交節日至其符頭間數日，在芒種或大雪之閏奇局中。按遁甲法，冬至後爲陽遁，夏至後爲陰遁。若大雪置閏，則冬至後有數日在大雪閏奇下元局中，爲陰遁；若芒種置閏，則夏至後有數日在芒種閏奇下元局中，爲陽遁。如此，當陽遁者反爲陰遁，當陰遁者反爲陽遁，六儀三奇當順者反逆，當逆者反順，自相扞格，故而梨洲以爲自亂其術。

## 遁甲發凡※

※此《遁甲發凡》與下文之《超神接氣直指》，俱見於明代茅元儀（1594—1640）《武備志》［初刻於天啟元年（1621）］卷一七七所載之《奇門玄覽》，略有刪節。案，北京大學圖書館藏有《奇門元覽》二卷，清抄本，署“（明）茅元儀”。考諸《武備志》卷一七七，茅氏首論奇門術之繁難，並云“有得我之同然者，著《玄覽》”，可知該書非茅氏所作也。

先觀二至，以分順逆。

冬至後爲陽遁，順布六儀，逆布三奇；夏至後爲陰遁，逆布六儀，順布三奇。

六儀：（甲子）戊　（甲戌）己　（甲申）庚　（甲午）辛

（甲辰）壬　（甲寅）癸

三奇：乙　丙　丁

順布者，自一宮而至九宮。逆布者，自九宮而至一宮。三奇順逆即布於六甲之後。【1】

【1】戊、己、庚、辛、壬、癸爲六儀。甲爲太乙人君之象，六甲爲值符，常隱於六儀之下，“蓋取用兵機通神明之德，故以遁甲爲名”（《景祐遁甲符應經》卷上）。甲子同戊，甲戌同己，甲申同庚，甲午同辛，甲辰同壬，甲寅同癸。乙、丙、丁爲三奇。乙爲日奇，丙爲月奇，丁爲星奇。六儀三奇以行九宮，其序爲戊、己、庚、辛、壬、癸、丁、丙、乙。冬至後夏至前，陽長陰消，故用陽遁。夏至後冬至前，陰長陽消，故用陰遁。陽遁即順行九宮，陰遁即逆行九宮，並非六儀三奇自身順行或逆行。如冬至上元爲陽遁一局，則戊在坎一宮，己在坤二

宮，庚在震三宮，辛在巽四宮，壬在中五宮，癸在乾六宮，丁在兑七宮，丙在艮八宮，乙在離九宮。夏至上元爲陰遁九局，則戊在離九宮，己在艮八宮，庚在兑七宮，辛在乾六宮，壬在中五宮，癸在巽四宮，丁在震三宮，丙在坤二宮，乙在坎一宮。

案，何以甲子配戊、甲戌配己、甲申配庚、甲午配辛、甲辰配壬、甲寅配癸，又何以乙、丙、丁爲三奇，古書多未作解，清儒紀大奎之《仕學備餘》有説。其書中認爲，將六十甲子排布於九宮，由甲子坎一、乙丑坤二、丙寅震三、丁卯巽四、戊辰中午、己巳乾六、庚午兑七、辛巳艮八、壬申離九、癸酉坎一，層層排列，直至癸亥乾六，則居坎一宮者有七，即甲子、癸酉、壬午、辛卯、庚子、己酉、戊午，甲子居其中而戊午爲其表，故以甲子藏於戊；居坤二宮者有七，即乙丑、甲戌、癸未、壬辰、辛丑、庚戌、己未，甲戌居其中而己未爲其表，故以甲戌藏於己；居震三宮者有七，有丙寅、乙亥、甲申、癸巳、壬寅、辛亥、庚申，甲申居其中而庚申爲其表，故以甲申藏於庚；居巽四宮者有七，即丁卯、丙子、乙酉、甲午、癸卯、壬子、辛酉，甲午居其中而辛酉爲其表，故甲午藏於辛；居中五宮者有七，即戊辰、丁丑、丙戌、乙未、甲辰、癸丑、壬戌，甲辰居其中而壬戌爲其表，故甲辰藏於壬；居乾六宮者有七，即己巳、戊寅、丁亥、丙申、乙巳、甲寅、癸亥，甲寅居其中而癸亥爲其表，故甲寅藏於癸。所以，遁甲術中，甲子配戊，甲戌配己，甲申配庚，甲午配辛，甲辰配壬，甲寅配癸，此爲六儀。又居兑七宮者有六，即庚午、己卯、戊子、丁酉、丙午、乙卯，其中無甲，乙卯爲其表；居艮八宮者有六，即辛未、庚辰、己丑、戊戌、丁未、丙辰，其中無甲，丙辰爲其表；居離九宮者有六，壬申、辛巳、庚寅、己亥、戊申、丁巳，其中無甲，丁巳爲其表。遁甲術以甲爲尊，此三宮在六甲之外，故取乙卯、丙辰、丁巳之干乙、丙、丁爲三奇。紀氏之解，可爲一説。

附：　九宮六十甲子表

| 坎一宮 | **甲子** | 癸酉 | 壬午 | 辛卯 | 庚子 | 己酉 | 戊午 |
|---|---|---|---|---|---|---|---|
| 坤二宮 | 乙丑 | **甲戌** | 癸未 | 壬辰 | 辛丑 | 庚戌 | 己未 |
| 震三宮 | 丙寅 | 乙亥 | **甲申** | 癸巳 | 壬寅 | 辛亥 | 庚申 |

續表

| 巽四宫 | 丁卯 | 丙子 | 乙酉 | **甲午** | 癸卯 | 壬子 | 辛酉 |
|---|---|---|---|---|---|---|---|
| 中五宫 | 戊辰 | 丁丑 | 丙戌 | 乙未 | **甲辰** | 癸丑 | 壬戌 |
| 乾六宫 | 己巳 | 戊寅 | 丁亥 | 丙申 | 乙巳 | **甲寅** | 癸亥 |
| 兑七宫 | 庚午 | 己卯 | 戊子 | 丁酉 | 丙午 | 乙卯 | |
| 艮八宫 | 辛未 | 庚辰 | 己丑 | 戊戌 | 丁未 | 丙辰 | |
| 離九宫 | 壬申 | 辛巳 | 庚寅 | 己亥 | 戊申 | 丁巳 | |

次觀節氣，以定三元。

三元者，上、中、下三局也。以甲己二將爲符頭（此日也），符頭所臨之支，直子、午、卯、酉爲上元，直寅、申、巳、亥爲中元，直辰、戌、丑、未爲下元。五日（六十時）一换符頭，半月一氣，而三局周。【2】如冬至一、七、四，甲子爲符頭，至戊辰五日，皆從坎一宫起，爲上元；己巳爲符頭，至癸酉五日，皆從兑七宫起，爲中元；甲戌爲符頭，至戊寅五日，皆從巽四起，爲下元。餘倣此。【3】

陽遁順局

冬至、驚蟄一、七、四；小寒二、八、五；大寒、春分三、九、六；立春八、五、二；雨水九、六、三；清明、立夏四、一、七；穀雨、小滿五、二、八；芒種六、三、九。

陰遁逆局

夏至、白露九、三、六；小暑八、二、五；大暑、秋分七、一、四；立秋二、五、八；處暑一、七、四；寒露、立冬六九三；霜降、小雪五、八、二；大雪四、七、一。【4】

【2】遁甲以一歲有二十四氣三百六十日，每氣當十五日，五日爲一元，每氣分上中下三元。每元首日稱符頭。以冬至甲子日爲始，順布六十甲子，則有四氣十二符頭，當上元之符頭者爲甲子、己卯、甲午、己酉，當中元之符頭者甲寅、己巳、甲申、己亥，當下元之符頭者爲甲辰、己丑、甲戌、己未。如此周而復始，三百六十日各元符頭皆如此。

【3】除中宫外，八宫八卦配二十四氣，一宫當三氣。（詳見《九宫二十四氣周流圖》）坎一宫當冬至、小寒、大寒。冬至居一宫，故其上元爲甲子至戊辰五日，皆起一宫，順布六儀，逆布三奇，即坎一宫戊、坤二宫己、震三宫庚、巽四宫辛、中五宫壬、乾六宫癸、兑七宫丁、艮八宫丙、離九宫乙。繼而冬至中元爲己巳至癸酉五日，皆起七宫，順布六儀，逆布三奇，即兑七宫戊、艮八宫己、離九宫庚、坎一宫辛、坤二宫壬、震三宫癸、巽四宫丁、中五宫丙、乾六宫乙。然後冬至下元爲甲戌至戊寅五日，皆起四宫，順布六儀，逆布三奇，即巽四宫戊、中五宫己、乾六宫庚、兑七宫辛、艮八宫壬、離九宫癸、坎一宫丁、坤二宫丙、震三宫乙。

| 巽四　芒種<br>小滿<br>立夏 | 夏至大暑小暑<br><br>離九 | 立秋　坤二<br>處暑<br>白露 |
| --- | --- | --- |
| 震三　穀雨<br>清明<br>春分 | 中五 | 秋分　兑七<br>寒露<br>霜降 |
| 艮八　驚蟄<br>雨水<br>立春 | 坎一<br><br>大寒小寒冬至 | 立冬　乾六<br>小雪<br>大雪 |

九宫二十四氣周流圖

【4】諸節氣後所標數字爲其上中下三元局起始宫次，如小寒二、五、八，是指小寒上元局起二宫，中元局起五宫，下元局起八宫。案，各氣上中下三元所起宫次，有其推定規則。先看其上元局所起宫次。二十四節氣中，冬至、立春、春分、立夏、夏至、立秋、秋分、立冬八個大節，其所居宫次即爲其上元局起始宫次，其餘十六節氣則隨此八節各自順數或逆數。冬至到芒種諸氣皆順數，夏至到大雪諸氣皆逆數。如冬至居坎一宫，故冬至上元局起一宫，小寒、大寒繼之而順數，則小寒上元局起二宫，大寒上元局起三宫；立春居艮八宫，故立春上元局起八宫，雨水、驚蟄繼之而順數，則雨水上元局起九宫，驚蟄上元局起一宫。再如，夏至居離九宫，故夏至上元局起九宫，小暑、大暑繼之而逆數，則小暑上元局起八宫，大暑上元局起七宫；立秋居坤二宫，處暑、白露繼之而逆數，則處暑上元局起一宫，白露上元局起九宫。此即二十四氣各自上元局所起宫次之數理。

再看各氣中元、下元所起宫次。按遁甲古式年總一千八十局計，則四個時辰爲一局，每日爲三局，一元爲十五局，上中下三元宫次相接續，則自上元起始宫次數十六，即爲中元所起宫次；自中元起始宫次數十六，即爲下元所起宫次。如冬至上元第一局起一宫，自一宫順數九宫，至十六在七宫，故其中元第一局起七宫；自七宫順數九宫，至十六在四宫，故其下元第一局起四宫，故云“冬至一、七、四”。小寒上元第一局起二宫，自二宫順數九宫，至十六在八宫，故其中元第一局起八宫；自八宫順數九宫，至十六在五宫，故其下元第一局起五宫，故云

“小寒二、八、五”。如夏至上元第一局起九宫，自九宫逆數九宫，至十六在三宫，故其中元第一局起三宫；自三宫逆數九宫，至十六在六宫，故其下元第一局起六宫，故云“夏至九、三、六”。小暑上元第一局起八宫，自八宫逆數九宫，至十六在二宫，故其中元第一局起二宫；自二宫逆數九宫，至十六在五宫，故其下元第一局起五宫，故云“小暑八、二、五”。其餘可以此類推，陽遁皆順數，陰遁皆逆數。此爲一元十五局，上中下三元第一局之所起宫次推排之法。後世以一元爲一局，但上中下三元所起宫次則一仍其舊。

次觀旬首，以取符使。

旬首者，用事時辰其首之六甲也。旬首所泊之宫星，即爲直符，門即爲直使。如在坎宫，則天蓬爲直符，休門爲直使。【5】

【5】十日一旬，六甲爲各旬之首。如冬至中元局，起七宫，時當辛未，其旬首爲甲子。甲子配戊，戊在七宫，其星爲天柱，其門爲驚門，則天柱爲值符，驚門爲值使。案，《景祐遁甲符應經》卷上云，遁甲式有“三重，法象三才，上層象天，布九星；中層象人，開八門；下層象地，布八卦，以鎮八方”。九星即天蓬一、天芮二、天衝三、天輔四、天禽五、天心六、天柱七、天任八、天英九。唐王冰云：“九星，上古之時也。上古世質人淳，歸真反朴，九星懸朗，五運齊宣。中古道德稍衰，標星藏曜，故計星之見者七焉。九星謂天蓬、天内、天衝、天輔、天禽、天心、天任、天柱、天英，此盖從標而爲始，遁甲式法今猶用焉。”（王冰《素問注·天元紀大論》）得天輔、天禽、天心爲大吉，天衝、天任爲次吉，天蓬、天芮爲大凶，天英、天柱爲小凶。又有八門配八卦：開門居乾六、休門居坎一、生門居艮八、傷門居震三、杜門居巽四、景門居離九、死門居坤二、驚門居兑七。逢開、休、生三門大吉，死、傷、杜三門大凶，景門小吉，驚門小凶。

直符隨時干。

視所用時干泊在地盤何宫，即以天盤直符移在此宫。【6】

【6】視所用之時干居於何宫，則將天盤值符所居宫旋轉于此宫，其餘八宫也隨之旋轉加于他宫。天盤九星，值符之星加于時干之宫，其餘八星之排布法有二：一是隨值符旋轉而加於相應之宫，即排宫法；二是依九宫數次排布于諸宫，即飛宫法。据下文《超神接氣直指》，《奇門玄覽》所用者為排宫法。如陽遁一

局，己巳日乙丑時，乙丑時之旬首爲甲子，甲子配戊，戊數一，居坎宫，對應天蓬星，則天蓬爲值符；對應休門，則休門爲值使。時干爲乙，乙居離宫，即將天盤戊加于乙奇之離九宫。天盤戊本在坎一宫，今則將坎一宫之戊加於離九宫之干乙，其餘宫干隨之旋轉，艮八宫丙加于坤二宫己，震三宫庚加于兑七宫丁，巽四宫辛加于乾六宫癸，離九宫乙加于坎一宫戊，坤二宫己加于艮八宫丙，兑七宫丁加于震三宫庚，乾六宫癸加于巽四宫辛。值符天蓬星加於離九宫，其餘八星隨之旋轉，則天任星加於坤二宫，天衝星加於兑七宫，天輔星加於乾六宫，天英星加於坎一宫，天芮星加於艮八宫，天柱星加於震三宫，天心星加於巽四宫。如用九星飛宫法，陽遁，天蓬加於離九宫，依次則天芮星加于坎一宫，天衝星加于坤二宫，天輔星加于震三宫，天禽星加于巽四宫，天心星加于中五宫，天柱星加于乾六宫，天任星加于兑七宫，天英星加于艮八宫。（見下圖）如值符在中宫，則寄之於坤二宫，然後再加之於時干所在宫。案，《景祐遁甲符應經》卷上云："中宫者土，火之子，金之母，所寄理於西南坤之位也。"中宫爲土，火生土，土生金。坤宫居西南，處於南方離火與西方兑金之間，故寄中宫土於坤。此與季夏爲土説同理。

直使隨時宫。

視所用時辰泊在地盤何宫，即以天盤直使移在此宫。【7】

【7】求時辰在地盤何宫，須先視時辰之旬首在何宫，然後依九宫次序而數干支，陽遁順數，陰遁逆數，至時辰干支即爲其所在宫次，繼而即將天盤值使移至此宫，其餘七門隨之旋轉。如上例，陽遁一局，己巳日乙丑時，值使爲休門。乙丑時旬首甲子，甲子配戊在坎一宫，故坎一宫起甲子，則坤二宫爲乙丑，故加休門于坤二宫，依次生門加兑七宫，傷門加乾六宫，杜門加坎一宫，景門加艮八宫，死門加震三宫，驚門加巽四宫，開門加離九宫。如值使在中宫，則寄之於坤二宫，然後再移之於時辰所在宫。

| | | |
|---|---|---|
| 天禽　九天<br>甲寅癸＋甲午辛<br>驚　巽 | 天蓬　直符<br>甲子戊＋乙<br>開　離 | 天衝　騰蛇<br>丙＋甲戌己<br>休　坤 |
| 天輔　九地<br>丁＋甲申庚<br>死　震 | 天心<br>甲辰壬 | 天任　太陰<br>甲申庚＋丁<br>生　兑 |

| 天英　　朱雀<br>甲戊＋丙<br>景　　艮 | 天芮　　勾陳<br>乙＋甲子戊<br>杜　　坎 | 天柱　　六合<br>甲午辛＋甲寅癸<br>傷　　乾 |
|---|---|---|

己巳日乙丑时陽遁一局圖

小直符加大直符。

以八詐門之直符加於九星，直符所臨之宮，陽順陰逆。[8]

【8】八詐門，又稱遁甲八神，其順序爲值符、騰蛇、太陰、六合、勾陳（白虎）、朱雀（玄武）、九地、九天。其中，陽遁用勾陳、朱雀，陰遁用白虎、玄武。陽遁局，八神由值符居正北，依序順時針方向排布于八方；陰遁局，八神由值符居正北，依逆時針方向排布于八方。八詐門之值符爲“小值符”，九星值符爲“大值符”。將八詐門之值符加於九星值符，其餘七神隨之旋轉。如上例，天盤九星值符爲天蓬，將八詐門之值符加於天蓬，則騰蛇臨天衝、太陰臨天任、六合臨天柱、勾陳臨天芮、朱雀臨天英、九地臨天輔、九天臨天禽。

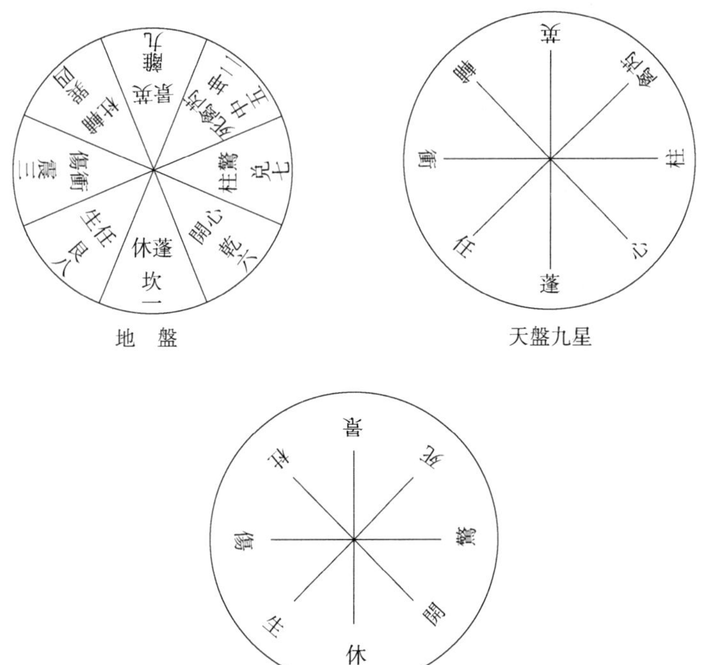


地　盤

天盤九星

天盤八門

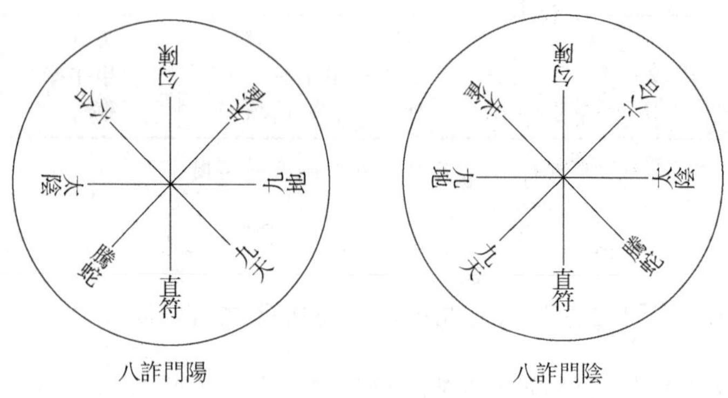


八詐門陽　　八詐門陰

## 超神接氣直指※

※此節见茅元儀《武備志》，題作“閏奇超神接氣直指”。

奇門之法，有正授，有超神，有閏奇，有接氣。正授之後，超神繼之；超神之後，閏奇繼之；閏奇之後，接氣繼之；接氣之後，復爲正授。符頭甲己正對節氣，謂之正授，此後則符漸漸過節而爲超神矣。超至九日及十餘日，則當置閏，以其離後節氣太遠，故必有閏然後可配氣候，與曆家閏法同。然置閏必在芒種、大雪之後，二至之前。其餘節氣雖遇超至九日之外，不可置閏也。【1】

假如萬曆己丑年正月初二庚戌日辛巳用事，係冬至後陽遁順局，符頭係己酉管事，本月初六日交雨水節上局，乃超神也。從九宫起，順布六儀，戊在離，己在坎，庚在坤，辛在震，壬在巽，癸在中宫。逆布三奇，乙在艮，是爲任乙；丙在兑，是爲柱丙；丁在乾，是爲心丁。地盤艮、兑、乾三宫有奇。【2】辛巳時，旬首係甲戌，泊在坎宫，以天蓬爲值符，加在地盤震宫，順數。任在巽，是天任星帶艮之乙奇到巽，衝在離，輔在坤，英在兑，芮在乾，柱在坎，是天柱星帶兑之丙奇到坎，心在艮，是天心星帶乾之丁奇到艮。三奇在地盤者，今隨天盤旋轉，而在巽、坎、艮三方矣。【3】辛巳時，宫泊在艮，以直使休門，加地盤之艮，順數，生在震，傷在巽，杜在離，景在坤，死在兑，驚在乾，開在坎。艮得丁奇而逢休門，謂之休與星合；坎得丙奇而逢開門，謂之開與月合，俱吉。獨巽得乙奇而逢傷門，未爲全吉。【4】再以八詐門直符隨九星，直符在震宫，順數，則騰蛇在巽，太陰在離，六合在坤，勾陳在兑，朱雀在乾，九地在坎，九天在艮。坎、艮二宫既合奇門，而又逢九地九天爲全吉也。又天盤丙加地盤甲戌直符，爲鳥跌穴①，尤爲合格。【5】

【1】正授、超神、置閏、接氣之説，詳見本卷《遁甲》注【1】。

【2】符頭己酉在正月初一，而雨水節交正月初六，故爲超神。雨水上元局起九宫離，故戊在離九、己在坎一、庚在坤二、辛在震三、壬在巽四、癸在中五、丁在乾六、丙在兑七、乙在艮八。三奇乙、丙、丁分别在艮、兑、乾，而按九星之本宫，天任在艮，天柱在兑，天心在乾，與三奇同宫，故云“任乙”“柱丙”“心丁”。

【3】辛巳時，甲戌爲旬首。甲戌同己，己在坎一宫，故坎一之天蓬爲值符。時干辛在震宫，則值符天蓬加震宫，其餘八星隨之旋轉，故天任加巽宫，天衝加離宫，天輔加坤宫，天英加兑宫，天芮加乾宫，天柱加坎宫，天心加艮宫。任乙本在艮宫，今加於巽，故云“天任星帶艮之乙奇到巽”。柱丙本在兑宫，今加於坎，故云“天柱星帶兑之丙奇到坎”。心丁本在乾宫，今加於艮，故云“天心星帶乾之丁奇到艮”。三奇乙、丙、丁分别在地盤艮、兑、乾，今則加於巽、坎、艮。

【4】辛巳時，其旬首甲戌，在坎一宫，故居坎一宫之休門爲值使。由坎一起甲戌，順數九宫，則坤二乙亥、震三丙子、巽四丁丑、中五戊寅、乾六己卯、兑七庚辰、艮八辛巳。故將值使休門加於艮宫。其餘諸門隨之旋轉，則生門加於震宫，傷門加於巽宫，杜門加於離宫，景門加於坤宫，死門加於兑宫，驚門加於乾宫，開門加於坎宫。天心帶丁奇於艮，又值使休門在艮，故云“艮得丁奇而逢休門”。丁爲星奇，與休門同宫，故稱“休與星合”。天柱帶丙奇在坎宫，開門亦在坎，“坎得丙奇而逢開門”。丙爲月奇，與開門同宫，故云“開與月合”。天任帶乙奇在巽，傷門亦在巽，故云“巽得乙奇而逢傷門”。

【5】九星值符天蓬在震宫，故八詐門值符亦加於震宫，陽遁其餘七神依順時針次序排布於相應之宫。坎得丙奇開門，又逢九地；艮得丁奇休門，又逢九天，故二宫爲全吉。又艮宫，天盤爲丙，地盤爲甲戌，成飛鳥跌穴格，大吉。《景祐遁甲符應經》卷中云：“六丙加六甲，名爲飛鳥跌穴。凡二遁遇此時，利爲百事，出行、營造、舉動皆吉。”

---

① “跌穴”，原作“跌完”，四庫本同，非是。《武備志》卷一七七作“跌穴”，是。“飛鳥跌穴”爲遁甲術語。

假如萬曆己丑年十一月初六庚戌日戊寅時用事，本日符頭是己酉，當用上局。查十月二十九癸卯日已交大雪節氣，從十月二十日甲午爲大雪超神上局，二十五日己亥大雪中局，三十日甲辰大雪下局，三局已完。今十一月初五己酉以後，似當作冬至上局，不知符已超節九日，正當置閏，故自初五日己酉至初九日癸丑，不作冬至上局，而爲大雪閏奇上局；初十日甲寅至十四日戊午，爲大雪閏奇中局；十五日己未至十九日癸亥，爲大雪閏奇下局；直到二十日甲子，方作冬至上局。然十四日戊午已交冬至節，則符在節後五日矣，此所謂接氣也。【6】

今以初六日庚戌戊寅時爲例演之，係夏至後，未交冬至，尚用陰遁逆局，從四宫巽起六儀，戊在巽，己在震，庚在坤，辛在坎，壬在離，癸在艮。乙奇在中宫寄坤，丙奇在乾，丁奇在兑。【7】本時戊寅，其旬首係甲戌，泊在震宫，天衝爲直符，傷門爲直使。時干戊泊在巽，以天衝直符加巽，輔在離，英在坤，芮在兑，是爲天芮星带中宫之乙奇到兑，柱在乾，是爲天柱星带兑之丁奇到乾，心在坎，是爲天心星带乾之丙奇到坎，蓬在艮，任在震。【8】時宫戊寅，泊在艮宫，以直使傷門加艮，杜在震，景在巽，死在離，驚在坤，開在兑，休在乾，生在坎。乙奇到兑，逢開門，是謂開與日合；丁奇到乾，逢休門，是謂休與星合；丙奇到坎，逢生門，是謂生與月合，俱吉。然生門屬土，臨坎宫，乃門制其宫，謂之迫，此未盡善也。【9】又以八詐門之直符隨九星，直符在巽，逆行，騰蛇在震，太陰在艮，六合在坎，勾陳在乾，朱雀在兑，九地在坤，九天在離，則坎宫有奇門，又逢六合，正北方大吉。【10】餘倣此。

【6】十月二十九癸卯日交大雪節，其上元符頭在十月二十甲午日，符在節先爲“超神”，今符頭超大雪節九日，故當置閏。即十月二十日至二十四日爲大雪上元局，二十五日至二十九日爲大雪中元局，三十日至十一月初四日爲大雪下元局。初五日至初九日爲大雪閏奇上元局，初十至十四日爲大雪閏奇中元局，十五日至十九日爲大雪閏奇下元局。又十一月十四戊午日節交冬至，其符頭在二十日甲子，節先符後爲“接氣”。

【7】萬曆己丑年十一月初六，在夏至後冬至前，故當用陰遁。大雪上元局起四宫，閏奇上元局亦然。陰遁逆行九宫，故戊在巽四宫，己在震三宫，庚在坤二

宫，辛在坎一宫，壬在離九宫，癸在艮八宫，丁在兑七宫，丙在乾六宫，乙在中五宫而寄於坤宫。（説見本卷《遁甲發凡》注【6】）

【8】戊寅時，其旬首爲甲戌，甲戌同己，己在震宫，震宫本星爲天衝，本門爲傷門，故天衝爲值符，傷門爲值使。時干戊在巽四宫，故加值符於巽四宫。用九星排宫法，天衝在巽，則天輔在離，天英在坤，天芮在兑，天柱在乾，天心在坎，天蓬在艮，天任在震。乙奇寄於坤宫，與坤宫本星天芮加於兑宫，故云“天芮星带中宫之乙奇到兑”。丁奇在兑宫，與兑宫本星天柱加於乾宫，故云“天柱星带兑之丁奇到乾”。丙奇在乾宫，與乾宫本星天心加於坎宫，故云“天心星带乾之丙奇到坎”。

【9】戊寅時，其旬首甲戌在震宫，陰遁逆行九宫，則乙亥在坤宫，丙子在坎宫，丁丑在離宫，戊寅在艮宫。故將值使傷門加艮宫，依序則杜門在震，景門在巽，死門在離，驚門在坤，開門在兑，休門在乾，生門在坎。乙爲日奇，在兑宫而逢開門，故云“開與日合”。丁爲星奇，在乾宫而逢休門，故云“休與星合”。丙爲月奇，在坎宫而逢生門，故云“生與月合”。三奇合休、生、開三門，皆吉。又生門本宫在艮，艮爲土，故生門屬土，而今在坎宫，坎爲水，土克水，故云“門制其宫”，主吉事不成。案，門制其宫爲宫迫，宫制其門爲門迫。《遁甲符應經》上卷云：“若吉門被迫，則吉事不成；凶門被迫，凶災尤甚。”

【10】陰遁當用八詐陰門。九星值符在巽宫，八神值符加巽宫，其餘七神則依逆時針排布，騰蛇在震，太陰在艮，六合在坎，勾陳在乾，朱雀在兑，九地在坤，九天在離。丙奇、生門與六合俱在坎宫，六合者護衛之神，坎宫在北，故云“正北方大吉”。

# 衡運

胡仲子列十二運，推明皇帝王霸之升降。其法在《太一》書，較之揚子雲之卦序差爲整齊，非唐宋以後人所能作也。[1]以初爻爲建功立德之限，三爻爲内極災變之限，四爻爲亂後待治之限，上爻爲外極災變之限，二五爻爲中道安平之限。陰陽當位則治，失位則亂。得應則得臣，失應則失臣。太一理二爻之時，陽雖失位，猶可無事，惟臨出運之際，國有災殃。行至五爻，陰居失位，君弱臣強，妃戚專政，衰亡將至，以其近於外極也。初爻之建立功德，若當太一所理，苟非其人，則有革命者起而應之。行内極之限，災變尚輕；行外極之限，災變始重。月卦者，小運也。以太一之掩迫，察其虚實。以小運定其期。[2]故舉其大概，三代亡而秦始立也，入萃上；漢之亡，入復上；唐之亡，入謙上；宋之亡，入姤上，皆爲外極之限。其有然不然者，將以不然者廢其然與？則曰何可廢也。留其不然以觀人事，留其然以觀天運，此天人之際也。[3]

【1】胡仲子，即胡翰（1307—1381），字仲申，一字仲子，浙江金華人，明初官至衢州府教授，明太祖聘修《元史》，稱長山先生，著有《春秋集義》《胡仲子集》等。《胡仲子集》開篇即爲《衡運論》，以六十四卦分十二運論歷史之興衰。自言十二運之説得自廣陵秦曉山。梨洲詩《次韻答旦中》云："曾向曉山推卦運，時從拾得哭蒼天。"自注："胡翰言十二運，得之秦曉山。"（《南雷詩曆》卷二）可見，梨洲亦知胡氏之説本于秦氏。案，秦曉山其人今難詳考。《太乙統宗寶鑒》中有"太乙統運入卦紀年術"，與《衡運論》所言一般，是書載有作者曉山老人自序，寫於元大德七年（1303），故從該書之内容與寫作時間考之，此曉山老人當即胡氏所言之秦曉山。太乙大運入卦之説，於唐王希明《太乙金鏡式經》、宋楊維德《景祐太乙福應經》等書未見。十二運之名，亦未見於唐宋人著述。又考諸曉山老人之序文，其云："至于太乙周行統運六十四卦，與五福三基之貴神、八門十精之星使，經緯錯綜，表裡貫通，集爲一書，標類成目，凡二十卷，命之曰《太乙統宗寶鑒》。"太乙式名目繁多，由序文特别突出太乙統運六十四卦，以

及胡翰明言衡運之説得於秦曉山來看，太乙六十四卦十二運之説或即此曉山老人所創。梨洲雖知胡氏十二運之説得自秦曉山，但又認爲非曉山自創，爲唐宋以上人所作。此恐不足爲信。又梨洲《明夷待訪録題辭》中言："乃觀胡翰所謂十二運者，起周敬王甲子以至於今，皆在一亂之運，向後二十年交入大壯，始得一治，則三代之盛猶未絶望也。"其後又在《破邪論題辭》中説："余嘗爲《待訪録》，思復三代之治。崑山顧寧人見之，不以爲迂。今計作此時已三十餘年矣，秦曉山十二運之言，無乃欺人?"可知，梨洲於此十二運之説先是有所期望，而后又持疑不信。

【2】此節與《太乙統宗寶鑒》卷十三之《明太乙入運行爻災變禎祥術》所言基本相同。以六爻表徵世代之治亂，與六爻之時位相關。初爻爲世代之起始，功業初創，故爲建功立德之時；三爻居内卦之終，將變而入外卦，故爲内極災變之時；四爻爲外卦之始，故爲亂後待治之時；上爻爲外卦之終，物極則變，故爲外極災變之時；二、五兩爻，居内外卦之中，故爲中道安平之時。此就六爻之時而言。而就六爻之位言之，當位則治，失位則亂；陰陽得應則君得臣，陰陽不應則君失臣。太乙行於二爻，即使二爲陽爻而失位，但因能居中行道，故不至於亂，但此爻時限將盡之時，國亦有災殃。太乙式在推算自然運勢之同時，亦強調人政之德，所謂"太乙所臨之國，有道則昌，無道則殃"（《太乙金鏡式經》卷二），所以，茍非其人，世則有變。在推太乙入卦爻運限的同時，也要看其年太乙之格局爲何，掩、迫之局則王綱失序，外寇相侵。太乙十二運卦之推演，其所涉具體方法又有多種，此可參《太乙通宗寶鑒》卷十三之《明太乙入運行爻變卦術》《統運入卦觀象之期》等。

【3】按《太乙統宗寶鑒》積年數推之，秦王政元年（前 246）積年爲 10153671，加邦盈差 300，得 10153971，除以周策 11520，得整數 881，餘數 4851。自上元甲子至秦王政元年入十二運第 882 周之 4851 年。諸卦運數相積，4851 年爲入第四運之萃卦上爻第三年，故云"秦始立入萃上"（參見下文所"推法"與《卦運表》）。漢亡於獻帝建安二十五年（220），積年爲 10154137，則（10154137＋300）÷11520，得整數 881，餘數 5317。諸卦運數相積，5317 年爲第五運復卦六五爻第十三年，並非已入復卦上爻。唐亡於哀帝天祐四年（907），亦即漢亡後 687 年，則自復卦六五爻第十三年積 687 年，則入第六運小畜卦初爻 28 年，並非入謙卦上爻。宋亡於末帝趙昺祥興二年（1279），即唐亡後 372 年，則自小畜卦初爻 28 年積 372 年，則入第六運姤卦上爻 28 年。可知，秦、宋亡於

外極之限，而漢則亡於外極之限之前，唐則亡於外極之限之後。所以，以此卦運推朝代興亡不盡相合。梨洲以爲，由此正可觀天人之際，其相合者正是天運使然，其不合者則是人事作用所致。

前四運皇帝王霸當之，仲子言猶春之有夏，秋之有冬。康節亦以春夏秋冬配皇帝王霸。春夏既爲秋冬，秋冬必復春夏，天運自然，則前四運之爲皇帝王霸，後運繼之，亦復當然。今四運之後，兩運過中，非惟不能復皇帝，即所謂霸者亦不可得。[4]將秋冬之後更有別運，天人之際一往不返者，何耶？仲子曰時未臻乎革，仲尼不能有爲。仲尼没，今二千年，猶未臻乎革也。革在十二運之終，十二運告終，始復其常。前爲四運，後爲八運，參差多寡，無迺懸絶。以仲子之言爲是耶，孟子所謂一治一亂者，正相反。以仲子之言爲非耶，前之二千餘年者既如斯，後之四千八百年寧可必乎？倘若以漢、唐、宋之小治，衡之三代而上，是謂褻天，此又某之所不敢也。[5]

【4】觀胡翰《衡運論》，其援用邵雍皇帝王霸之説而論世運，但並未有前四運當皇帝王霸之意。梨洲或以秦亡漢興在第四運之末尾，則自三皇五帝到春秋戰國爲前四運，故以爲前四運當皇帝王霸之世。梨洲作《象數論》之年，入第六運之大有卦上爻（詳見下文《推法》注），故云“四運之後兩運過中”。

【5】梨洲《明夷待訪録》卷首，亦曾就孟子“一治一亂”（《孟子·滕文公下》）之論，與胡翰十二運説之歧異表示困惑。其文云：“余嘗疑孟子‘一治一亂’之言，何三代而下之有亂無治也？乃觀胡翰所謂十二運者，起周敬王甲子以至於今，皆在一亂之運。向後二十年，交入大壯，始得一治，則三代之盛猶未絶望也。”此卦運推算取《太乙統宗寶鑒·明太乙行運八卦紀年術》之説：“上元甲子開闢以來，歷代幽遠，積数太繁，難究其實，故不取焉。今截自周敬王四十三年甲子歲，太乙入第二男女交親之運震卦初九爻爲始推算。”其所采用的積年數本於《太乙金鏡式經》所提出之積年數，即由上元混沌甲子之歲至唐開元十二年（724），積年 1937281。據此推之，周敬王四十三年（前 477）積年爲 1936081，以之除以周策 11520，得整數 168，餘數 721，即此年太乙入十二運第 169 周第 721 年，當第二運震卦初爻首年。順而推之，《太乙統宗寶鑒》書中又録歷代入卦之節點，周赧王六年壬子（前 309），太乙入巽卦初六爻；漢武帝元狩六年甲子（前 117），太乙入恒卦初九爻；等等，至元泰定元年

(1324) 入損卦初九爻。梨洲著《明夷待訪録》於康熙二年癸卯 (1663)，即泰定元年後 339 年，由諸卦爻積年推之，康熙二年太乙入第二運咸卦上爻第 4 年，二十年後入第三運大壯卦初爻。此與《太乙統宗寶鑒》所用的另一上元甲子積年數不同，即上元甲子距大元大德七年癸卯歲積 10155219。如依此積年數，則康熙二年積歲爲 10155580，(10155580＋300) ÷11520，得整數，881，餘數 6760。諸卦運數相積，6760 年太乙入第六運大有卦第 4 年。此兩種積年數所推太乙入運卦數不同。又孟子一治一亂之説，是論歷史興衰之常理，而六十四卦十二運之架構則企圖對歷史興衰進行較爲準確的數理推算，其數理也體現了一治一亂之理。如一卦之中，值二爻則中道安平，值三爻則内有災變，值四爻則亂而待治，值五爻則治平順和，值上爻則外上災變。再如，第七“剛中健至之運”即爲治，第八“群愚位賢之運”即爲亂；第九“德義順天之運”即爲治，第十“惑妬留天之運”即爲亂。由是觀之，孟子之言與胡氏之言並非相反。梨洲之所以認爲二者相反，乃在於其必以三代之治爲治，而後漢、唐、宋世之治則不足以爲治也。

## 胡仲子（翰）衡運論

皇降而帝，帝降而王，王降而霸，猶春之有夏，秋之有冬也。由皇等而上，始乎有物之始；由霸等而下，終乎閉物之終。消長、得失、治亂、存亡，生乎天下之動，極乎天下之變，紀之以十二運，統之以六十四卦。

乾，天道也，健而運乎上；坤，地道也，順而承乎下。天地既判，其氣未交爲否，既交爲泰。始乎乾，訖乎泰，四卦統七百二十年（陽爻三十六，陰爻二十四，每卦所積之數，後倣此），是爲天地否泰之運。

乾一索得男而爲震，坤一索得女而爲巽。震，長男也；巽，長女也，夫婦之道也，始成爲恒，既交爲益。乾再索得男而爲坎，坎，中男也；坤再索得女而爲離，離，中女也。中男中女，夫婦之道成爲既濟，既交爲未濟。乾三索得男而爲艮，艮，少男也；坤三索得女而爲兑，兑，少女也。少男少女，夫婦之道成爲損，既交爲咸。十二卦統二千一百六十年，是爲男女交親之運。

男治政於先，女理事以承其後。男之治也從父之道，大壯也、无妄也，長男從父者也；需也、訟也，中男從父者也；大畜也、遯也，少男從父者也。六卦統一千一百五十有二年，是爲陽晶守政之運。

女之治也從母之道，觀也、升也，長女從母者也；晋也、明夷也，中女從母者也；萃也、臨也，少女從母者也。六卦統一千有八年，是爲陰毳權衡之運。

坤，陰也，得陽育而生男；乾，陽也，得陰化而生女。男歸於母，女應於父。豫也、復也，長男歸母者也；比也、師也，中男歸母者也；剥也、謙也，少男歸母者也。六卦統九百三十有六年，是爲資育還本之運。

小畜也、姤也，長女應父者也；同人也、大有也，中女應父者也；夬也、履也，少女應父者也。六卦統一千二百二十有四年，是爲造化符天之運。

乾坤，父母之道也，必有代者焉。代父者，長男也。從長男者，中男少男也。解也、屯也，中男從長者也；小過也、頤也，少男從長者也。四卦統六百七十有二年，内外以剛陽治政，是爲剛中健至之運。

陽剛之極，陰必行之。代母者，長女也。從長女者，中女少女也。家人也、鼎也，中女從長者也；中孚也、大過也，少女從長者也。四卦統七百六十有八年，内外以陰柔爲治，是爲群愚位賢之運。

陰隨於陽爲順。豐也、噬嗑也，中女從長男者也；歸妹也、隨也，少女從長男者也；節也、困也，少女從中男者也。六卦統一千八十年，是爲德義順命之運。

陽隨於陰爲不順。涣也、井也，中男從長女者也；漸也、蠱也，少男從長女者也；旅也、賁也，少男從中女者也。六卦統一千八十年，是爲惑妬留天之運。

長男既息，爲男之窮也；長女既息，爲女之窮也。於是中男與少男相搏焉，蹇也、蒙也。二卦統三百三十有六年，是爲寡陽相搏之運。

陽之搏也，陰必隨之，於是中女與少女會焉，睽也、革也。二卦統三百八十有四年，是爲物極元終之運。[1]

十二運上下萬有一千五百二十載，陽來陰往，太乙臨之，不浸則不極，不極則不復，復而與天下更始，非聖人不能也。聖人，非天不生也。天生仲尼，當五伯之衰而不能爲太和之春者，何也？時未臻乎革也。仲尼没，繼周者爲秦，爲漢，爲晋，爲隋，爲唐，爲宋，垂二千年，猶未臻乎革也。泯泯棼棼，天下之生，欲望其爲王爲帝爲皇之世，固君子之所深患也。余聞之廣陵秦曉山。迺推明天人之際，皇帝王霸之别，定次於篇。

【1】此六十四卦十二運之分，以乾坤父母卦爲本，以三男三女卦爲用，上下交合而成剛柔順逆之勢。天地交通而萬物化生，男女相親而繁衍無窮。震、坎、艮三男從乾父，成陽晶守政之運。晶者精也，方以智《通雅·天文》云："古精亦通晶。晶爲星光，《易林》'陽晶隱伏'，即陽精。朱氏以精爲米細，故精神亦作晶神。"巽、離、兑三女從坤母，成陰毳權衡之運。毳本指鳥獸細毛，此取精細之義。陽剛正而陰柔暗，故陽晶能守政，陰毳則當權衡。"至哉坤元，萬物資生"（《彖傳》），故三男從坤母爲資育還本。"大哉乾元，萬物資始"，故三女從父爲造化符天。符天者合天也。陽賢陰愚，故長男代父，中少男從之而成剛中健至之運；長女代母，中小女從之而成群愚位賢之運。陽主陰從，二女從二男爲德義順命之運，二男從二女則惑妬留天之運。留者阻滯也。天道阻滯，生勢衰竭，二男相搏，二女相隨，寡陽不生，孤陰不長，故物極而元終。

## 卦運表

一天地否泰之運 七百二十年

| 卦 | 上爻 | 五爻 | 四爻 | 三爻 | 二爻 | 初爻 | |
|---|---|---|---|---|---|---|---|
| 乾 | ⚊ 甲子 | ⚊ 戊子 | ⚊ 壬子 | ⚊ 丙子 | ⚊ 庚子 | ⚊ 甲子 | 二百一十六 |
| 坤 | ⚋ 庚子 | ⚋ 丙子 | ⚋ 壬子 | ⚋ 戊子 | ⚋ 甲子 | ⚋ 庚子 | 一百四十四 |
| 否 | ⚊ 戊子 | ⚊ 壬子 | ⚊ 丙子 | ⚋ 壬子 | ⚋ 戊子 | ⚋ 甲子 | 一百八十 |
| 泰 | ⚋ 庚子 | ⚋ 丙子 | ⚋ 壬子 | ⚊ 丙子 | ⚊ 庚子 | ⚊ 甲子 | 一百八十 |

二男女交親之運 二千一百六十年

| 卦 | 上爻 | 五爻 | 四爻 | 三爻 | 二爻 | 初爻 | |
|---|---|---|---|---|---|---|---|
| 震 | ⚋ 戊子 | ⚋ 甲子 | ⚊ 戊子 | ⚋ 甲子 | ⚋ 庚子 | ⚊ 甲子 | 一百六十八 |
| 巽 | ⚊ 戊子 | ⚊ 壬子 | ⚋ 戊子 | ⚊ 壬子 | ⚊ 丙子 | ⚋ 壬子 | 一百九十二 |
| 恒 | ⚋ 庚子 | ⚋ 丙子 | ⚊ 庚子 | ⚊ 甲子 | ⚊ 戊子 | ⚋ 甲子 | 一百八十 |
| 益 | ⚊ 戊子 | ⚊ 壬子 | ⚋ 戊子 | ⚋ 甲子 | ⚋ 庚子 | ⚊ 甲子 | 一百八十 |
| 坎 | ⚋ 戊子 | ⚊ 壬子 | ⚋ 戊子 | ⚋ 甲子 | ⚊ 戊子 | ⚋ 甲子 | 一百六十八 |
| 離 | ⚊ 戊子 | ⚋ 甲子 | ⚊ 戊子 | ⚊ 壬子 | ⚋ 戊子 | ⚊ 壬子 | 一百九十二 |
| 既濟 | ⚋ 庚子 | ⚊ 甲子 | ⚋ 庚子 | ⚊ 甲子 | ⚋ 庚子 | ⚊ 甲子 | 一百八十 |
| 未濟 | ⚊ 戊子 | ⚋ 甲子 | ⚊ 戊子 | ⚋ 甲子 | ⚊ 戊子 | ⚋ 甲子 | 一百八十 |
| 艮 | ⚊ 丙子 | ⚋ 壬子 | ⚋ 戊子 | ⚊ 壬子 | ⚋ 戊子 | ⚋ 甲子 | 一百六十八 |
| 兑 | ⚋ 庚子 | ⚊ 甲子 | ⚊ 戊子 | ⚋ 甲子 | ⚊ 戊子 | ⚊ 壬子 | 一百九十二 |
| 損 | ⚊ 戊子 | ⚋ 甲子 | ⚋ 庚子 | ⚋ 丙子 | ⚊ 庚子 | ⚊ 甲子 | 一百八十 |
| 咸 | ⚋ 庚子 | ⚊ 甲子 | ⚊ 戊子 | ⚊ 壬子 | ⚋ 戊子 | ⚋ 甲子 | 一百八十 |

三陽晶守政之運 一千一百五十二年

| 卦 | 上爻 | 五爻 | 四爻 | 三爻 | 二爻 | 初爻 | |
|---|---|---|---|---|---|---|---|
| 大壯 | ⚋ 壬子 | ⚋ 戊子 | ⚊ 壬子 | ⚊ 丙子 | ⚊ 庚子 | ⚊ 甲子 | 一百九十二 |
| 无妄 | ⚊ 壬子 | ⚊ 丙子 | ⚊ 庚子 | ⚋ 丙子 | ⚋ 壬子 | ⚊ 丙子 | 一百九十二 |
| 需 | ⚋ 丙子 | ⚊ 庚子 | ⚋ 丙子 | ⚊ 庚子 | ⚊ 甲子 | ⚊ 戊子 | 一百九十二 |
| 訟 | ⚊ 丙子 | ⚊ 庚子 | ⚊ 甲子 | ⚋ 庚子 | ⚊ 甲子 | ⚋ 庚子 | 一百九十二 |
| 大畜 | ⚊ 丙子 | ⚋ 甲子 | ⚋ 庚子 | ⚊ 甲子 | ⚊ 戊子 | ⚊ 壬子 | 一百九十二 |
| 遯 | ⚊ 庚子 | ⚊ 甲子 | ⚊ 戊子 | ⚊ 壬子 | ⚋ 戊子 | ⚋ 甲子 | 一百九十二 |

四陰毳權衡之運 一千八年

| 卦 | 上爻 | 五爻 | 四爻 | 三爻 | 二爻 | 初爻 | |
|---|---|---|---|---|---|---|---|
| 觀 | ⚊ 戊子 | ⚊ 壬子 | ⚋ 戊子 | ⚋ 甲子 | ⚋ 庚子 | ⚋ 丙子 | 一百六十八 |
| 升 | ⚋ 戊子 | ⚋ 甲子 | ⚋ 庚子 | ⚊ 甲子 | ⚊ 戊子 | ⚋ 甲子 | 一百六十八 |
| 晉 | ⚊ 甲子 | ⚋ 丙子 | ⚊ 甲子 | ⚋ 庚子 | ⚋ 丙子 | ⚋ 壬子 | 一百六十八 |
| 明夷 | ⚋ 甲子 | ⚋ 庚子 | ⚋ 丙子 | ⚊ 庚子 | ⚋ 丙子 | ⚊ 庚子 | 一百六十八 |
| 萃 | ⚋ 壬子 | ⚊ 丙子 | ⚊ 庚子 | ⚋ 丙子 | ⚋ 壬子 | ⚋ 戊子 | 一百六十八 |
| 臨 | ⚋ 庚子 | ⚋ 丙子 | ⚋ 壬子 | ⚋ 戊子 | ⚊ 壬子 | ⚊ 丙子 | 一百六十八 |

五資育還本之運 九百三十六年

| 卦 | 上爻 | 五爻 | 四爻 | 三爻 | 二爻 | 初爻 | |
|---|---|---|---|---|---|---|---|
| 豫 | ⚋ 丙子 | ⚋ 壬子 | ⚊ 丙子 | ⚋ 壬子 | ⚋ 戊子 | ⚋ 甲子 | 一百五十六 |
| 復 | ⚋ 壬子 | ⚋ 戊子 | ⚋ 甲子 | ⚋ 庚子 | ⚋ 丙子 | ⚊ 庚子 | 一百五十六 |
| 比 | ⚋ 戊子 | ⚊ 壬子 | ⚋ 戊子 | ⚋ 甲子 | ⚋ 庚子 | ⚋ 丙子 | 一百五十六 |
| 師 | ⚋ 甲子 | ⚋ 庚子 | ⚋ 丙子 | ⚋ 壬子 | ⚊ 丙子 | ⚋ 壬子 | 一百五十六 |
| 剥 | ⚊ 戊子 | ⚋ 甲子 | ⚋ 庚子 | ⚋ 丙子 | ⚋ 壬子 | ⚋ 戊子 | 一百五十六 |
| 謙 | ⚋ 丙子 | ⚋ 壬子 | ⚋ 戊子 | ⚊ 壬子 | ⚋ 戊子 | ⚋ 甲子 | 一百五十六 |

**六造化符天之運** 一千二百二十四年

| 卦 | 上爻 | 五爻 | 四爻 | 三爻 | 二爻 | 初爻 | 年數 |
|---|---|---|---|---|---|---|---|
| 小畜 | ⚊ 子戊 | ⚊ 子壬 | ⚋ 子戊 | ⚊ 子壬 | ⚊ 子丙 | ⚊ 子庚 | 二百四 |
| 姤 | ⚊ 子壬 | ⚊ 子丙 | ⚊ 子庚 | ⚊ 子甲 | ⚊ 子戊 | ⚋ 子甲 | 二百四 |
| 同人 | ⚊ 子丙 | ⚊ 子庚 | ⚊ 子甲 | ⚊ 子戊 | ⚋ 子甲 | ⚊ 子戊 | 二百四 |
| 大有 | ⚊ 子庚 | ⚋ 子丙 | ⚊ 子庚 | ⚊ 子甲 | ⚊ 子戊 | ⚊ 子壬 | 二百四 |
| 夬 | ⚋ 子丙 | ⚊ 子庚 | ⚊ 子甲 | ⚊ 子戊 | ⚊ 子壬 | ⚊ 子丙 | 二百四 |
| 履 | ⚊ 子戊 | ⚊ 子壬 | ⚊ 子丙 | ⚋ 子壬 | ⚊ 子丙 | ⚊ 子庚 | 二百四 |

**七剛中健至之運** 六百七十二年

| 卦 | 上爻 | 五爻 | 四爻 | 三爻 | 二爻 | 初爻 | 年數 |
|---|---|---|---|---|---|---|---|
| 解 | ⚋ 子戊 | ⚋ 子甲 | ⚊ 子戊 | ⚋ 子甲 | ⚊ 子戊 | ⚋ 子甲 | 一百六十八 |
| 屯 | ⚋ 子丙 | ⚊ 子庚 | ⚋ 子丙 | ⚋ 子壬 | ⚋ 子戊 | ⚊ 子壬 | 一百六十八 |
| 小過 | ⚋ 子甲 | ⚋ 子庚 | ⚊ 子甲 | ⚊ 子戊 | ⚋ 子甲 | ⚋ 子庚 | 一百六十八 |
| 頤 | ⚊ 子庚 | ⚋ 子丙 | ⚋ 子壬 | ⚋ 子戊 | ⚋ 子甲 | ⚊ 子戊 | 一百六十八 |

**八羣愚位賢之運** 七百六十八年

| 卦 | 上爻 | 五爻 | 四爻 | 三爻 | 二爻 | 初爻 | 年數 |
|---|---|---|---|---|---|---|---|
| 家人 | ⚊ 子壬 | ⚊ 子丙 | ⚋ 子壬 | ⚊ 子丙 | ⚋ 子壬 | ⚊ 子丙 | 一百九十二 |
| 鼎 | ⚊ 子甲 | ⚋ 子庚 | ⚊ 子甲 | ⚊ 子戊 | ⚊ 子壬 | ⚋ 子戊 | 一百九十二 |
| 中孚 | ⚊ 子丙 | ⚊ 子庚 | ⚋ 子丙 | ⚋ 子壬 | ⚊ 子丙 | ⚊ 子庚 | 一百九十二 |
| 大過 | ⚋ 子庚 | ⚊ 子甲 | ⚊ 子戊 | ⚊ 子壬 | ⚊ 子丙 | ⚋ 子壬 | 一百九十二 |

**九德義順命之運** 一千八十年

| 卦 | 上爻 | 五爻 | 四爻 | 三爻 | 二爻 | 初爻 | 年數 |
|---|---|---|---|---|---|---|---|
| 豐 | ⚋ 子庚 | ⚋ 子丙 | ⚊ 子庚 | ⚋ 子甲 | ⚊ 子庚 | ⚊ 子甲 | 一百八十 |
| 噬嗑 | ⚊ 子戊 | ⚋ 子甲 | ⚊ 子戊 | ⚋ 子甲 | ⚋ 子庚 | ⚊ 子甲 | 一百八十 |
| 歸妹 | ⚋ 子庚 | ⚋ 子丙 | ⚊ 子庚 | ⚋ 子丙 | ⚊ 子庚 | ⚊ 子甲 | 一百八十 |
| 隨 | ⚋ 子庚 | ⚊ 子甲 | ⚊ 子戊 | ⚋ 子甲 | ⚋ 子庚 | ⚊ 子甲 | 一百八十 |
| 節 | ⚋ 子庚 | ⚊ 子甲 | ⚋ 子庚 | ⚋ 子丙 | ⚊ 子庚 | ⚊ 子甲 | 一百八十 |
| 困 | ⚋ 子庚 | ⚊ 子甲 | ⚊ 子戊 | ⚋ 子甲 | ⚊ 子戊 | ⚋ 子甲 | 一百八十 |

**十惑妬留天之運** 一千八十年

| 卦 | 上爻 | 五爻 | 四爻 | 三爻 | 二爻 | 初爻 | 年數 |
|---|---|---|---|---|---|---|---|
| 渙 | ⚊ 子戊 | ⚊ 子壬 | ⚋ 子戊 | ⚋ 子甲 | ⚊ 子戊 | ⚋ 子甲 | 一百八十 |
| 井 | ⚋ 子庚 | ⚊ 子甲 | ⚋ 子庚 | ⚊ 子甲 | ⚊ 子戊 | ⚋ 子甲 | 一百八十 |
| 漸 | ⚊ 子戊 | ⚊ 子壬 | ⚋ 子戊 | ⚊ 子壬 | ⚋ 子戊 | ⚋ 子甲 | 一百八十 |
| 蠱 | ⚊ 子戊 | ⚋ 子甲 | ⚋ 子庚 | ⚊ 子甲 | ⚊ 子戊 | ⚋ 子甲 | 一百八十 |
| 旅 | ⚊ 子戊 | ⚋ 子甲 | ⚊ 子戊 | ⚊ 子壬 | ⚋ 子戊 | ⚋ 子甲 | 一百八十 |
| 賁 | ⚊ 子戊 | ⚋ 子甲 | ⚋ 子庚 | ⚊ 子甲 | ⚋ 子庚 | ⚊ 子甲 | 一百八十 |

**十一寡陽相搏之運** 三百三十六年

| 卦 | 上爻 | 五爻 | 四爻 | 三爻 | 二爻 | 初爻 | 年數 |
|---|---|---|---|---|---|---|---|
| 蹇 | ⚋ 子戊 | ⚊ 子壬 | ⚋ 子戊 | ⚊ 子壬 | ⚋ 子戊 | ⚋ 子甲 | 一百六十八 |
| 蒙 | ⚊ 子甲 | ⚋ 子庚 | ⚋ 子丙 | ⚋ 子壬 | ⚊ 子丙 | ⚋ 子壬 | 一百六十八 |

**十二物極元終之運** 三百八十四年

| 卦 | 上爻 | 五爻 | 四爻 | 三爻 | 二爻 | 初爻 | 年數 |
|---|---|---|---|---|---|---|---|
| 睽 | ⚊ 子丙 | ⚋ 子壬 | ⚊ 子丙 | ⚋ 子壬 | ⚊ 子丙 | ⚊ 子庚 | 一百九十二 |
| 革 | ⚋ 子庚 | ⚊ 子甲 | ⚊ 子戊 | ⚊ 子壬 | ⚋ 子戊 | ⚊ 子壬 | 一百九十二 |

**推法**

周策一萬一千五百二十

卦盈差三百

置積年加卦盈差，滿周策去之，餘起乾坤否泰之運，累之即得所入之卦。以入卦年數陽爻三十六，陰爻二十四，即得所入之爻。

積年上元甲子至今壬子（作《象數論》之年），一千一十五萬五千五百八十九年。[2]

【2】自上元至梨洲作《象數論》之年，即康熙十一年壬子（1672），積年爲10155589，則（10155589＋300）÷11520，得整數881，餘數6769。諸卦運數相積，此年太乙入第六運大有卦上爻第13年。

**流年直卦法**

置積年滿卦周六十四去之，餘依《周易》次序，即得所直之卦。視所求之年，陽辰不取陰爻，以卦内陽爻起子，自下而上，循環數至歲支，以爲動爻；陰辰不取陽爻，以卦内陰爻起子，自下而上，循環數至歲支，以爲動爻。起動爻爲正月，依次布於六爻。以動爻爲變卦，起變爻爲七月，亦依次布於六爻。【3】

【3】流年值卦法不用十二運卦，以積年數除以六十四，按《周易》經文卦序，其餘數所當之卦即爲本年當值之卦。視所求年支，如年支爲陽，則用卦中陽位之爻，即初、三、五爻，由子起自下而上數之，年支所當之爻即爲動爻；如年支爲陰，則用卦中陰位之爻，即二、四、上爻，由子起自下而上數之，年支所當之爻即爲動爻。如 2020 年庚子，積歲爲 10155967，除以 64，得整數 158686，餘數 63。按《周易》卦序第 63 卦爲既濟，故本年值既濟卦。庚子爲陽，數陽爻，初爻當子，故初爻爲動爻。既濟初爻動，卦變爲蹇卦。本卦既濟卦動爻初爻當正月，二爻當二月，三爻當三月，四爻當四月，五爻當五月，上爻當六月；變卦蹇卦初爻當七月，二爻當八月，三爻當九月，四爻當十月，五爻當十一月，上爻當十二月。

## 附録

# 四庫全書總目·《易學象數論》六卷[①]

《易學象數論》六卷，浙江巡撫採進本。國朝黄宗羲撰。宗羲，字太沖，號梨洲，餘姚人，前明御史尊素之子也[②]。康熙初，薦修《明史》，以老疾未赴。是書宗羲自序云：[③]《易》“廣大無所不備”，“自九流百家借之以行其説，而《易》之本意反晦”，“世儒過視象數，以爲絶學，故爲所欺。今一一疏通之，知其于《易》本了無干涉，而後反求《程傳》，亦廓清之一端”。又稱王輔嗣注“簡當而無浮義”，而病朱子添入康節先天之學，爲添一障。蓋[④]《易》至京房、焦延壽而流爲方術，至宋陳摶而岐入道家，學者失其初旨，彌推衍而轇轕彌增。宗羲病其末派之支離，先糾其本原之依託。前三卷論《河圖》、《洛書》、《先天》、方位、納甲、納音、月建、卦氣、卦變、互卦、筮法、占法，而附以所著之《原象》，爲内篇，皆象也；後三卷論《太元》、《乾鑿度》、《元包》、《潛虚》、《洞極》、《洪範數》、《皇極》數，以及六壬、太乙、遁甲，爲外篇，皆數也。大旨謂聖人以象示人，有八卦之象、六爻之象、象形之象、爻位之象、反對之象、方位之象、互體之象，七者備而象窮矣；後儒之爲僞象者，納甲也、動爻也、卦變也、先天也，四者雜而七者晦矣。故是編崇七象而斥四象，而七者之中，又必求其合於古，以辨象學之譌。又遁甲、太乙、六壬三書，世謂之三式，皆主九宫，以參詳人事，是編以鄭康成之太乙行九宫法證太

---

① 此提要録自《四庫全書總目·經部·易類六》（中華書局1965年版），與文淵閣四庫全書之《易學象數論》卷首所載之提要略有差異。《易學象數論》廣雅書局本所載四庫提要録自《總目》而有脱漏。

② “前明御使”，四庫本《易學象數論》卷首無“前”字。

③ 自“康熙初”至“是書宗羲自序云”，《易學象數論》四庫本之卷首提要作“博學通經，多所著述。其《南雷文案》中，當日自序作是書之旨云”。

④ 自“是書宗羲自序”至“爲添一障。蓋”一段，廣雅書局本缺。

乙，以《吴越春秋》之占法、《國語》泠州鳩之對證六壬，而云後世皆失其傳，以訂數學之失。其持論皆有依據。蓋宗羲究心象數，故一一洞曉其始末，因而盡得其瑕疵[①]，非但據理空談不中窾要者比也[②]。惟本宋薛季宣之説，以河圖爲即後世圖經，洛書爲即後世地志，《顧命》之河圖即今之黄册，則未免主持太過，至於矯枉過直[③]，轉使傳陳摶之學者，得據經典而反脣。是其一失。然其宏綱巨目，辨論精詳，與胡渭《易圖明辨》[④]，均可謂有功易道者矣。

---

① “因而盡得其瑕疵”，《易學象數論》四庫本卷首作“而得其瑕疵”。

② “非但據理空談不中窾要者比也”，《易學象數論》四庫本卷首作“非但據理空談不能中其要害者比也”。

③ “至於矯枉過直”，《易學象數論》四庫本卷首作“至矯枉過正”。

④ “易圖明辨”，《易學象數論》四庫本卷首作“圖書辨惑”。

# 引用書目

## 一、易類與術數類書目

舊題［周］子夏：《子夏易傳》，清通志堂經解本。

［漢］焦延壽：《焦氏易林》，四部叢刊本。

［漢］京房：《京氏易傳》，漢魏叢書本。

［漢］鄭玄注：《易緯》，林忠軍《〈易緯〉導讀》本，齊魯書社 2002 年版。

［漢］鄭玄撰，［宋］王應麟輯，［清］丁杰後定，［清］張惠言訂正：《周易鄭注》，《續修四庫全書》第 1 册，上海古籍出版社 2002 年版。

［魏］王弼著，樓宇烈校釋：《王弼集校釋·周易略例》，中華書局 1980 年版。

［魏］王弼著，［晋］韓康伯注，［唐］孔穎達等疏：《周易正義》，影清阮元校刻《十三經注疏》本，上海古籍出版社 1997 年版。

［唐］李鼎祚：《周易集解》，清文淵閣四庫全書本。

［宋］胡瑗：《周易口義》，《四庫全書薈要》本，吉林出版集團有限公司 2005 年版。

［宋］劉牧：《易數鈎隱圖》，《四庫全書薈要》本，吉林出版集團有限公司 2005 年版。

［宋］蘇軾：《東坡易傳》，清文淵閣四庫全書本。

［宋］張載：《横渠易説》，《張載集》，中華書局 1978 年版。

［宋］程頤：《周易程氏傳》，《二程集》，中華書局 2004 年版。

［宋］馮椅：《厚齋易學》，清文淵閣四庫全書本。

［宋］趙彦肅：《復齋易説》，清通志堂經解本，廣陵古籍刻社 1996 年版。

［宋］趙汝楳：《易序叢書》，影上海圖書館藏清抄本，《四庫全書存目叢書》第 1 册，齊魯書社 1997 年版。

［宋］朱震：《漢上易傳》，清文淵閣四庫全書本。

［宋］張行成：《易通變》，清文淵閣四庫全書本。

［宋］郭雍：《郭氏傳家易説》，清文淵閣四庫全書本。

［宋］朱熹：《周易本義》，影宋咸淳吴革刻本，福建人民出版社 2008 年版。

［宋］朱熹：《易學啟蒙》，《朱子全書》第 1 册，上海古籍出版社、安徽教育出版社 2002 年版。

［宋］朱熹：《蓍卦考誤》，《朱子全書》第 23 册，上海古籍出版社、安徽教育出版社 2002 年版。

［宋］張栻：《南軒易説》，清文淵閣四庫全書本。

［宋］方寔孫：《淙山讀周易》，清文淵閣四庫全書本。

［宋］鄭汝楷：《易翼傳》，清文淵閣四庫全書本。

［元］胡一桂：《易學本義啟蒙翼傳》，中華書局 2019 年版。

［元］李道純：《周易尚占》，明刻本。

［元］吴澄：《易纂言　易纂言外翼》，清文淵閣四庫全書本。

［元］張理：《易象圖説》，清通志堂經解本。

［元］張理：《大易象數鉤深圖》，清通志堂經解本。

［明］朱升：《周易旁注前圖》，影明刻本，《續修四庫全書》第 4 册，上海古籍出版社 2002 年版。

［明］來知德：《易經集注》，影寶廉堂刻本，上海書店 1988 年版。

［明］楊時喬：《周易古今文全書》，明萬曆刻本。

［明］季本：《易學四同》，影明嘉靖刻本，《續修四庫全書》第 6 册，上海古籍出版社 2002 年版。

［明］豐坊：《古易世學》，影明抄本，《四庫全書存目叢書》第 5 册，齊魯書社 1997 年版。

［明］倪元璐：《兒易内儀以》，《粤雅堂叢書》三編，清光緒刻本。

［清］胡煦：《周易函書》，中華書局 2008 年版。

［清］張惠言：《易緯略義》，清光緒廣雅書局刻本。

［清］仇兆鰲：《古本周易參同契集注》，華東師範大學出版社2015年版。

［漢］揚雄撰，［宋］司馬光集注：《太玄集注》，中華書局2013年版。

［魏］管輅撰，［宋］王伋注，［明］汪尚賡補注：《管氏指蒙》，影明刻本，《續修四庫全書》第1052册，上海古籍出版社2002年版。

［北周］衛元嵩撰，［唐］蘇源明撰，［唐］李江注，［宋］韋漢卿釋音：《易元包》，明刻本。

舊題［北魏］關朗撰：《洞極真經》，清馬國翰《玉函山房輯佚書》本。

［隋］蕭吉：《五行大義》，影宛委别藏日本刻《佚存叢書》本，《續修四庫全書》第1060册，上海古籍出版社2002年版。

［唐］瞿曇悉達：《開元占經》，清文淵閣四庫全書本。

［唐］王希明：《太乙金鏡式經》，清文淵閣四庫全書本。

［宋］楊維德等：《景祐太乙福應經》，影明談劍山居抄本，《續修四庫全書》第1061册，上海古籍出版社2002年版。

［元］曉山老人：《太乙統宗寶鑒》，影明抄本，《四庫全書存目叢書》第67册，齊魯書社1997年版。

舊題［宋］麻衣道者撰：《火珠林》，影清《百二漢鏡齋秘書四種》，九州出版社2014年版。

［宋］司馬光：《潛虚》，《叢書集成初編》本，中華書局1985年版。

［宋］張敦實：《潛虚發微論》，《叢書集成初編》本，中華書局1985年版。

［宋］邵雍：《皇極經世書》，清文淵閣四庫全書本。

［宋］祝泌：《觀物篇解》，清文淵閣四庫全書本。

［宋］蔡沈：《洪範皇極内外篇》，清文淵閣四庫全書本。

［宋］楊維德等：《景祐遁甲符應經》，影宛委别藏清抄本，《續修四庫全書》第1060册，上海古籍出版社2002年版。

［明］程道生：《遁甲演義》，清文淵閣四庫全書本。

［明］楊慎：《丹鉛總録》，清文淵閣四庫全書本。

［明］邢雲路：《古今律曆考》，清文淵閣四庫全書本。

［明］佚名：《六壬大全》，清文淵閣四庫全書本。

［清］李光地等：《星曆考原》，清文淵閣四庫全書本。

尚秉和：《周易古筮考》，中國大百科全書出版社 2005 年版。

徐昂：《京氏易傳箋》，《徐昂著作集》，文物出版社 2019 年版。

劉大鈞：《周易概論》，齊魯書社 1988 年版。

林忠軍：《象數易學發展史》第 1 卷，齊魯書社 1998 年版。

林忠軍：《象數易學發展史》第 2 卷，齊魯書社 1999 年版。

王新春：《易學與中國哲學》，人民出版社 2012 年版。

張克賓：《朱熹易學思想研究》，人民出版社 2015 年版。

盧央：《中國古代星占學》，中國科學技術出版社 2008 年版。

張濤主編：《周易文化研究》第九輯，社會科學文獻出版社 2018 年版。

## 二、其他類書目

舊題［漢］孔安國傳，［唐］孔穎達等疏：《尚書正义》，影清阮元校刻《十三經注疏》本，上海古籍出版社 1997 年版。

［晋］杜預注，［唐］孔穎達等疏：《春秋左傳正義》，影清阮元校刻《十三經注疏》本，上海古籍出版社 1997 年版。

［漢］毛亨傳，鄭玄箋，［唐］孔穎達等疏：《毛詩正義》，影清阮元校刻《十三經注疏》本，上海古籍出版社 1997 年版。

［漢］鄭玄注，［唐］賈公彦疏：《周禮注疏》，影清阮元校刻《十三經注疏》本，上海古籍出版社 1997 年版。

［漢］鄭玄注，［唐］賈公彦疏：《儀禮注疏》，影清阮元校刻《十三經注疏》本，上海古籍出版社 1997 年版。

［漢］鄭玄注，［唐］孔穎達等疏：《禮記正義》，影清阮元校刻《十三經注疏》本，上海古籍出版社 1997 年版。

［魏］何晏等注，［宋］邢昺疏：《論語注疏》，影清阮元校刻《十三經

注疏》本，上海古籍出版社 1997 年版。

［唐］陸德明：《經典釋文》，上海古籍出版社 2012 年版。

［吴］韋昭注：《國語》，上海古籍出版社 1978 年版，

李步嘉校釋：《越絶書校釋》，中華書局 2013 年版。

［漢］趙曄：《吴越春秋》，江蘇古籍出版社 1999 年版。

［漢］司馬遷：《史記》，中華書局 1982 年版。

［漢］班固：《漢書》，中華書局 1962 年版。

［清］王先謙：《漢書補注》，清光緒刻本。

［南朝宋］范曄：《後漢書》，中華書局 1965 年版。

［唐］魏徵等：《隋書》，中華書局 1979 年版。

［唐］房玄齡等：《晋書》，中華書局 1974 年版。

［元］脱脱等：《宋史》，中華書局 1977 年版。

［唐］王冰注：《黄帝内經・素問》，四部叢刊本。

［唐］王冰注：《黄帝内經・靈樞》，四部叢刊本。

何寧：《淮南子集釋》，中華書局 1998 年版。

［漢］揚雄撰，［晋］李軌等注：《宋本揚子法言》，國家圖書館出版社 2017 年版。

［漢］許慎：《説文解字》，中華書局 1963 年版。

［晋］葛洪撰，王明校釋：《抱樸子内篇校釋》，中華書局 1985 年版。

［唐］王通撰，［宋］阮逸注：《文中子中説》，鳳凰出版社 2017 年版。

［唐］柳宗元：《柳河東集》，上海古籍出版社 2008 年版。

［宋］歐陽修：《居士集》，《歐陽修全集》，中華書局 2001 年版。

［宋］蘇洵：《宋本嘉祐集》，國家圖書館出版社 2019 年版。

［宋］司馬光：《温國文正公文集》，四部叢刊本。

［宋］李覯：《李覯集》，中華書局 2011 年版。

［宋］邵雍：《伊川擊壤集》，中華書局 2013 年版。

［宋］項安世：《項氏家説》，清武英殿聚珍版叢書本。

［宋］王應麟撰，［清］翁元圻等注：《困學紀聞》，上海古籍出版社 2008 年版。

［宋］晁説之：《嵩山文集》，四部叢刊續編本。

［宋］沈括著，金亮年點校：《夢溪筆談》，中華書局2015年版

［宋］朱熹：《晦庵先生朱文公文集》，《朱子全書》第20～25册，上海古籍出版社、安徽教育出版社2002年版。

［宋］黎靖德編：《朱子語類》，中華書局1986年版。

［宋］吕祖謙：《東萊吕太史文集》，民國續金華叢書本。

［宋］吕祖謙編：《宋文鑑》，中華書局2018年版。

［宋］洪邁：《容齋隨筆》，中華書局2005年版。

［宋］薛瑄：《浪語集》，清文津閣四庫全書本。

［宋］魏了翁：《鶴山先生大全文集》，四部叢刊影宋本。

［宋］黄震：《黄氏日鈔》，元后至元刻本。

［宋］儲泳：《祛疑説》，明刻百川學海本。

［宋］史繩祖：《學齋佔畢》，清文淵閣四庫全書本。

［宋］姚寬：《西溪叢語》，《涵芬樓秘笈》第8册，國家圖書館出版社2000年版。

［元］李道純：《中和集》，正統道藏本。

［元］劉因：《劉因集》，人民出版社2017年版。

［明］宋濂：《宋濂全集》，浙江古籍出版社1999年版。

［明］張溥輯：《漢魏六朝百三名家集》，影光緒信述堂刊本，廣陵書社2015年版。

［明］楊慎：《丹鉛總録》，清文淵閣四庫全書本。

［明］唐順之：《荊川稗編》，清文淵閣四庫全書本。

［明］程敏政編：《新安文獻志》，黄山書社2004年版。

［明］黄宗羲：《明夷待訪録》，《黄宗羲全集》第1册，浙江古籍出版社1985年版。

［明］胡翰：《胡仲子集》，清文淵閣四庫全書本。

［明］茅元儀：《武備志》，影明天啟刻本，《續修四庫全書》第963～966册，上海古籍出版社2002年版。

［清］黄宗羲、［清］全祖望：《宋元學案》，中華書局1986年版。

［清］黄宗羲：《黄梨洲文集》，中華書局 2009 年版。

［清］王念孫：《廣雅疏證》，中華書局 2004 年版。

［清］王聘珍：《大戴禮記解詁》，中華書局 1983 年版。

［清］永瑢等：《四庫全書總目》，中華書局 1965 年版。

［清］紀大奎：《仕學備餘》，紀氏家藏版。

屈萬里：《尚書今注今譯》，新世界出版社 2011 年版。

荊州市博物館編：《郭店楚墓竹簡》，文物出版社 1998 年版。

# 後 記

2010年留校工作後，筆者即有爲《易學象數論》做疏解的想法，但由於種種原因，一直拖延到2017年我以“《易學象數論》疏義”爲題申獲山東省社科規劃項目以後，才真正開始對該書的研讀。我的初衷是想通過疏解《易學象數論》，對古代易學象數義例進行一個系統的考察和省思，探明其内在意藴和理論價值，爲形成當代易學象數理論提供一些有益的借鏡。斷斷續續，經過兩年多的時間，最終完成了這部《易學象數論疏證》。應該説總體上達到了預期研究目標，而且在追步梨洲後塵的過程中，我個人的研究領域也得以拓寬，在象數思想上也有了新的認識。當然，究竟水準如何，有待方家識者檢驗。

最近幾年，筆者也在進行《周易》經文的詮釋研究。隨著研究的深入，我越來越感覺到易象問題乃是易學最根本的問題，《繫辭傳》“易者象也，象也者像也”的論斷是至爲正確的。早期的傳世易學文獻，除了《周易》經傳外，還有《左傳》《國語》中的二十幾則筮例，即便我們否定這些筮例占斷如神的可靠性，但其對卦象及其變化的認識和運用確是非常高妙的。可以想見，除了《周易》經文以外，還應當存在一套象數的系統，包括八卦之象、八卦之關係、重卦之象、重卦之關係、卦爻變易法則、占筮方法等等，這套象數系統原本依託于占筮之術，而不見於卦爻辭之中。到了《易傳》那裡，它被以理論化、哲學化的語言詮顯出來。《易傳》之中，除了《説卦傳》是專門談易象的作品之外，《彖傳》《象傳》對卦爻辭的解讀也都是基於卦爻象的認識而來，甚至《繫辭傳》中的“一陰一陽之謂道”“生生之謂易”“陰陽不測之謂神”“寂然不動，感而遂通天下之故”“易有太極，是生兩儀，兩儀生四象，四象生八卦，八卦定吉凶”“變通者，趣時者也”“知幾其神乎”“變動不居，周流六虛，上下無常，剛柔相易，不可爲典要，唯變所適”等一系列影響中國哲學至爲深遠的觀念和思想也都是根植于易象而言的。可以説，對易象的理解和詮釋是《易傳》思想的根荄所在，而當時儒道諸家思想的發展則促成了其思想的高度和深度。

及至漢代，易象融匯天文曆數，發展形成了以卦氣説爲核心思想的象數學系統；再降至宋，易象又與陰陽五行圖式（數目）相結合，形成了太極圖學、河洛學、先天象數學，這些都是易象因應時代學術發展、融攝新的思想資源所演變發展出的新的理論形態。當我們看到漢宋象數易學不同于《周易》經傳象數學的同時，更應該看到它們是對作爲《周易》經傳思想根源的象數傳統的接續和弘揚。所以，如果能够通過對漢宋象數易學的研究逆流而上，喚醒我們自覺尋繹《周易》經傳象數意蘊的探本意識，那麼當代關於易學哲學的認識和理解，很可能將會翻開新的一頁。希望這一天能够早日到來。

感謝恩師劉大鈞先生一直以來的關愛和教導。先生以象數易學爲津梁接通傳統易學之慧命，授生徒，出專著，辦學刊，建學會，成立專業機構，開展重大課題，爲當代易學研究與傳播作出了卓越貢獻。書稿完成后，呈先生斧正，先生給予了認可和鼓勵，并欣然題寫書名，其沉雄古逸的筆道，透射出先生剛健中正的精神品格，給我以巨大的感召和鼓舞，更是令拙作熠熠生辉。誠摯地祝願吾師身體健康，道履貞祥！

感謝恩師林忠軍教授、王新春教授多年來的教育和提攜，感謝李尚信教授、張文智教授、李秋麗教授等諸位師友的扶持和幫助。身處山東大學易學研究中心這個學術大家庭，我倍感榮幸和自豪！

感謝山東大學出版社王貽社總編輯對拙作的垂青。劉森文、楊露賓兩位編輯對拙稿不辭辛勞地反復校正，消除了各種謬誤和許多不當之處，在此謹向兩位編輯致以由衷的謝忱。倘書中還有疏漏和錯誤，皆爲作者之責也。

最後，驀然想起數年前在一次學術研討會上，筆者聞學界師友論易有感，遂口占四句，今録之于此，雖不成文法，聊可假之以述心志。

漢易風雅久不傳，讀經孰解鄭虞篇。
漫説案文苦責卦，天人要妙賴象詮。

壬寅仲春節交驚蟄三日後
張克賓記於濟南王舍人寓所